全球要事报告

Analysis of Important Global Affairs 2014/2015

2014-2015

主　编◇王宪磊

副主编◇张焕波／王　晶／吕　欣

时事出版社

图书在版编目（CIP）数据

全球要事报告．2014—2015/王宪磊主编．—北京：时事出版社，2015. 1

ISBN 978-7-80232-801-3

Ⅰ．①全…　Ⅱ．①王…　Ⅲ．①时事评论—世界—2014～2015
Ⅳ．①D5

中国版本图书馆 CIP 数据核字（2014）第 282224 号

出版发行：时事出版社
地　　址：北京市海淀区万寿寺甲 2 号
邮　　编：100081
发行热线：（010）88547590　88547591
读者服务部：（010）88547595
传　　真：（010）88547592
电子邮箱：shishichubanshe@ sina. com
网　　址：www. shishishe. com
印　　刷：北京百善印刷厂

开本：787×1092　1/16　印张：30　字数：362 千字
2015 年 1 月第 1 版　2015 年 1 月第 1 次印刷
定价：110. 00 元
（如有印装质量问题，请与本社发行部联系调换）

序：回顾及考虑

孔子言："知维天地、能辩诸物。"《全球要事报告》就是这样与美国国家情报委员会编写的《全球趋势 2030：变换的世界》相对应，激励年轻的博士、博士后们，面对全球大变化大格局大调整，坚持中国道路、采用中国视角、谋划中国发展，发出"中国声音"、提出"中国倡议"、提供"中国方案"，彰显出"中国特色"。创新、求实、睿智、兼容，历练掌控全球大事要事的研判预判能力，在创新战略驱动下，脚踏实地地依法谱写出中华民族伟大复兴的大智慧大谋划大实践。

一、全球要事历次报告回顾

本研究报告的作者，从第一部研究报告开始，皆是具有国内外学习和工作经历的、年轻的博士与博士后们。其中，不少学者已开始走向了世界中心舞台，越来越好地发出"中国声音"、提出"中国倡议"、提供"中国方案"，展现了中国创业者的自信自强与大智慧，破解过不少世界性的难题，展现了"中国特色"的"时代特色"、"理论自信"和"新常态"，正是老子所讲的

“希言自然”。

第一部《全球要事报告》围绕2012—2013年度当时“全球新变化”这条主线，从总论与战略变化、经济热点、金融焦点、贸易投资、科技政策、政府采购、安全军事、人才政策、能源形势等9个方面，让国内外学养深厚的读者们，听到“中国声音”、看到了“中国倡议”、了解到“中国方案”，凸显十八大后的“时代特色”。

第二部《全球要事报告》是以2013—2014年度“全球新格局”为主线，深入探讨全球的新格局与战略变化、经济热点、金融焦点、贸易投资、政府采购、科技政策、网络安全、军事调整、人才政策、能源形势等9个领域的相关问题，针对十八届三中全会后的新形势新任务新要求，研判2013年全球整体形势，预判2014年世界新格局走向，来提升年轻创业者们的全球大事要事的研判预判能力，显示了十八届三中全会后的“理论自信”。

第三部《全球要事报告》即将奉献给读者们，她是2014—2015年“全球新调整”的研判和预判。研究领域拓展到全球的新调整及战略、经济、社会、信息、科技、安全、军事、能源、资源、文化、跨国公司和生态等12个专题，十八届四中全会的法制理念贯穿其中，弘扬了依法治国的“新常态”。

二、第三部全球要事的考虑

老子言：“执大象，天下往。”创业者们至少每季度1次全球大事要事的跟踪研判，为《全球要事报告》奠定了基础，思想活跃的学者们认为，2014—2015年度的《全球要事报告》，着力研判预判全球新调整的以下9个要点：

一是着力研判预判美国在全球体系中的地位和作用的新调整。对美国的新调整，要知其一知其二还要知其三。美国在哪些领域的地位在下降、作用在减弱，哪些领域的治理能力在上升、作用在增强，在下降或上升中如何变化的、动因是什么，其他大国怎么应对的、措施是什么，中国怎么办。本报告作者认为，美国衰落或上升的两种情景都有可能出现，各国都在关注这些变化。

二是着力研判预判全球新调整的主体情况，潜在风险要一清二楚。必须认识全球调整的主体是客观演变，尊重客观主体地位。比如，主题要素之一——网络安全和信息化进程的主体效应需高度重视。最大的风险就是没有风险，事实上风险无处不在、无时不有，时时有矛盾、事事有矛盾。有矛盾的地方就存在风险，研判全球体系调整，明确主体风险意识是必要条件。

三是着力研判预判全球要事发生发展的时间表和传播方向，预判事态结果。一些看起来不可能发生的事件，事实上可能发生，这是由于路径依赖造成的。一些看起来不可能扩大的事件，事实上出现了“蝴蝶效应”，这是由于信息不对称造成的。信息的真实性、完整性、有效性是研判预判大事要事的充分条件。

四是着力研判预判大事要事的性质和原因，提出一个顶层框架来满足积极应对、超前部署和全局受益的优化目标。在实现中华民族复兴中，科学技术、工程产业、法律制度等改革创新是大事要事，在国际化进程中，学习式的“跟进”是客观，“跟班”式的“跟进”就是主观了，这需要一个能满足优化目标的顶层框架。

五是着力研判预判影响全球大事要事的文化氛围，或信仰领域的新变化，予以文化范畴更多关注。美国不是完美的，中国不是残缺的，人类文明、全球文化是多元的。孔子、老子、墨子等先贤先哲为代表的中国经典文化，道法自然、天人合一、兼爱非攻的精神是美国望尘莫及的。回到当下，客观因素和主观因素皆影响对大事要事的判断。

六是更多关注不起眼的“小事”，不要掉以轻心。“绊人的桩不高”，在全球体系的重心或节点上发生的“小事”不小，这种“小事”蝴蝶效应最大，应对起来复杂。

七是注意小概率事件，它们也经常发生。世界发生了变化，认识世界的方法没有变化，以前的“把握整体和掌控大局”就出现了“错觉”，“错觉”中的“掌控一切”是当今信息时代的一大误区。

八是关注体系对体系的博弈，重视要素的变化。体系是由要素组成，在体系对体系的竞争中，大事要事的甲方、乙方、丙方等出牌会在要素中得以体现。在全球体系调整中，中国本身就是决定全球调整的关键要素之一。

九是决策人的作用至关重要。关注决策人要抓住认识及观点。决策人认识的深度、广度及其倾向，不仅仅是认识范畴的观点，更可能是决策领域的杠杆支点。对全球大事要事的研判预判，决策人的各种观点常常是研究的依据或根据，历史就是这样被改变的。

三、第三部全球要事的视角

墨子言：“天下从事者，不可以无法议。”第三部《全球要事报告》凸显从法制视角看全球新调整，总报告“全球新调整”是在各个专题报告和历次“大事要事研讨会”的基础上完成，与各领域各专题相得益彰。通过上面的9点考虑，引导年轻的博士、博士后们，用法制思维去洞察和掌控全球大变化大格局大调整的方向和路线图，树立中国意识、时代意识、全球意识，用改革创新思维深入研究战略问题、决策问题和政策问题，为实现中华民族伟大复兴的中国梦而孕育大思想大智力大布局。

由于团队的水平和能力有限，恳请亲爱的读者批评指正。

王宪磊

2014 年 11 月于北京

目　录

总　论

战略篇

经济篇

社会篇

信息篇

科技篇

安全篇

军事篇

能源篇

资源篇

人才篇

跨国公司篇

生态篇

总　论

全球新调整

（中国国际经济交流中心博士后站主任、教授）王宪磊

［摘　要］ 科学的方法是研究的导航。总论使用“全球要事基线指标”（英文简称：IGAB）和大数据，对全球“大事要事”进行分析、遴选和排序，取前5位的大事件作为研判预判的抓手。“国际‘智能智慧化’发展迅速动力十足”、“我国的‘一带一路’战略路线图引领全球风骚”、“美国量化宽松退出及其我国的影响及对策”、“乌克兰危机深刻影响着全球新调整”和“美国新的全球战略引起世界密切关注”等要事条件充分也必要，影响巨大而深远。

［关键词］ 全球要事基线指标（英文简称IGAB）　智能智慧化

当今世界日新月异，充分凸显“改革者顺、创新者强，改革创新者赢”。以“智能智慧化”为代表的科技进步对国际政治、经济、文化、社会、军事等领域发展产生了深刻影响。“智能智慧化”推动和引领的信息化、市场化、金融化和经济全球化相互促进、共同发展，已成为一股不可逆转的潮流，互联网日益融入经济社会生活的方方面面，深刻改变了人们的生产和生活方式。

以“智能智慧化”为代表的智能经济、智能社会、智能生活和智能学习，对经济社会发展的影响越来越深刻，“智能智慧化”与经济全球化相互交织，推动着全球分工深化和结构调整，重塑着全球新格局，推动着全球新调整。

2014—2015年《全球要事报告》的总报告，借鉴国际“全球力量指数”，研究使用了“治理体系、科技体系、产业化规模”3个体系要素指标和“治理能力、影响力、可持续能力”3个动力要素指标的“全球要事基线指标”（英文简称：IGAB），在大数据支持下，对全球“大事要事”进行遴选和排序，取前5位的大事件作为总报告的研判预判的抓手，进行有益探索。在这6大要素指标分析中，以智能制造、智能终端、智能生活、智能学习、智慧城市、智慧地球等为主要内容的“智能智慧化”，属于信息科技进步范畴，其技术和业态非常活跃，深刻影响着全球60多亿人的学习、工作和生活的方式，备受跨国公司和创新型企业的青睐，引起世界各国政府的普遍重视，故列为2014年度第1名大事要事（得分754，满分1000分），称为“国际‘智能智慧化’发展迅速，且发展动力十足”。

排在第2位的是“我国的‘一带一路’战略路线图引领全球风骚”，得分730。这一战略从历史深处走来，融通古今、连接中外，顺应和平、发展、合作、共赢的时代潮流，开始造福“一带一路”沿线的总人口约45亿，经济总量约23万亿美元，分别约占全球的62%和29%。这一跨越时空的宏伟构想，与互联互通一道引起世界各国和地区的高度关注，已成为全球经济共同性问题。

排在第3位的是“美国量化宽松退出对中国的影响及对策”，得分709，排在第4位的是“乌克兰危机深刻影响着全球新调整”，得分650，排在第5位是“美国新的全球战略引起世界密切关注”，得分550。这3个大事件的要事条件充分也必要。

一、国际“智能智慧化”发展迅速动力十足

一年来，全球科技进步进入“快车道”，信息技术、新材料新能源、海洋技术、航空航天、生物科学技术、环境保护技术、机器人技术等七大领域成果丰硕。以大数据、云计算、3D打印、新一代互联网等“智能智慧化”催生的新业态新增长点大批涌现，智能制造、智能社会、智慧城市等已无处不在，深刻改变着人类的繁衍和培养方式与能力。世界各国普遍意识到信息化是促进经济与社会发展的利器，信息技术的研发和应用正在不断催生新的经济增长点，从而成为社会与经济发展的主要目标和重要途径。以美国、欧盟、日本为代表的发达国家和地区抢占信息化发展制高点——“智能智慧化”，并纷纷从战略层次制定信息化发展规划，争取和维护在信息化领域中的优势地位。

（一）主要国家态势

美国、欧盟、日本、德国等多个国家和地区都纷纷制定和颁布与信息化相关的战略和规划，目标是实现本国和地区经济社会可持续发展，并确保在国际竞争中处于优势地位。自2010年3月，美国联邦通信委员会（FCC）公布了《国家宽带计划》。该“计划”既是奥巴马总统竞选时提出的重要政见，也是美国应对金融危机提出的基础设施建设计划之一，更是美国期望在因特网领域建立全球领先和垄断地位的重要举措。“计划”的出台对美国的宽带网络市场，甚至无线通信以及地面、有线和卫星电视行业发展都会产生深远的影响。奥巴马政府于2011年日颁布的首

份全球网络安全战略——“网络空间国际战略”，则标志着美国将网络安全建设提升至国际战略的高度，在倡导国际社会通过联合维护网络安全的同时，也显露出美国政府新的全球战略意图。欧盟为了进一步落实“欧洲2020战略”中的“智能增长”目标，出台了指导未来十年信息化发展的《欧洲数字化议程》，提出要最大限度地发挥信息通信技术对经济和社会发展的影响潜力，刺激欧盟的创新和经济增长，提高公民的生活质量，推动企业发展。

2014年8月20日，德国联邦政府内阁通过了“2014至2017年数字议程”。此次数字议程由德国联邦经济和能源部、内政部、交通与数字基础设施建设部联合推出，旨在通过加强数字技术设施建设，助推经济增长，并以此为工业4.0体系建设提供动力。

日本2010年5月正式对外公布了《日本新IT战略》，计划在政府内部进行彻底的信息技术革命，实现以国民为本的电子政务，并通过全面灵活运用信息技术，增强地区间联系，从而谋求进一步开拓新市场和国际化发展。该战略继承了2009年制定的《i-Japan战略2015年》，旨在提升日本的国家竞争力，并进一步细化了有利于日本发挥竞争优势、抢占制高点的新兴市场，如新一代光纤网络、下一代无线网络、云计算、下一代计算机、智能电网、机器人、下一代半导体、显示器等创新型设备以及嵌入式系统、3D影像、音频翻译、软件工程等。2014年5月13日，日本总务省公布了《智能日本ICT战略》要点。该战略由《ICT增长战略II》和《ICT国际竞争力强化/国际扩张行动计划》两部分组成，旨在将日本打造为全球最具活力的国家，通过基于ICT的创新实现经济增长并为国际社会做出贡献。《智能日本ICT战略》的主要任务是实现国内战略与国际战略的协同。国内战略是指推进《ICT增长战略II》，即利用ICT连接起各种实物与服务，实现创新；国际战略是指实现《ICT国际竞争力强化/国际扩张行动计划》。ICT增长战略II设定的重点计划涉及三个方面：第一是激发地区活力，第二是解决社会问题，最后是面向2020年东京奥运会推出的举措。ICT国际竞争力强化/国际扩张行动计划设定的重点计划：1. 针对地区某领域推进相关战略；2. ICT一揽子提议；3. 创建新架构。

（二）中国信息科技新成就

当前，中国正处于全面深化改革、全面建成小康社会的战略机遇期，科学认识中国工业化、城镇化、农业现代化深入发展的新形势、新任务和新要求，必须准确把握信息化发展在现代化建设全局中所起到的战略驱动、战略引擎和战略导向作用。中国先后颁布了《国家中长期科技发展规划纲要（2006—2020）》、《2006—2020年国家信息化发展战略》，该纲要和战略对我国的信息化发展起到了较好的导向作用。信息化已经成为全局性、战略性的变革力量，信息化正在引起中国所有领域的深刻变革，中国社会进入了基于信息网络的大创新、大变革时代。传统媒体、中介组织、中间管理层失去原有优势，社会结构越来越扁平和简捷。信息化引起经济发展方式变革，提供了一条高技术、高效率、高附加值却几乎不增加污染的可持续发展道路。信息网络引起教育科技文化等领域创新变革，丰富多彩的多媒体、全息投影、虚拟现实等多元化表现方式，使得教育、科技、文化的展示能力更加强悍，传播速度更加快捷，展示内容更加精彩。此外，信息化还在生活方式、生态环保、城市发展等其他领域引发重大变革。

第一，信息基础设施建设取得积极进展。到2014年6月底，我国互联网用户达到6.32亿，较2013年底增加1442万人；互联网普及率进一步提升，达到46.9%。互联网基础资源规模不断扩大，IPv4地址达到3.3亿，成为全球第二；域名总数达到1915万，其中80%为CN域名，为全球第一。国际出口带宽达到3，776，909Mbps，增长迅速，年增长率达到55.6%。全国广播电视综合人口覆盖率分别达到96.31%和97.23%，有线广播电视用户达到1.74亿户。建成了光缆为主、其他方式为辅的通信传输网络，2009年光缆线路长度1745万公里，是世界规模最大的传输网络。

第二，3G、4G网络建设快速推进。2013年，中国步入4G和全业务运营时代，3G、4G网络建设快速推进，全业务运营探索逐步展开。截至2014年6月30日，中国4G用户数达1397万，3G用户累计达4.71亿户。2013年，3G基站规模达到81.7万个，建设总量接近2G网络十几年来累计规模，开创了全球规模最大、速度最快的建设记录。3G覆盖大中城市，中国移动TD覆盖城市达到238个，中国联通WCDMA覆盖城市284个，中国电信CDMA2000覆盖城市达到342个。3G、4G可视电话、手机视频等面向个人应用，宽带上网、家庭网关等面向家庭应用，无线城市、视频监测、移动办公等行业信息化应用不断涌现，移动支付、手机阅读等新型业务得到开发。

第三，三网融合迈出重要步伐。通信网、互联网和广电网的融合开始起步。业务层面，以IPTV和手机电视为代表，融合性业务已在国内发展。中国各省市基本上都开展了IPTV业务，用户总数达400万户。中国已有22个省市开展了手机电视业务，用户总数达到了165.5万户。其中，广电部门在157个城市发展CMMB用户近150万。基于有线电视网的宽带接入用户数超过180万，基于电信网的IP电视用户数约为350万。网络层面，通信网、互联网和广电网络的网络架构已趋于一致，IP 化成为方向。终端层面，计算机、手机等通信终端已能方便使用广播电视业务，电视机也可以作为宽带上网终端，尤其在农村获得了规模应用。

第四，向下一代网络的转型演进稳步推进。接入宽带化和接入光纤化取得积极进展，宽带接入网络规模居全球第一，进行了光纤接入网的大规模建设和改造。截至 2013 年 6 月底，中国电信运营商的 FTTh 建设规模达到了 5393 万用户端口，即光纤到户用户容量已达 5393 万。移动通信步入 4G 时代。核心网演进成效显著，建成全球最大 IP 软交换商用网络，网络能力和“智能智慧化”水平进一步提高。下一代互联网研究部署稳步推进，建成了全球最大 IPv6 示范网络，催生了较完善的 IPv6 研发及产业化体系。基础传输网向超高速、超大带宽、“智能智慧化”方向发展，中国国产 80×10G 的超大容量光传输系统已在骨干网上初步应用，智能光网络（ASON）进入规模部署阶段，提高了网络的生存能力和管理能力。

（三）中国信息化新情况新挑战

党的十八大明确提出“科技创新是提高社会生产力和综合国力的战略支撑，必须摆在国家发展全局的核心位置”。强调要坚持走中国特色自主创新道路，实施创新驱动发展战略。这对中国形成国际竞争新优势、增强发展的长期动力具有战略意义。改革开放 30 多年来，中国经济快速发展主要源于发挥了劳动力和资源环境的低成本优势。进入发展新阶段，中国在国际上的低成本优势逐渐消失。与低成本优势相比，技术创新具有不易模仿、附加值高等突出特点，由此建立的创新优势持续时间长、竞争力强。实施创新驱动发展战略，加快实现由低成本优势向创新优势的转换，可以为中国持续发展提供强大动力。实施创新驱动发展战略，对中国提高经济增长的质量和效益、加快转变经济发展方式具有现实意义。科技创新具有乘数效应，不仅可以直接转化为现实生产力，而且可以通过科技的渗透作用放大各生产要素的生产力，提高社会整体生产力水平。实施创新驱动发展战略，可以全面提升中国经济增长的质量和效益，有力推动经济发展方式转变。实施创新驱动发展战略，对降低资源能源消耗、改善生态环境、建设美丽中国具有长远意义。实施创新驱动发展战略，加快产业技术创新，用高新技术和先进适用技术改造提升传统产业，既可以降低消耗、减少污染，改变过度消耗资源、污染环境的发展模式，又可以提升产业竞争力。

近年来，云计算、大数据等新一代信息技术日新月异，原有的信息化战略在一定程度上已经不能满足当前和未来一个时期国民社会与经济的发展态势。为了有效促进我国信息利益的拓展和信息能力的提升，在创新驱动战略进程中，我们必须审时度势，及时研究调整、制定符合国际趋势与我国具体国情的新型信息化发展战略。力争到2020年实现由“自主可控”向“整体可靠、全面可控”转变，使我国在“信息化设施、信息化能力、信息化利益、信息化安全和信息化人才等5个方面”达到“智能智慧化”，实现“信息化强国”的“中国特色新型信息化战略”目标。

实施中国特色新型信息化战略，达到“智能智慧化”，涉及方方面面，是一项系统工程。当前，应抓住以下重点着力推进。细化战略目标。党的十八大报告提出，到2020年我国进入创新型国家行列。国际上普遍认可的创新型国家，科技创新对经济发展的贡献率一般在70%以上，研发投入占GDP的比重超过2%，技术对外依存度低于20%。目前，应将我国建设创新型国家的目标进行分解和细化，建立完成目标的组织架构和任务体系，让各部门、各层面、各单位按照明确的目标任务推进。提高自主创新能力。我国很多产业处于国际产业链的中低端，消耗大、利润低，受制于人。只有拥有强大的自主创新能力，达到“智能智慧化”，才能在激烈的国际竞争中把握先机、赢得主动。提高自主创新能力，达到“智能智慧化”，一是要瞄准国际创新趋势、特点进行自主创新，使我国的自主创新站在国际技术发展前沿；二是要将优势资源整合聚集到战略目标上，力求在重点领域、关键技术上取得重大突破；三是进行多种模式的创新，既可以在优势领域进行原始创新，也可以对现有技术进行集成创新，还应加强引进技术的消化吸收再创新。达到“智能智慧化”，要构建以企业为主体、市场为导向、产学研相结合的技术创新体系。首先，进一步确立企业的主体地位，让企业成为技术需求选择、技术项目确定的主体，成为技术创新投入和创新成果产业化的主体。其次，高校、研发机构、中介机构以及政府、金融机构等应与企业一起构建分工协作、有机结合的创新链，形成有中国特色的协同创新体系。加快科技体制机制改革创新。建立科技创新资源合理流动的体制机制，促进创新资源高效配置和综合集成；建立政府作用与市场机制有机结合的体制机制，让市场充分发挥基础性调节作用，政府充分发挥引导、调控、支持等作用；建立科技创新的协同机制，以解决科技资源配置过度行政化、封闭低效、研发和成果转化效率不高等问题；建立科学的创新评价机制，使科技人员的积极性主动性创造性充分发挥出来，使我国的信息化设施、信息化能力、信息化利益、信息化安全和信息化人才等5个方面达到“智能智慧化”。

（四）国际信息化走向

目前国际上信息化发展战略主要呈现出三个走向。第一，信息化步入智慧智能时期。不断融入“物联网”、“云计算”、“智慧地球”等新的发展理念，这是全球性反思发展方式背景下各国创新资源配置方式、推动发展方式转变的重要体现。第二，信息化已深度融入社会生活。更加关注利用信息化提升社会生活的品质，把信息化在医疗、教育、社会保障、社会救助等方面的普及和应用摆在了信息化发展的突出位置。第三，信息化发展已成为全球经济复苏的新引擎。大数据、云计算、3D 打印等信息基础设施作为信息化的物质基础，其推广普及和性能提升已经成为各国经济发展的战略制高点和胜负角逐点。在大数据、物联网等推动下，新一轮的宽带等重大信息基础设施建设正在全球蔚然成风。

（五）加快实施中国特色的新型信息化战略

中国特色信息化道路是实施创新驱动战略，达到“智能智慧化”，实现由“信息化大国”到“信息化强国”的新型信息化目标。通过创新驱动战略打造“信息化强国”战略，到 2020 年实现“整体可靠、全面可控”的战略目标。加快建设“信息化设施”，包括物质性信息化基础设施和制度性信息化基础设施，提升“信息化能力”，实现全面可控，建立信息时代一流的国家。以打造“信息化强国”来进行战略布局，加强宽带网络建设及安全管理，提高战略地位，全面获取“信息化利益”，整体保障“信息化安全”，以创新发展为核心，以市场运营为策略，按照“信息化强国”的思路，加强“信息化人才”的培养和使用，充分发挥企业的作用，促进信息化的快速发展。以建立信息时代一流国家为引领，通过信息资源的战略价值开发，达到“智能智慧化”，推动“五位一体”和“四化同步”协调发展，提升政府、社会、经济等领域信息化的健康快速发展。

二、“一带一路”战略路线图引领全球风骚

打开世界地图可以发现，“一带一路”这条世界上跨度最长的经济大走廊，其发端于中国，贯通中亚、东南亚、南亚、西亚乃至欧洲部分区域，东牵亚太经济圈，西系欧洲经济圈。它是世界上最具发展潜力的经济带，无论是从发展经济、改善民生，还是从应对金融危机、加快转型升级的角度看，沿线各国的前途命运，从未像今天这样紧密相连、休戚与共。中国国家主席习近平在2013年年9月和10月分别提出建设“新丝绸之路经济带”和“21世纪海上丝绸之路”的战略构想，强调相关各国要打造互利共赢的“利益共同体”和共同发展繁荣的“命运共同体”。从全球来看，这一全球战略谋划，引起世界各个经济体的极大兴趣，“一带一路”沿线的总人口约45亿，经济总量约23万亿美元，分别约占全球的62%和29%。这一跨越时空的宏伟构想，已成为全球经济共同性问题，从历史深处走来，融通古今、连接中外，顺应和平、发展、合作、共赢的时代潮流，承载着丝绸之路沿途各国发展繁荣的梦想，赋予古老丝绸之路以崭新的时代内涵。

（一）“一带一路”给全球治理机制注入了新的内涵和活力

“一带一路”（One Belt and One Road，英文缩写 OBOR）是指“丝绸之路经济带”和“21世纪海上丝绸之路”，凸显全球新

调整的活力和动力。中国古代，丝绸之路在世界版图上延伸，诉说着沿途各国人民友好往来、互利互惠的动人故事。如今，一个新的战略构想在世界政经版图从容铺展——共建“丝绸之路经济带”和“21世纪海上丝绸之路”。

2013年9月7日，中国国家主席习近平在哈萨克斯坦纳扎尔巴耶夫大学演讲时，首次提出共同建设“丝绸之路经济带”的战略倡议，以加强政策沟通、道路联通、贸易畅通、货币流通、民心相通。2013年10月3日，习近平在印度尼西亚国会发表重要演讲时提出共同建设“21世纪海上丝绸之路”，中国致力于加强同东盟国家的互联互通建设，愿同东盟国家发展好海洋合作伙伴关系。2014年博鳌亚洲论坛年会开幕大会上，中国国务院总理李克强以“共同开创亚洲发展的新未来”为题发表演讲，特别强调推进“一带一路”的建设。

古代的丝绸之路是商贸之路，而今天的“一带一路”则把经贸合作放在重要位置。中国将与沿线国家对接发展战略，推进贸易、产业、投资、能源资源、金融以及生态环保的合作，深化城市、港口、口岸、产业园区的合作，并培育新的经济增长点，以协助当地增加就业、增强可持续发展能力，实现中国与沿线国家的共同发展。2013年中国与“一带一路”国家的贸易额超过1万亿美元，占中国外贸总额的四分之一，而过去10年中国与沿线国家的贸易额年均增长19%，较同期外贸年均增加4个百分点。未来5年，中国将进口10万亿美元的商品，对外投资将超过5000亿美元，增加游客数量约5亿人次，使周边国家以及丝绸之路沿线国家率先受益。

继承古丝绸之路开放传统，吸纳东亚国家开放的区域主义，“一带一路”秉持开放包容精神，不会搞封闭、固定、排外的机制。“一带一路”不是从零开始，而是现有合作的延续和升级。

有关各方可以将现有的、计划中的合作项目串接起来，形成一揽子合作，争取产生“一加一大于二”的整合效应。同时，“一带一路”倡议的地域和国别范围也是开放的，古代陆、海丝绸之路上的国家、中国的友好邻国都可以参与进来。中亚、俄罗斯、南亚和东南亚国家是优先方向，中东和东非国家是“一带一路”的交会之地，欧洲、独联体和非洲部分国家从长远看也可融入合作。未来“一带一路”进程中的很多项目，涉及的国家和实体可能更多，开放性也更强。今天“一带一路”交流合作范畴要大得多，优先领域和早期收获项目可以是基础设施互联互通，也可以是贸易投资便利化和产业合作，当然也少不了人文交流和人员往来。各类合作项目和合作方式，都旨在将政治互信、地缘毗邻、经济互补的优势转化为务实合作、持续增长的优势，目标是物畅其流、政通人和、互利互惠、共同发展。在共建“一路一带”过程中，中国将坚持正确的义利观，道义为先、义利并举，向发展中国家和友好邻国提供力所能及的帮助，真心实意帮助发展中国家加快发展。中国将不断增大对周边的投入，积极推进周边互联互通，探索搭建地区基础设施投融资平台。中国不仅要打造中国经济的升级版，也要通过“一带一路”等途径打造中国对外开放的升级版，不断拓展同世界各国特别是周边国家的互利合作。

“一带一路”不是中国一家的事，而是全球各国共同的事业；不是中国一家的利益独享地带，而是各国的利益共享地带。“一带一路”建设，包括前期研究都是开放的，中国欢迎其他国家提出建设性意见建议，不断丰富和完善“一带一路”的理念、构想和规划，集思广益，群策群力，共同谱写丝绸之路的新篇章，共同建设利益和命运共同体，共同创造美好幸福的未来。

（二）“一带一路”建设带动全球合作共赢新格局

要推进“一带一路”建设，形成全方位开放新格局。推进丝绸之路经济带建设，要用好现有多双边经贸合作机制，明确重点合作领域和项目，提升贸易投资便利化水平，支持在有条件的国家设立境外经贸合作区，与更多的沿线国家探讨建设自贸区，促进经贸畅通。推进21世纪海上丝绸之路建设，要加快推进海上通道互联互通建设，推进落实与沿线国家的双边贸易投资协议，提高贸易投资便利化水平。建立健全区域经贸合作平台，拓展贸易投资合作领域，积极开展贸易投资促进活动，提升合作水平，加快沿线地区自贸区建设。

第一，“一带一路”与互联互通相得益彰。正是因为“一带一路”建设涉及诸多发展中国家，初期的互联互通建设就变得非常重要。互联互通建设不仅指交通领域的建设，还包括通讯、网络、口岸、信息化等方面的基础设施建设。加深与沿路各国的交往与沟通。过去我们的沿边省份与中东欧、东南亚、中亚等地的国家建立了良好的合作关系，但在新时期需要在贸易自由化、便利化方面下更大的力气，做更大的文章。互联互通后，“一带一路”尚需双边或多边国家间更多地对接和交往。例如，渝新欧铁路和蓉欧快铁碰到了相似的问题：自中国出口的产品多，自欧洲返程的货物基本没有。这里有相关国家的政策问题，也有信息对接不畅的问题，所以“一带一路”建设需要一定时间才能见成效，应循序渐进。相关国家有产业、劳动力、资源、市场方面的种种优势，这种优势带来的合作潜力将随着“一带一路”建设的不断推进得到释放，从而促进我国中西部省份外经贸的发展，加快亚欧大陆经济一体化进程。丝绸之路沿线国家间经贸往来日益频繁，推动贸易便利化、实现基础设施的互联互通显得格外重要。“一带一路”战略的施行中，先行的交通基础设施互联互通，被具体化为公路、铁路、航运等领域的联通项目，给当地的基础设施建设企业带来了庞大的市场机会。“一带一路”沿线的国家与地区，尤其是欠发达国家与地区，渴望通过“一带一路”战略，改善积弱的基础设施建设，修建通往富庶和繁荣的道路。

第二，构建开放新格局助推区域大合作。改革开放30多年来，我国对外开放取得了举世瞩目的伟大成就，但受地理区位、资源禀赋、发展基础等因素影响，对外开放总体呈现东快西慢、海强陆弱格局。“一带一路”将构筑新一轮对外开放的“一体两翼”，在提升向东开放水平的同时加快向西开放步伐，助推内陆沿边地区由对外开放的边缘迈向前沿。“一带一路”沿线大多是新兴经济体和发展中国家，这些国家普遍处于经济发展的上升期，具有开展互利合作的前景广阔。深挖我国与沿线国家的合作潜力，必将提升新兴经济体和发展中国家在我国对外开放格局中的地位，促进我国中西部地区和沿边地区对外开放，推动东部沿海地区开放型经济率先转型升级，进而形成海陆统筹、东西互济、面向全球的开放新格局。

事实上，在中国国内实行的西部大开发战略，中国和中亚乃至向西更多国家的经贸合作也成为发展的必然趋势。而中国的发展经验和成果，可以为中亚等各国借鉴。公路、铁路、油气管道、网络通信设施等不断修建，正在形成古丝绸之路上的现代商队。

在2014年11月8日加强互联互通伙伴关系对话会上，习近平指出，共同建设丝绸之路经济带和21世纪海上丝绸之路与互联互通相融相近、相辅相成。如果将“一带一路”比喻为亚洲腾飞的两只翅膀，那么互联互通就是两只翅膀的血脉经络。他在《联通引领发展伙伴聚焦合作》讲话中指出，第一，以亚洲国家

“丝绸之路经济带”和“21 世纪海上丝绸之路”格局

中国经济网马常艳制图

为重点方向，率先实现亚洲互联互通。“一带一路”源于亚洲、依托亚洲、造福亚洲。中国愿通过互联互通为亚洲邻国提供更多公共产品，欢迎大家搭乘中国发展的列车。第二，以经济走廊为依托，建立亚洲互联互通的基本框架。“一带一路”兼顾各国需求，统筹陆海两大方向，涵盖面宽，包容性强，辐射作用大。第三，以交通基础设施为突破，实现亚洲互联互通的早期收获，优先部署中国同邻国的铁路、公路项目。第四，以建设融资平台为抓手，打破亚洲互联互通的瓶颈。中国将出资 400 亿美元成立丝路基金。丝路基金是开放的，欢迎亚洲域内外的投资者积极参与。第五，以人文交流为纽带，夯实亚洲互联互通的社会根基。未来5年，中国将为周边国家提供2万个互联互通领域培训名额。

在2014年11月11日亚太经合组织（APEC）领导人非正式会议上，国家主席习近平提出亚太自由贸易区（FTAAP）发展设想，会议就《亚太经合组织推动实现亚太自贸区北京路线图》达成共识。亚太自贸区的概念最早源于10年前的APEC会议，8年前被写入APEC领导人非正式会议宣言，但由于条件不成熟，一直没有任何实质性进展。《亚太自贸区互联互通蓝图》或将作为领导人会议宣言的四份附件之一向社会公布。作为此次APEC会议最重要的成果之一，《蓝图》将对硬件、制度、人员全方位互联互通给出明确时间表，设立出2025年实现亚太地区“无缝联通”的目标。在硬件互联互通方面，采用公私合作伙伴关系（PPP）和其他方式提高基础设施融资；发展更新包括交通、信息通信技术和能源在内的基础设施。在制度互联互通方面，应对贸易便利化、结构性和监管改革、交通物流便利化问题。2020年实现各经济体经商成本节约25%，通商效率和便利度提高25%的目标。FTAAP是对以美国为首的TPP协议的重要回击，TPP协议实施将导致中国每年损失大约1000亿美元的出口。

（三）历史常有惊人的相似之处

历史选择的回归：两千多年前，各国人民就通过海陆两条丝绸之路开展商贸往来。从2100多年前张骞出使西域到600多年前郑和下西洋，海陆两条丝绸之路把中国的丝绸、茶叶、瓷器等等输往沿途各国，带去了文明和友好，赢得了各国人民的赞誉和喜爱。如今，随着中国经济的崛起和腾飞，中国在更多方面有能力帮助别国，特别是作为制造业大国，中国不仅可以输出丰富多彩、价廉物美的日常用品，而且能够向世界提供更多的技术和设备。作为全球主要外汇储备国，中国能够携手各国共同应对金融风险，中国有实力投资海外，与急需资金的国家共同把握发展机遇。千百年来，不同的文化在古丝绸之路上交相辉映、相互激荡，积淀形成了世人共知和推崇的和平、开放、包容、互信、互利的丝绸之路精神，而且不断注入时代内涵。作为多元文明碰撞与交流的遗产，丝路精神并非中国独享，它一直是全人类的共同财富。

第一，多边合作的契机。“一带一路”战略将是上海合作组织、欧亚经济联盟、中国—东盟（10+1）、中日韩自贸区等国际合作的整合升级，也是我国发挥地缘政治优势，推进多边跨境贸易、交流合作的重要平台。2014 年 4 月 10 日下午博鳌亚洲论坛“丝绸之路的复兴：对话亚洲领导人”分论坛开启了“一路一带”战略。中国国务委员杨洁篪、老挝总理通邢、巴基斯坦总理纳瓦兹·谢里夫、东帝汶总理沙纳纳、泰国前副总理素拉杰、俄罗斯远东发展部部长加卢什卡、中国国家能源委员会专家咨询委员会主任张国宝以及博鳌亚洲论坛秘书长周文重进行了同台对话，共同探讨新丝绸之路和海上丝绸之路的建设。构想提出丝绸之路沿线国家合力打造平等互利、合作共赢的“利益共同体”和“命运共同体”的新理念；描绘出一幅从波罗的海到太平洋、从中亚到印度洋和波斯湾的交通运输经济大走廊，其东西贯穿欧亚大陆，南北与中巴经济走廊、中、印、孟、缅经济走廊相连接的新蓝图。

改革开放 30 多年来，中国对外开放取得了举世瞩目的伟大成就，但受地理区位、资源禀赋、发展基础等因素影响，对外开放总体呈现东快西慢、海强陆弱格局。“一带一路”将构筑新一轮对外开放的“一体两翼”，在提升向东开放水平的同时加快向西开放步伐，助推内陆沿边地区由对外开放的边缘迈向前沿。在遵循和平合作、开放包容、互学互鉴、互利共赢的丝路精神，中国与沿线各国在交通基础设施、贸易与投资、能源合作、区域一体化、人民币国际化等领域展开合作。

第二，中国“由大到强”的重要路径。“一带一路”战略是中国构筑国土安全发展屏障，摆脱以美国为首国家的不平等国际贸易谈判，寻求更大范围资源和市场合作的重大战略，被称作世纪大战略。这是中国在近200年来首次提出以中国为主导的洲际开发合作框架，将彻底摆脱原来依附大国、被动挨打的地缘政治局面。

（四）战略路线图

“一带一路”战略具体包括以下几条线路：

第一，中蒙俄经济带。主要通过环渤海、东北地区与俄罗斯、蒙古等国家的交通与能源通道，并向东连接日本和韩国，向西通过俄罗斯连接欧洲。

第二，新亚欧陆桥经济带。通过原来的亚欧大陆桥向西通过新疆连接哈萨克斯坦及其他中亚、西亚、中东欧国家。

第三，中国—南亚—西亚经济带。通过云南、广西连接巴基斯坦、印度、缅甸、泰国、老挝、柬埔寨、马来西亚、越南、新加坡等国家；通过亚欧陆桥的南线分支连接巴基斯坦、阿富汗、伊朗、土耳其等国家。

第四，海上战略堡垒。分别由环渤海、长三角、海峡两岸、珠三角、北部湾等地区的港口、滨海地带和岛屿共同连接太平洋、印度洋等沿岸国家或地区。

（三）国际合作

第一，交通对接。中泰“高铁换大米”计划。2014 年 8 月，泰国军政府通过了两条连接中国和泰国的铁路项目。泰国军政府通过的两条铁路项目，其中一条线路的起点是东北部城市廊开，与老挝首都万象隔河相望，建成后可以连通老挝与中国的铁路，与一直筹划多年的泛亚铁路中线不谋而合。建设将从 2015 年开始，预计 2021 年竣工，项目总成本约为 7414 亿泰铢（约合人民币 1430 亿元）。

第二，产业合作。中俄丝绸之路高科技产业园（西咸新区）。2014 年 10 月 13 日，中国陕西省政府与俄罗斯直接投资基金（俄罗斯国家主权基金）、俄中投资基金（中俄跨国主权财富基金）、俄罗斯斯科尔科沃创新中心（俄罗斯国家科技园）在俄罗斯莫斯科共同签署了《关于合作开发建设中俄丝绸之路高科技产业园的合作备忘录》，由西咸新区沣东新城建设“中俄丝绸之路高科技产业园”。中哈（连云港）物流合作基地。先期启用集装箱物流场站，二期拟于主体港区建设粮食泊位和筒仓工程，三期拟于新丝路国际物流园区内联合打造集仓储、加工、贸易、中转于一体的中亚五国连云港物流中转分拨基地。中哈（连云港）物流合作基地共占地 5 平方公里，投资约 20 亿元，全面拓展过境运输业务。

第三，金融合作。2014 年 10 月 24 日，包括中国、印度、新加坡等在内 21 个首批意向创始成员国的财长和授权代表在北京人民大会堂正式签署《筹建亚投行备忘录》，共同决定成立亚洲基础设施投资银行，标志着这一中国倡议设立的亚洲区域新多边开发机构的筹建工作将进入新阶段。亚投行的法定资本为 1000 亿美元，初始认缴资本目标为 500 亿美元左右，实缴资本为认缴资本的20%。正式签署《筹建亚投行备忘录》的国家包括孟加拉国、文莱、柬埔寨、中国、印度、哈萨克斯坦、科威特、老挝、马来西亚、蒙古国、缅甸、尼泊尔、阿曼、巴基斯坦、菲律宾、卡塔尔、新加坡、斯里兰卡、泰国、乌兹别克斯坦和越南。

中国出资400亿美元启动丝路基金。2014年11月8日，国家主席习近平宣布出资400亿美元设立丝路基金。丝路基金是开放的，欢迎亚洲域内外的投资者积极参与。未来5年，中国将为周边国家提供2万个互联互通领域培训名额，以人文交流为纽带，夯实亚洲互联互通的社会根基。

第五，国际贸易。在2010年11月23日温家宝总理访俄期间，中国、俄罗斯、哈萨克斯坦三国联合签署了两项海关便捷通关协议，为中国物资、商品西出和战略物资西进奠定了基础。

“渝新欧”国际运输班列。从重庆出发，经西安、兰州、乌鲁木齐，向西过北疆铁路，到达边境口岸阿拉山口，进入哈萨克斯坦，再经俄罗斯、白俄罗斯、波兰，至德国的杜伊斯堡，全长11179公里。这是一条由沿途六个国家铁路、海关部门共同协调建立的铁路运输通道。目前该通道最大的受惠者是落户重庆的笔记本电脑制造商向西进入欧洲市场。重庆市长黄奇帆指出，以前中国到欧洲的货物，不管内陆还是沿海的货物，90%以上都是“一江春水向东流”，先运到沿海，然后走海运到欧洲，需要40天左右。“渝新欧”的运费，为每个40英尺集装箱6500美元左右，而相应的海上运费是5000美元左右。“渝新欧”的运费虽然比海运贵1500美元，但从时间效益上来说，“渝新欧”节省了20多天时间，企业的资金可以得到更快的周转。假设1个集装箱的货值为1000万元，仅财务成本就能节约3万元，相当于5000美元。

“郑新欧”国际运输班列。铁路货运班列始于郑州，经新疆阿拉山口出境，途经哈萨克斯坦、俄罗斯、白俄罗斯和波兰后到达德国汉堡，全程 10214 公路，运行时间 16 天左右，比走海运到欧洲节约时间 15 天左右。“郑新欧”国际铁路货运班列沿途经过 5 个国家，历经 2 次转关 2 次换轨。2014 年 9 月 2 日，汉堡至郑州的铁路货运专线首次开通。

蓉欧快铁运输班列。成都到波兰罗兹的蓉欧国际快速铁路货运直达班列于 2013 年 4 月 26 日开通，每周五固定发车。蓉欧快铁将从成都青白江集装箱中心站出发，经新疆阿拉山口出境，途经哈萨克斯坦、俄罗斯、白俄罗斯后，直达波兰第三大城市罗兹奥莱霍夫站，全长 9826 公里，运行时间 12—14 天，并可在 1 至 3 天内分拨至欧洲任何地方。比当前货运班列节省 8—10 天，比海运节约 1 个月以上，运输成本仅为空运的 1/8 至 1/4。

（六）拉动国内转型升级

第一，搭建物流联盟平台。建立丝路经济带物流联动发展合作联盟（江苏）。2014 年 10 月，中国（连云港）丝绸之路国际物流博览会暨第十一届国际物流节上通过了《合作联盟章程》、《合作倡议书》以及合作联盟机构，签署了《丝绸之路经济带物流联动发展合作意见》。在江苏提议下，丝绸之路经济带沿线的 8 个省（区）构建了物流联动发展合作机制，涵盖乌鲁木齐、伊犁、兰州、酒泉、西宁、银川、西安、郑州、徐州、连云港等 27 个重要节点城市。8 个省（区）倡议，逐步建立统一、开放、公平的企业市场经营环境。

提出中欧铁路东部国际通道建设实施方案。哈尔滨铁路局制订中欧铁路东部国际大通道建设实施方案，2014 年 7 月召开中欧集装箱班列跨局运输合作商定会，与北京、沈阳等铁路局共同研究境内 7 条出口、3 条进口直达班列运输线，缩短了大连、营口、天津等港口与口岸间的运行时限。同时，哈铁局协调俄罗斯铁路部门铺画后贝加尔至莫斯科的直达班列运行线以及到波兰华沙的直达班列运行线，形成进出口货物快速通道。

第二，推动产业合作。2014 年 1 月，武威保税物流中心获得国家海关总署等四个部门的批准，2014 年 9 月通过国家验收，是到目前为止全国唯一一个当年批准、当年验收通过的保税物流中心。武威保税物流中心地处连接兰新铁路和宝兰铁路的唯一通道——干武铁路园墩车站边，由北京中进物流有限公司建设，甘肃亚欧路桥国际物流有限公司运营，占地面积 730 亩，以此为中心规划 5.7 平方公里的产业发展用地。新疆计划着手启动丝绸之路经济带区域国际金融中心建设规划工作，以乌鲁木齐会展片区"金融城"为基础，打造具有国际视野的金融服务网，同时构建以乌鲁木齐为中心，伊犁、喀什等地州区域为次中心的多层次金融体系。

（七）发展展望

第一，规划新泛亚铁路（京昆高铁，京沈—哈大—哈牡绥东—海参崴高铁）。对外增加互联互通：一是缓解南海争端问题下的马六甲海峡水运安全威胁，通过高铁直接联系印度洋海域的港口，如吉大港、加尔各答港等，以更便捷、安全和低成本地获得能源、矿产物资。二是强化北京、西安、成都、昆明等城市与东南亚半岛各国重要城市、印度洋沿线滨海港口城市的互联互通，密切经贸、文化、科技交流活动，切实增强中国经济的辐射影响力。三是通过京沈、哈大、哈牡绥东—海参崴高铁联动俄罗斯远东的海参崴港、东方港，进一步扩大与日本海经济圈、俄罗斯远东地区的经贸交流合作。四是将东北亚与东南亚通过中国大陆高铁网便捷地沟通在一起，真正形成亚洲地区南北向的交通大通道。五是实现国家向外战略投资，通过泛亚高铁网建设，输出高铁技术参与邻国重大交通基础设施投资建设，并带动铁路沿线地区的开发与投资。

对内有利于转型升级：一是京昆、京沈高铁通车后能将我国的西部经济板块与东北经济板块联通，使得我国未来20年里的开发战略实质性从沿海地区转向内陆地区，是继我国沿海、沿江、京广之后的又一个重要成长地带。二是高铁沿线分布了北京和7个省会城市，包括哈尔滨、长春、沈阳、太原、西安、成都和昆明；并包括一批老工业基地，主要有牡丹江、吉林、抚顺、辽阳、鞍山、锦州、秦皇岛、唐山、张家口、大同、临汾、运城、三门峡、渭南、汉中（宝鸡）、绵阳、德阳、攀枝花—西昌，这些城市是我国建国前30年的经济重镇，具有雄厚的工业基础。同时该铁路沿线地区也是我国科技资源密集的地区之一，包括东北的哈大走廊，西安—汉中、成德绵地区，是我国的工业科技、军事科技和高新技术产业的智力资源密集地区，未来在培育强国支柱型产业，包括军工产业、大型装备制造、精密仪器和战略性新兴产业方面优势十分突出。三是通过新泛亚高铁与现有的“四纵四横”高铁网联通，高铁网交汇地区的沈阳、太原、西安、成都等中心城市将发挥更大的区域辐射影响力；此外，泛亚铁路将进一步提升哈尔滨、昆明等边境地区中心城市的综合枢纽地位和门户辐射影响力。

第二，规划渤海湾水水国际中转港。环渤海地区目前港口岸线资源竞争激烈，辽宁、河北、天津、山东等省市竞相向海要地，修建港口码头，拓展岸线，发展集装箱、大宗散货物流业，并大力拓展石化、钢铁、炼铝、装备制造、造纸等临港工业。在重大功能定位方面存在同位竞争局面，如大连港、天津港、青岛港都提出了建设东北亚航运中心或北方航运中心的定位；而大连、唐山、天津、黄骅、青岛、烟台和威海等地均提出了申报自由贸易区的要求。造成这种局面是由于行政条块分割，且长期得不到有效解决。主要表现为：一是这种无序发展局面使得环渤海地区长期存在争夺国际到岸的大宗物资资源、海陆中转物资、进出口集装箱的不合理现象，对于区域经济可持续发展造成负面影响。二是随着环渤海地区的经济进一步发展，依托港口进出口物资快速增长。如营口港集装箱吞吐量从5年前的200万标箱快速上升到2013年的530万标箱，而货物吞吐量更达到了3.3亿吨，这个现象同样发生在大连港、天津港、唐山港、黄骅港身上。大量大规模吨位的船舶都将从胶东半岛和辽东半岛中间的几个水道通过，水上拥挤现象越发突出。三是过度无序围垦沿海滩涂、湿地和海域并发展重化产业，对于近岸海域生态环境造成不可逆的破坏，并影响到渔业养殖。

到辽东半岛、胶东半岛之间地区学习调研，可以发现风景秀丽的长岛、砣矶岛、北隍岛、南隍岛、大钦岛、小钦岛等。如果能够参照舟山群岛新区的模式，在保护渤海湾水道、长岛地区生态环境和风景的前提下，可拓展港口码头，作为水水中转国际枢纽港基地。通过水水中转国际枢纽港整合大连、营口、锦州、唐山、天津、黄骅、烟台的集装箱国际中转业务；同时成立大宗物资水水集散基地，统筹大连、营口、葫芦岛、秦皇岛、唐山、天津、黄骅、东营、龙口、烟台的大宗物资运输。该区域同时是建设东北亚自由贸易区和国际休闲旅游胜地的最佳选地。

第三，中俄西伯利亚铁路—北极航线（海运）。随着全球气候变暖，初步预测在本世纪2050年以后，北极地区海洋性冰川将大部分消融，届时一条自中国东北三省向北穿过俄罗斯西伯利亚地区，再经过北冰洋到达北美东海岸和西欧沿海地区的贸易、能源大通道的战略意义将凸显。同时，北冰洋地区丰富的油气资源、海洋资源也是中国发展的重要战略能源供应基地。

总之，“一带一路”不仅是实现中华民族振兴的战略构想，更是沿线各国的共同事业，有利于将政治互信、地缘毗邻、经济互补等优势转化为务实合作、持续增长优势。通过“一带一路”建设，无论是“东出海”还是“西挺进”，都将使我国与周边国家形成“五通”，这已成为全球经济共同性问题。“一带一路”战略合作中，经贸合作是基石。遵循和平合作、开放包容、互学互鉴、互利共赢的丝路精神，中国与沿线各国在交通基础设施、贸易与投资、能源合作、区域一体化、人民币国际化等领域，必将迎来一个共创共享的新时代。

三、美国量化宽松退出对中国的影响及对策

2014 年 10 月 29 日，美联储宣布结束量化宽松货币政策，给六年前开始实施的量化宽松政策（QE）画上了句号，同时明确下一步政策重点将转向加息，这意味着金融危机以来史无前例的宽松货币“盛宴”落幕，这多少也使人们想到美元汇率是否被操纵。

（一）受量化宽松退出影响美元出现升值态势

由于市场对美联储退出量化宽松这一决定早有预期，自 7 月 1 日以来，美元出现了一波大幅度升值，对欧元、英镑、日元等主要货币均出现较快升值。根据国际汇市数据，从 7 月 1 日到 11 月 20 日，欧元对美元汇率从 1 欧元兑换 1.3690 美元下跌到 1.2521 美元，欧元下跌 8.5%；英镑对美元汇率从 1 英镑兑换

1.7147 美元下跌到1.5661 美元，英镑下跌8.6%；美元对日元汇率从 1 美元兑换 101.51 日元上升到 118.38 日元，美元升值16.6%，对主要新兴经济体国家的货币也大多呈现升值走势。在主要国家货币中，唯有人民币对美元呈现升值态势，美元对人民币汇率从 1 美元兑 6.1995 下降到 6.1240 元，美元贬值 1.2%。由于美元对绝大多数货币呈现明显升值走势，美元对主要货币加权名义汇率指数升值 9.8%，升值态势比较强劲。

（二）美元升值对国际大宗商品价格和资本流动影响显著

美元升值给国际市场带来了一系列重要影响。由于美元是国际交易的主要计价货币，美元升值造成大宗商品价格的明显下跌。从 7 月 1 日到 11 月 14 日，纽约轻质原油期货连续报价从每桶 105.2 美元下降到 75.96 美元，下跌达 27.8%，11 月 13—14 日盘中报价曾一度跌破每桶 75 美元大关。同期内其他多数大宗商品价格也呈现下降走势，表现为大宗商品价格综合指数 CRB 下降 11.9%。美元汇率升值还会对国际资本产生较大影响，在当前美元较快升值的情况下，国际资本会从贬值国家向美国流动，这对一些国际收支状况本来就比较困难的国家会造成巨大负面影响，还会对一些严重依赖大宗商品出口的国家经济增长产生不利影响。上述美元汇率的波动，最好不是人为的操纵。

（三）对中国经济的影响

美量化宽松退出已经对中国经济产生影响，主要表现为以下几方面：

第一，人民币有效汇率明显升值。近期由于美元对多数货币持续较快升值，而人民币呈现对美元升值，这就造成人民币有效汇率的较快升值。根据国际清算银行计算的人民币有效汇率，9

月份人民币实际有效汇率较之 6 月份已经升值 5%，有可能对未来出口产生不利影响。

第二，加大国内生产资料价格下降的压力。中国多种生产资料对国际市场依赖程度较高，原油、铁矿石、大豆等产品进口均超过国内需求量的一半。美元升值导致国际大宗商品价格下降，对中国国内同类产品价格影响较大，近期中国国内工业生产者购进价格指数和出厂价格指数同比下降幅度有所加大，与此不无关系。

第三，引发部分外资从中国流出，对中国货币市场运行产生影响。三季度中国尽管有 1200 多亿美元的外贸顺差，利用外资还有近 300 亿美元的资本流入，但是三季度中国的外汇储备反而出现了下降。尽管这其中有非美元外汇资产贬值的影响，但也有企业结汇意愿下降的影响，还有部分是由于美元升值而引发的资本流出。资金外流不仅将会造成人民币贬值预期，而且不可避免地造成人民币资产价格下滑、流动性环境紧张等负面影响。对此，中国经济决策当局不可不慎。不过，考虑中国目前的外汇储备情况，如果届时出现美元急剧流出的状况，中国央行及时抛售部分美元资产，应该可以保证市场动荡在可控范围。

（四）对策思考

在当前美元持续较快升值的背景下，如果人民币再对美元继续升值，就会造成人民币有效汇率升值过快的情况。

第一，适当加大对汇率市场的干预力度，减缓甚至扭转人民币对美元汇率持续升值走势。目前从不同角度进行估测，包括国际上的一些研究结论，均认为人民币汇率已经接近于均衡水平，这为人民币汇率双向波动提供了基本条件。因此，在人民币已经持续升值一段时间的情况下，可放缓人民币升值步伐，甚至可通过较强的干预力度，使得人民币出现一定幅度的贬值，呈现双向波动的态势。

第二，要根据国际市场价格变化，利用好国际国内两种资源。当前国际大宗商品价格出现较大幅度的下降，可趁机多从国际市场上采购。例如，目前纽约轻质原油期货连续报价已经下跌到75美元左右，由于我国石油生产与需求存在很大缺口，如果国际油价继续下跌，可适当增加原油储备，国内石油企业也可适当控制产量，多使用进口石油和天然气等资源，以备将来开发使用。同时，多从国际市场采购原材料，也可消化我国的外汇储备，有利于调整外汇资产储备的结构。

第三，根据不同币种汇率变化适当调整外汇资产的结构。目前中国有接近4万亿美元的外汇储备，分布于不同货币种类的资产。应加强对国际汇率市场走势的预测，根据汇率变化适度调整外汇资产的结构，尽可能减少汇率波动对外汇资产可能造成的损失。面对当前外汇占款作为基础货币投放的条件已发生巨大变化、外汇占款新增减少的局面，我国央行综合施策精准发力，加强货币政策定向调控，变被动应付为主动应对。比如，加大对“三农”、小微企业的定向支持力度，通过PSL（抵押补充贷款）、SLF（常设借贷便利）、SLO（短期流动性调节工具）、MLF（中期借贷便利）等创新工具向银行注入流动性，降低实体经济融资成本，同时，积极修改货币政策框架，推动货币政策从以数量型工具为主回归到以价格型工具为主的正常状态，增强了中国金融市场的实力和货币政策的独立性。

有了这些有益经验，中国应进一步创新货币政策工具，加大对“三农”、小微企业、棚改、科技创新等领域及中西部等地区定向降准、降息的力度，继续提高PSL等工具的操作频率和规模，减少货币政策对外汇占款的依赖，形成包含短期及中长期政策利率在内的基准利率体系，加强热钱监控，减小国际套利资本对我国金融稳定的影响。同时，加强全球协调及政策沟通，敦促主要经济体增强责任感，提高货币政策透明度和可预见性，加快推进 IMF 等多边机构改革，不断提升发展中国家的话语权。

第四，推进人民币国际化，成为国际规则的建设者。人民币国际化程度越高，全球量化宽松政策对国内的负面作用就越小。一方面，应借鉴美元、日元国际化的经验教训，积极开展与世行等国际机构合作，推进金砖国家开发银行、亚洲基础设施投资银行等机构的设立，鼓励发展多层次人民币离岸市场；以“一带一路”、海外能源和粮食基地等重大建设项目、对外援助和企业走出去为平台，扩大境外人民币投资、贷款和配套援外规划等资本输出；丰富人民币交易品种，逐步提升人民币的国际地位。另一方面，审慎开放我国资本账户，可在人民币利率与汇率市场化机制基本形成后，通过上海自贸区先行先试积累经验，再稳步实现资本账户有条件定向开放。通过签订双边投资协定，将中国金融市场准入资格作为推进人民币国际化的策略工具。

第五，保持经济健康可持续发展，增强金融安全基础。当前和未来一个时期，要加快经济发展方式转变，努力实现三个结合，做好三项重点工作，即：将产业转型和技术改造相结合，重点做好信息消费升级，使第三产业、消费需求逐步成为经济结构的主体；将新型城镇化与民生相结合，重点做好棚户区和旧城基础设施改造；将结构调整与提高人民生活水平相结合，重点发展健康养老等新兴服务业。依靠自身发展扩内需、稳增长，不仅能防止短期国际资本大量流出造成的冲击，也有利于保证我国货币政策的自主性。

第六，制定应对全球量化宽松的预案，防患风险。风险的事前预防远重于事后应对，防范全球量化宽松政策的风险，要做到

“预防为主、应急为辅”，“治于未病”。而一旦出现风险，应对方式是否正确决定了化解风险是否有效。要加快构建金融安全体制，金融与商务、财政、发展改革等部门要建立联合预警机制，形成部门联动，对风险的传染性早做预判，制定不同情形下防控风险的预案。考虑到美国 QE 退出及加息周期与我国利率、汇率市场化改革期重叠，我国要加强对利率形成和传导的调控能力，防范境内外的套利行为干扰境内资金价格，同时要强化正面宣传引导，稳定市场心理预期。

四、乌克兰危机深刻影响着全球新调整

乌克兰危机是由 2013 年底乌克兰亲俄派总统亚努科维奇中止和欧盟签署政治和自由贸易协议，欲强化与俄罗斯的关系导致。2013 年 11 月 22 日，乌克兰亲欧派在基辅展开反政府示威，抗议群众要求政府和欧盟签署协议、亚努科维奇下台、提前举行选举。2014 年 2 月 22 日，亚努科维奇被议会罢免其总统职务，并宣布提前于同年 5 月 25 日举行总统大选。3 月 11 日，克里米亚议会通过了克里米亚独立宣言。4 月 7 日，乌克兰顿涅茨克亲俄者宣布“独立拟公投入俄”。4 月 30 日，图尔奇诺夫宣布，乌武装力量进入全面战备状态，决定征兵。12 日，乌克兰东部顿涅茨克州和卢甘斯克州宣布成立独立“主权国家”。25 日，乌克兰举行总统选举。27 日，乌政府称夺回顿涅茨克机场。

（一）背景分析

2013 年底，亚努科维奇拒绝与欧盟签署自由贸易协定，引发乌克兰政治危机，反对派发起大规模示威，要求亚努科维奇下

台，提前举行大选。2013 年 11 月 22 日，大约 3000 人冒雨聚集在基辅市中心独立广场，挥舞欧盟旗帜和一些标语，抗议政府放弃与欧盟签署联系国协定。这份协定历经多年协商，准许乌克兰加入以欧盟为主体、包含挪威等非欧元国家在内的自由贸易区，在乌克兰申请加入欧盟进程中具有里程碑意义。双方草签协定，原定 29 日在立陶宛首都维尔纽斯召开欧盟峰会之际正式签署。欧盟先前把乌克兰释放前总理季莫申科作为签署联系国协定的条件之一。不过，乌克兰议会 21 日再次投票否决准许季莫申科赴德国就医的提案。

这名曾发动“橙色革命”上台、又因滥用职权罪入狱服刑的亲西方政客 22 日通过律师发表声明，呼吁民众上街，抗议政府在入盟问题上突然改变立场。乌克兰总理阿扎罗夫 22 日为政府放弃联系国协定辩护：这是“一个艰难决定，但从眼下国内经济状况看，这是唯一可行的做法”。政府眼下财政吃紧，要向俄罗斯支付 170 多亿美元天然气费用，还要向国际货币基金组织等方面偿还 37 亿美元债务。

俄总统普京 3 月 9 日会见乌总统亚努科维奇时明确表示，如果乌签署联系国协定，将“立即失去很多，俄将限制乌商品进口”；相反，如果乌加入俄主导的关税同盟，将“立即获得利益，包括天然气价格优惠”。乌克兰“协和资本”投资公司发布的数据显示，2013 年前 9 个月，乌克兰对欧盟出口额为 146 亿美元，对俄罗斯出口额为 211 亿美元。2013 年年初以来，乌俄贸易额大幅减少，乌克兰经济因此遭受重创。阿扎罗夫说，乌克兰无法承受失去与俄罗斯贸易往来的损失。

这位乌克兰前总理说过，欧洲那些外交官员们在游行队伍中推波助澜，做与其身份不符合的事情。这是非常重要的一句话，也很耐人寻味。他们的目的是什么？难道仅仅是为了让乌克兰加入欧盟？说得难听点，如果乌克兰真要加入欧盟，欧盟还未必接受呢。既然不是为了乌克兰加入欧盟，那是为了什么呢？我觉得有两个目的：一是不要过分亲俄，而远离欧洲；二是如果不能亲欧，那就乱吧，越乱越好。

（二）性质和原因

政治分析家认为，乌克兰政治危机的直接导火索虽然是乌政府 2013 年 11 月决定暂停与欧盟签署联系国协定，但最根本原因还是国内民众在“向东走”还是“向西走”问题上的深度对立。这一根本矛盾没有化解，乌克兰局势升级的土壤就始终存在。从人口和地理因素分析，大约三分之一的乌克兰人口讲俄语，大多生活在靠近俄罗斯的东部地区，主张与俄罗斯保持密切关系；大约三分之二人口讲乌克兰语，主要生活在中西部地区，倾向于更亲近欧盟。

第一，两个历史阵营的博弈。乌克兰历史告诉人们，基辅罗斯之后，特别是在蒙古军队蹂躏了欧洲之后，乌克兰名义上是在立陶宛波兰大公国的统治之下，实际上却是属于无政府状态，所以出现了“哥萨克”。哥萨克一开始是一种职业，一种半军事化、半农牧民化的组织。但立陶宛波兰大公国却通过册封正规哥萨克军的手段，拉拢一群哥萨克贵族。这个策略看似当时不算成功，可是效果却在几百年后显现出来了。哥萨克大起义最后一次是由博格丹领导的，而且算是比较成功的一次。哥萨克起义是为了摆脱立陶宛波兰大公国的统治，以获得更大的自主权和获得更多的正规哥萨克册封的名额，当然也有不干涉东正教的宗教要求（这个是次要的）。起义成功了，却给哥萨克民族带来了亡国灭种的危机。与立陶宛波兰大公国的谈判破裂、克里木汗国背信弃义、奥斯曼土耳其虎视眈眈、沙俄不怀好意，真的是四面楚歌，乌克兰要存活下去，必须要选择一个有力的后援。乌克兰何去何从，博格丹当时面临抉择。起义的目的是指向立陶宛波兰的，政治目的明确，所以不会倒向立陶宛波兰。克里木汗国和土耳其是哥萨克的天敌，不能选。最后就只有沙俄了。臣服沙俄后，一部分哥萨克人才反应过来，他们失去了更大的自由，而且被册封的哥萨克贵族也失去了自己的特权，所以有一部分乌克兰人倒是更加怀念之前的波兰立陶宛公国，特别是在乌克兰西部地区。而东部和南部因为沙俄长期影响，特别是跟沙俄一起并肩作战赶走土耳其人，民族有了更多的融合，所以他们的政治倾向更多的是偏向沙俄。乌克兰的分化走向了必然，集中表现在一战时期。乌克兰两派，分别加入了协约国和同盟国，并参战。后来即使在苏联时期也有哥萨克骑兵进行反抗，在二战时期甚至不惜加入了德国阵营。即使在今天，乌克兰的官方语言是乌克兰语，但在乌克兰东部和东南部民间使用最多的还是俄语；而在乌克兰西部，几乎全部使用乌克兰语，甚至有人根本就不会说俄语，或者以说俄语为耻辱。在这种大的历史背景下，两个阵营的人再次被调动起来，也是必然的事情。不需要调查基辅独立广场抗议者的背景，只需要站在人群中间听听他们说的话就知道——很浓重的西部口音。

第二，美国和西欧的思想渗透。乌克兰是全世界最自由的国家之一，自由程度大大超过美国、德国、英国、法国等主流发达国家。这是西方情报部门渗透最佳的场所，而乌克兰人这种崇尚自由的性格也不在乎这种渗透，甚至明知道这是美国人的渗透，他们也乐于接受。“橙色革命”和2013年末政治危机，基本上所有人都知道是美国人在背后推动这场革命。明知道美国在后面搞鬼，你还拿钱去闹，那不是叛国是什么？文化不一样，也就意味着价值观不一样。乌克兰人乐于接受美金的资助去革命，每天

200—400 格里的乌克兰货币，虽然现在贬值得厉害，但对于一个普通乌克兰人来说，也算是高收入了。

第三，乌克兰总统的陋习和亚努科维奇的政治失策。乌克兰总统的陋习众人皆知。库奇马总统不与民争利，那是因为他卖的是军火，变卖现役部队的装备，甚至连一些国宝级别的武器也被变卖了。所以在库奇马时期，乌克兰的面包大约 0.5 格里一个。到尤先科时期，好东西基本上该卖的已经卖完了，不该卖的也卖了。所以是与民争利，一上台就敛财，到后来权力被季莫申科架空。季莫申科也狠狠地赚了一把，特别是通过政治流感，让背后的医药财团赚得盆满钵满。乌克兰面包价格大约 3 格里一个，涨了 6 倍。到了亚努科维奇时代，亚努科维奇也是一点也不含糊，直接伸手向企业家要，乌克兰好的企业基本上都被亚努科维奇家族霸占了。当然在霸占的过程中，也遇到了一些硬茬。开口要乌克兰某航空公司时，那家航空公司宁愿倒闭，也不愿意把公司送给亚努科维奇家族。所以大家都知道，基辅飞北京的直航不复存在了。

亚努科维奇把手伸到 PRIVAT 银行时，银行总裁强硬地威胁道，家人都已经在国外了，如果强要银行，那么银行立马破产，乌克兰大部分的贸易无法进行，乌克兰经济将会瘫痪。所以 PRIVAT 银行并没有易手，并且运行正常。亚努科维奇及其家族的贪得无厌，算是得罪了整个乌克兰的资产阶级，让资产阶级人人自危。财团老板们基本上都是家人出国，资产转移，就把自己和生意留在了国内。

由于亚努科维奇过度贪婪，不管是国内还是国外都已经是危机重重了。就在这个时候，亚努科维奇在是否加入欧盟这个问题上，不管怎么样选择都是错误的，都会把矛盾激化出来。然而，亚努科维奇终究做出了选择，也是唯一的选择，拒绝加入欧盟。

不能说一个选择是正确的，那么另外一个选择就是错误的，因为如果他选择加入欧盟，他会死得更惨。两条路都是危机重重，他选择了一条不会死于非命的一条路，但这条路可能会结束他的政治生命。

（三）乌克兰危机走向

由于乌克兰与独联体国家的特殊性，乌克兰最大的贸易伙伴是以俄罗斯为主的独联体国家。这种特殊性短时间内无法改变。例如：莫斯科有一家大型机械厂，生产成套设备。而制造成套设备的各种零件，需要从乌克兰生产。但乌克兰所生产的零件仅仅适合于 GOST 标准（全苏国家标准），所以也只有俄罗斯需要买它的产品，除了以俄罗斯为主的独联体国家，谁也不会买它的产品。作为俄罗斯，只能从乌克兰进口，作为乌克兰，只能出口给俄罗斯，这是一种惯性。俄罗斯和乌克兰都在努力改变这种对双方的依赖性。俄罗斯很幸运，它有一位伟大的政治家普京。普京把工业分成三类：一是一般的民用产品；二是能源（天然气为主）；三是关系到国家安全和国家命脉的高科技产品。对于民用产品，俄罗斯向乌克兰打开自己的市场，加重乌克兰经济对俄罗斯市场的依赖。对于能源，这是俄罗斯手里的一根大棒也随时是一根胡萝卜。乌克兰听话时，能源降价，不听话时，能源提价。对于高科技产品，一方面俄罗斯尽量使其国产化，另一方面即使在产品国产化后，也继续从乌克兰进口，以达到让乌克兰继续依靠俄罗斯市场的目的。当然，俄罗斯实现产品国产化后，也就有了压价的资本。乌克兰比较倒霉，没有普京一样有远见的政治强人，虽在努力摆脱俄罗斯市场，但是很遗憾，没有一个能够得到延续的政策，国家的精力都消耗在内讧中。

五、美国新的全球战略引起世界密切关注

文献显示，美国新的全球战略至少包括加强国际贸易合作、碳计划、网络空间战略制高点、打击恐怖主义和极端组织等四个核心组成部分。第一，美国需要加强与加拿大、墨西哥这两个邻国在贸易、能源等领域的合作，使得在东亚各国制造业成本上升的背景下，提高北美地区在制造业等领域的竞争力；第二，美国应当通过世贸组织的平台来加强国际贸易合作，附以军售平衡战略，调节政府采购路线图，使世贸组织跟上当前全球经济变革的步调；第三，鼓励性别平等能够释放女性的才智和企业家精神，美国应成为这一方面的领军者；第四，以碳计划战略为抓手，重点需要和发展中国家的情况相匹配，新任美国财政部长应重视美国政府各部门与各大国际经济组织之间的政策协调。其中，美国新战略要求美军加速进行面向 21 世纪的全面转型性改革，将国防规划模式从“基于威胁”调整为“基于能力”，计划在所有可能发生的冲突中取得胜利。为了实现其战略目的，美军把战略投送能力作为实现其战略目标的基础和美军转型的核心内容，进行重点投资和建设。

（一）海运是美军战略投送能力的核心力量

海运能力是美军战略投送的重要组成部分和主要依靠力量。在近几场美军海外作战中，海上运输一直作为主要方式，为前线美军的预先集结部署和应变调运提供了主要运输保障渠道。在美军战略投送的任务区分中，人员通常空运至目的地，大多数装备和补给则要通过海运。美军如此规模的运输量能够有条不紊地展

开，关键在于高效庞大的指挥机构——军事海运司令部。军事海运司令部设在华盛顿，由军事运输司令部直接指挥，负责组织协调美国本土与海外及海外各地区之间的海上运输，具有高度集中统一的指挥权。据 2003 年 3 月统计，海运司令部所辖主要运输舰船共计 187 艘，事先预置船和海上运输船是军事海运司令部的骨干，其在事先预置运输、大量快速海上运输和持续海上运输三个主要职能方面起着极为重要的作用。

美国海运资源主要由军队和商业船队组成，总载重吨位为 1400 万吨。美军现有的运输船由三类组成，即 8 艘快速海运船、19 艘大型中速滚装船和 72 艘第一类后备役舰只。8 艘快速海运船编为第 1 快速海运船队，承担着战争初期陆军师重装备紧急投送的任务，主要部署在美国东部和海湾海岸，是军事海运司令部的王牌。除军队船只外，还有 192 艘商船可用于军事用途，其中包括美国本国的和外籍的船只。美军使用的本国商船主要指海上联运自愿协定限定的船只。海上联运自愿协定是通过预先协商的应急合同，分阶段获得悬挂美国国旗舰船或系统的规划，以满足国防部的紧急海运要求。美国运输司令部将在国防部长批准后，分阶段启用海上联运自愿协定。外国的海运船只主要是指北约成员国政府业已同意向美国提供的海运支援，以满足美国的紧急海运需求。

（二）空运是美军战略投送能力的重要支撑

在三维立体式的投送方式中，空运是美国军事机器作战能力最主要的，也是最重要的组成部分。由于它的快捷、连贯的特点，在危机发生时，美军都是最先调用空运部队来投送兵力。空运主要输送人员、早期部署部队的部分装备以及时间性很强的补给品，是兵力投送手段中速度最快的方式，大约是陆上兵力输送速度的10倍、海上输送速度的20倍。而且空中兵力投送一般不受地球曲率的限制，能超越沾染区、破坏区、火灾区、泛滥区等各种障碍，执行兵力投送任务。同时，空中兵力投送的距离在单位时间内也较其他输送方式为远。现代大型运输机航程已达数千公里，经空中加油可实施全球投送。美国作为一个把军事战略建立在兵力投送基础上的超级大国，装备有大量中远程运输机，其空运能力在世界上首屈一指。海湾战争中美军的战略空运完全改变了传统的将空运作为紧急运输手段使用的做法，一举确立了战略空运作为美军海外作战支柱的地位。为适应新军事战略的需求，美军空运能力的建设目标是：运载能力从8000万吨千米/日提高到8770万吨千米/日；4天内可将1个轻型旅、5天内将1个轻型师、30天内应将由5个师组成的快反作战群投送到世界任何地区遂行作战任务。为提高快反作战能力，美军一方面推进军队组织体制和装备体系改革，组建更多适于进行空中机动的轻型部队；另一方面注重增强军事空运能力，包括对现役C－5战略运输机和C－130战术运输机进行现代化改装；采购150余架C－130J新型军用运输机和增购60—100架C－17大型军用运输机，以进一步提高机群的出勤率和任务适应能力。

美国的空运资源主要包括建制空运部队和民用后备航空队两大部分。建制空运部队主要由三个部分组成：一是空中机动司令部管辖的所有驻美本土的空中机动部队；二是战区联合总部麾下担负战区空运任务的C－130型战术运输机、C－27型运输机以及提供战斗支援的C－12型和C－21型运输机；三是空军后备役部队司令部的空运力量。美空军后备役部队包括空军后备队和空军国民警卫队，均担负战略和战术空运任务。此外，还有其他建制的空运资源，包括编在各军种、军种组成司令部和各军种大司令部的空运部队，主要为所在单位提供空运支援。除使用军用运输机外，军队在兵力投送过程中还可视情征用民用飞机。此外，美国还经常动用非美国空运资源。非美国空运资源是指根据现有协议，可从外国航空公司获得的空运能力。但这类空运资源的使用必须符合美国防部政策，并经国防部长批准后方可使用。

（三）预置是美军战略投送能力的重要补充

正如海湾战争所证明的那样，美军可以将部队近乎实时地空运到海外危机地区，但要同时空运这些部队所需的补给品——数以十万吨计的物资，在大多数情况下却是不可能的。为此，美国的计划人员研究出了预置储备这个解决问题的办法。所谓预置储备，即在靠近冲突地区的陆上或海上预先储备一定的军用补给品和装备，特别是运输飞机无法装运的超大型装备，当冲突爆发时迅速启封或向冲突地区运送，以保障空运抵达的作战人员及时与其装备会合，在最短的时间内形成战斗力。美军预置始于 20 世纪 60 年代的冷战时期。冷战结束后，美军开始从全球预置的角度调整在世界各地的预置装备和物资。预置大体分为陆上预置和海上预置两大类。根据美军的陆基预置计划，美陆军、空军和陆战队在欧洲、西南亚和韩国均预置了大量武器装备和补给品。其中陆军在陆上预置的装备最多。截至 2000 年 9 月，美陆军在欧洲共预置了 3 个重型旅的装备。在西南亚，美陆军在科威特和卡塔尔各储备了 1 个重型装甲旅使用的装备，这 2 套装备使美军具备向西南亚快速部署 1 个重型师的能力。美空军共在波斯湾地区预置了 46 套航空基地设备。在韩国，美陆军预置了 1 个重型装甲旅的装备，包括 120 辆 M1A1 艾布拉姆斯坦克和 68 辆 M2A2 布雷德利战车。美空军在韩国的三个地方共预置了 8 套空军基地支援设备。

美国新的国家战略中，明确提出了要与中印等新兴大国加强合作。近年来以中国为代表的发展中国家力量逐步上升，客观上已经掌握了世界更多的话语权，美国一家说了算的历史已经一去不复返了。因此，美国清醒地认识到这些国家的崛起，从而改变外交策略借力这些国家的影响力，但依然是以美国的称霸为目的，“多边合作”不代表着美国放弃霸主地位。

（四）将延续对朝鲜、伊朗核问题的强硬态度

奥巴马自竞选以来，就传递一个积极的理念，即希望以对话机制解决国际争端，包括他上台后就比较重视协调与美国关系不太好的中东国家关系。但对伊朗、朝鲜等问题，奥巴马的新战略只能说是“以退为进”，实际上能不能解决恐怕奥巴马自己心里也没底，只不过是在言辞上没那么激烈。不论是布什还是奥巴马，实际上解决问题的目标是一致的，只是手段不同。仅从伊朗来看，奥巴马虽然看起来没有布什那么强硬，但实际上伊朗强硬的立场并没有改变，在几方会谈失败后，奥巴马立场已经越来越强硬，同时国内的压力也越来越大。当试图通过外交来解决失败后，不排除奥巴马会通过强硬的手段去解决，甚至是武力，解决问题的实用主义是奥巴马政府放在第一位的，去年就传出了“五角大楼”军事打击伊朗的消息。美国只是给世界一个姿态，强调合作、发展多边关系，但在自身利益的驱动下，不排除美国在一些问题上仍然坚持单边主义行动。

总之，面对美国新战略，中国需有所作为。在国与国的政治经济军事关系越来越分开处理的今天，中国也需要学会分开处理。比如我们很喜欢拿经济利益来捆绑安全利益，以期达到周边国家不要在与中国安全的利益上有冲突，这样做现在看来已经没有什么效果了。有学者认为，经济合作只要是对中国有利，无论是跟谁进行经济往来都没有区别。在军事上，我们可以与周边国

家进行经常性演习，比如泰国、柬埔寨、老挝、印尼、缅甸等，我们提供演习的经费就行，这样既能增加所谓的透明度，也比用经济手段更能维护中国的安全利益，也能压制美国在东南亚对付中国的野心。在政治上，我们可以与韩国及东南亚一些友好国家每年举行一次类似与德国那样的政府间部长会谈合作会议，也可以每年派出高官出访东南亚或邀请东南亚高官来访中国。当中国采取上述政治经济和军事等多管齐下的政策后，美国还要有什么包围遏制中国的想法就难实现了。“一带一路”战略和互联互通战略的推出，表明中国有资源有力量去做这些事情，发球的主动权依然在中国手中。

The New Global Adjustments

Wang Xianlei

Abstract: The scientific method is the navigation of research. Using “index of Important Global Affairs Baseline” (IGAB) and Big Data to analyze and select and sort the importance of “the global event”, to pick up the top five big events as anticipation objects. The main contents include the rapid development of “International Intelligence”, our country's “One Belt And One Road” strategy, the impact of US's Exit of QE on China and China's Countermeasures, the impact of the Ukrainian crisis on the new global adjustment and America's new global strategy, ect, with potentially huge effects.

Keywords: index of Important Global Affairs Baseline (IGAB), intelligence

战略篇

全球发展战略态势与分析

（中国国际经济交流中心副研究员）张焕波

［摘　要］受页岩气革命鼓舞，美国提出全方位能源发展战略；为平衡经济发展模式，保障能源出口稳定，俄罗斯提出能源创新战略；为应对气候变化，并进一步摆脱对传统化石能源过度依赖，欧盟提出了更加激进的气候和能源新战略。以数字化、信息化、智能化为特征的高端制造业成为主要发达国家的产业发展重点，为此美国继续推进智能制造，德国推进以工业4.0为基础的高技术战略，法国提出新工业化制造战略，俄罗斯提出了工业化生产新技术发展思路。欧盟以ERA为基础的科技一体化进程加快，德国提出了全面的、跨部门的国家创新战略。在信息领域，德国提出数字议程，法国提出数字包容战略，日本重视大数据、云计算和网络安全。中国要实现“由大到强”，在新一轮产业竞争中上位，需要在修炼好内功的基础上，更加积极主动地融入全球，以全球产业链为背景面向未来谋划经济战略。

［关键词］ 战略　创新　信息化

当前以信息技术、新制造技术、新能源技术和新材料技术为代表的第三次工业革命正在全球范围内发酵，正在对全球经济社会发展产生广泛而深远的影响。从全球来看，经济复苏逐步增强且范围正在扩大，尽管不排除一定的下行风险，但出现大反复、大逆转的可能性在减少，世界经济进入由低速转入中速增长的时期。美国基本面向好，经济开始发力，即将摆脱衰退结束后的停滞期，实现较快增长。页岩油气革命为其制造业和化工业提供了核心竞争力。预计到2020年前美国将保持年平均3%—4%左右的增长速度。欧元区的总体经济形势已经度过最艰难时刻，开始微弱复苏，预计到2020年前保持1.5%—2%左右的增长速度。日本经济将摆脱长达二十多年的经济停滞，预计到2020年前保持1%—1.5%的增长速度。新兴市场和发展中国家总体增速有一定下降，预计2020年前会总体保持4%—5%的增长速度。处在转型换档期的中国经济将保持中高速增长，2020年年均增长速度会在7.5%左右。世界经济将形成以美国引领的发达经济体与以中国引领的新兴经济体和发展中经济体作为“双动力核”的发展格局。文章从能源、制造业、创新和信息化四个方面给出了世界主要国家和地区的相关战略政策、调整和趋势，并做了分析，给出政策建议。

一、能源战略态势

（一）美国的“全方位”能源战略

为应对美国能源安全和全球气候变化问题，美国提出了“全方位”能源战略——《作为经济可持续增长路径的全方位能源战略》。全面的能源战略将支持石油和天然气的环境友好型的生产。此外，政府通过支持风、太阳能、其他可再生能源和核能等计划推动低碳和零碳排放能源资源的增长，也通过提升能效来帮助降低能源需求。政府同样也支持煤电、天然气发电厂和其他工业的宏伟的碳捕捉计划、利用和储存。该战略有三大要素：支持经济增长和创造就业机会、提高能源安全、发展低碳能源技术并为清洁能源的未来奠定基础。该战略提到美国在天然气（生产）方面已经是领先者，国际能源署预测未来几年石油（产量）也将领先。全面能源战略将继续维持和加强这一重要的进展，并为发展低碳技术和清洁能源的未来奠定基础。全面能源战略支持可再生能源、核能和其他零碳能源的研究、开发和应用，并支持在能源效率（提升方面）的投资。

可以看出，美国的全方位能源战略的提出有着页岩气革命的基础。美国已成为世界领先的石油和天然气生产国。2013 年美国生产的石油和天然气、其他液体燃料的总产量已超过沙特阿拉伯和俄罗斯。美国的页岩气革命竟是被一家名叫米歇尔能源的企业凭借一己之力点着的。该企业经过近 20 年不懈的研发、勘探、钻井，在做了大量投入后促使技术有了大的突破，论证了页岩气项目的商业可行性。为了扶持页岩气产业，联邦政府和州政府出台了很多政策，包括税收减免与补贴、金融扶持、科技研发监管等政策，形成了系统全面且针对性强的产业政策体系，有力促进了美国页岩气产业的发展，也给本国带来了就业、经济增长等实实在在的利益。得益于技术突破，美国以致密油为主的页岩类轻质原油产量大幅增加，导致 2008 年到 2014 年其总体原油产量增长 80%。目前，由于美国并未解除实施 40 余年的原油出口禁令，美国生产的原油并不能直接投放全球市场。但是，美国国内供给充盈导致的原油进口量不断下降，依然间接对全球供求格局产生影响。页岩气革命将深刻改变世界能源格局。全球范围内的页岩油气大开发，将对高度依赖石油收入的国家的经济造成严重威胁。页岩革命已经不同程度地影响了美国的石油供应国，特别是尼日利亚、阿尔及利亚、利比亚和安哥拉等非洲国家，这些国家高质原油的品质和美国北达科他州页岩油田的油质相似。沙特和科威特等中东石油生产国因为美国炼油厂继续买入低质原油而受影响较小。不能排除由于石油供给减少给中东、南美和非洲一些石油国家带来的政治震荡。许多石油供给国家，既是发展中国家，又是政治脆弱国家，很容易发生经济危机进而造成政治震荡。页岩气革命将深远地影响船舶、机电、汽车和化工等几乎所有工业产业。

（二）俄罗斯的能源战略草案

为有效避免油气价格与能源需求波动对俄经济安全的冲击，缓解地缘政治震荡对经济的剧烈影响，俄政府于2014年年初公布的《2035年前俄罗斯能源战略草案》，提出了促进能源行业中长期改革与创新的方向。该战略有三大特色：一是要求俄罗斯加快能源结构调整，促进俄罗斯能源行业发展方式从原材料型向能源创新型、高附加值型转变。具体措施包括：从监管体系、基础设施建设、投资创新等综合环节入手，加强能源改革；完善国内能源市场，推进市场化竞争；加强政府监管，改革能源定价机制与管理体制；引入新技术标准，加快炼油现代化，提高石油、汽车燃料等产品的质量；通过经济激励、技术法规、国家和区域规划等方式，促进节能技术的发展。能源创新战略有利于降低俄罗斯经济对能源部门的依赖，加快经济结构多元化与发展方式转变。若新战略有效实施，2035年俄罗斯有望大幅降低能源部门对GDP的贡献率，同时将GDP能耗降低1/2。二是俄罗斯意欲扩大出口产品与区域的多元化，提升产品竞争力，重点是稳定欧洲地区供应，扩大亚太地区出口。要求整合俄企业在国际能源市场的业务，促进欧亚经济联盟建设。草案预测俄罗斯在2035年前能源出口中的23%将出口至亚太地区，以前只有约6%的天然气产量出口至亚太地区。草案提出，要扩大能源资产置换，加强在北极海上等风险和复杂项目上的国际合作，2035年前将北极大陆架开采的石油份额增至5%，天然气份额增至10%。三是维护在全球能源市场管理体系中的利益与话语权。俄很可能继续通过WTO、欧洲能源宪章、“天然气欧佩克”、世界石油大会等机制，增强对世界规则制定的影响力。

（三）欧盟的气候与能源新战略

欧盟在应对全球气候变化方面一直走在前列，以进一步降低欧盟对化石能源的依赖程度，提升电力和天然气领域的能源安全。欧洲理事会在2014年10月24日宣布，通过欧盟委员会于今年1月提出的《2030年气候与能源政策框架》。按照框架设定的目标，在欧盟范围内，到2030年温室气体排放要比1990年减少至少40%，可再生能源将占欧盟能源使用总量的至少27%，能效将至少提高27%。该战略有三大特色：一是成立一个可靠透明的管理体系，以助欧盟实现其能源政策目标，并保证成员国有足够的灵活度来选择其能源结构，成员国还可视情况设立更高目标。二是为了建立功能完善和沟通紧密的内部能源市场，欧盟还将在成员国支持下推动现有电网实现10%的互联。三是通过提高能源效率来缓解能源需求，开发本土资源和安全可持续的低碳技术，将有助于增强欧盟的能源安全。这是一项比较激进的政策措施，有助于欧盟通过发展低碳经济、实现绿色增长来增强自身的竞争力，也有助于保证欧盟的能源安全，但也会对传统高耗能工业产生影响。该战略可能导致未来欧洲碳排放许可证数大幅减少，碳排放许可证价格及电价都将走高，一定程度削弱欧洲钢铁等能源密集型产业的竞争力，使其无力对抗海外资源。

根据2014年6月的欧盟夏季峰会领导人声明，为避免高度依赖化石燃料和天然气进口，确保能源安全，未来五年欧盟的能源和气候战略将集中在三个方面，一是发展企业和民众负担得起的能源，具体工作包括提高能源效率以减少能源需求，建立一体化能源市场，增强欧盟议价能力等；二是确保能源安全，加快能源供应和路径的多样化；三是发展绿色能源，应对全球变暖。

二、制造业战略态势

（一）美国智能制造战略深入推进

国际金融危机以来，为了重塑美国制造业的全球竞争优势，美国推出了一系列制造业振兴计划，依托新一代信息技术、新材料、新能源等创新技术，加快发展技术密集型的先进制造业。作为先进制造业的重要组成，以先进传感器、工业机器人、先进制造测试设备等为代表的智能制造，得到了美国政府、企业各层面的高度重视，创新机制得以不断完善，相关技术产业展现出了良好发展势头。在智能技术的理论和应用研究方面，美国长期处于全球主导地位，人工智能、控制论、物联网这些智能技术的基础大多起源于美国，计算机业界最高奖项图灵奖获得者绝大多数是美国科学家。生产线自动化控制、仓储管理等方面早已大面积应用到RFID技术，有的自动化车间已经开始使用超高频RFID；智能制造产业体系日趋完善，从基础元器件到智能制造装备再到工业软件系统的智能制造产业体系越来越完善。

（二）以工业4.0为重点的德国高技术战略

工业4.0在德国被认为是第四次工业革命，是德国政府2011年11月公布的《高技术战略2020》中的一项战略，旨在支持工业领域新一代革命性技术的研发与创新，保持德国的国际竞争力。德国的工业4.0战略详尽描绘了信息物理系统（Cyber Physical System）概念，希望通过信息物理系统开创新的制造方式，实现“智能工厂”。信息物理系统是指通过传感网紧密连接现实世界，将网络空间的高级计算能力有效运用于现实世界中，从而在生产制造过程中，与设计、开发、生产有关的所有数据将通过传感器采集并进行分析，形成可自律操作的智能生产系统。

（三）法国提出新工业制造战略

自20世纪80年代开始，法国开始进入“去工业化”时代，制造业就业岗位从1980年的510万下降到2013年的290万，制造业增加值占GDP比重从20.6%下降到10%。根据法国国家统计局的数据，2008年国际金融危机爆发后，法国制造业延续了下滑走势，2008年至2012年，制造业就业率和增加值占比分别下降了1.3%和1.8%。同时，利润率加剧下降，劳动生产率增速持续减缓（2007年以来增长率仅0.9%，而2001—2007年增长率为3.1%），这也与德国、英国等其他欧洲国家的情况相似。然而，或许是受欧元贬值影响，2008—2011年对外贸易顺差减少，但于2012年出现了明显的回升。“工业强则国家强”，面对伴随“去工业化”而来的工业增加值和就业比重的持续下降，法国政府于2013年9月推出了《新工业法国》战略，旨在通过创新重塑工业实力，使法国处于全球工业竞争力第一梯队。该战略为期十年，主要解决三大问题：能源、数字革命和经济生活，共包含

34 项具体计划，展现了法国在第三次工业革命中实现工业转型的决心和实力。34 项计划分别是：可再生能源、百公里油耗 2 升以内的汽车、充电桩、电池自主自强、无人驾驶汽车、电动飞机和新一代飞行器、重载飞艇、软件和嵌入式系统、全电推进卫星、未来高速铁路、绿色船舶、智能创新纺织技术、现代创新的木材工业、回收和绿色材料、建筑物节能改造、智能电网、智能水管理、生物燃料和绿色化学、医学生物技术、数字化医院、新型医疗卫生设备、安全健康和可持续的创新食品、大数据、云计算、电化教育、电信主权、纳米电子学、物联网、增强现实技术、非接触式服务、超级计算机、机器人、网络安全、未来工厂。在《新工业法国》战略公布后的一年时间里，法国已推出了 10 项标志性成果，包括：无人机、搭载氢燃料电池的雷诺电动汽车、外骨骼机器人、智能仿生腿、联网 T 恤、增强现实眼镜、教育平板电脑、小学生平板电脑、新型电动飞机等。

（四）俄罗斯提出工业化生产新技术发展战略思路

俄罗斯在工业化生产新技术方面虽然已有一定的科研基础（主要是数字建模和新材料等领域），但若从实体经济部门发展现状来看，产业化、商业化情形并不乐观。例如，2012 年，俄罗斯工业机器人市场规模增速低于全球平均水平。许多相关解决方案目前仍依赖进口技术，俄罗斯本国的技术独立性还未达到应有水平。为推动工业化生产新技术发展，2014 年 9 月，俄罗斯总理梅德韦杰夫主持召开了经济现代化和创新发展主席团会议。从会议内容来看，俄罗斯的新工业化战略主要包含三方面的内容：一是重点发展工业化生产新技术，主要是发展现代的自动化技术、机器人技术、普及利用 3D 打印技术等。二是组建跨部门联合机构的方式，促进发展生产领域的新技术。部门联合机构的组建要以具体的项目为基础，其成员机构代表既有生产企业，也有技术解决方案的需求单位，包括大型国有公司、工程公司、中小企业、高等院校和科研机构等。如有可能，还吸引有资质的外国合作伙伴参与。三是要形成国家在生产型技术领域担任技术发起者的机制。要整合联邦政府、科研以及商业方面的资金和组织资源。要将工业化生产新技术列为发展科学、技术和工艺的优先方向。关注建立发展这一领域的金融机制，鼓励金融创新。四是将工业化生产新技术列入教育规划，使其成为促进该领域发展的激励措施之一。为培养掌握智能技术、信息技术、计算机建模、机器人工艺和附加技术等技能的人才，组建系统的培训机制。在着手创建国内先进大学之前，还需制定专门的新一代工程师人才的预先培训计划。在《发展工业和提高竞争力》的国家规划框架下启动《发展生产性资源》独立子规划，提出发展3D技术、机器人工艺和其他数字化生产技术的有关措施。目前，主席团委员会已经原则通过了这一建议。2015年年底前，将出台相关文件以及主要原则。据有关人士透露，此次会议上提到的具体措施不会很快实施。2015年6月30日前，计划提出组建联合机构的提议；2016年7月前，才会制定《开发国产工程软件》等相关子规划。

（五）日本的机器人产业战略

日本政府将在经济增长战略中，把机器人产业作为重点扶持产业之一。在2014年在8月日本新能源及产业技术综合开发机构（NEDO）公布的《机器人白皮书》中，提议充分运用机器人技术来解决人口减少问题等社会课题。其中预测，医疗、护理等服务行业机器人将进一步普及，2020年市场规模预计为现在的3倍以上，达到约2.8万亿日元（约合1700亿元人民币）。NEDO表示，白皮书旨在官民携手提高机器人技术。2014年9月，日本政府成立由专业技术人员等组成的“实现机器人革命会议”，并于9月11日在首相官邸举行了首次会议。日本政府认为，机器人可以大显身手的行业不仅限于制造业，还能够扩展至护理、旅馆、农业和防灾等广泛领域。而在上述行业的许多工作现场，现在依然存在机械性的繁重劳动依靠人工的现象。如果不超越以往的机器人技术，以凝聚广泛领域技术结晶的形式推进相关工作的话，日本必将落后于世界的潮流。

三、创新战略态势

（一）美国仍然是世界最大的研发投入者

自美国提出“重振制造业”战略导向以来，奥巴马政府从战略布局、发展路径到具体措施，环环相扣，逐层分解，完成了美国制造业创新计划部署。总体来看，美国研发战略有三大特色：一是建立了指导科研发展的高层管理组织。奥巴马在联邦政府中首次设立了首席技术官和首席信息官职位，分别负责制定技术政策和专项经费管理以及信息技术在联邦政府机构中的推广应用。二是推出一系列相关规划。2011年2月，美国政府重磅推出美国创新战略；同年3月，奥巴马总统提出《美国制造业创新网络计划》；同年4月，美国白宫科技政策办公室出台“21世纪大挑战”计划；2013年1月，美国总统执行办公室、国家科学技术委员会和高端制造业国家项目办公室联合发布了《国家制造业创新网络初步设计》。创新网络计划的目标是通过投资10亿美元组建美国制造业创新网络（NNMI），从而推动高校、企业和政府部门形成合力，通过缩小科研与商业之间的差距，打造一批具有先进制造业能力的创新集群；促进新技术、生产工艺、产品和教育项目的开发，推动美国先进制造业的复兴；为美国创造更多的就业机会，从而提振美国经济。三是继续保持研发的高投入，美国仍然是世界最大的研发投资者，通过高研究水平保持世界竞争力。根据相关预测，2014 年美国将在研发方面投资其 GDP 总量的 2.8%，投资额度达 4650 亿美元，在航空航天、国防和安保、能源和化学及先进燃料等领域的研发投入分别为 1460 亿美元、126 亿美元、70 亿美元和 120 亿美元。这一战略影响巨大，将促使研发领域雇佣 270 多万美国人，并间接提供 600 万个就业岗位，对美国经济而言影响也是很大的。

（二）欧盟以 ERA 为基础的科技一体化进程加快

自 2010 年颁布“欧洲 2020 战略”以来，欧盟朝着建设创新联盟和欧洲研究区的方向稳步发展。目前创新联盟建设已初见成效，欧洲研究区也将创建完成。这些步骤加强了创新知识基础建设，改变了成员国在相同研发领域和项目上自行其是的分割局面，提高了研发资源的整合效率。2014 年欧盟又正式启动“地平线 2020 计划”，这预示着欧盟科技一体化进程进一步加快。“地平线 2020 计划”总额 800 亿欧元，将重点扶持一系列具有创新思维、高科技含量、具备世界性竞争实力的研究项目和创新研发活动，实现创新理念的市场化、区域化和国际化。这些项目包括创新型药品，燃料电池和氢能技术，更清洁、更安静、二氧化碳排放更少的飞机，用可再生资源和创新技术来生产更环保的日用品等。为与欧盟层面上的科技一体化进程趋同，赶上欧洲研究区建设的发展步伐，欧盟成员国不同程度地进行研发创新体系的调整和改革，尤其是遭受危机重创、深陷债务危机泥潭的南欧各国。预计随着欧洲研究区建设的不断完善和“地平线 2020 计划”的逐项落实，欧盟未来的科技经济竞争力将得到较大提升。

的人口下降25%，让270万人实现互联网接入，到2020年使未接入互联网的人数进一步削减25%。《数字包容战略》得到了包括英国广播公司、英国电信公司、英国最大的移动通信运营商EE，以及谷歌、微软、沃达丰等40家组织、机构的支持，它们共同签署了一份《英国数字包容章程》。章程将敦促这些公司在促进数字包容性、鼓励更多的人上网、发起和支持全英范围内一系列新的活动中扮演更重要的角色，包括建立数字导师志愿体系及实施针对小企业和慈善团体的上网技能培训等。

（三）日本的智能ICT战略和网络安全基本法

20世纪90年代以后，日本逐步确立了IT立国的战略。2001年日本制定并开始实施《e-Japan战略》，提出了推进信息化社会发展的目标，并重点建设四个领域：建设超高速网络系统，完善电子商务交易规则，建设电子政府和加强人才培养。在2004年推出了下一步国家信息化战略，称作u-Japan，着力发展无所不在的网络和相关产业，希望由此催生新一代信息科技革命。2006年日本以“IT新改革战略”为基础，制定了新的“i-Japan”战略。“i-Japan”战略描述了2015年将会实现的日本数字化社会蓝图，阐述了实现数字化社会的战略，旨在通过数字化社会的实现，提升国家的竞争力，参与解决全球性的重大问题，确保日本在全球的领先地位。从e-Japan战略到i-Japan战略，再到u-Japan战略，显现出日本以信息技术应用为导向的新的信息产业发展思路。

近年来，日本互联网战略重点转向大数据、云计算和网络安全。为了促进经济增长，解决内部矛盾，日本政府将IT产业，尤其是大数据及云计算作为一个关键。日本总务省于2012年7月新发布“活跃ICT日本”新综合战略，提出大数据政策。日本政府也积极推进云计算的发展，提出了“有效利用信息技术，开创云计算新产业”的发展战略。该战略包括若干具体措施：基于对海量数据的实时处理成果，拓展市场需求领域，构建新的面向对象平台。2013 年 6 月，日本公布了新 IT 战略——“创建最尖端 IT 国家宣言”。“宣言”全面阐述了 2013～2020 年期间以发展开放公共数据和大数据为核心的日本新 IT 国家战略，提出要把日本建设成为一个具有“世界最高水准的广泛运用信息产业技术的社会”。日本总务省 2014 年版《信息通信白皮书》中分析，大数据的运用使得 2012 年国内所有行业销售额增加约 60 万亿日元（约合 3.6 万亿元人民币）。

2014 年 5 月 13 日，日本总务省公布了《智能日本 ICT 战略》要点。该战略由《ICT 增长战略 II》和《ICT 国际竞争力强化/国际扩张行动计划》两部分组成，旨在将日本打造为全球最具活力的国家，通过基于 ICT 的创新实现经济增长并为国际社会做出贡献。《智能日本 ICT 战略》的主要任务是实现国内战略与国际战略的协同。国内战略是指推进《ICT 增长战略 II》，即利用 ICT 连接起各种实物与服务，实现创新；国际战略是指实现《ICT 国际竞争力强化/国际扩张行动计划》。《ICT 增长战略 II》设定的重点计划涉及三个方面。第一是激发地区活力，第二是解决社会问题，最后是面向 2020 年东京奥运会推出的举措。ICT 国际竞争力强化/国际扩张行动计划设定的重点计划：针对地区某领域推进相关战略；ICT 一揽子提议；创建新架构。

为加强日本政府与民间在网络安全领域的协调和运用，更好应对网络攻击，日本国会众议院 2014 年 11 月 6 日表决通过《网络安全基本法》。根据这项立法，日本政府将新设以内阁官房长官为首的“网络安全战略本部”，协调各政府部门的网络安全对策。“网络安全战略本部”还将与日本国家安全保障会议、IT 综合战略本部等其他相关机构加强合作。该法案还规定，电力、金融等重要社会基础设施运营商、网络相关企业、地方自治体等有义务配合网络安全相关举措或提供相关情报。

五、讨论与建议

在双动力核心的世界发展格局下，中国经济对世界经济的影响将更为举足轻重。当前和未来一个时期，中国将处于一个由“世界大国”向“世界强国”转变的时期。中国将进入一个向世界输出资本、货币、人才、技术和发展经验的时代。中国向世界输出产品的质量将继续不断提升，中国高铁、电网等高端制造也将在全球布局。同时，在未来几年，中国有望成为世界最大的进口国和最大投资吸引国。中国要提升国家竞争力，实现“由大到强”，在新一轮产业竞争中上位，需要在修炼好内功的基础上，更加积极主动地融入全球，承担与世界最大发展经济体相匹配的责任，发挥与世界最大发展经济体相匹配的影响力。

第一，在新的起点上全面深化改革、扩大开放。中国的全面深化改革、扩大开放是中国经济发展的根本动力，也是世界经济发展的重大机遇。这一次的改革开放站在了新的起点，这就要求在推进中把握以下几个方面：一是要高水平与国际规则对接。当前，全球正在形成新的经济规则和体制，要在结合我国经济特色的基础上，改革与国际规则对接，开放与国际规则对接。二是要把创新放在核心位置，实现由制造大国向创新强国转变。要从国家层面强化科技创新战略规划，增大对创新的投入，选择重大关键领域加强前瞻部署，创建国家创新机构，加大科技创新教育和人才培养力度。三是要注重全面协调发展。

在经济发展的同时，要更加注重国际收支平衡、收入公平分配、环境保护和科技进步。

第二，更加积极主动地融入世界发展。在中国参与全球经济治理中，要把握好三个方面：一是中国在参与全球经济治理中的权力和责任要与中国作为世界最大发展中国家的地位相称，既要按照一个经济大国的地位来行使权利，又要在责任承担中体现发展中国家的区别。二是要坚持包容性发展，与国际社会共同应对全球性的挑战，共享发展的机遇，推动建设持久和平、共同繁荣与和谐的世界。三是要充分利用好二十国集团、亚太经合组织、金砖国家等重要国际机制和平台，创新与大国合作模式，与新兴市场国家和发展中国家实现优势互补、错位竞争，维护共同利益。在建设丝绸之路经济带和21世纪海上丝绸之路的大背景下，我国企业加快走出去迎来新契机。在我国企业“走出去”步伐加快的关键时期，政府、企业和中介机构应各司其职，形成协调统一、透明高效的“三位一体”对外直接投资模式，保障“走出去”持续健康发展。

第三，以全球产业链为背景面向未来谋划经济战略。当前世界经济格局正在发生深刻变化，新产业、新技术、新模式、新业态不断涌现。需要根据中国国情，研判世界产业发展方向，充分发挥比较优势，谋求先发效应，积极把握新的增长点，创造更大的消费市场。对于其他国家的战略规划要做充分的研判，做好应对防范。例如，随着美国原油产量不断增加，美国国内呼吁解除原油出口禁令的呼声不断增强，相信在不久的将来，美国会解除原油出口禁令，这就需要积极研究美国原油出口禁令解除后的对策。对于一些国家的好的经验和做法，我们也应积极学习和借鉴。例如，日本开始用大数据来做经济决策指标，我们的统计部门和有关政策分析决策部门也需要利用大数据来分析宏观经济，制定宏观经济决策。

Trend of Economic Development Strategy in the World and Analysis

Zhang Huanbo

Abstract: Under the background of the shale gas revolution, the United States put forward a full range of energy development strategy. To balanced economic development mode and guarantee the stable energy exports, Russia proposed energy innovation strategy. To cope with climate change, and further get rid of excessive dependence on traditional fossil energy, the EU put forward a more aggressive climate and new energy strategy. The United States continue to promote the intelligent manufacturing, Germany promote strategic high technology industrial base 4, France put forward new industrialization manufacturing strategy, Russia put forward new ideas for industrialized production technology development. Technology integration of European based on ERA is proposed to accelerate. In the information field, Germany proposed the digital agenda, France proposed digital inclusion strategy, Japan attaches importance to big data, cloud computing and network security. China need to realize "from big to strong" by more actively integrating into the global industrial chain and developing an appropriate development strategy

Keywords: strategy　innovation　information

北约亚太战略成因及效果分析

（中国社会科学院博士）童　真

［摘　要］近年来，随着亚太地区战略地位的日益凸显，以美为主导的北约在向全球性政治军事组织转型过程中形成亚太战略。北约亚太战略不仅是美国实现其“亚太再平衡”战略的重要支撑，同时也为北约自身的战略转型带来契机。但是，基于地缘政治环境、美欧分歧和军费削减等多方面因素影响，未来北约“参与亚太”的空间有限。

［关键词］北约　亚太战略　美国

一、影响北约亚太战略形成的因素分析

（一）北约对亚太的认知是其逻辑起点

北约对亚太的认知源于北约对整个亚洲的战略构想，是一个动态发展的过程。冷战结束后，伴随对手苏联的解体和“华约”集团的解散，北约完成使命，随之而来的是关于其存废问题的争论。为适应新的国际环境，以美国为主导的北约以“威胁泛化论”和“区外危机论”为理论基础，树立“寻找新的敌人、建

立假想敌”的战略观，实施三环战略：

首先，“扩大一环”，在维护美国领导地位和以原西欧盟国为支柱的同时，吸收原华约东欧国家，把北约地盘向东推进800公里。具体包括：一是维护美国的主导地位。北约起初就是在美国主导下建立，冷战结束后，美国更着力推进北约战略调整，并一直将战略重点放在欧洲，要求欧洲盟国在安全问题上服从美国的领导，依附美国主导下的欧洲安全体系制定安全政策。二是以欧洲为支柱。从欧洲国家角度看，需要美国的领导以平衡陆权大国的强大实力，特别是在与“心脏地带”争夺“边缘地带”时，作为历史上传统的海权国家，欧洲国家始终奉行与美结盟政策，以求在欧洲安全格局中起到重要作用。这种争夺几乎贯穿了整个欧洲近代史。建立“欧洲支柱”，既是对欧洲联合自强的安抚，也是为了使欧洲盟国在北约东扩与对外干预中发挥更大的作用。三是北约东扩。近代以来，东欧一直是欧洲外交、军事和政治争夺的战略要地。冷战结束后，北约积极东扩，接纳波兰、捷克、匈牙利入盟，使其边界向东推进了800公里。北约还通过和平伙伴关系，使“东欧国家普遍产生加入北约的愿望”，并明确表示，其东扩“既无时间限制也无地域限制”，今后仍将以中东欧国家为重点，有步骤地进行扩展。

其次，“巩固二环”，建立“欧洲—大西洋伙伴关系理事会”，覆盖几乎全部独联体国家，以保持和稳定北约同俄罗斯的关系。西方认为，冷战结束后前苏联和东欧国家已从“旧的敌人”变为“新的伙伴”，北约应成为保证这些国家顺利转轨，从而对其进行彻底演变的工具。因此，北约在1991年12月建立了“北大西洋合作委员会”，在1994年1月决定建立“北约和平伙伴关系”，之后又于1997年5月成立了“欧洲—大西洋伙伴关系理事会”，进一步加深北约与伙伴国的关系。但巩固二环的关键还是处理与俄罗斯的关系。俄罗斯地处欧亚大陆的“心脏地带”，冷战结束后，北约对俄罗斯的战略目标从本质上说是将其纳入北约主导下的欧洲安全体系，即三环战略的第二环。

最后，“控制三环”，即将北约控制范围延伸到北非、中东、中亚和中国，该地区被列为21世纪北约的“新前线”。具体实施手段包括：一是整顿巴尔干秩序。巴尔干地区在历史上一直是欧洲的火药桶。西方国家力图运用经济、贸易纽带，将巴尔干国家捆绑在一起，并通过政治改革，逐步建立起与西方国家相同的政治制度，以达到最后完全融入欧洲一体化进程中。二是控制里海—高加索—黑海—地中海线。控制住这条线，有助于北约对付来自欧洲内部和周边地区的民族、宗教、边界冲突和恐怖主义等跨国、跨地区威胁，同时保障西方的能源供应。三是稳住北非、中东局势。目前，该地区事务仍牢牢掌控在美国手中，如美国积极在沙特、海湾酋长国、摩洛哥等国家扶植亲美、亲西方的势力，同时促进巴以和谈，推进中东和平进程，并重点打击伊拉克、伊朗、利比亚等“无赖国家”，促使其内部发生有利于西方的变化。

总的来看，自20世纪90年代以来，伴随以中国为代表的亚洲新兴经济体的整体崛起，亚太地区的战略地位日益凸显，北约对亚太战略价值的认知也在不断提升。正如布热津斯基所言，欧亚大陆是美国最重要的地缘政治目标，美国正在实施“统合整个欧亚的地缘政治战略”，最终把北约的作用扩展到亚洲。通过美日联盟把太平洋国家和东南亚国家连接在一起。北约副秘书长亚历山大·弗什博也曾坦言，“随着经济发展和财富向亚太地区扩散，政治力量随之转移，这就意味着全球安全环境也相应改变。

因此，北约与亚太国家之间深化了解并寻求合作机会至关重要。”① 鉴于此，北约已将亚太纳入其整个战略考虑之中。

（二）北约职能向区外转型是其基本框架

冷战结束后，北约历经三次战略调整，其职能不断向“传统区”外扩张，亚太战略即在此框架下形成。第一次战略调整是以1991年在北约罗马首脑会议上通过的《联盟战略概念》为标志。在该新战略指导下，北约走出了自己的传统防区——成员国的领土范围，积极拓展其在地区安全和维和方面的影响。北约军事色彩有所淡化，政治色彩相对增加，进一步推动其朝多元化方向发展。第二次战略调整始于1999年华盛顿首脑会议上通过的面向21世纪的新《联盟战略概念》，将危机处理、维和、防止大规模杀伤性武器扩散及反恐作为北约的主要任务。2002年11月的布拉格峰会进一步决定，把军事干涉的范围扩大到对“世界上任何地方的危机”进行干预，突出北约的反恐职能，将反恐作为北约今后较长一段时期内的中心任务。第三次战略调整主要体现于2010年北约成员国领导人在葡萄牙首都里斯本举行峰会并批准了名为《积极参与现代防御》的新战略概念文件，重申了北约的集体防卫原则、应对非常规威胁、加强北约内部政治磋商、确保阿富汗行动成功、发展伙伴关系、发展与俄罗斯的关系、保持门户开放政策、建立导弹防御系统、应对网络威胁、加强北约内部改革和加强对公众的宣传等，指导北约未来10年发展。

可见，通过1991年、1999年和2010年先后出台的三份新战略概念文件：其安全防务从“前沿防御”转向“预防冲突和处理危机”；“集体防御”的性质从“传统区域防卫型”向“全球

① http：//www. nato. int/cps/en/natolive/news_ 99050. htm？ selectedLocale = en

扩张进攻型”转变；在步入21世纪10年后，提出“积极参与现代防御”的新战略概念，为应对未来10年可能面临的“新威胁、新挑战”，确定其“新使命”，全面提升在全球性安全事务中的地位作用。值得注意的是，在近10年一次的战略调整中不难看出，美国极力将北约由一个地区性军事集团打造成复合型的全球政治军事联盟。具体实践包括：第一次战略调整后，波黑战争促使北约走出传统防区，覆盖整个欧洲；第二次战略调整后，“9·11”事件使美欧在反恐问题上达成一致，北约跨出欧洲，走向阿富汗、伊拉克，介入整个中东地区安全事务；第三次战略调整后，北约提出在面对新的安全威胁时，可实施先发制人的打击战略，在全球范围内展开军事行动。随着恐怖主义和大规模杀伤性武器扩散等安全威胁成为北约主要面临的挑战，北约职能区外化既要求也促进了亚太战略的形成。

（三）北约东扩的顺利进行是其重要基点

如果说冷战结束后北约职能的区外化是其内涵的丰富，那么北约东扩则是其外延的拓展，是其亚太战略顺利进行的基础。冷战结束以来，北约东扩分别经历四个时间节点：第一阶段至1999年，首批吸收了波兰、捷克共和国和匈牙利，将北约边界向东推进约800公里，填补苏联解体后东欧地区出现的“安全真空”；第二阶段至2005年，正式接纳斯洛文尼亚、爱沙尼亚、立陶宛、拉脱维亚、罗马尼亚、保加利亚等7个国家，直入位于欧亚大陆的心脏地带——中亚，继续压缩俄罗斯的国际战略空间，削弱中亚地区的恐怖主义，同时强调对恐怖主义的直接军事打击；第三阶段至2010年，吸纳阿尔巴尼亚和克罗地亚，由最初的16个成员国扩大到28个，为进一步向亚太地区渗透，建立以北约为核心的全球新安全机制夯实基础；第四阶段至2014年，欧洲有可能通过使用欧元，从而实现金融统一，再进一步发展到在政治领域和军事领域的密切配合。

（四）美国“亚太再平衡”战略是其驱动因素

法国总统戴高乐曾说过，北约是为美国设计的而不是为欧洲设计的。北约的每一次战略调整，都是在美国主导下进行。随着亚洲新兴经济体的崛起和欧洲国家经济、军事的相对走弱，美国一方面希望搭上亚洲这趟经济高速增长的列车，另一方面又担忧中国、印度等国的崛起对其构成威胁，因而提出“亚太再平衡”战略，以确保在该地区的绝对优势，维护美国的全球领导地位。出于军事和经济两方面考虑，美国迫切需要北约的支持，极力推动北约“参与亚太”。

军事上，美国在亚太地区难以建立多边军事联盟，面对中国和俄罗斯这样的大国，美国始终有所顾忌，需要北约这一坚定的传统联盟支持。冷战结束后，美国最大的威胁不复存在，但美国与欧洲国家拥有共同的文化传承和社会制度，又历经半个多世纪的合作，互信程度相对较高，即便美欧之间存在分歧与矛盾，但北约仍是美国最可靠、最具实力的军事联盟，是美国“重返”亚太和实现全球霸权的重要保障。对比而言，基于文化、价值观等差异，美国在亚太地区军事上仍以双边关系为主，如日本、韩国、澳大利亚和菲律宾等。

经济上，自 2008 年全球金融危机爆发以来，美国经济遭到冲击，在应对全球性安全事务和实现“亚太再平衡”战略中需要北约共同担负成本。经过小布什政府时期两场战争的拖累以及 2008 年以来金融危机的冲击，美国面临严峻的财政压力，其国防预算自 2012 财年连续三年缩水，如果“自动减支”机制启动，至2021年，美国国防预算年均将再降500万亿美元。[①] 在资源紧张的背景下，美国在一定程度上实施了战略收缩，重点投向亚太地区。但是，随着传统安全威胁的持续存在和恐怖主义、核扩散等非传统安全威胁的增加，国际安全形势日趋复杂，美国需要与北约盟友共同分担成本，通过“巧防务”，整合资源，提高效率，最终通过正在推进的“跨太平洋”体系和已建立的“跨大西洋”体系，实现美国掌控世界的战略目标。

二、北约亚太战略的基本内容

（一）北约亚太战略目标

2005年，时任北约秘书长的夏侯雅伯访问澳大利亚、新西兰、日本等国，酝酿合作事宜。2006年，在第42届慕尼黑安全会议上，夏侯雅伯明确提出推进与亚太国家建立伙伴关系，亚太战略初步形成。他强调，北约必须与“欧洲以外的其他拥有类似想法的国家建立一种更密切的关系，比如澳大利亚、新西兰、韩国和日本。北约不是警察，但我们拥有不断增多的全球性伙伴。”[②] 同时，德国总理默克尔也表示，北约将建立全球性的伙伴关系，将亚太地区作为政策重点，加强与澳大利亚、新西兰、日本与韩国的合作与磋商，以政治对话为先导，为全面军事合作铺平道路。在美国的积极推动下，北约不断深化和扩大与亚太地区

① U. S. Department of Defense, “Defense Budget Priorities and Choices Fiscal Year 2014”, April 2013. http://www.defense.gov/pubs/DefenseBudgetPrioritiesChoicesFiscalYear2014.pdf

② Speech by NATO Secretary General Jaap de Hoop Scheffer at the 42nd Munich Conference on Security Policy. http://www.nato.int/docu/speech/2006/s060204a.htm

国家之间的互动，其亚太战略目标既符合又有别于美国亚太战略目标。简言之，北约以“参与亚太”为战略目标，通过“参与”的方式维护美国在亚太地区的“主导”。具体讲，即北约将亚太纳入其多边军事条约体系，通过拓展和深化与亚太国家的伙伴关系，改造伙伴国军事力量或直接在伙伴国建立军事基地，将北约的政治军事影响力扩散到亚太，最终实现北约“全球安全中心”的首要战略目标。

随着亚太地区在全球安全格局中的地位不断上升，“参与亚太”已不仅仅是美国对北约的政治诉求，更是北约谋求自身发展的战略选择，亚太战略成为其走向全球的突破口；北约通过与亚太国家建立伙伴关系，不仅在防御地域上全面突破了北大西洋的界限，在强化其政治与安全职能方面也迈出了重要的一步，北约亚太战略目标正逐步实现。

（二）北约实施亚太战略的主要手段

目前，北约除28个成员国以外，通过“欧洲—大西洋伙伴关系理事会”、“地中海对话”、“伊斯坦布尔合作倡议”和“全球伙伴关系”的方式，与41个国家建立了不同层次的伙伴关系。

基于亚太地区的地缘政治环境，北约亚太战略主要以建立“全球伙伴关系”为手段。至今为止，北约已与澳大利亚、新西兰、韩国和日本等8个亚太国家建立了“全球伙伴关系”。通过“全球伙伴关系网”，北约邀请亚太地区伙伴国参加高级安全会议、进行政治对话和实际合作，以实现北约在该地区的军事存在和政治影响。一是邀请亚太地区伙伴国参加高级安全会议。2012年，在芝加哥召开的北约首脑会议上，建立全球伙伴关系网被作为首要任务，日本、韩国、澳大利亚与新西兰等13个北约伙伴国，因在阿富汗安保方面的突出贡献，被首次邀请参加，并安排近1小时的相关议题讨论，北约进一步涉入亚太地区安区议题。二是与亚太地区伙伴国深化交流与合作，特别是美国军事盟友。2012年6月，北约秘书长拉斯穆森首次访问澳大利亚，表示欢迎《澳大利亚与北约的联合政治宣言》。2013年4月中旬，拉斯穆森又在朝鲜半岛局势紧张的敏感期，对韩国和日本进行访问，强化了与韩国的安保合作，同时与日本签署了共同政治宣言，并新设“北约日本代表”。

此外，北约进一步加强与中国等地区性大国的合作关系。早在2006年，时任北约秘书长的夏侯雅伯就曾公开表示，希望加强与中国的合作关系。2010年，在第46届慕尼黑安全会议上，北约秘书长拉斯穆森进一步强调应与中国等地区性大国发展更加紧密的关系，以解决阿富汗冲突以及其他重要的安全问题，中国外长首次出席该会议。在北约的一再邀请下，中国与其进行了一些接触，但所谓合作仍处于缺乏动力和基础，无法进入实质性内容的阶段。

三、北约亚太战略的局限性

在北约战略转型中，亚太战略为其转向全球化提供了重要契机，同时也带来诸多挑战。在地缘政治环境差异、美欧军费普遍削减以及北约内部分歧的综合作用下，北约亚太战略的实施空间有限。

（一）地缘政治环境差异

从地缘政治环境看，亚太地区属于地域辽阔、国家众多且各国政治、经济与军事环境差异较大的亚洲，这对于本属于欧洲—

大西洋地区的北约国家来说，很难针对其设定统一、具体的方针战略，因而往往形成对不同地区和国家相对独立的政策。若要深入亚太地区，不仅要解决地缘环境带来的困难，还要处理好该地区长期积累下来的政治矛盾、民族隔阂、领土争端以及朝核危机等一系列问题。在这些复杂问题的相互交织中，北约为实现其在亚太地区，甚至整个亚洲的战略构想，必须突破思想文化、社会制度、经济发展存在差异的限制，积极整合各种力量和资源，维护地区安全，以满足北约的全球安全政略需求。因此，北约“参与亚太”必须客观评估该地区政治与安全形势的复杂性与艰巨性，并做好相应准备。

（二）美欧军费普遍削减

从北约国家普遍削减军费的趋势看，欧洲盟国或对亚太地区的防务支出力不从心。北约虽然在不断的战略调整中得以存在和发展，但经过在阿富汗、利比亚军事行动中的消耗，加之金融危机的冲击，北约在面对未来来自全球的诸多挑战中，对亚太地区的军事投入恐怕虚多实少。从北约统计数据显示，从 2002 年至 2013 年，美国在北约防务支出中所占比重由不足 50% 上升到近 75%，欧洲盟国相对下降；同时，欧洲 21 盟国军费则从 2008 年至 2013 年下调了 9.5%；2011 年，28 个成员国中只有美国、英国和希腊达到了防务开支占自身 GDP 2% 的标准，目前多数北约欧洲成员国的国防开支亦未能达到标准，预计到 2015 年，所有欧洲盟国都将因削减军费而下降到标准线以下。未来 10 年，即使不启动“自动减支”机制，美国国防预算也将年均削减 500 万亿美元，而其陆军部队将大幅缩减至 42 ~ 45 万人，达到二战后历史最低点；同时，欧洲国家自 2010 年以来，也已裁军约 16 万人。因此，无论是从北约维护欧洲——大西洋地区安全的本质来看，还是从实际能力出发，北约的防务支出重点仍将在传统区域内。

（三）北约内部分歧

从北约内部美欧分歧看，欧洲盟国并不急于插手亚太地区安全事务，甚至对美国“亚太再平衡”战略有所顾虑。首先，美国与北约其他成员国的战略目标不同。美国奉行的是全球战略，极力促进北约的全球化，特别是在小布什政府时期，加速推动北约向“全球民主同盟”转型，试图以此遏制非西方世界的发展。这是因为，随着中国、俄罗斯等国的相对崛起，美国虽然拥有强大的军事力量，但仍然需要北约来提供对外干预的合法性，并以反恐、缉毒、打击有组织犯罪、维和等名义在世界各地驻军，以提升美国军事行动和情报能力以及扩大在驻扎国和地区的影响力。而欧洲国家，虽然由于恐怖主义、气候变化等全球新威胁的出现，并不反对北约与世界其他国家和地区建立合作关系，但中东欧国家更坚持强调北约的凝聚力和团结，不愿北约的全球化冲淡北约的集体防御组织性质。从历史发展过程看，北约亚太战略是在美国多次要求和推动下才得以形成。北约多数欧洲盟国都是安全的“生产者”，而非“消费者”，因此不愿再承担更多的负担，特别是对于美国“亚太再平衡”战略，更充满忧虑。根据美2012年颁布的新“防务战略指南”，美将通过减少对欧洲的投入来弥补对亚太地区增加投入所带来的成本，欧洲盟国对此表示不满，并一再提醒美国要履行《北大西洋公约》第五条款对盟国安全的承诺。

综上所述，北约“参与亚太”无论从客观因素还是主观因素看，其发挥的空间都较为有限，北约亚太战略的象征意义大于现实意义，政治意义大于军事意义。

Causes and limitation of the NATO's Asia-Pacific Strategy

Tong Zhen

Abstract: In recent years, with the rising of the strategic position of the Asia-Pacific region, NATO has formed its Asia-Pacific strategy during the process of transition to a global political and military organization dominated by theU. S.. NATO's Asia-Pacific strategy is not only an important support for the Asia-Pacific Rebalancing Strategy of the U. S., but also an opportunity for NATO's own strategic transformation. However, due to the influences of the geopolitical environment, differences between the United States and Europe and the reduction of military expenditure, the room for NATO to *participate in the affairs ofAsia Pacific region* is limited.

Keywords: NATO Asia-Pacific Strategy U. S.

经济篇

地缘政治危局笼罩下的世界经济

（中国社会科学院荣誉学部委员、
中国国际经济交流中心理事）谷源洋

[摘　要] 2014年世界经济发展非同步、不稳定；各主要经济体经济波动，美英向上波动，金砖国家向下滑行，经济表现普遍逊于预期；世界经济面临多种新旧风险与挑战，变革、调整和转型成为世界性潮流；发达经济体货币政策“有紧有松”，依旧保持较为宽松的基本面；世界经济相对“平静”，未出现往年那样的“财政悬崖和经济危机”，地缘政治危机成为影响经济复苏的重要因素；世界经济“平静”中有波浪、有变化，对世界经济增长产生着正负两方面的影响与作用；主流国际金融机构下调世界经济增速的预期，但世界经济复苏态势未变。世界经济处于“周期路口”的拐点，或走向持续的低速增长，或步入周期性景气的起步阶段。

[关键词] 世界经济　复苏　风险　挑战　地缘政治

2014年初，主流国际经济金融机构普遍认为世界经济将朝着利好趋势运行，IMF 预测 2014 年世界经济增长率为 3.7%。然而，IMF2014 年 4 月、7 月和 10 月发布的《世界经济展望》报告，分别将世界经济增长预测值下调 0.1、0.2 和 0.1 个百分点，最终降至 3.3%，主要原因是美国首季度经济为负增长；新兴市场国家经济持续下行；日本景气欠佳，德国、法国和意大利经济停滞；乌克兰政治危机波及和影响许多国家经济；埃博拉疫情导致尼日利亚、塞拉利昂和几内亚等国经济萎缩，使趋于上升的非洲经济蒙受损失，疫情范围继续扩大，受其影响的领域触及到全球航空、旅游、商品贸易以及疫情区的农业生产，等等。

2014 年世界经济增速尽管被下调，但世界经济复苏态势未变，重要标志是：

1. 联合国贸发会议预测 2013 年全球直接投资的流量为 1.45 万亿美元，2014 年将达 1.6 万亿美元，2015—2016 年分别为 1.75 万亿美元和 1.85 万亿美元；

2. 美联储货币政策变化对经济稳定、基础好的新兴经济体的影响有限，中国日趋增长的资本输出将部分抵消美联储实行货币紧缩政策的影响，通过深化改革，大力发展具有潜力的服务业，实现了既定 7.5% 左右的增长目标；

3. 英国《劳埃德船舶日报》数据显示，代表运输费用的每日波罗的海干散货运价指数（BDI）自 7 月以后上涨。BDI 与 GDP 具有正相关的联系，BDI 指数上扬折射全球贸易的改善，反映了全球经济回归正常复苏①；

4. WTO 预测 2014 年全球贸易增速为 3.1%，虽低于 1999—2008 年约为 GDP 增速两倍的水平，但高于 2013 年的 2.5%。随

① 《运输费用上涨体现全球经济改善》，《英国卫报》，2014 年 8 月 20 日.

着新兴经济体产能提升、消费者财富增加及各区域内和区域间贸易整合增强，国际贸易增长率低于全球经济增速并不是不可逆转的长期化趋势。WTO 预测 2015 年国际贸易将增长 4%，汇丰银行发表的《汇丰贸易展望》报告认为，全球贸易正逐步走出国际金融危机的阴霾，到 2016 年全球跨界贸易增速将回升至 8%①；

5. 美国和伊拉克等国原油供给增加，一些国家经济减速对原油需求减少以及沙特从过去以保障油价为目标的石油政策，转为不限产而关注保持石油市场份额的政策，触发了国际原油市场的卖空潮。国际油价偏软将持续一段时间，利于全球经济复苏；

6. G20 财长和央行行长会议敲定通过系列结构性改革，5 年之内使世界经济额外增长 2 个百分点②，给全球经济增长带来新的预期和动力。

"金砖国家"概念的首创者吉姆·奥尼尔认为，除非欧洲经济出现新的恶化及广大发展中国家发生不可预见的重大灾难，否则世界经济几乎没有可能会重现 20 世纪 90 年代的相对低增长，更可能发生的情况是全球经济增长温和提速③，提升全球经济的趋势增长水平。

然而，世界经济面临的挑战与风险无处不在，包括世界经济增长不均衡，全球贫富两极分化加剧，各经济体内部贫富差距不同程度扩大④，造成社会秩序不稳甚至社会动荡；全球老龄化趋

---

① 《汇丰贸易展望》报告，2014 年 9 月 23 日。

② 2014 年 9 月在澳大利亚召开的 G20 财长和央行行长会议达成的目标。

③ 吉姆·奥尼尔：《为全球经济增长提速欢呼》，《上海证券报》，2014 年 1 月 28 日。

④ 英国乐施会报告称全球最富的 85 人的资产总额相当于占全球一半人口的最贫困者财富的总和，2014 年 1 月 20 日。

势加快，各国财政负担不堪重负；全球失业率居高难下，许多国家受到高失业的困扰[①]。杰克逊霍尔全球央行行长会议认为，欧美“就业市场尚未完全复苏”；发达国家的通胀率均低于各国央行设定的目标，通货紧缩风险上升[②]，全球债务有增无减；各经济体受结构性约束，经济复苏力度不强，货币和贸易摩擦加剧；地缘政治危机引发的暴乱或战争，摧残了相关国家和地区的经济；一些发展中国家社会、种族矛盾和冲突引发难民潮，市场环境和投资环境恶化，等等，这些因素正在并将继续拖累相关国家经济和世界经济复苏。

重要的是变革、调整和转型已成为世界性的潮流，面对众多已知因素风险的冲击，不仅发达国家采取了一些有针对性的经济变革、调整与转型，以摆脱“复合型危机”，新兴市场国家和发展中国家也根据内外部经济形势变化，加速推进改革、调整与转型的步伐，促其实体经济从旧增长模式向新增长模式转变，进而带动消费、医疗、教育、养老、信息技术等行业的成长。正如世界经济论坛主席克劳斯·施瓦布所说“世界正处在划时代的变化当中”[③]。

2014年世界经济主要特点是发展非同步、不稳定；各主要经济体经济波动，美英向上波动，金砖国家向下滑行，经济表现普遍逊于预期；世界经济面临多种新旧风险与挑战，变革、调整和转型成为世界性的潮流；发达经济体的货币政策“有紧有松”，

---

① 国际劳工组织于2014年1月20日发布的《2014年度全球就业趋势报告》指出：2013年全球失业率为6%，失业人口为2.02亿。

② 2013年美国的CPI为1.7%，PPI仅为1.2%，是2008年金融危机爆发以来的最低点。2013年12月，欧元区CPI仅为0.8%。

③ 克劳斯·施瓦布《全球经济不确定性增加》，《中国证券报》，2014年1月10日。

依旧保持较为宽松的基本面；世界经济相对“平静”，未出现往年那样的“财政悬崖和经济危机”，地缘政治危机成为影响经济复苏的重要因素；世界经济“平静”中有波浪、有变化，对世界经济增长产生着正负两方面的影响与作用；主流国际金融机构下调世界经济增速的预期，但世界经济复苏态势未变，各经济体呈现不同特点的发展态势。

一、美国“经济数据”总体向好，联储如期终止购债计划，但尚未步入加息周期

美联储从2014年1月开始有序削减购买国债和抵押贷款支持证券（MBS）的规模，到10月底已按期完成削减购债计划，标志着美国经济有所改善。许多经济学家认为美国经济已接近“彻底复苏”的门槛，实际GDP增速接近或超过潜在经济增长率。美联储和IMF曾预测2014年美国经济增长率为2.8%，美国国会预算局发布的报告甚至认为2014年美国GDP增长率为3.1%、2015年为3.4%。

然而，2014年首季度经济增长率却为负2.1%，创下5年来最大的跌幅，主要原因除个人消费支出增长0.71%外，其他数据，包括净出口及政府消费与投资等均为负增长。鉴于此，IMF将2014年美国经济增长率从2.8%下调至1.7%[①]，美联储则把增长预期值下调为2.0%—2.2%。但首季增长收缩后，个人消费支出、出口、商业库存与政府需求上扬以及私营部门新增就业岗

① IMF这一下调幅度偏低，没有考虑到美国第二季度和下半年经济提速的因素，10月发布的报告又将2014年美国GDP增长率调升至2.0%——笔者。

位连续多月超过20万个，又推动了经济反弹。美国商务部等的报告把美国二季度GDP增长率调高至4.6%。美联储抑或IMF等机构均认为美国经济将提速，第三季度GDP增长率超过预期，约为3.5%，因此，2014年美国经济增幅有望达到略高于2%的目标。

然而，美国经济尚未步入强劲增长的“快车道”，因此，美联储主席耶伦多次表示“在结束购债后将继续维持低利率相当时间”。人们的关注点是耶伦所说的“继续维持低利率相当时间”究竟有多长？对于此问题，来自各方面的意见相佐，一种观点认为美国经济提速，美联储应在2014年底，最晚在2015年上半年提升利率；而另一种观点则认为美国长期失业的劳动者人数“仍反常地高”、通胀率低于美联储设定的目标区，美联储升息时间点应放在2015年第三季度或第四季度。

美联储现处于两难选择的境地，过早或过晚加息都将给美国带来风险。何时升息及加息幅度，如同美联储退出QE一样，取决于美国经济数据的变化，未来经济数据变化走向决定着美联储升息的时间点和升值的节奏。从耶伦的多次表态看，美联储步入加息周期需要具备四个基本条件：经济走向强劲增长；就业市场更加充分；通胀率达到或超过2%以及资产泡沫加速发酵。上述四个要素年内基本尚未出现，尤其美联储关注的核心通胀率、通胀率到年底仅分别为1.5%和1.75%，失业率虽已降至6%以下，但仍未达到“充分就业”的目标，劳动参与率仅为62.7%。因此，IMF总裁拉加德提醒美国不可过度紧缩银根，以免影响美国经济和世界经济复苏。事实上，美联储中的“鸽派”亦担心在日本央行和欧洲央行仍以宽松货币政策为主基调，对抗“过低的通胀和脆弱的复苏”的形势下，采取过快的货币收缩政策将会抑制美国经济复苏。因此，美联储丢掉“QE拐棍”后，并没有马上步入加息周期，即使是在今后适当时间点上调利率，加息节奏也是有序而缓慢的，联邦基金利率要从 0%—0.23% 回归危机前 4%—4.5% 的水平，恐怕是一至两年之内难以做到的事。

美联储从退出 QE 到步入加息周期，势必将通过多种渠道，对新兴经济体和发展经济体产生正面和负面影响：一是美联储最终改变“量化宽松”货币政策，意味着美国经济基本面改善及消费需求从弱转强，从理论推理上看，利于新兴经济体和发展经济体对美出口增加。二是美联储收缩流动性及美国实施减税等优惠政策，将会导致部分企业从海外撤资，直接和间接影响新兴经济体和发展经济体金融市场稳定和资产价格。三是美联储步入加息周期，将缩小与新兴经济体和发展经济体的利差，吸引私人资本流向美国。四是伴随 QE 退出，美元指数上升，以美元计价的商品价格下挫，使以出口原材料、能源等大宗商品为支柱的国家财政收入减少和主权债务膨胀。为此，新兴市场国家和发展中国家要趋利避害，未雨绸缪，尽早采取措施严防资本无序流动。

二、欧洲经济动荡、波折，经济形势不及预期，欧洲央行逐步推出有限度的“欧版 QE”

IMF 预测欧盟和欧元区经济将从上年的零增长和负增长，转为实现 2014 年 1.2% 和 1.0% 的增长，但实际经济状况却不如 IMF 的预期，经济困境由南欧向北欧国家扩散，呈现“复苏太慢、通胀太低、失业太高”的特点。有人认为欧洲正在走向经济全面停滞与通缩的泥潭，有人认为欧洲经济将再次衰退，IMF 表示再次衰退的概率达 40%，有人又言称欧元区解体、欧元崩溃。然而，前欧洲央行行长特里谢断言欧元区已不再处于全球危机的

“震中”，最为突出的变化是爱尔兰、希腊、葡萄牙、西班牙等重债国纷纷拒绝来自外部的援助计划，重返国际金融市场自主发债融资。

由上可见，人们对当前欧洲经济形势的认知程度不尽相同。较为客观的看法：一是英国经济形势不错，英国央行将 2014 年 GDP 增速预期从 3.4% 上调至 3.5%，成为欧洲经济的“亮点”；二是作为欧洲经济稳定器的德国，因地缘政治及工业产值减少等因素导致经济下滑，使欧元区经济更显疲软、脆弱，欧元区经济增长率约为 0.8%，虽不及预期的 1%，但强于上年的负 0.4%；三是欧洲对 130 家大银行进行压力测试，要求核心资产充足率至少达到 8%，法、德及西班牙主要银行都顺利通过测试。在未通过测试的 25 家银行中，有 12 家银行已经弥补了资本缺口，欧洲央行并于 11 月 4 日接过对欧元区银行的统一监管权，向建立欧洲银行联盟迈出了重要的一步；四是欧洲国家长期形成的创新传统没有受到削弱，德国“制造”早已成为高品质的代名词，仍具有强大国际竞争力；五是在消费需求乏力、复苏力度脆弱、企业投资低迷、失业率居高难下、通货膨胀在低位徘徊、通货紧缩风险加剧以及对俄制裁等多种因素的作用下，欧洲经济尚处在“摆脱衰退尾部阶段”，经济生命力的回归及出现实质性增长尚需要较长的时间。

经济表现差异化决定其货币政策取向，欧盟、欧元欧宏观经济形势逊于美国经济基本面，因此，欧洲央行的货币政策同美联储“分道扬镳”。IMF 总裁拉加德强调欧洲通胀率长期处于非常低的水平，需要采取措施予以提升。2014 年 6 月，欧洲央行开始实施负利率政策和再次推出约 4000 亿欧元长期再融资（TL-TRO），但欧洲经济依然低迷，通缩风险继续加大，迫使欧洲央行于 9 月 4 日再次降息，把隔夜存款利率降至负 0.2%，让再融资利率保持在更低的水平上，以对抗通缩上升风险。然而，消费与投资不振，失业率高达11.5%左右，难以驱动通胀率上升和抑制通缩。欧洲央行预测2014年CPI同比增速为0.7%，2015年上升到1.1%，距离2%的目标区相差甚远，因而各方要求欧洲央行行长德拉吉启动“欧版QE”的呼声越来越高。

然而，德拉吉对实施QE政策持谨慎态度：一是学术界和理论界对何谓通缩存有争议。一般认为CPI同比数据连续3个月为负增长才算称得上通货紧缩。欧洲CPI虽然下滑，但尚未陷入通缩的泥沼，只是加大了通缩压力与风险；二是欧洲流动性较为充沛，各银行拥有大量资金，但未流入有需要的企业和实体经济。欧洲央行通过TLTRO释放出的资金部分回流银行，部分被银行用于套利交易购买国债；三是德国总理默克尔坚持欧元区实施QE并非“对症下药”，而是饮鸩止渴，将造成更多的资产泡沫甚至信心泡沫。在长期低通胀率、高失业率和低增长的三重压力下，原则的坚持抵挡不住来自多方面的政治压力。由于其利率难以再降以及资产负债表规模持续萎缩，欧洲央行从10月中旬开始购买抵押债券，从第四季度开始购买资产支持证券（ABS），试图通过这两项措施为市场注入流动，提振欧元区通胀水平，促其股市反弹及汇率下跌，带动对外出口增加，拉动经济复苏。

但是，在财政支出和财政赤字约束下，欧洲央行并没有条件实施像美联储和日本央行那样的量化宽松政策，而且已推出的有限度的“欧版QE”两项措施，抬高了欧元区边缘国家的债券收益率。欧盟和欧元区眼下最大的难题依然是需要排解多重深层次结构性问题，2014年欧洲改革重心已从政府财政支出“节流”转向政府税收“开源”，着力改善企业生存发展环境问题。但在以德国为代表的“条顿集团”与以法国和南欧国家组成的“拉丁集团”之间关于紧缩还是增长的矛盾仍难以消除，“反德”和“反欧一体化”的声音日趋增大以及欧盟加大对俄制裁力度的形势下，真正的结构性改革恐难以推行。欧盟“三大巨头”业已选定，摆在新权力中心的挑战是欧洲经济停滞；欧美、乌克兰与俄罗斯冲突以及欧盟与英国的关系，这三大问题的解决将任重而道远。

三、日本难以跨越“结构性门槛”，经济增长减速，安倍经济学面临预知性考验

在安倍经济学的作用下，日本经济取得了“阶段性的成果”，2013 财年实际 GDP 增长率为 2.3%，但经济增速却逐季下降①。随着时间推移，其“潜在反效果”逐渐显现：一是日本家庭金融资产约 54% 为银行存款和现金，股市大幅上涨，其受益者只是持有股票的投资者，而广大消费者的困窘状况并未得到多大改善；二是日元大幅贬值②，虽有助于拓展出口，但进口原油及液化天然气、零部件或最终产品增加，抬高了生产成本，抵消了日元贬值的政策作用；三是安倍政府无节制地扩大支出，没有增加多少财政税收，反而导致公共债务规模不断扩大，成为经济复苏中的隐患；四是在日本央行继续维持“超低利率”政策下，从 2014 年 4 月起，把消费税税率从 5% 提高到 8%，试图通过新税收，减轻财政压力。维持“超低利率”和提高消费税的叠加作用，迫使消费者只好削减其他方面的需求来平衡家庭总支出，使日本政

① 2013 年 4 个季度的年化增长率分别为 4.1%、3.8%、1.9%、1.0%。

② 2014 年 10 月 108 日元兑 1 美元。

府刺激内需、推高通胀的努力受到抑制。2014 年日本第二季度年化经济增长率从第一季度的 6.1% 下降至负 7.1%。日本政府 10 月发布的经济评估报告，已从 9 月的“局部呈现疲软态势，但缓慢复苏的基调持续”，调整为“呈现疲软态势，但缓慢复苏的基调持续”，说明局部的疲软已经有所蔓延。按既定计划，日本政府将于 2015 年把消费税税率提高到 10%。据高盛证券的统计数据，物价每上调 1% 所导致的销售额减幅是 1997 年提升消费税时的两倍以上。如果提高消费税使日本“经济脱轨或继续减速”，存在暂缓再上调消费税的可能。

安倍经济学的最大效应是物价增速超过工资增速，造成百姓生活成本攀升，居民“消费冲动”缺乏后劲、企业生产和服务意愿低落、企业不敢贸然投资，有能力的企业选择在海外发展，从而使国内投资更显不足。安倍和许多经济学家早已认识到经济复苏之关键在于工资上涨。因此，安倍反复呼吁企业主增加员工工资收入，然而，日本约有三分之二的企业员工在中小企业工作，日元走软的受益者是大型综合商社，真正受惠于出口的中小企业不多，相反由于美元指数飙升，日元贬值幅度大于上年，使得中小企业进口原材料价格猛涨，而又无法将上升的生产成本转嫁到销售产品价格上，因而中小企业经营利润下降，难以给员工提高工薪。日本政府采取的应对措施是从 2014 年 10 月起，提升最低工资水平，并准备在 2015 年度预算中列入 1 万亿日元的预备费用，用于公共设施建设及补贴中小企业等。但不管日本政府采取何种经济刺激措施，未来日本经济潜在增长率将低于其他发达国家。

安倍经济学的三支箭都已“出弓”，但各方面给出的评估结论不尽相同。第一箭是提高通胀率，缓解通缩压力。日本央行预计 2014 和 2015 财年，日本 CPI 分别为 1.3% 和 1.9%，均未达到日本央行设定的2%的通胀目标。但通胀率在上升，通缩压力在减缓，第一支箭射中了目标，却未中靶心：第二支箭是通过大规模财政支出，刺激经济增长。据日本政府预测，2014 年实际 GDP 增长率为 1.2%，较上年 12 月预期的 1.4% 下调了 0.2 个百分点，但多家民间智库平均预测值仅为 0.6%。IMF 认为“日本经济复苏正在失去动力，安倍经济学再造繁荣的政策效力已经大大退化”；第三支箭是实行结构性改革和加速市场自由化，推动经济持续增长。结构性改革是安倍经济学核心内容，安倍经济学成功抑或失败在于结构性改革，但种种结构性缺陷仍在抑制着日本经济增长。安倍经济学的设计者滨田宏一，用安倍经济学英文前三个字母 ABE，给三支箭分别打了 A 级、B 级和 E 级。这一评估较为客观、

安倍强调 2014 年政府的首要目标是“继续全力以赴地重振日本经济”，但面临诸多挑战，新招数不多，无非是出台规模更大的经济刺激计划，包括扩大资产购买规模，购买额度从 70 万亿日元增至 80 万亿日元、对企业投资实施减税、鼓励企业扩大投资领域、促进居民就业和向低收入者发放补贴金，以缓解消费税上调后经济面临的冲击，支撑经济景气。IMF 于2014 年 8 月发表的对日本经济建议报告指出，日本第二季度 GDP 增长率大幅回落，不仅是因为增税打压了消费，更是因为日本各界对其经济前景感到不安而缺乏投资欲望，因而建议日本政府有必要通过改革提高各界对其经济增长的预期。IMF 的建议并无新意，实际上安倍也早已看到了这一问题所在，但看到问题并非意味着问题的解决，安倍经济学仍存有不少未知数，越来越多的投资者把 2014 年视为“安倍经济学”的考验年。

四、新兴经济体经济仍在下行，但略显企稳，崛起依旧是不可逆转的趋势

2014年新兴经济体和发展经济体的经济增速仍在放缓，主要原因：一是有些发展经济体紧缩银根抑制通货膨胀；二是发达经济体消费需求不足导致进口锐减；三是大宗商品价格走低造成发展经济体资源出口国财政收入减少；四是美联储货币政策变化影响发展经济体金融市场稳定和资产价格；五是发展经济体调整结构进展迟缓。由于上述内外部因素变化，新兴经济体和发展经济体经济减速已成为事实。摩根士丹利银行的经济学家提出了"脆弱五国"（巴西、印度、南非、土耳其和印尼）的概念，以印证"金砖国家宣告终结"，IMF则带头宣扬"拉动全球经济增长的引擎来自发达市场，而非新兴市场"。

然而，占全球经济总量约50%的新兴经济体和发展经济体依然存在众多积极因素和变化：

首先，新兴经济体仍具有不可忽视的后发优势和现实优势，包括家庭收入增加、失业率低于发达国家、消费需求欲望及增长潜力趋强；外汇储备膨胀，外债总体水平可控；基础设施和教育等领域投资潜力大，"吸金魅力"与创新能力趋强；存在推行财政和货币刺激政策余地。

其次，IMF预测2014年发展中国家增长率为4.4%，亚洲新兴经济体的增速为6.5%，与其上年相比并没有太大变化，远高于发达经济体的1.8%；美联储退出QE及美元指数走强，并未引起多数新兴经济体汇市大波动，出现资金大规模撤离的迹象；亚洲新兴经济体扩张功能有所恢复，抵御外部风险能力增强，国

际资本对新兴经济体和发展经济体重燃投资希望。联合国贸发会议发布的《2014 年世界投资报告》显示，流入发达经济体的 FDI 低于全球 FDI 规模的 40%，而流向发展经济体的 FDI 却保持较高的水平。素有“新兴市场教父”之称的麦朴思称，近几年来，全球出现了各种各样的变化，但对新兴市场的信心从未丧失，包括中国和新兴市场的总体表现是“UP”（向上）。世界大型企业联合会《全球经济展望》报告预计[①]，未来 10 年新兴经济体年均增长率为 6.3%，而发达经济体仅为 2%。

其三，IMF 按美元汇率推算，2014 年发达国家对世界经济增长的贡献率为 54%，发展中国家为 46%，较 2008 年 53% 的贡献率下降了 7 个百分点。但若按购买力（PPP）计算，包括新兴市场国家在内的发展中国家的贡献率则高达 65%，而发达国家则仅为 35%。美国《彭博市场杂志》载文称，美国对全球经济增长的贡献率已从 2000 年的 31% 降至 2013 年的 22%，而中国在同期内则增加了两倍，上升至 12%[②]。世界银行行长金墉认为在过去 5 年间，世界经济一直依靠新兴经济体一个引擎拉动，现在发达经济体将重新成为世界经济增长的另一引擎。IMF 总裁拉加德的态度亦发生变化，认为新兴经济体增速虽比以前放缓，但仍是全球经济增长的主要源泉。事实表明“两个引擎”的观点较为容观。在经济全球化时代，世界经济由单引擎牵引转向双引擎驱动并非是一件坏事。

其四，南北经济衰退和不景气互为影响，对双方乃至对全球经济都会产生负面作用。IMF 发布的《2014 年溢出效应报告》

---

① 2011 年。

② 《美国作为最后的消费者角色正在消失》一文引用的 IMF 的数据，美国《彭博市场杂志》：2013 年 12 月 1 日。

估算，如果新兴市场国家增长放缓 1 个百分点，发达国家的增长便会随之降低 0.25 个百分点。发达经济体对此不能不予以认真考虑，发达经济体与发展经济体只能采取措施加强互动共生，促进世界经济持续复苏。

新兴经济体和发展经济体的经济增幅趋窄是由周期性、结构性、脆弱性及外部性因素所致，在未来较长时期难以重现 2003—2008 年发展的“黄金时代”，但持续性倒退的概率不大，崛起依旧是难以逆转的趋势。

五、地缘政治危机重重，给众多国家经济及国际关系造成冲击

2014 年世界经济没有步入周期性景气的起步阶段，主要原因在于地缘政治危机造成的破坏力严重，包括中东进入极端动荡期；巴以大规模军事冲突；伊拉克极端武装组织进行反扑及美军等予以空袭，等等。最大的地缘政治危机则是由乌克兰问题引起的美欧对俄的制裁以及俄罗斯采取的反制措施，使众多国家经济乃至世界经济遭遇“逆风”。

在马航 MH17 班机坠落后，美欧与俄罗斯关系进一步恶化，美欧在 7 月底追加对俄罗斯新一波的严厉制裁，打击目标涉及金融、能源、军售、敏感技术出口等领域。俄罗斯则“以硬对硬”，于 8 月 6 日对欧盟、美国、澳大利亚、加拿大和挪威等国发出为期一年的肉类、鱼类、蔬菜、水果、牛奶和奶制品等进口禁令，导致荷兰、波兰等多国对俄农产品出口锐减。普京表示，俄准备对美欧飞机、造船和汽车等行业对俄出口采取保护性措施。

制裁与反制裁不断加码与升级，已经给相关各方经济以及国

际关系造成冲击。从经贸关系看，2013 年，俄美贸易额仅为 300 亿美元，而俄与欧盟贸易额高达 4500 多亿美元，其中欧盟对俄农产品出口总值为 160 亿欧元，占农产品出口总值的 10%，而同年美国对全球农产品出口为 1441 亿美元，对俄农产品出口仅为 13 亿美元。因此，欧美与俄罗斯之间的“经济战”和“贸易战”产生着不均衡作用，对美影响有限，而对欧伤害甚大。据德国统计部门公布的数据，由于对俄罗斯出口汽车及零部件锐减，2014 年上半年，德对俄出口额降至 153 亿欧元，其降幅达 18.7%，加上工业生产下挫等因素影响，德国政府已将 2014 年增长预期从 1.8% 下调至 1.2%。尤其夹在美欧与俄罗斯中间的乌克兰尽管得到 IMF 和德国贷款援助，但高昂的天然气价格及对俄出口大幅减少，2014 年 GDP 增长率下滑至 6%，惠誉等国际信用评级公司已将乌克兰主权信用等级下调至 CCC 级。《俄罗斯商业咨询日报》撰文称，经济制裁使俄欧在年内各损失 900 至 1000 亿欧元[①]，这一数据远超过欧盟预计的 400—500 亿欧元。制裁与反制裁带来的负面效应将会随着时间推移而扩大。

然而，在实际利益差异面前，欧盟 28 个国家对俄采取集体制裁行动，是不太容易做到的事。越来越多的欧盟成员国和非欧盟成员国已公开表示，欧俄经贸联系远甚于美俄，制裁的逐步升级将损害欧盟经济，令尚未痊愈的欧盟经济“雪上加霜”。芬兰总统斯塔布更为直截了当地指出，“制裁战的升级将造成芬兰数十亿欧元损失。如果欧盟成员国不能平均承担对俄制裁所带来的损失，那么我们会向我们的欧盟伙伴寻求帮助。”所谓“寻求帮助”，实为要求“赔偿”。为此，欧盟委员会一方面表示“将欲劝说”第三国不要乘机抢占俄罗斯食品市场，以免削弱对俄制裁

① 2014 年 7 月 29 日。

效果，另一方面则承诺拨出1.25亿欧元补偿受损国家的农民。

2014年俄罗斯处于最困难的时期，乌克兰政治危机以及制裁、反制裁使俄主导的欧亚经济联盟受到挑战，并从多方面伤害俄经济：

首先，俄约有40%的农产品依赖于进口，禁止从欧美等国进口农产品和食品，如果不能及时找到替代货源，那么将导致食品价格飙升，加剧通货膨胀压力。俄经济学家普遍认为通胀率将升至两位数，直接影响到百姓的生活，并造成卢布兑美元和欧元大幅贬值。为此，俄央行于10月底把基准利率由8%上调为9.5%，以抑制日趋增长的通胀，但提高利率却加重了企业生产成本，增加了生产经营困难，为经济增长带来阻力。因此，2014年俄政府将工作重点定为“保持货币稳定和抑制通胀”。

其次，欧美对俄能源制裁集中于四个目标：一是对俄实行“技术封锁”，禁止向俄石油工业提供勘探设备和技术，试图抑制俄寻找开采难度大的石油资源；二是阻止西方大型能源集团在俄石油开采领域进行巨额投资；三是冻结俄石油企业在欧美银行资产；四是降低欧盟对俄油气依赖程度。但俄在应对欧美能源制裁方面仍占有优势，欧盟所需天然气有25%以上及超过30%的原油由俄罗斯供给，美国承诺的“能源支援”远远满足不了欧盟和乌克兰的能源需求，欧盟及乌克兰要彻底摆脱对俄油气依赖几乎是不可能做到的事；俄油气出口并不缺少买方，欧美尚不敢贸然对购买俄油气一方实施金融制裁；美欧在俄能源设备和技术进口份额中仅占四分之一，再加上欧盟同意已经与俄签订合同的欧洲企业将继续履行出口合同，因此，俄罗斯的石油勘探和开发能力，至少在10年内不会发生实质性变化。

再次，美欧对俄实施金融制裁，带来了可见的效果。欧盟是俄利用国外投资的主要来源地，近几年排在对俄投资前10位的国家中，欧盟占了7—8名，其年投资总额占俄年吸引外资总额的约70%①。欧盟裁决俄罗斯联邦储备银行、俄罗斯对外贸易银行、俄罗斯天然气工业银行、俄罗斯发展及对外经济事务银行、俄罗斯农业银行不得在欧盟资本市场发行期限超过90天的债券、股票和其他金融产品。美国对俄罗斯金融机构的限制，不仅包括上述5家大银行，并把莫斯科银行包括在内，从而使俄每年出现巨大外来融资缺口。

金融制裁给俄造成的伤害具体表现为：一是导致资金流入减少及资金外流增加。2014年首季俄资金净流出规模达到700亿美元左右，全年将超出千亿美元，远高于2013年的630亿美元。美欧限制俄主要银行经营活动及冻结俄在欧美资产，使俄国内投资更显不足；二是在西方国家持续制裁下，资金外流直接影响卢布稳定；三是金融制裁的叠加作用，给正在下行的俄经济造成更加严重的冲击。俄在2010—2013年的GDP增长率分别为4.3%、4.3%、3.4%和1.3%。俄经济部发布的数据显示，2014年GDP增长率仅为0.5%，甚至有可能出现负增长，从而使普京提出的跻身世界经济“五强之梦”难以如期实现。

俄财政收入主要依靠油气出口，油气出口虽暂无大碍，但油价如果持续下跌，势将影响财政支出。据俄联邦储备银行计算，如果原油价格维持在每桶90美元，2015年俄财政收入将减少1.2%，假若跌破每桶80美元，俄可能不得不削减开支。这是美欧乐见的结果，但国际油价不会长期低于每桶80美元，况且俄央行现仍握有4600多亿美元的外汇储备，尚能够应对石油财政收入减少和短期货币波动，并有能力向受到制裁影响的国有及商

① 王兵银：《经济短板阻碍俄罗斯大国梦》，《中国社会科学报》（国际月刊），2014年9月10日。

业银行提供流动性支持。因此，俄企业虽然考虑转道香港等亚洲金融市场筹资，但不少企业，特别是大企业由于拥有较多的现金流，并没有出现争抢“高价贷款”的现象。俄《政治杂志》主编阿科波夫撰文称西方强化制裁，不会搞垮俄罗斯经济①。但2013年俄经济总量仅为2.12万亿美元，远小于美国和欧盟的经济规模，如制裁长期拖延下去，总体对俄不利。

不管怎么说，美欧和俄罗斯相互“制裁”与“反制裁”将造成两败俱伤的局面，并影响其他国家同欧美、俄罗斯及乌克兰关系，抑制世界经济复苏。正如诺贝尔经济奖得主斯宾塞所说，“政治不安全、潜在冲突和国际关系的扭曲正在日益对经济进展产生威胁，其程度比金融危机后的争论所预见的更大。”令人忧虑的是，在9月5日乌克兰总统波罗申科与乌东部反对派达成停火协议之后，欧盟又对俄发起新一波的制裁，包括对俄国防部长在内的众多人士实施旅行禁令以及加大对俄金融业、石油业和国防工业打击力度，而俄则重申正在考虑禁止西方国家航空公司的航班经俄领空往返于亚太地区。

尽管“经济战”不断升级发酵，但欧美制裁与俄反制裁大多有时间的限定，各方都宣称不想“兵戎相见”，强调通过和平途径解决乌克兰政治危机。俄工业贸易部长已表示，俄罗斯不打算对西方制裁引入新的回应措施，欧盟驻俄大使则声称如果乌克兰东部地区的冲突稳定下来，欧盟将考虑取消对俄制裁。欧美与俄以及俄乌关系虽反复、曲折，但各方都在寻找利益的平衡点，短期内美欧与俄关系不可能全面修复，但也不会因乌克兰“政治纠结”而彻底破裂，走向不可挽回的“死胡同”，相互对峙和制裁长期化的概率不大。

---

① 俄罗斯《观点报》网站：《西线转变》，2014年7月28日。

六、“非美元化”趋势明显增强，推动国际金融秩序重塑

2014 年“非美元”和“去美元”趋势明显增强。70 年前，12 个主要国家的代表在布雷顿森林酒店订立了组建国际货币基金组织和国际复兴开发银行（世界银行前身）的章程，奠定了二战后世界经济金融秩序，为全球金融稳定和欧洲战后经济重建做出了贡献。然而，在世界经济和政治格局不断发生变化的大趋势下，美欧一直垄断着世界银行行长和 IMF 总裁的位置；美元在现行国际货币体系中长期享有“过度特权”，美国国会对 IMF 提出的 2010 年份额与治理改革方案持拖延态度，至今不予通过；IMF 与世界银行虽选择新兴经济体人士担任了两机构的高级主管，但改革仍滞后于时代变化；美元作为国际贸易主要计价和结算货币、国际投资货币和国际储备货币，却没能解决“特里芬难题”，确保全球金融稳定。因此，进入 21 世纪以来，新兴经济体更加呼吁改革不合理的国际金融经济秩序，反映了美元信用与信心的弱化。

“非美元化”或“去美元化”趋势明显增强的具体表现是：

第一，2013 年 10 月，中国国家主席习近平在访问印尼时提出了建立亚洲基础设施投资银行的倡议，用以弥补亚洲发展中国家在基础设施投资中存在的巨大资本缺口，为亚洲地区基础设施建设提供融资服务，提升各国经济发展的基础保障，推动区域经济一体化的进程。

第二，2014 年 7 月巴西福塔莱萨召开的第六次金砖五国领导人峰会宣布成立金砖国家开发银行（NDB）和建立应急外汇储备

基金（CRA）。如果世界银行和IMF继续坚持“蜗牛式”改革，金砖国家开发银行和应急外汇储备基金将进一步扩大其规模，最终成为可与布雷顿森林体系抗争的福塔莱萨体系。

第三，越来越多的国家签定了货币互换协定，用本币而不是美元进行贸易交易。普京在访问克里米亚时表示，俄应致力于在全球范围以卢布来出售自己的油气，使用美元作为能源贸易中单一的定价货币正在伤害俄罗斯经济。俄副总理舒瓦洛夫认为，“俄购买中国商品和中国购买俄商品时，使用第三国货币将是愚蠢的。”截至2014年10月，中国人民银行已同俄罗斯等25个国家签署了货币互换协定，人民币已经成为全球重要的贸易结算货币。

第四，美国司法部以法国巴黎银行违反美国法律，帮助遭美国制裁的苏丹、伊朗和古巴转移资金为由，宣布对该行罚款89.7亿美元。这一举动引发欧盟各大银行强烈不满，法国财长宣称欧盟将在国际市场上大量使用欧元结算。英格兰银行和欧洲央行与中国人民银行签署了2000亿人民币和3500亿人民币的双边本币互换协议。2014年，中国人民银行签署的5个人民币清算安排合作备忘录中就有4个合作国家来自欧洲，人民币已正式开启对欧元的直接交易，并在伦敦发行以人民币计价的主权债券。

“非美元化”并非是一种新的概念，在布雷顿森林体系中既存在“美元化”趋势，也存在“非美元化”趋势。20世纪末期，许多国家处于“美元化”和“非美元化”的纠结之中。1997年亚洲金融危机时期，相关国家表示要弱化美元而增加欧元和日元的分量，相反，巴拿马、萨尔瓦多、厄爪多尔等拉美国家却先后实行“美元化”。进入21世纪以来，由于过度依赖美元化的负面影响日渐增多，一些拉美国家和新兴市场国家开始减少美元在外贸和融资领域的比重，加强本国货币的地位和作用[①]，从而使“非美元化”或“去美元化”渐成一股难以阻挡的潮流和趋势。

但是，中国等新兴市场国家必须看到以下现实：其一，美元在国际货币储备中所占比重超出60%，欧元、日元、澳元占比过低，人民币在国际储备货币中的比重仅为0.2%，几乎可以忽略不计[②]；其二，在国际贸易交往中，特别是购买原油仍主要以美元计价和结算；其三，美元在相当长时期内依然是全球追逐的安全资产；其四，新兴市场国家在IMF和世界银行中份额和投票权有所增加，即便再增加一些份额与投票权，也抵挡不过美国的一票否决权；其五，中国等新兴市场国家建立的金融机构尚存在多种不足，难以同由欧美控制的IMF和世界银行相抗争；其六，美国拥有最强的综合国力，在可预见的未来仍难以被其他国家超越，同时也没有哪一种主权货币能够替代美元，美元作为全球大宗商品定价的根基尚未动摇。鉴于上述多种原因，尽管“非美元化”或“去美元化”是不可阻挡的趋势，但也仅仅是一种起步的尝试而已。中国等新兴市场国家必须理性认识和正确对待“非美元化”与“去美元化”趋势，切不可对“非美元化”和“去美元化”给予过高、过激的非理性渲染。

当前世界经济正处于“周期路口”的拐点，或走向持续的低速增长，或步入周期性景气的开始。假若世界各国能够根据不同国情实施财政和货币激励政策，加快增长，增加就业，创造条件使欧美与俄罗斯“制裁与反制裁”不再升级，那么世界经济将有望进入周期性景气的起步阶段，否则世界经济将有可能滑向IMF总裁拉加德所说的“可能会经历一个长期低于平均增长水平的新

① 杨涛：《理性认识“去美元化”》，《21世纪经济报道》，2014年7月23日。
② 郑新立：《建立多元化制衡的国际储货币体系》，《全球化》，2014年第8期。

平庸时代”。

Geopolitical Crisis of the World Economy Under the Shadow

Gu Yuanyang

Abstract: 2014 World Economic development of non-synchronous instability; fluctuations in the economy of the major economies, the United States and Britain fluctuations upward glide down the BRIC countries, weaker than expected economic performance in general; the world economy faces a variety of old and new risks and challenges, changes, adjustments and transformation into a global trend; developed economies monetary policy "has tight pine", still remain relatively relaxed fundamentals; the world economy is relatively "quiet" in previous years as the "fiscal cliff and economic crisis" does not appear, geopolitical crises become economic an important factor in recovery; the world economy, "calm" in the waves, there are changes in the world economic growth to generate the impact and role of both positive and negative; the mainstream of the international financial institutions lowered world economic growth expectations, but the world economic recovery trend is not change. The world economy is in "Cycle intersection" inflection point, or to persistent low growth, or walk infancy cyclical boom.

Keywords: world economy　recovery　risk　challenge　geopolitics

人民币国际化分析与展望

（中国国际经济交流中心副研究员）张焕波

［摘　要］从需求、规模、流动性、稳定性四个维度来综合判断，到2020年，人民币国际化水平将超过英镑和日元，形成以美元为核心，欧元为关键挑战者，人民币、日元和英镑外围竞争的国际货币竞争格局。到2030年，人民币国际化程度将达到欧元水平，将形成美元为核心、欧元和人民币为关键挑战者，日元和英镑外围竞争的国际货币竞争格局。

［关键词］人民币国际化　国际货币体系　金融

一、国际货币体系发展

（一）金融危机后国际货币体系现状

2008年金融危机后，国际社会逐渐认识到当前的国际货币体系缺陷是危机产生的根本原因。这些缺陷包括：美元作为国际关键货币职能与国家货币职能间存在冲突的“新特里芬难题”、储备货币发行国宏观政策的外溢效应、缺乏“货币锚”导致汇率无序波动、IMF贷款能力和代表性不足，等等。在布雷顿森林体系解散后的四十多年里，尽管先有马克、日元的崛起，进入 21 世纪后欧元流通并成为重要的国际货币，但美元一支独大的局面一直没有改变。危机爆发后，关于国际货币体系改革的建议、方案和呼声不断，但是改革步履维艰。实际上，早在 2007 年“欧元之父”罗伯特·蒙代尔就呼吁将人民币纳入 SDR（特别提款权）体系，与欧美元组合在一起，建立一种新型的多元化国际货币体系，进一步确保汇率和世界经济的稳定。国际金融危机后，关于 IMF（国际货币基金组织）份额和治理改革方案的呼声不断，但 IMF 至今没有明确的改革行动。相反，各主要储备货币经济体在经济复苏中，积极实施量化宽松政策，完全不顾其他国家的承受能力。应当看到，在缺乏统一的国际制度安排下，在主导国家不愿意放弃自己利益的情况下，国际货币体系的改革将是长期的博弈过程。国际货币格局不会长期落后于国际经济格局和国际贸易格局变化。近年来人民币国际化的加快发展说明，不但人民币自身有国际化的动力，国际货币体系的完善也需要人民币的支撑。

（二）国际货币体系发展前景

1. 多元竞争国际货币格局将成为现实选择

布雷顿森林体系后的国际货币体系中一个关键问题是，如何测度不能兑换黄金的纸币的价值问题。由于没有价值锚，美元可以无约束地发放纸币。为了确定这个锚，可以采用指数篮子或者 SDR 的形式，这实际上是回到了布雷顿森林体系制定时的凯恩斯方案或者原始怀特方案。这种超主权货币形式接近国际货币发展的最终目标，即全球用一个统一的货币，实现难度太大。建立相互竞争的多元化国际储备货币体系是中长期的现实状况。展望未来全球储备货币体系，可能是由美元、欧元、人民币、日元、英镑等组成的多元体系，各种货币之间相互竞争、相互制衡、相互融通。以竞争和优选机制促使国际储备货币发行国政府采取稳健的货币政策，保持本国货币币值稳定，维护国家信用。预计到2020年，将形成以美元为核心，欧元为关键挑战者，人民币、日元和英镑外围竞争的国际货币竞争格局。2030年，全球将形成美元为核心、欧元和人民币为关键挑战者，日元和英镑外围竞争的国际货币竞争格局。

2. 国际金融监管将得到加强

国际货币市场同其他商品市场一样，也会存在市场失灵，需要建立完善的监管机制。各国金融监管当局、国际金融组织之间应进行充分的沟通与交流，加强对信贷金融中介服务机构等非传统对象的监管，并加强国际监管协调，消除金融监管真空。预计未来的国际金融监管体系将更加合理，能够充分反映新兴国家匹配实力的权力。2014年7月15日，金砖国家签署成立金砖开发银行和建立金砖应急储备安排。这预示着以金砖国家为代表的新兴市场经济体将在未来全球金融治理中发挥重要作用，将推动全球经济治理体系朝着公正合理的方向发展。大数据、云计算等新的技术平台将为重大金融风险提供有效的监测和预警。国际金融数据互联互通能力将大大提高，监管机构能够对跨境短期资本流动进行统计与监测，关注和追踪跨国金融活动和资金流动。国际货币基金组织将发挥金融安全合作救助方面的功能，扩大特别提款权（SDR）的规模，并根据各国经济和贸易在全球中的比重变化，适时调整各国在特别提款权中的比重，将主要新兴经济体货币纳入SDR篮子中。未来国际货币基金组织将会和全球不同区域的货币基金组织以互补的方式联系在一起。阿拉伯货币基金组织和拉美储备基金已经建立，将来还会形成一些重要的区域性货币基金组织，如亚洲货币基金组织和欧洲货币基金组织。

3. 双边和多边的区域货币合作将深入发展

多元竞争国际货币体系的发展将会形成核心—外围的国际货币格局。在这种格局下，区域关键货币相互竞争，区域内货币与关键货币紧密联系，这就要求区域内货币密切合作。近年来，区域性的双边和多边自由贸易协定发展如火如荼，为了降低交易成本，提高风险防范能力，区域内国家的货币联系将更加紧密，抛开第三方货币的货币跨境使用或者货币互换将成为重要形式。在各国经济联系日益紧密的情况下，一个国家的金融出了问题，往往出现连锁反应。为了维护国际金融安全，国家间联合救助机制将得到发展。亚洲金融危机后建立的《清迈协议》就是这样的一种行动。货币合作国家在货币的供给、需求和流通上将更多分享信息，在遇到重大风险时可以互助合作，形成区域货币网络联盟。

二、人民币国际化水平

2008 年国际金融危机后，国际市场对人民币的需求日益强烈，中国自身金融改革的内在动力也在加强，人民币国际化步伐加快。过去几年里，中国开始推动一系列的改革，促进人民币在国际贸易和投资中使用的广度和深度，如签订货币互换协议来加速人民币的输出，建立人民币离岸市场来实现境外人民币的自我循环，制定 2020 年建设上海国际金融中心目标，在国际金融市场上推出以人民币计价的金融产品，制定政策推动在国际贸易中直接使用人民币结算，等等。在内外因素推动下，人民币国际化的水平得到了较大提高。在支付结算方面，环球同业银行金融电讯协会（SWIFT）数据显示，2014 年 4 月人民币支付的市场份额为 1.43%，排在第七位，连续 6 个月跻身全球十大支付货币之列。2013 年人民币成为第二大贸易融资货币。国际清算银行最新报告显示，2013 年人民币跻身全球十大外汇交易货币之列，日均交易额占全球外汇交易额的 2.2%，排在第九位。在储备货币方面，人民币已经开始获得一些国家认可。人民币尚未进入可划分币种的外汇储备统计，据渣打银行估计，人民币作为外汇储备大约为 480 亿美元。目前，日本、马来西亚、韩国、柬埔寨、菲律宾、玻利维亚等国已经将人民币作为外汇储备的一部分。同时，中国积极推进与其他国家签署货币互换协议，提高人民币在一些国家的使用，降低签约国在双边贸易活动中面临的美元汇率波动风险，实际上具备一定的储备货币的功能。截至 2014 年 7 月，中国人民银行已经与 23 个境外货币当局签订了总规模超过 2.5 万亿元人民币的双边本币互换协议。不同于发达经济体间签订的旨在应对危机的货币互换协议，中国人民银行与境外货币当局签订本币互换协议的目的不仅包括维护区域金融稳定，还包括促进双边贸易和投资。

三、人民币国际化的前景

人民币国际化进程取决于国际市场对人民币的需求程度和中国供给一个合格的国际货币的能力。一般认为，作为一种广泛使用的国际货币应该具备三个基础条件：规模、流动性和稳定性。未来人民币国际化能达到怎样的水平，可以从四个维度来观察：需求、规模、流动性、稳定性。

（一）需求

从人民币国际化需求来看，有三个层次的需求：

一是国际货币改革的需求。从国际货币市场供给来看，美联储无疑是最大的寡头，美元垄断了市场，长期享受垄断利润。欧元发展迅速，目前是美元最大的竞争者。英镑和日元已经无力上升到竞争的第一线。但这最多可以称得上是一个双寡头的货币市场体系，这种看似双寡头的垄断竞争又具有单一寡头垄断的特性。对于欧元区国家来说，唯一的大规模的储备选择还是美元，除非有另一个货币出现。金融危机后，人民币被寄望为改变现有国际货币体系格局的重要角色。事实上，人民币国际化步伐在加快。相信在不久的将来，中国将由于为全球经济供给一个规模量大、透明度高、稳定性和流动性强的货币而备受赞誉，这将是中国对世界经济繁荣发展做出的另一重大贡献。

二是经济区域化加深的需求。在多哈回合谈判受阻的条件下，双边或多边的区域经济一体化在加快。中国也在近年来加快区域化进程，已经先后与东盟10国、巴基斯坦、新西兰、智利、秘鲁、哥斯达黎加、冰岛、瑞士等国家和地区签订自由贸易协定，中日韩、东盟“10+3”等自贸协定谈判也在积极推动中。同时，新的更符合当前国际经济合作特点的区域合作形式也在陆续推出。2013年中国政府提出“中国—东盟命运共同体”等倡议，要打造中国—东盟自贸区经济升级版。同年，中国政府推出“一带一路”宏伟设想，要推进丝绸之路经济带、海上丝绸之路建设，形成全方位开放新格局。区域一体化的发展，将促进区域货币合作，区域内关键货币将发挥重大作用。自由贸易区和“一带一路”建设将为人民币的区域化应用拓展巨大空间。

三是对中国市场投资的需求。中国未来10到20年仍然会保持一个较高速度的增长。中国城镇化也处于加速发展期，城镇化水平有望从2013年的53.7%增至2020年的60%，2030年的70%。13亿人口消费市场蕴藏着巨大的机遇。以人民币计价的直接投资、证券投资将受到国际投资者的青睐。

（二）规模

一个货币的国际化道路能走多远，在很大程度上取决于发行国的经济总量规模、贸易规模和投资规模。单从规模角度来看，目前人民币国际化程度与中国经济在世界中的份额是不匹配的，已经远远落后。预计2015～2020年，中国经济增长速度平均能在7%以上。2020～2030年估计在5%以上。在2020年前后中国经济总量有望接近全球总量的20%。中国2013年的商品进出口总额达到了4.16万亿美元（折合25.83万亿人民币），首次超越美国。目前，中国已经是第一大贸易出口国和第二大贸易进口国。这一优势将会保持下去，根据标准渣打经济学家的预期，2020年中国贸易额将比今天增长一倍。近年来经常项目中使用人民币结算的规模飞速增长。2013年中国全年跨境贸易约18%由人民币结算，为4.63万亿元，较上年的2.94万亿元同比大增57%，其中，人民币结算的货物贸易2013年同比增长46.6%至3.02万亿元，人民币结算的服务贸易及其他经常项目全年年增约84%至1.61万亿元。预计2020年，中国50%以上的贸易量将以人民币计算。金融危机后，中国对外直接投资也进入加速发展阶段，以人民币结算的对外直接投资发展迅速。2013年，中国实现非金融类直接投资901.7亿美元，同比增长16.8%，其中人民币结算的对外直接投资比例达到了15.%，累计为856亿元（折合138亿美元），较2012年的292亿元同比增193%。预计2020年，中国对外直接投资将达到年2000亿美元，累计对外投资超过1

万亿美元，以人民币结算的对外直接投资的比例将超过三分之一。

（三）流动性

流动性本身是货币的一个代名词。人民币早在1996年就实现经常项目可兑换，未来人民币国际化的流动性主要表现在三个层次。

一是资本项目下人民币与外币的可兑换程度。人民币成为完全可兑换货币，是人民币国际化最关键的一步，也是最难迈出的一步。因为这需要更加成熟的汇率形成机制、利率形成机制以及国内外金融市场的完善。预计要实现资本项目下的完全可兑换，还需要五到十年时间。

二是人民币本身无兑换出入境的便利程度。在资本项目完全可兑换之前，人民币无兑换的跨境流动将是资本项目开放的重要途径。在人民币无兑换跨境流动下，人民币自身更加便利的跨境流动，可形成完整的人民币境内外循环通道。目前中国政府已在积极推进资本项下人民币无兑换跨境流动。资本项下的流动性向内地回流渠道已经明显多样化，包括国内机构香港发债、人民币FDI、三类机构投资于境内银行间债券市场、RQFII（人民币境外合格投资者）等。随着离岸市场的完善，人民币出境渠道将向多样化发展，国外机构在国内发行以人民币计价的债务，人民币ODI（对外直接投资）、RQDII（人民币合格境内机构投资者）将迎来快速发展。沪港通由中国证监会在2014年4月10日正式批复开展互联互通机制试点。预计2020年前，人民币将完全实现无兑换跨境流动。

三是流转市场的完善，既包括离岸市场，又包括在岸金融市场。离岸人民币市场的发展，不仅将促进人民币在境外作为贸易结算货币，也将促进其成为贸易融资和投资货币。目前人民币离岸市场发展迅速。香港离岸人民币业务从 2004 年开始，最初只限于个人银行业务，其后范围逐渐扩大，并于 2007 年开始发展香港人民币债券市场。随着 2009 年人民币跨境贸易支付结算以及其他跨境人民币业务的陆续推出和扩大，人民币跨境流动的渠道逐步拓宽，香港离岸人民币业务快速增长，目前已经发展成为最具规模和效益的离岸人民币业务中心。现在重要国际金融中心都在积极建设人民币离岸中心。除中国香港外，目前排在前几位的分别是新加坡、美国、英国和中国台湾。预计 2020 年中国香港、新加坡、纽约、伦敦、法兰克福、巴黎、瑞士、悉尼、中国台湾等人民币离岸中心将基本形成，人民币实现“日不落式”国际繁荣交易市场。从国际经验看，优先做强、做大、做深、做广本土金融市场是本币国际化的重要基础。2009 年，中国政府明确提出上海国际金融中心建设目标，即“到 2020 年，基本建成与我国经济实力以及人民币国际地位相适应的国际金融中心”。2013 年，上海自由贸易试验区获批，在风险可控前提下，可在人民币资本项目可兑换、金融市场利率市场化、人民币跨境使用等方面创造条件进行先行先试。预计到 2020 年中国内地将形成以上海为中心、北京、深圳、重庆等为重要支点的多层次、多领域、密切分工合作的人民币在岸中心体系。

（四）稳定性

币值缺乏稳定性，会大大降低投资者的持有愿望。人民币国际化的道路是否走得顺畅和发展的快慢，在很大程度上与能否保持币值稳定有关。关系到币值稳定的最重要两个变量，是汇率和通货膨胀率。通货膨胀率反映了币值对内的稳定性。最近十几年来，中国的物价涨幅平均在 2—3%，而经济增长保持在 7% 以上，实现了相对的高增长、相对的低通胀。金融危机后，一些新兴国家通货膨胀率高涨，而中国通货膨胀水平仍然较低。这与中国政府的调控能力、经济发展稳健程度密切相关。未来五到十年，这种较低通胀、较高增速的发展模式不会发生改变。一方面中国宏观调控经验将进一步丰富，调控理念、方法和手段进一步成熟。另一方面，中国进入转型发展期，经济发展速度由过去的两位数到现在的7%—8%的水平，通货膨胀压力不大。同时中国目前生产能力普遍相对过剩，一定程度抑制通货膨胀过高发展。汇率直接反映了本币对外的稳定性。根据BIS有效汇率指数，与主要西方国家和其他“金砖四国”相比，过去十年来人民币汇率相对于基期水平的变化比其他国家更小，总体稳定性较好。预计未来人民币有效汇率稳定性将更好。一是中国经常项目顺差与GDP之比已回到2%左右的水平，人民币运行在均衡汇率水平上，不会出现大幅的升值或者贬值来实现经常项目的平衡。另一方面，在人民币汇率形成机制方面，将进一步向更加成熟的市场化方向迈进，一定范围的汇率弹性的增加能够使人民币更加稳健。

四、结论

有的学者认为，人民币国际化的目标是在国际货币体系中拥有与美元及欧元并驾齐驱的地位。也有学者认为，人民币将最终替代美元的霸主地位。实际上，人民币国际化应理解为一个过程，而不是一个终极目标。如果是一个过程，就不需要等到所有条件成熟后，再实施所谓的国际化。国际化也没有必然的模式，例如，有些学者提出国际化必须资本账户完全开放、经常项目要

新常态下的中国宏观经济形势与政策

（中国国际经济交流中心）王 军 李 锋

［**摘 要**］2014 年中国经济下行压力仍然较大，但已呈现出稳中趋缓、有喜有忧的特点。展望未来，中国经济发展有九大“新常态”已初现端倪：经济增速换挡回落、结构优化升级、创新驱动、协同发展的区域经济、通胀压力逐渐增大、改革红利不断释放、开放战略更加积极、各类风险显性化以及宏观调控理念和思路创新。预计 2015 年宏观调控的首要任务仍将是稳增长。从短期来看，稳增长需要稳定房地产投资，需要重视发挥资本市场独特作用，需要宏观政策做出适应性微调。而要实现中国经济中长期持续健康增长，必须重视人力资本的积累，提高人力资本素质；稳步推进混合所有制改革，加大力度鼓励民企进入垄断领域，提升资本回报率；实施创新驱动战略，加大科技投入和科技成果应用，提高全要素生产率；以政府改革为核心，推动全面改革和对内对外更大程度的开放。

［**关键词**］中国经济 新常态 政策选择

一、当前宏观经济形势稳中趋缓、有喜有忧

（一）经济下行压力较大

2013年我国经济增速继续放缓，下行压力增大。经初步核算，2014年前三季度国内生产总值同比增长7.4%。分季度看，一季度同比增长7.4%，二季度增长7.5%，三季度增长7.3%。分产业看，第一产业增加值同比增长4.2%；第二产业增加值增长7.4%；第三产业增加值增长7.9%。经济增长速度回落的原因是多方面的，主要是经济结构调整的阵痛超出预期：一是多年积累的传统产业的产能过剩，问题仍然比较突出；二是2014年以来房地产持续调整的累积效应有所增加。

我国经济增速虽然回落，但是从新常态的视角看，我国经济实际上正在发生着一系列重大而深刻的变化：一是产业结构在孕育着新的突破。一方面，2014年前三季度，第三产业增加值占国内生产总值的比重为46.7%，比2013年同期提高1.2个百分点，高于第二产业2.5个百分点，这是继2013年第三产业增加值比重第一次超过第二产业以来，继续延续上升的趋势。另一方面，第二产业内部结构调整也在加快，新产业、新业态、新产品继续保持较快的增长速度，而且整个经济向中高端迈进的态势非常明显。二是收入分配结构继续改善。2014年前三季度全国居民人均可支配收入实际增速是8.2%，增长速度比GDP增速高0.8个百分点，比财政收入增长速度高0.1个百分点，居民收入在国民经济分配中占的比重进一步提高。城乡居民收入的差距继续缩小，全国城镇居民人均可支配收入22044元，同比名义增长9.3%，扣除价格因素实际增长6.9%；全国农村居民人均现金收入8527

元，同比名义增长 11.8%，扣除价格因素实际增长 9.7%。三是反映实体经济的三大指标呈上升趋势。2014 年 9 月，国家铁路货运日均装车 162084 车，比 2013 年 9 月增长了 13.6%；2014 年 1—9 月，全国第二产业用电量 29827 亿千瓦时，同比增长 4.0%；2014 年前三季度住户中长期贷款增加 1.76 万亿元；非金融企业及其他部门中长期贷款增加 2.79 万亿元；2014 年 1—8 月份，全国规模以上工业企业实现利润总额 38330.4 亿元，同比增长 10%。四是中国制造业采购经理指数和中国非制造业商务活动指数处于向好区间。2014 年 9 月，中国制造业采购经理指数（PMI）为 51.1%，与上月持平，连续 13 个月站在 50% 的经济发展临界点之上。2014 年 9 月，中国非制造业商务活动指数为 54.0%，虽比上月回落 0.4 个百分点，但仍高于荣枯线 4 个百分点。五是资源环境成本的消耗有所减少。经济发展方式由过度依赖资源消耗的粗放式发展方式向集约型发展方式转变的态势比较明显。2014 年前三季度，单位 GDP 能耗同比下降 4.6%。这些变化是经济运行中的突出亮点，也是经济发展进入新常态以后结构调整转型升级表现出来的一种新的发展趋势，经济结构在持续改善，增长的质量有所提高，经济内生的新动力有所集聚。

（二）消费的拉动作用继续增强

2014 年 1—9 月份，全国社会消费品零售总额同比增长 12.0%；全国网上零售额同比增长 49.9%。按经营单位所在地分，2014 年 1—9 月份，城镇消费品零售额同比增长 11.9%；乡村消费品零售额增长 13.0%。按消费形态分，2014 年 1—9 月份，餐饮收入同比增长 9.7%；商品零售增长 12.3%。同时，需求结构呈现出积极的变化，消费对经济增长的拉动作用继续增

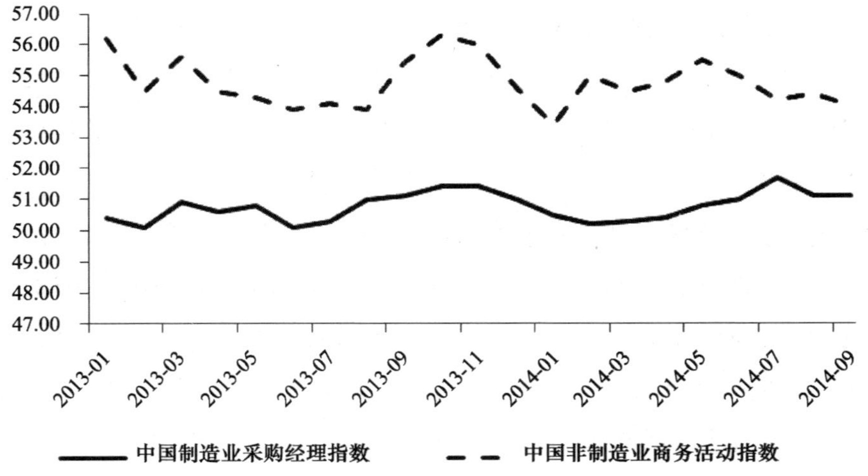

图 1：中国制造业采购经理指数和非制造业商务活动指数

强，前三季度最终消费对经济增长的贡献是48.5%，比资本形成总额贡献率高 7 个百分点左右，整个经济再平衡的态势比较明显。

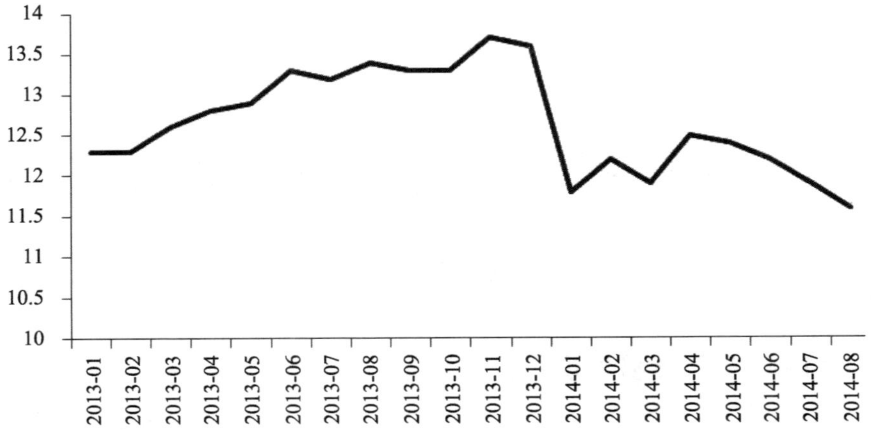

图 2：全国社会消费品零售总额分月同比增长速度

（三）固定资产投资增速放缓

2014 年前三季度，固定资产投资（不含农户）同比名义增长 16.1%（扣除价格因素实际增长 15.3%），增速比上半年回落 1.2 个百分点。分地区看，东部地区投资同比增长 14.9%，中部地区增长 17.8%，西部地区增长 17.9%。分产业看，第一产业投资同比增长 27.7%；第二产业投资增长 13.7%；第三产业投资增长 17.4%。从环比看，9 月份固定资产投资（不含农户）增长 0.77%。2014 年前三季度，全国房地产开发投资同比名义增长 12.5%（扣除价格因素实际增长 11.7%），增速比上半年回落 1.6 个百分点。

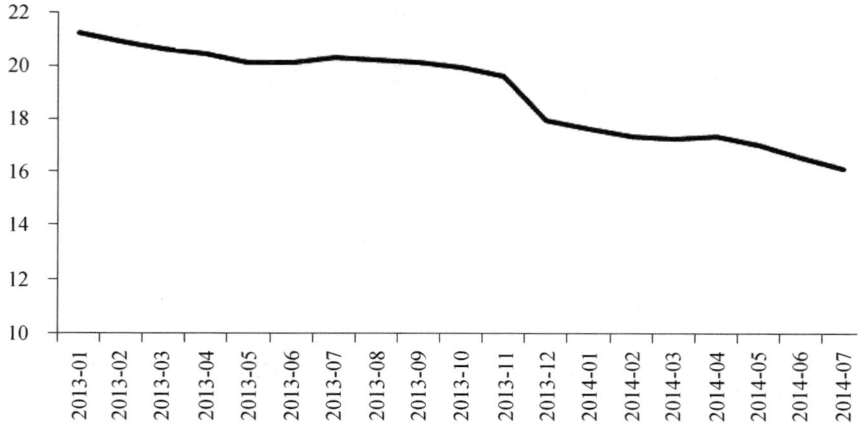

图 3：固定资产投资累计增速

（四）对外贸易呈现企稳态势

2014 年前三季度，进出口总额同比增长 3.3%，增速比上半年加快 2.1 个百分点；其中，出口美元，增长 5.1%；进口增长 1.3%，顺差 2316 亿美元。9 月份，进出口总额同比增长

11.3%；其中，出口增长 15.3%；进口增长 7.0%。当前世界经济复苏乏力，低速增长态势还没有根本改变，特别是近期新兴经济体金融市场动荡加剧，我国进出口面临的困难和压力仍然不小。但是，随着发达经济体经济复苏势头的增强、我国外贸转型升级步伐的加快和我国出口促进政策的逐步见效，2014 年后几个月全国出口有望进一步企稳回升。

（五）就业形势保持稳定

2014 年前三季度我国经济增速回落，并未影响就业市场的相对稳定，前三季度全国城镇新增就业人数 1082 万人，同比多增 16 万人，三季度末城镇登记失业率为 4.07%，与 2013 年三季度末城镇登记失业率 4.04% 基本持平。

第三产业吸纳劳动力的能力不断增强。第三产业投资增长较快，吸纳就业人数较多，发挥了就业“吸纳器”和“稳定器”作用。尤其是一些劳动密集型的现代服务业增加就业的作用非常明显。2014 年前三季度，我国第三产业的同比增长速度高于第一产业、第二产业的增速，有力地带动了就业。2014 年的情况显示，现代服务业发展最快的是物流、快递等劳动力需求较大的行业，未来信息、金融等行业的劳动力需求也会越来越大。

我国劳动力市场供求关系发生了新的变化。近两年，我国 15—59 岁的劳动力资源的数量，不只是比重在下降，而且绝对量也在减少。2012 年，国家统计局公布了 15—59 岁劳动力资源的数量，2012 年是首次净减少 345 万人。2013 年，国家统计局继续公布了劳动力资源的数量，但把口径改成 16—59 岁的劳动力资源数量，全年减少了 244 万人。2014 年以来，劳动力资源数量受人口结构变动的影响继续有所减少，这意味着从供给的角度来讲，劳动力资源结构正在发生深刻的变化，就业的压力不断缓解。就业形势总体稳定并转向趋好，是我国经济到了新的发展阶段表现出来的一种新常态，因为劳动力结构的变化会直接推动经济结构的调整和发展方式的转型。从这个角度来看，尽管经济持续下滑给就业带来一定的压力，但是考虑到供求结构、产业结构这些深刻的变化，整个经济对就业的承载能力是在加强的，对承受失业压力的弹性是在增加的，就业形势将不断改善。

（六）物价总水平呈回落趋势

2014 年前三季度，居民消费价格同比上涨 2.1%，涨幅比上半年回落 0.2 个百分点；其中，城市上涨 2.2%，农村上涨 1.9%。值得关注的是，2014 年 9 月全国居民消费价格指数（CPI）同比上涨 1.6% 重返“1 时代”，创出 2010 年 1 月以来的 56 个月低点。

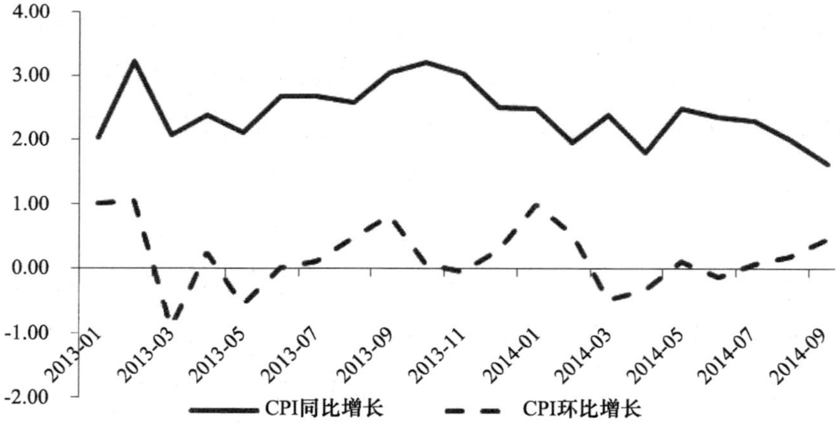

图 4：全国居民消费者价格变动情况

2014 年前三季度，工业生产者出厂价格同比下降 1.6%，9 月份同比下降 1.8%，环比下降 0.4%；工业生产者购进价格同比下降 1.8%，9 月份同比下降 1.9%，环比下降 0.4%。

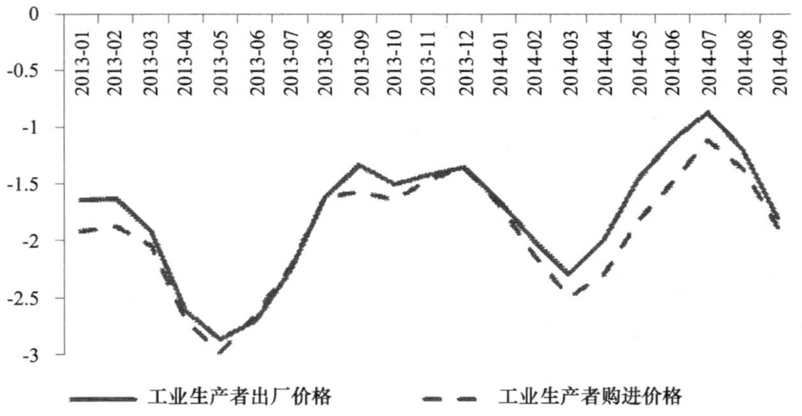

图 5：工业生产者出厂价格和工业生产者购进价格情况

（七）货币信贷增势平稳

央行继续实施稳健的货币政策，保持货币信贷总量合理适度增长。2014 年 9 月末，广义货币（M2）余额 120.21 万亿元，同比增长 12.9%，增速比上月末高 0.1 个百分点，比 2013 年末低 0.7 个百分点；狭义货币（M1）余额 32.72 万亿元，增长 4.8%，增速分别比上月末和 2013 年末低 0.9 个和 4.5 个百分点；流通中货币（M0）余额 5.88 万亿元，同比增长 4.2%。2014 年前三季度，新增人民币贷款 7.68 万亿元，同比多增 4045 亿元，新增人民币存款 8.27 万亿元，同比少增 2.99 万亿元。据中国人民银行初步统计，2014 年前三季度社会融资规模为 12.84 万亿元，为历史同期次高水平，比 2013 年同期少 1.12 万亿元，比应对国际金融危机期间的 2009 和 2010 年同期平均水平多 1.56 万亿元。

二、中国经济发展逐步进入"新常态"

国际金融危机之后，随着彻底告别两位数的传奇增长，中国经济缓缓拾阶而下，进入了改革开放后一个新的发展阶段——经济“新常态”。立足当下，展望未来，中国经济发展有九大“新常态”已初现端倪。

（一）经济增速换挡回落、就业市场持续偏紧成为常态

由于规模的增大及发展方式转变，未来中国经济长期保持两位数的高速增长将不会是常态，开始进入年均7—8%左右中高速增长的“换档期”，这是一个经济体达到中等收入之后的普遍规律，对此应“保持战略上的平常心态”。与此同时，今后新增劳动人口的增长率将趋于下降，特别是，约占每年新增劳动力供应一半左右的高校毕业生就业规模庞大，摩擦性失业和结构性失业将长期存在。

（二）结构优化升级和调整阵痛相伴而行成为常态

中国的经济结构已经并将继续发生着全面、深刻的变化：需求结构中消费和民间投资占比有所提升，二者将逐步成为拉动经济增长的主要力量；服务业尤其是生产性服务业发展明显加快，产业结构不断优化升级；地区差距由扩大转变为缩小，区域间协调发展、协同发展的格局将逐步形成；居民收入名义增速将快于企业利润和财政收入的增速，城乡居民收入差距将有所缩小。当然，与结构优化相伴随的还有多种结构调整阵痛相交织，且与产能过剩、增速换挡等相交织。

（三）要素和投资驱动向创新驱动的转变成为常态

面对世界经济仍处于深度调整期的重大挑战和新一轮科技与产业革命处于孕育期的重大机遇，中国正努力把推动发展的立足点转到提高质量和效益上来，大力推进科技进步和创新，创新驱

动将为经济发展、转型和升级提供根本动力。

（四）内外联动、协同发展的区域经济发展成为常态

在区域经济发展方面，“丝绸之路经济带”和21世纪“海上丝绸之路”建设、京津冀协同发展、长江经济带以及上海自由贸易试验区建设等一系列全新的战略构想和战略举措的提出和实施，为传统区域经济发展和开放型经济新体制的理论和实践赋予了全新的内涵，集中反映了内外联动、协同发展的战略思想。上述国家战略，从点到线再到面，从陆上到海上再到海外，从沿海到内陆再到沿边，大开大阖，但形散神不散，实质上贯穿其中的一条主线是：以“国内外联动、区域间协同、外部协同与内部协同并重”理念为统领，打破单纯的行政区划甚至国界限制，把区域经济规划扩大到跨市跨省乃至跨国，力图使生产要素在一个摆脱行政区划束缚的、更大的区间进行流动和组合。

（五）物价水平缓慢抬升、通胀压力逐渐增大成为常态

从中长期来看，未来推升物价的因素是多方面的：就国内而言，劳动力成本缓慢爬升、资源性产品价格改革渐次展开、前期国内货币的天量投放、城镇化战略快速推进、对生态环境的保护和治理以及猪肉价格新一轮上涨周期的到来，都将使物价总体上呈逐步走高之势。国际因素主要是国际流动性泛滥的滞后影响和主要发达经济体的温和复苏。

（六）通过平衡促改革和稳增长的关系来释放改革红利成为常态

当前，一些主要的改革领域所遇到的阻力或风险，和宏观经济处于经济增速换挡期、结构调整阵痛期、前期刺激政策消化期

这“三期”叠加交织在一起，使得改革所面临的挑战尤其艰巨。因此，未来如何平衡促改革和稳增长的关系是关键。全面深化改革需要考虑每项改革对宏观经济的影响，统筹安排各项改革的节奏、力度、先后顺序及其彼此间的配合，对经济具有扩张性的改革措施先行，对经济具有紧缩性的改革措施缓行，尽量减少和缓和改革对宏观经济的短期不利冲击。

（七）以更加积极的开放战略倒逼改革和促进转型成为常态

当前国内改革已进入攻坚克难阶段，通过进一步深化对外开放，引入外部动力，有助于打破当前国内改革步伐趋缓的局面。当前我国对外开放还有广阔空间，开放的制度红利仍是推动国内经济改革和转型升级的强大动力。

（八）环环相扣、相互影响的各类风险显性化成为常态

传统制造业产能普遍过剩，企业经营困难；地方融资平台贷款和影子银行快速扩张所导致的信用违约风险不断提高，流动性错配严重，企业融资难融资贵；房地产调控长效机制还未建立，房地产市场风险如何平稳化解尚存变数；国际经济环境及政策变化、国际资本市场波动、国际贸易保护主义抬头、对外投资壁垒将长期困扰中国经济。

（九）宏观调控理念和思路创新成为常态

宏观调控应坚持“中线思维，区间管理”，对经济增长、失业率和通货膨胀等分别设置过热和过冷的区间预警指标，每年所确定的经济运行预期目标应该被看做是调控的中线，而非“底线”或“下限”，并在每一个年度进行适当微调。只要经济在目标区间内运行，没有触及“上限”和“下限”，就应保持政策稳

定，保持战略定力，不应为经济一时波动而采取短期的强刺激政策，提高对增速放缓的容忍度。这样围绕中线进行调控，会给市场主体更加明确的预期，会使经济运行的合理区间更富弹性，使调控更加主动灵活，上下都有回旋余地。

三、以新常态下新的政策框架来稳增长

预计2015年宏观调控的首要任务仍将是稳增长。必须着眼于经济下行压力仍然较大的严峻现实，重视稳定经济增长的短期和中长期预期，重视主动作为，统筹施策，精准发力，及时采取一些新的调控思路和异于往常的举措，供给端改革和需求端调节并重，这样才能既有助于短期稳增长，更可以为长远经济发展奠定坚实的基础，提供根本的支撑。

（一）稳增长需要稳定房地产投资

稳增长首先就是要稳投资，稳投资离不开稳定房地产投资。2014年前三个季度，房地产市场投资增速仅为12.5%，低于固定资产投资增速3.6个百分点，市场短中长期预期均较为悲观。全年房地产投资增速回落过快，是拉低固定资产投资增速乃至整体经济增速的主要负面因素。尽管近些年来部分地区房价上涨较快，但考虑到中国的独特国情和发展阶段，房地产市场并不存在明显的、全局性泡沫，全面崩盘实属耸人听闻，过度悲观并不可取。稳增长需要对房地产市场相关政策进行微调。应着力引导楼市合理需求有序释放，防止供需缺口进一步扩大，尽可能让风险的释放更自然、平稳。

（二）稳增长需要重视发挥资本市场的独特作用

我国股市萧条已久，已远远不能适应经济增长、转型升级和民生改善的需要，在经济发展中事实上已被严重边缘化，各项重要功能几乎丧失殆尽。当务之急是把股市持续激活，走出慢牛行情，凝聚人气，提振士气，使之尽快繁荣壮大，直接影响投资者和上市公司的信心进而影响和带动投资、消费增加，并推动结构调整和产业升级，真正使股市释放财富效应、增加居民财产性收入。因而，需尽快落实资本市场新“国九条”，进一步完善股市发行、退市、交易和投融资制度，改革股指期货套保制度，完善上市公司治理、信息披露、分红、监管制度；大力倡导上市公司及其股东回购股票，支持鼓励各类境内外长期资金入市；重启T+0制度，减免交易印花税，发挥资本市场在促进消费、优化投资、调整结构、推动企业兼并重组和国有企业改革、改善融资结构、缓解间接融资风险、完善现代企业制度和公司治理结构等方面的重要作用。

（三）稳增长需要宏观经济政策做出适应性微调

宏观调控应坚持“中线思维，区间管理”，对经济增长、失业率和通货膨胀等分别设置过热和过冷的区间预警指标，每年所确定的经济运行预期目标应该被看作是调控的中线，而非“底线”或“下限”，并在每一个年度进行适当微调。建议2015年经济增长目标为7%—7.5%。

只要经济在目标区间内运行，没有触及“上限”和“下限”，就应保持政策稳定，保持战略定力，不应为经济一时波动而采取短期的强刺激政策，提高对增速放缓的容忍度。这样围绕中线进行调控，会给市场主体更加明确的预期，会使经济运行的合理区间更富弹性，使调控更加主动、灵活，上下都有回旋余地。这是真正“稳增长”的思路和做法，而非疲于奔命“保增长”的被动应付。

从政策工具来讲，适应中国经济正在向新常态的演进和过渡状态，当前的宏观政策也需要有新的政策框架和政策调整，宏观调控理念和思路的创新也要成为常态。

宏观调控不能光靠货币政策单打独斗，货币政策毕竟还是总量政策，对资金定向流动很难监控，在调结构上效果有限，不宜过于细化定向到具体行业或投资项目。

有鉴于此，未来应更多运用财政政策手段。结合当前推动的税制改革，应采取更大力度、更加全面的减税，真正体现财政政策积极的取向。鉴于国家层面债务率仍旧安全可控，中央政府可考虑适当增加赤字规模、提高赤字率，将企业和地方政府的债务逐步有序地转移到中央政府的资产负债表中，进行全面债务重组。

财政政策中还有很多效果很好的结构性工具，应当适时出手，比如：给服务业减税，给战略性新兴产业和小微企业的资本支出以贷款贴息或坏账准备金补贴的方式给予支持，以定向减税、减负、贴息和财政补贴等方面的政策，给实体经济特别是“三农”和小微企业真正的实惠等等。

如果我们能使积极的财政政策真正积极起来，那么就可以很好地兼顾稳增长、调结构、促改革、控风险和惠民生等多重目标，就可以很有信心地交出一份全年经济发展理想的答卷。

四、激发中国经济中长期持续健康增长的全新动力

基于中国经济上述“新常态”，结合中国经济发展新阶段面

临的新形势和新问题，中国经济要想“行稳致远”，除创新宏观调控思路和方式之外，还必须从推动经济增长的基本要素出发，探寻全新动力，营造持久动能。

第一，重视人力资本的积累，提高人力资本素质，进一步调整和放开生育政策，为中国经济增长提供人力资本红利。要通过加大教育投入、提升教育质量与回报以及培养创新型人才等措施，积极营造人力资本积累的用武之地，不断提高劳动生产率，这才是经济增长的持久动力所在。此外，为补偿人口数量红利的减少，获得新的人口质量红利，应未雨绸缪，采取更加积极的人口政策，分区域分步调整和完善现有生育政策，逐步实现全国全面放开二胎的目标。

第二，稳步推进混合所有制改革，加大力度鼓励民企进入垄断领域，提升资本回报率，通过制度变革促进自由竞争，提高资源配置效率。未来中国的投资质量和效率的提升仍有较大空间，这就需要以提高资本形成效率为中心，进一步深化投资体制改革，推进融资渠道市场化，建立市场化的企业资本金补充机制，落实负面清单制度，激发民间资本活力，进而提高社会资金形成和配置效率。

第三，实施创新驱动战略，加大科技投入和科技成果应用，提高全要素生产率，让创新成为中国发展的强音、实现中国经济升级的强大动力。应增强我国自主创新能力，力争在基础科技领域有大的创新，在关键核心技术领域取得大的突破，把科技创新真正落到产业发展上。进一步确立企业在创新中的主体地位，政府要创造促使企业不断创新的环境和体制，严格保护知识产权，形成有利于创新型人才脱颖而出的体制机制。主动融入全球创新网络，形成协同创新和开放创新的新格局。

第四，经济发展全新动力的切换，归根结底要靠以政府改革为核心的全面改革和对内对外更大程度的开放。一方面，要高度重视改革过程中的风险、阻力和不确定性因素，警惕和关注改革停滞甚至回潮的迹象，适当调整各界对于改革的过高预期。另一方面，各级政府、各个部门要真正推动各项改革方案的落实和执行，克服巨大的旧体制惯性与利益集团的阻挠，更加注重改革的系统性、整体性、协同性，以建设法治政府为切入点和突破口，强化法治理念，尊重市场机制，切实转变政府职能，减少政府对经济的直接控制和不当干预。

China Economic Situation and Policy under the New Normal

Wang Jun　Li Feng

Abstract: In 2014 China's economic downward pressure is still large, but has been showing a steady in moderating and mixed features. Looking forward to the future, China's economic development has nine big at the beginning of the "new normal" has emerged: economic growth is shifting back, structure optimization, innovation drive, the coordinated development of regional economy, inflation pressure increase gradually, reform the bonus release, more active opening-up strategy, all kinds of risk be innovated, and macroeconomic regulation and control ideas and creative thinking. is expected in 2015 will continue to be the top priority of the macro-control steady growth. In the short term, the steady growth needs a stable real estate investment, needs attention to play the unique role of capital markets, macroeconomic policy to make adaptive fine-tuning. And to achieve long-term sustainable and healthy economic growth, China must pay attention to the accumulation of human capital, improve the quality of human capital; Steady progress was made in mixed ownership reform, intensify efforts to encourage private companies to monopoly areas, improve return on capital. Implement the strategy of innovation, increase investment in science and technology and the application of scientific and technological achievements, to improve total factor productivity; The government reform as the core, to promote comprehensive reform and internal and external more open.

Keywords: Chinese Economy New Normal policy choice

对生态财政治理的思考

（中国国际经济交流中心研究员）梁云凤

［摘　要］十八大报告将生态文明建设列入社会主义现代化建设“五位一体”的总体布局中，十八届三中全会首次把财政提高到国家治理的高度。为此，从生态文明和国家治理的高度考虑财政问题，必须树立生态财政理念，完善生态财政制度，健全生态财政治理，才能促进经济社会持续健康发展，支撑国家治理体系和治理能力现代化。

［关键词］生态文明　国家治理　财政

财政作为国家治理的基础和重要支柱，在经济社会发展遭遇资源环境瓶颈和推进国家治理体系和治理能力现代化的背景下，理应在生态文明高度上考虑财政改革的战略定位问题，理应从支撑国家治理体系和财政治理能力现代化方面进行制度机制顶层设计。

一、生态财政治理的思想源泉

矛盾是普遍存在的，调和好发展中的主要矛盾至关重要。从生态环境和社会经济复合系统的角度出发，财政需要处理好两大关系：一是财政与经济社会系统的关系；二是财政与生态环境系统的关系。前者主要是调节人与人之间的关系，后者主要是调节人与自然之间的关系。这两个关系之间并非孤立，而是相互联系、相互影响。

马克思和恩格斯把人类的需要分成生存、享受和发展三个层次，从财政发展的需求角度就对应着安全性、经济性和治理性三个层次。公众对政府（财政）的需求，可划分为“安全性需求”、“经济性需求”和“治理性需求”三类。“安全性需求”指的是维护生命和财产安全的需要；“经济性需求”主要指财政对经济发展的调节性需求；“治理性需求”是指财政对国家治理的基础和支撑性需求，这是文明社会在安全性需求、经济性需求得到保障的基础上，公众对财政提出的更高需求。当然，以上三类需求的划分只是相对而言，它们之间很难截然分开。

在不同的社会经济发展阶段，社会经济系统与生态环境系统的主要矛盾有所不同，导致了财政发展需求的动态变化。从世界范围的近现代财政实践看，在上述“两对矛盾”中，通常优先处理财政与经济社会发展需求之间的矛盾。随着经济社会系统与生态环境系统关系的紧张，保障生态环境安全成为财政的重要内容。主要表现为通过财政对生态系统的干预和调控，为维持生态环境系统的复合服务功能提供保障，通过满足生态系统可持续发展的需要，间接满足人类经济社会系统的各种发展需求，包括“安全性需求”、“经济性需求”和“治理性需求”。

当人类处于农业文明时期，自然生态系统提供的各种服务功能，能够满足人类生产和生活的需要，人类经济社会活动对生态环境系统的压力在其自然承载能力范围之内。人与自然的关系，以及人与人之间的关系相对和谐。这一时期的财政主要是为经济社会提供基本的功能服务，满足经济繁荣和社会存续的需要。人类从农业文明转向工业文明以来，为了支撑快速的经济增长，大规模开发利用自然资源，对生态环境影响增大，导致上述两大关系的全面紧张，即“两对矛盾”的集中爆发，引起人类对工业文明的反思，生态文明是人类社会发展的必然选择。生态文明是以人与自然和谐发展为核心的文明，为人类的持续发展提供了可能，是人类21世纪的发展方向。在生态文明时期，作为国家治理的基础和重要支柱的财政，处理好“两对矛盾”至关重要。

财政是国家为市场经济提供满足社会需要的公共服务而进行的政府分配行为，它以追求公共利益为目标，具有公共性和非盈利性，是国家履行职能的重要物质基础、政策工具、体制保障和管理手段，具有优化资源配置、调节收入分配、加强宏观调控、实施监督管理等重要职能作用。生态财政作为解决人与自然的矛盾和摆脱生态危机的经济杠杆，不仅包括人类在生态问题上所有积极的、进步的财政思想观念，而且包括生态意识在财政各个领域的延伸和物化。

二、生态财政理念

我国古代先贤对人与自然和谐关系有所论述，孔子在论语中记载“子钓而不纲，戈不射宿”，孟子主张“天人合一”，这些思想都体现了古人对人与自然和谐关系的关注。上个世纪70年代，生态危机成为全球关注的焦点。面对大气污染、水污染、土地污染、资源能源枯竭等生态危机，人类开始重新考虑并调整人与自然的关系。

生态系统是经济系统的基础，对经济系统的发展起着基础性的决定作用，经济系统的发展必然依靠生态系统，经济系统对生态系统有反馈作用。生态资本是生态服务或生态价值的载体。那么，生态系统提供的这种生态服务应被视为一种资源、一种基本的生产要素，所以必然离不开有效治理。从财富论看，生态环境是我们创造财富的要素之一。由于人类活动范围的不断扩大、活动程度的不断深入，在现代生态系统中，生态环境已不是“天然的自然”，而是“人化的自然”。不管是土地、矿藏，还是森林、水体，作为资源它们现在都可以通过级差地租或者影子价格来反映其经济价值，从而实现生态资源资本化。而整个生态系统就是通过各环境要素对人类社会生存及发展的效用总和体现它的整体价值。随着社会的进步，人类对生存环境质量的要求就越高，生态系统的整体性就越重要，而生态资本存量的增加在经济发展中的作用也日益显著。

从根本上来说，由于人们的经济关系处于社会关系的支配地位，制约和规范经济行为的最有效手段是经济手段。经济手段的核心作用是贯彻物质利益原则，即把各种经济行为的负外部性内化到生产成本中。财政作为宏观调控的经济手段，通过各种具体的财税措施不断调整各行为主体的经济利益关系，限制某些经济行为，奖励某些经济活动。因此，生态财政理念是在生态文明思想指导下，通过科学合理的制度设计，限制损害环境的经济行为，奖励保护环境的经济活动，引导正确的发展观和生态观。按照尊重自然、遵循客观自然规律、人与自然和谐相处的要求，增强生态自律行为，实现在生产、生活和消费的各个层面推行生态模式。

三、生态财政制度

财政作为重要的宏观调控手段，使市场在资源配置中起决定性作用和更好发挥政府作用，需要完善财税制度。按照制度经济学的理解，有效的制度安排是促进经济增长的关键，所谓有效制度，首先应具有内在的激励性，并由此形成动力使产品的生产数量的扩大和质量的提高更具持久性；其次，制度应具有内在的节约交易费用的倾向，特别是在外部性普遍存在的现代经济中，降低整个社会的交易成本具有特别的意义。生态文明的外部性、公共性、整体性等特点决定了生态经济及其产业不可避免地陷入公共性和企业性的两难境地。公共性与普遍服务相关，企业和提供服务的可持续程度相关。从企业性的视角观察，如果基础设施企业化经营，受到盈利的约束，在降低成本、改善效率的同时，因自然垄断容易形成价格的提高、歧视性定价等行为，势必伤害普遍服务目标。从公共性的角度来看，低收费或者免费最能满足普遍服务目标，但是会造成需求过度或者低水平的供给，同时需要政府提供巨额的财政支持，而一旦财政能力有限，其可持续性令人怀疑。

（一）合理划分中央和地方的生态事权

当今世界上许多国家都有将部分生态建设投资下放到地方政府的趋势，因此在各级政府之间合理划分对生态建设项目的投融资职责显得越来越重要。要保证生态服务的有效供给，客观上要求中央政府和地方政府分工负责，合理划分涉及生态的中央事权、中央和地方共同事权、地方事权，中央负责的事权要管住管好，中央和地方共同事权要明确责任边界和监管主体，地方管理更方便更有效的事权要下放地方。中央层面要切实加强对生态发展战略、规划、制度、标准等的制定、实施和监管。

按其财权事权划分原则分担生态建设资金，由各级政府共同承担投资，而不是仅仅由中央政府或地方政府一家承担。除了生态建设基金等可用于生态工程运行维护的财政性资金外，各级地方政府要加大预算内生态经费的规模。对于各类生态工程，要明确划分中央与地方的事权，确立投资主体与受益主体的权利和义务，明确各自在工程建设与管理中的责任、出资比例等，实现“分级管理、分级负责”，要充分考虑到中央政府和地方政府的实际财力状况，特别是中西部地区地方政府的财政状况，对需要以政府投资为主的水利项目，对不同地区可采取不同比例分摊的办法。就目前而言，东部沿海一些省市的地方政府有财力组织生态投入，中西部地区生态建设主要依靠中央投资。即使在经济比较发达的地区，一些跨省（直辖市、自治区）的生态建设项目，如南水北调工程、大江大河的治理工程等，也必须以国家为主或者完全由国家投资建设。

（二）加快政府职能转变，发挥市场配置资源的决定性作用

生态资源的自然特性和经济特性，决定了它在经济社会发展中具有特殊的重要地位，生态资源的配置不可能完全由市场来实现。空气治理、水资源保护等是典型的公共产品，属于市场失灵的领域；农业灌溉虽有竞争性，但也具有一定的公共产品性质，属于准公共产品。政府应有效协调各方利益，通过对生态“公共产品”特性的合理分类，充分推广生态建设中可以市场化的部分，同时将其公益性、准公益性和经营性进行有机结合，从而保证各个主体的经济社会效益。创新财政资金使用的方式，鼓励和

引导社会资金投入生态建设。对于具有生产经营性质、效益显著的生态项目，应建立市场机制，以社会投入为主，并适当吸引外资进入，国家投入应逐步退出；对于准公益性的生态项目，国家应制定各种优惠政策，引导各方面资金的投入。

积极构建以财政为主导，金融支持与社会投入为重要补充，优惠政策与资金补助双向衔接，投资增速与增幅并重的生态投入机制显得尤为重要。各级政府作为水利投入的主体，一方面应合理配置资源，提升资金的利用效率和综合效益，在扩大水利投资规模的同时，着力提升该类投资在全部财政支出中的比重。另一方面，应借助各项适宜、灵活的政策措施，有效发挥其他投入的融资优势特性，以拓展投资来源、改善投资结构，保证各方投入最终形成多元、有序、和谐的生态投资格局。要发挥政策性金融机构作用，通过财政贴息鼓励金融机构进一步增加生态建设的信贷资金。完善引导社会资本投入的财税优惠政策，广泛吸引社会资金投入生态建设。探索通过业主招标、承包租赁等方式，吸引社会资本投资建设空气治理、跨流域调水、水资源综合利用、水土保持等项目，多渠道筹集资金。鼓励政府部门以股权投资方式引导示范和带动社会资金投资生态建设。

（三）加大生态基础设施的财政投入

我国的生态环境问题是影响国民经济发展的重要瓶颈，生态基础设施薄弱是国家基础设施的明显短板，将生态基础设施作为财政投入的重点领域十分迫切，量力而行、尽力而为，充分发挥财政对生态基础设施发展的保障作用。

一是要加大财政对生态基础设施的投入。要发挥各级政府在生态基础设施建设中的主导作用，把生态基础设施作为财政投入的重点领域，进一步加大预算内固定资产投资和财政专项资金对生态基础设施的投入力度。进一步合理界定中央与地方、政府与市场的生态建设事权和支出责任，建立财权及财力与事权相匹配的财政体制，增强地方政府特别是基层政府提供生态基本公共服务的能力，保障各项重点生态工程建设投资需求及前期工作经费。

二是优先保障改善民生的生态基础设施建设。在收支矛盾比较突出的情况下通过优化支出结构，在关系民生的最直接最现实的生态问题上保持较大的财政支出力度，如清洁的空气、干净的水、安全的食品等，消除威胁人民群众生命财产安全的隐患，不断改善人民群众生产生活条件。

（四）依据产品生命周期设计绿色税收政策体系

一是完善现有税种：（1）资源税。应将资源税的征收对象扩大到矿藏资源和非矿藏资源，增加水资源税，开征森林资源税和草场资源税，以适应可持续发展的需要。在税率方面，根据不可再生资源替代品的生产成本、可再生资源的再生成本、生态补偿的价值等因素，合理确定和调整资源税的税率。进一步完善水、土地、矿产、森林、环境等各种资源税费的征收使用管理办法，加大各项资源税费使用中用于生态补偿的比重，并向欠发达地区、重要生态功能区、水系源头地区和自然保护区倾斜。（2）消费税。对污染环境的产品征收消费税，如电池、塑料袋、杀虫剂等，以鼓励这类产品的回收利用。对环境友好的产品可以免税，如对使用绿色燃料的小汽车免征消费税。（3）所得税。新《企业所得税法》规定了节能环保的税收优惠政策。应进一步加大对生态保育方面的优惠力度，如对生物产业实行15%的低税率。其他税种：（4）城镇土地使用税。为了更好地保护土地资源，建议把农村非农业用地也纳入征税范围。另外，鉴于该税对节约土地资源作用不大，应提高税额。(5) 耕地占用税。建议大幅度地提高税额，以真正起到保护耕地的作用。

二是绿色税收的设计应与产品生命周期理论相结合，根据实际情况，合理而灵活地选择征税环节。在资源开采阶段，应对开采者征收开采税、资源税或矿区使用费等，提高资源的开发成本。在原料的投入使用阶段，对不同原料应根据其污染物含量征收原料投入税，减少和改变企业资源的需求取向。当原料的投入与污染的联系不明确时，对生产过程征税，即排污税，促使企业淘汰高污染的生产工艺或生产方式，提高资源的利用效率。在产品的消费阶段，对引起污染的产品征收消费税，将污染成本计入产品的价格中，提高其消费价格，引导人们的消费方向。在废弃物处置阶段，对产品消费使用后产生的废弃物，根据处置方式以及其能否再用等方面的不同给予不同的税收待遇。

(五) 改革财政转移支付制度

一是完善纵向财政转移支付制度。完善纵向财政转移支付制度。(1) 逐步增加生态环境保护专项资金额度，各级财政要提出相应的配套资金，形成国家、省、市、县四级财力共同推动建立生态补偿机制。(2) 提高中央财政转移支付直接用于生态保护的比例，加大对限制开发、禁止开发区域的支付力度。(3) 在国家财政转移支付项目中，增加生态补偿项目，用于国家级自然保护区、国家级生态功能区的建设补偿及对西部生态退化严重区域的恢复补偿等。(4) 设立对重点生态区的专项资金支持模式。

二是完善横向财政转移支付制度。(1) 在经济和生态关系密切的同级政府间建立区际生态转移支付基金，成立区际基金管理委员会。各地方政府按拨付比例将财政资金存入生态转移支付基金，并保证按此比例及时进行补充。区际基金管理委员会负责召集区域内的政府官员、专家学者和群众代表，对区域内重大环保工程或项目共同进行可行性论证。（2）强化生态补偿基金使用的监督。对每一笔基金的拨付使用要聘请第三方专业机构进行审计。（3）建立严格的责任追究制度。在区际生态转移支付基金的运作过程中，哪个环节出现问题，该谁负责，负什么责任，如何惩治，由谁来执行，谁来监督等等，这些都必须做出明确的规定。

四、生态财政治理

治理一词起源于16世纪，治理的概念在经济学领域的运用，最早出现于微观层次，人们最常用的概念是公司治理。在宏观经济层次的应用，大约始于20世纪90年代初期。现代治理理论的主要创始人之一，詹姆斯·罗泽瑙在《无政府的管理》一书中将治理界定为由共同目标所支持的一种规则体系，治理与统治虽然都涉及目的性行为、目标导向的活动和规则体系的含义，但治理是一种比统治更宽泛的现象，治理的目标可能来自法律的和正式规定的责任，但也可能并非如此，而且无须依靠警察的力量迫使人们服从。治理既包括政府机制，同时也包含非正式、非政府的机制。随着治理范围的扩大，各色人等和各类组织得以借助这些机制满足各自的需要，并实现各自的愿望。治理理论的另一位代表人物罗伯特·罗茨认为治理具有以下几个基本特征：（1）组织之间的相互依存。治理比政府管理范围更广，包括了非国家的行为者；（2）相互交换资源以及协商共同目的需要导致的网络成员之间的持续互动；（3）以信任为基础的博弈式互动，由网络参与者协商和同意的博弈规则来调节；（4）保持相当程度的相对于国家的自主性。网络不对国家负责，它们是自组织的，但国家能够间接地并且在一定程度上调控网络。世界银行的一篇论文将治理被定义为："管理一个国家的经济和社会资源使之用于发展的能力的实现方式。"

本文认为，财政治理是国家治理体系的重要组成部分，财政治理现代化是实现国家治理现代化的基石，生态财政治理的健全完善是国家进入生态文明新时代的基础和重要支柱。我国是发展中的大国，正处于工业文明向生态文明转换时期，发展和生态任务都很艰巨，需要构建符合生态文明要求的财政法制环境，促进经济社会持续健康发展，支撑国家治理体系和治理能力现代化。

（一）建立协调配套的生态法规体系

目前，我国还没有统一的法规和制度要求，各地难以实行统一的标准和模式，不同地区、不同企业的操作模式千差万别。这一现状，客观上给生态环境管理带来了困难，因此必须加强生态立法工作。由于资源管理立法基本上都是按行业、分要素进行，导致不同资源法之间出现了矛盾和冲突，而使新的生态问题和生态保护方式缺乏有效的法律支持。为此，国家有必要制定专项生态保护法，对自然资源开发与管理、生态环境保护与建设、资金投入与补偿的方针、政策、制度和措施进行统一的规定和协调。修改完善相关法规，对环境和自然资源进行综合管理、保护、开发、利用，对环境进行整体的综合法律调整，强调环境生态功能的保护、恢复和整治。

（二）建立健全宏观调控法规体系

宏观调控作为国家经济调节的一种基本方式，主要针对总体、全局的问题，特别是短期社会总供给与总需求的矛盾或发展不平衡的问题，宏观调控法规是调整国家在宏观经济调控过程中所发生的社会公共性经济关系的法律规范的总称，是经济法的重要组成部分，是实现国民经济和社会整体利益的计划，确认和发挥政府在宏观调控法中法律地位的基本法，是正确处理国民经济中重大经济发展问题的法律依据。通过宏观调控法规范政府行为，调节市场失灵，自由竞争的市场经济具有被动性、盲目性等特点，会导致经济剧烈波动和经济总量的失衡，而市场主体在激烈的竞争中，为了谋求最大的利润，往往把资金投向周期短、收效快、风险小的产业，导致产业结构不合理，表现为制造业发展较快，服务业和农业发展较慢，生态产业无人问津，引起国民经济总体结构失衡，这就需要国家克服市场缺陷的特点，通过制定和实施社会经济计划、经济政策和采取具体经济调节手段影响社会经济的宏观结构和运行。

实践证明，要保证政府干预发挥对经济的促进作用，政府干预必须依法进行。只有建立在法律基础上的宏观调控才更有理性，更深刻地认识客观规律；只有调控主体依法调控，才能保证调控制度、政策、工具、时机更精准，经济社会才能健康可持续。宏观调控法规是由财政法、金融法、产业法、投资法等调整宏观经济关系的法律、法规及规范性文件构成，它的主要功能和任务：一是为了预防和克服市场失灵所带来的负面效应，在宏观经济总量和结构等宏观方面所存在的失衡、失调、无序状况，以促使经济的宏观状况朝着所预期的方向发展。二是规范国家在宏观经济调控和监管中各相关主体的行为，维护国家宏观经济调控秩序，保障国家宏观经济调控顺利进行和宏观经济调控目标的实现，保障国民经济稳定、快速发展。

（三）加大生态违法惩罚力度

惩罚是法治健康运转并有效发挥作用的保障，生态财政治理需要对生态违法行为加大惩罚力度。对于如非法砍伐林木、排放未经处理的污水等故意破坏生态环境的行为，以及如煤炭开发造成的植被破坏不加以恢复治理的不作为行为等，一经发现，严加查处，对其进行加倍经济处罚，所罚资金作为恢复治理和生态补偿资金的来源之一，这样一方面有利于生态环境的保护，另一方面也有助于增加补偿资金的来源。

五、在生态领域广泛运用 PPP 模式

公私合作伙伴关系即 PPP（Public Private Partnerships）模式的本质是政府与市场的有机结合。从经济学意义上讲，公共产品特别是准公共产品的提供应遵循比较优势原则。如果政府提供服务比市场提供更具优势时，就应该由政府提供。由于资产所有权和控制权的不一致，政府难以形成像私人部门那样的内在激励机制，并且信息搜集和传递成本更高，不利于创新。相反，私人部门在公共部门的监督管理下为了获取更好的收益，就必须采用新技术和更高效的管理方式来提高效率、降低成本，从而有效地控制风险。PPP 模式有利于充分发挥公共部门和私人部门各自的禀赋优势，进行相互合作的制度安排，让私人部门所掌握的资源参与提供公共产品和服务，实现政府公共部门的职能并为私人部门带来利益。在这种制度安排下，可以有效地发挥私人部门资金筹集和管理方面的优势，而且由于其明晰产权结构中内在的激励性，从而明显地提高了公用事业的经营效率。政府部门因其拥有

制定规则的权力，可以在市场准入、价格形成和公共服务质量等方面监管和督促私人部门为社会提供物美价廉的产品和服务。

在生态领域推广运用PPP模式，有利于拓宽资金来源，有效缓解财政投资不足。通过针对不同项目特点设计不同的融资方式，架起了社会资金与生态建设的桥梁，使得社会资本可以源源不断地流入生态领域。更为重要的是，它使私人部门的性质发生了变化，PPP筹措的资金具有社会性，社会大众是最终的所有者或债权人，因此即便是私人性质的基础设施投资或运营公司已经不再是原来纯粹意义上的私人部门。

Thought on Ecological Fiscal Governance

Liang Yunfeng

Abstract: The reports of the 18th National Congress of the Communist Party of China have included the ecological civilization construction as a part of the "Five in One" -entire allocation of Chinese socialist modernization. In The Third Plenary Session of the 18th Central Committee of the Communist, finances is promoted to the level of national governance for the first time. Therefore, in consideration of the financial problem at the level of ecological civilization and national governance, we shall establish the philosophy of ecological finances, improve the ecological finance system, and strengthen ecological finances governance. Thus, we can sustainably and healthily develop the economy and the society, and support the modernization of national governance systems and governancecapacity.

Keywords: Ecological Civilization　National Governance　Finances

美国对华汇率制裁新动向及其风险

（中国国际经济交流中心战略研究部副研究员）张茉楠

[摘　要] 近十年来，美国对人民币汇率提出愈益激烈的指控。近期，美国彼德森国际经济研究所出版了一系列文章，以该所荣誉所长伯格斯滕为首的几位学者指责中国等国家操纵汇率，更提出应该通过改革国际货币和贸易规则，加大对货币操纵国家的制裁力度，以扭转美元所谓的“劣势”。美国指责中国汇率问题及其可能采取的新一轮汇率制裁，其背后的战略意图及风险值得中国高度重视。

[关键词] 汇率制裁　贸易失衡　特里芬难题

一、指控他国“汇率操纵”成美国常用国际政策工具

自1979年中美两国建交以来，特别是2001年底中国正式加入世界贸易组织（WTO）以来，中美经贸关系进入了一个快

速发展的轨道，2013 年中美双边贸易额达 5210 亿美元。但与此同时，中美双边贸易失衡问题自 1993 年之后也不断加剧，美国针对中国的保护主义呈明显上升势头：一方面，美国继续沿用保护贸易政策对中国输美商品施以种种贸易限制；另一方面，美国愈发将其国际收支赤字的扩大归咎于人民币对美元汇率低估，指控人民币“汇率操纵”已成为美国惯用的对华经济政策工具。

“汇率操纵”一词起源于《IMF 协定》。《IMF 协定》第 4 条第 1 节第 3 项对“汇率操纵”进行了规范，即 IMF 成员国不得通过操控汇率或国际货币体系，妨碍国际收支的有效调整而获得比其他成员方更有利的不公平竞争优势。美国大打“汇率操纵”牌表现出如下特点：

第一，持续时间长。自 2003 年以来，美政府特别是美国会对人民币汇率问题的关注持续升温。第二，参与部门和人员众多。不仅主要的政府部门卷入人民币汇率争论，主要利益集团、学术界和知名智库也参与其中。其中以诺贝尔经济学奖得主、美国经济学家保罗·克鲁格曼和彼得森国际经济研究所所长伯格斯坦较为著名，而后者更是认为全球汇率干预规模平均每年近 1 万亿美元，导致了每年有至少 5000 亿美元的生产活动从逆差国家转移到顺差国家。第三，多管齐下，措施多样。既通过国会单边立法，又通过美中双边外交磋商；既联合日本和欧盟对华施压，又主张通过修改国际规则寻求美元霸权，WTO 成员国可以对被认定“汇率操纵国”征收惩罚性关税，或实施贸易壁垒权力。第四，议案众多。其中具有代表性的是美国财政部半年发布一次的《世界经济和汇率政策报告》，报告的主要功能是判断美国的主要经贸伙伴其汇率制度在实际执行中是否符合“汇率操纵”的行为；同时，美国国会（具有立法权）每年也分别受理不同次数的关于人民币汇率的提案、议案和听证会。据不完全统计，自 2003 至 2011 年底，美国国会先后提出针对人民币汇率相关议案不下 53 项。

二、中国操纵人民币汇率是个“伪命题”

美国对人民币“汇率操纵”的指责不仅缺乏理论依据，也罔顾中美贸易发展的事实。事实上，中国汇改八年，恰恰是人民币单边升值的八年。自 2005 年汇改以来，截至 2013 年年底，人民币兑美元累计升值 35.75%，实际有效汇率累计升值 42.21%，2013 年全年人民币实际有效汇率升幅达 7.89%，名义有效汇率升幅达 7.18%。在国际清算银行监测的 61 种货币中，人民币名义和实际有效汇率升幅分别排国际清算银行监测货币的第一和第二位。

近几年，中国积极加快人民币汇率形成机制改革，人民币汇率浮动幅度已经从 0.3%、0.5%、1.0% 扩大至目前的 2%。此外，中国也没有刻意追求顺差，2008 年全球金融危机以来，中国“扩内需、调结构、减顺差、促平衡”，经常项目收支已经趋向平衡，进口保持了年均 17% 以上的速度，是历史上最长的一个进口稳定快速增长期。2010 年开始，经常项目顺差占 GDP 的比重已经回落到国际认可的合理标准以内，2013 年该比重下降到 2.0%，2014 年一季度进一步降至 0.3%，人民币汇率已经接近均衡汇率水平。

美国巨额贸易逆差是人民币汇率造成的吗？美国贸易逆差长期存在，并呈不断扩大趋势，与人民币汇率没有必然联系。二战后，1971 年美国首次出现贸易逆差，当年贸易逆差仅为 15 亿美元，此后长期存在并一路攀升，到1999年贸易逆差达到2676亿美元的高峰，2008年金融危机前到达新的历史峰值，贸易逆差达8567.55亿美元。尽管金融危机后，美国的贸易逆差有所下降，但其贸易逆差规模并没有发生根本性转变。货币史表明，美国一直站在国际货币制度设计的顶层，通过修改规则让顺差国家为其买单。1985年“广场协议”签订之后，10年内日元猛烈升值144.2%，恶化了日本的贸易条件，并导致日本国内通货膨胀与资产价格泡沫破灭，但美国对日本贸易逆差不降反升，在其总逆差中的比重一度升至50%以上；同样在1985年，德国马克对美元5年内升值107.2%，但美国对德国的贸易逆差却维持原状毫无改观。2012年以来，日元对美元贬值50%左右，但由于日本经济结构发生变化，日元贬值并没有阻止日本从顺差到逆差的转变过程。

上述事例说明，汇率只是影响国际收支的因素之一，更为重要的是经济结构和贸易体制的影响。数据显示，自20世纪70年代初以来的四十多年里，美元对世界主要国家的货币长期处于贬值中（个别时期的美元升值主要是吸引资本流入策略和危机期间“避风港效应”所致），却没有扭转反而加大了美国贸易收支恶化状况。

三、美国长期贸易失衡不能完全归咎于贸易伙伴

美国关于人民币“汇率低估论”、“汇率操纵论”在理论和实证上都站不住脚。中美货物贸易不平衡并非人民币汇率低估的产物，中国持有的大额外汇储备也不是人民币低估的结果。近期，哈佛大学经济学教授马丁·费尔德斯坦在英国《金融时报》上刊

文指出，美国应停止发布《汇率操纵报告》。他指出，正如每个经济学专业的学生知道的那样，每个国家的经常账户状况更大程度上是由本国内部结构决定的，而不是由其贸易伙伴决定的。中美贸易呈现逆差，更大程度上是由于美国商品生产不能满足国内需求，加上美国对华实行高技术产品出口限制，美国比较优势难以发挥。

（一）美国长期贸易失衡源于内部透支增长模式

美国国会研究中心（CRS）2007 年曾发表过一篇题为《美国贸易赤字：成因、结果和治疗》的报告指出，美国经济自身的结构性问题，特别是“过度的需求”才是其贸易赤字的原因。根据国民收入恒等式：（X－M）＝（S－I）＋（T－G）（其中，X 为出口，M 为进口，S 为私人储蓄，I 为私人投资，T 为税收收入，G 为政府支出），将等式变形即可得到：财政赤字＋储蓄赤字＝贸易赤字，可见，美国经常项目赤字实际上由政府赤字财政、国民超前消费造成的。仅以 2013 年为例，美国家庭储蓄降至国内生产总值（GDP）的 3.3%，企业储蓄与 GDP 之比也仅为 4.6%。在这些私人储蓄中，逾四分之三被联邦、州以及地方政府占 GDP 6.1% 的“负储蓄”（指投资大于储蓄的差额）抵消，因此，贸易赤字难以大幅下降。

（二）美元特里芬难题是美国贸易失衡根源

20 世纪 70 年代布雷顿森林体系崩溃后，国际货币体系不再受“黄金固定比价可自由兑换”的约束，而进入以美元为中心的多元储备和浮动汇率制度的“无制度的体系”。国际储备货币发行规则的缺失、国际收支协调机制的失灵、统一的稳定的货币标准的缺乏等内在缺陷，放任并加剧了全球经济失衡。目前美元仍然是60%的国际储备资产计价货币、70%左右的国际贸易交换媒介和80%甚至更高的国际金融交易的计价货币，这种货币体系必然会产生“美元特里芬难题”。一方面，在以美元为核心的货币体系下，各国之间的国际贸易，就要求必须用美元作为结算手段与货币储备，美国向世界提供流动性。另一方面，美国可以靠超发货币为国际收支账户赤字融资，导致贸易逆差长期存在。

（三）“对华高技术出口管制”加剧中美贸易失衡

据商务部数据显示，2001—2011年，中国从美国进口的高技术产品，由2001年占中国高技术产品进口总额的16.7%降到2011年的6.3%。如果从具体产品来看，在美国高技术产品出口中，美对华出口占美国总出口比例不到6%。据中国海关总署统计，2001—2009年间，美国对华商品出口平均增长率为17.54%，低于同期世界商品对华出口23.04%的年均增速。

四、美国严重夸大了贸易失衡的中国责任

（一）美国贸易逆差来源多元化不能归咎于中国

根据世界银行数据库数据计算，1998—2011年间，以美国、英国和西班牙为代表的发达经济体是世界主要的贸易逆差国，这三个国家在此期间的贸易逆差总规模超过了9万亿美元，占贸易逆差规模前20位经济体逆差总规模的84.8%，其中美国一国贸易逆差规模就占了约65.5%，始终保持了失衡中心地位，但与之相应的顺差国地位却呈现出动态变化趋势。从商品贸易逆差来源地看，除中国外，日本、墨西哥、德国和加拿大是美国前5大逆差来源国。

（二）中国承接了其他国家对美的大量贸易顺差

自20世纪70年代开始，美国引领全球产业结构的升级和产业转移，逐渐将本国的一部分制造业转移到日本，并再转移到东亚新兴经济体，最终转移到中国。在这一过程中，中国实施出口导向发展战略，先后从日本和东亚新兴经济体引进直接投资和资本品，通过加工和组装，将最终产品出口到美国，从而构成了中美贸易—资金双循环机制中的贸易循环。特别是进入21世纪，世界贸易经济的发展方式已经发生了很大的变化，各国制造业部门的专业化程度日渐提高，生产分工日益细化，技术水平的不断进步以及跨国物流成本的大幅降低使得整个世界形成了有序的生产链，国家制造已经变成了世界制造。目前，中国加工贸易出口占总出口的四成左右。中国在工业制成品加工组装环节仍具有相对比较优势，是全球最大的工业品生产国和出口国，美国、欧盟等是最主要的终端消费市场。由于大量劳动密集型加工组装环节由日本、韩国、新加坡、中国台湾、中国香港等地转移至中国，这些国家和地区原来对美、欧的顺差也转移至中国。同时，中国外贸顺差显得较大，与当今以贸易总额统计为主要指标的不合理体系有关。如果利用贸易增加值的新统计方法计算，中国对美国和欧盟的贸易顺差将骤降41%和49%之多。

（三）中国贸易/经常项目顺差一半是跨国公司创造

据中国商务部外资司的统计显示，2010—2012年，在华外资企业进出口总值分别占到中国对外贸易总值的53.83%、51.07%、48.98%，出口总值占到同期全国出口总值的54.65%、52.42%、49.92%。可见，外资企业不仅在中国贸易中占据半壁江山，而且更是中国获得贸易盈余的支柱。从国际贸易中产生的利益主要由美、欧、日等发达国家企业获得，中国企业分得的部分很小。由此，美国不仅通过其在华企业从中美双边贸易中获得了可观的经济收益，而且也使中国承担了对美巨额贸易顺差所产生的巨大政治压力。

（四）美国判定人民币汇率低估使用的是双重标准

以经常项目盈余占购买力平价 GDP 的比例计算，中国排第 13 名，排在中国前面的包括瑞士、新加坡、德国、马来西亚、荷兰这样的非资源输出国，因此，如果用经常项目盈余占 GDP 的比例来衡量一个国家货币的低估程度（彼得森国际经济研究所所长伯格斯滕就是这样做的），则美必须承认，这些国家的货币很大程度上是被大大低估的，美方长期指责中国汇率操纵是极其不合理的。

五、美国指责中国“汇率操纵”背后的战略动因

当今世界，汇率已成为大国之间经济利益博弈的重要工具。20 世纪 80 年代的“广场协议”清楚表明美国利用金融手段平衡贸易的战略意图，“广场协议”及其余波导致日本经济陷入了“失去的十年”。当前，美国用同样的手段应对美中贸易逆差问题，其背后有更深层次、更长远的战略考量，美国推行的“重返亚太”、“重归实体经济”等战略都需要美元策略进行配合。

（一）逼人民币升值是美国“进口替代”战略的关键

近两年，得益于美国国内财政紧缩、劳动力市场改革、页岩气革命所带来的能源成本优势、制造业回流、进口替代战略等一

系列结构性变化，美国经常账户赤字占 GDP 比重有所下降。但制造业占 GDP 比重下降趋势并未根本性改变，2013 年美国制造业增加值占 GDP 比重仅为 12.4%，并在 2014 年一季度下滑至 12.2%，甚至还低于 2007 年金融危机之前的 12.8%。这与奥巴马总统“出口倍增计划”、“再工业化”战略，以及经济“再平衡”战略还有相当距离。因此，必须加强贸易保护力度，实施更为鲜明的“进口替代战略”。国际金融危机以来，随着中国国内要素成本上涨，及人民币兑美元持续大幅升值，中国商品在美市场份额开始下降，2011 年至 2013 年，我国商品在美国进口中占比累计下降 2 个百分点。

（二）逼人民币升值是配合美国贸易“去中国化战略”

金融危机后美国的贸易战略发生巨大转变，以 WTO 为代表的全球自由贸易正在被更多区域贸易体系解构。美国目前致力于构建《跨太平洋伙伴关系协定》（TPP）和《跨大西洋贸易与投资伙伴关系协定》（TTIP）两个区域贸易协定，这两个协定涵盖了世界上除中国外的主要经济体，却将中国置于其外。近期，甚至有民主党参议员认为，需要纳入货币操纵规范将 TPP 之中。

（三）逼人民币升值是对“强势美元周期”的对冲

近期，持续了六年的美国量化宽松政策正式落下帷幕。美联储结束 QE 是全球金融流动性周期的一个重要分水岭。美联储资产负债表收缩，美国内部去杠杆、外部再平衡，全球美元流动性供给减少。特别是 G3 内部，欧盟和日本量化宽松的“进”与美国退出量化宽松的“退”形成鲜明反差，各国货币政策的大分化将会助推美元进一步走强。如果参考美国货币政策周期与美元周期的关系，美元强势周期可能会持续 4—5 年左右，由于人民币盯住美元，人民币实际有效汇率将随着美元指数一起加速攀升，这将对出口造成更大的压力。特别是以美元计价的单位劳动力成本增速时，中国和主要贸易国家之间的对比更加明显。2007年以来，中国劳动力成本累计涨幅已超过60%，远远超过了发达经济体及主要出口竞争对手（如韩国、墨西哥和越南）。美国一再要求人民币对美元大幅升值，其打压中国的战略意图非常明显。

六、指责汇率操控本质是美国的金融制裁

美国对中国汇率问题的长期指责本质上是美国的金融制裁。也就是说，当前美国和美元所拥有的国际货币金融体系中心地位是相吻合的。还可以这样说，当前全球金融制裁的核心特征，是不对称性。

第一，金融制裁具有很强的不对称性特征。美国金融制裁的不对称性恰恰来源于国际金融体系赋予美国金融制裁中的不对等权力。国际货币体系从商品货币往信用货币、法定货币的变化，为国际货币体系的中心国家赋予了更强、更方便实施的金融制裁的措施和手段。当前全球经济金融化和全球金融美元化体系为金融制裁新发展提供了基础。

另外，受制裁方或者受制裁国基本没有申诉以及国际法律救济渠道和机制。美国的《爱国者法案》说得很清楚，允许有关当事人以提供信息的方式澄清与制裁相关的问题，但这并不授予或者意味着享有任何司法审查的权利。其意思是，只有美国宣布这个制裁取消或者制裁改变的时候，制裁才会停止或改变，被制裁方没有任何能力改变被制裁的现状，目前的国际法里也没有与金融制裁有关的条款，这一点也体现出不对称的特征。

第二，金融制裁比其他制裁更易于执行。相对于其他形式的经济制裁，金融制裁具有操作便捷、收效迅速、效果显著的特征。这些特征不仅来自于金融制裁方法在二战后的改进和完善，更是金融市场发展和金融行业自身的不断发展的结果。

第三，金融制裁具有强烈的单边主义色彩。美国在全球货币金融经济体系的中心地位，赋予美国超过其他任何一国的雄厚金融实力，也让美国在发起金融制裁时逐渐具备了强烈的单边主义倾向。

七、应对美国新一轮汇率制裁的对策建议

可以预见，中美在人民币汇率问题上的争执将是长期的。由于全球经济失衡不可能在短期内轻易解决，加上中国迅速崛起势必对长期以来形成的国际经贸格局形成严重冲击，美国与中国在人民币汇率问题上的摩擦将会是长期的，人民币汇率将伴随中国经济崛起的整个过程构成中美长期争执的问题，对此我们必须有充分的战略准备和政策储备。

一方面，积极推进改革不合理的国际贸易统计体系。中美双方在统计贸易差额时，往往会因为统计口径的不一致产生纠纷与争执。目前，美国政府对中美贸易逆差的统计结果明显高于学界公认的利用所有权统计体系的计算结果。美国这种有失偏颇的做法无疑会夸大两国间贸易失衡这一问题，对中美贸易失衡问题起到推波助澜的作用。因此，中国应在 WTO 框架内，通过多边协商机制，积极主动地推动现有贸易统计体系的革新，实现以公正、平等为特征的所有权统计体系在世界范围内的推广与使用。

另一方面，研究和用好国际规则和货币法律制度。目前，美国对人民币汇率的行动动向是：力争从 IMF 获得人民币汇率构成汇率操纵或汇率严重偏差的结论，将此等同于中国对出口产品提供的补贴或造成出口产品的倾销，以 WTO 争端解决机制取代 IMF 解决人民币汇率问题，同时积极筹备对人民币汇率采取单边、双边、区域协调，甚至国际协作做法。我国应当充分利用《IMF 协定》和《新决议》的有利规定，力阻 IMF 做出人民币汇率构成汇率操纵或汇率严重偏差的结论；坚持 WTO 在汇率问题上的有限辖制权和 WTO 规则不覆盖汇率补贴及汇率倾销的立场，力避 WTO 做出人民币汇率补贴和汇率倾销的裁定；同时，通过阻止美国制定针对人民币汇率的新立法和将现有法律规定适用于人民币汇率。

The Risk and New trends of USA Exchange rate Sanctions on China

Zhang Monan

Abstract: In recent ten years, American put fierce charges against the RMB exchange rate. Recently, America Petersen Institute for international economics published a series of articles, accusing China and other countries currency manipulation. A few scholars puts forward more should be through the reform of the international monetary and trade rules, increase the currency manipulation sanctions efforts to reverse the dollar, so-called "inferior" . The United States accuses China ofcurrency issue and may take a new currency sanctions, its strategic intent behindand the risk is worth China attaches great importance to.

keyword: rate of sanctions　trade imbalance　Triffin Dilemma

社会篇

加快普惠金融体系建设
促进城乡社会治理

（中国国际经济交流中心博士后）崔长彬

[摘　要] 小企业、微企业、个体工商户、自营就业者和农户构成的小微经济体是普惠金融体系主要的服务对象，也是社会治理的重点和难点。“三农”问题很大程度上源于农村的小微经济体难以得到所需的金融服务，而“半城市化”困局也主要在于从事个体自营或受雇于小微经济体的农民工在谋求素质提升过程中缺乏必要的资金支持。因此，加快建立覆盖城乡的普惠金融体系本身就是不断改善城乡社会治理的过程。普惠金融体系建设，既要根据时代特点运用好农村熟人社会的传统治理方式内核，又要重视农民工个人素质提高对加强社会治理的推动作用。

[关键词] 普惠金融体系　加强社会治理　小微经济体

社会治理是以增进人民福祉为出发点和落脚点的。加强和创新社会治理，要围绕“治理为民”思想，在党的领导下，让广大人民群众真正参与进来，变被动管理为主动治理，充分发挥各类治理主体的积极作用。建设普惠金融体系，增加和拓宽对城乡各类生产主体的金融覆盖深度和广度，对于改善城乡社会治理具有重大意义。

一、普惠金融在社会治理中的重要作用

从近年经济发展实践来看，我国市场经济是以金融为中心的，金融越活跃的地区，市场经济就越发达；享受金融服务越多的群体，收入增长就越迅速。因此，从某种意义上讲，城乡差距越来越大，在很大程度上就是农村金融和城镇小微金融不活跃。在这样的背景下推进城乡发展一体化，必须高度重视金融的作用。

（一）普惠金融是农民工跨越“准城市化”陷阱的助推器

自民工潮出现以来，农民工工作生活在城市之中，身份却游离在城市之外的“半城市化”状态长期没有得到根本改变。十八届三中全会指出，要全面放开建制镇和小城市落户限制，有序放开中等城市落户限制，合理确定大城市落户条件，严格控制特大城市人口规模。未来十年，我国将有逾 1 亿人口实现城镇化。但仅仅解决户口并不意味着稳定的城镇化，在“半城市化”和城市化之间，还存在着一个“准城市化”陷阱，即城市化之后，如果不能获得与城市消费水平相适应的收入，新市民将难以融入城市社会，与农村及承包地的关系也难以得到根本改变，生活也会延续农民工时期的状态，导致城市繁荣受到掣肘，农村发展受到约束。因此，要实现完全的城镇化，首先必须有效解决转移农业劳

动力的就业问题。这就需要特别加强对城市小微企业和个体工商户的金融服务，支持其做大做强，提高效益，以更高的收入水平吸引更多的农业转移人口就业，增强农民工收入水平的稳定性，以成功跨越“准城市化”陷阱。

（二）普惠金融是就地城镇化的加速器

发展适度规模的小城镇，实现居村农民就地城镇化，是新型城镇化道路的重要组成部分。第二产业向具有一定工业基础的优势乡镇集聚，吸引人口和劳动力聚集，引致生产生活服务业快速涌现，进而形成二三产业互促发展的良好格局，是小城镇发展的一般规律。因此，要实现就地城镇化，首先需要实现产业集群不断发展壮大，而集聚区内企业大多是小微企业。

然而，我国小微企业的发展却面临着很大制约。全国工商联2012年调查显示，规模以下的小企业90%没有与金融机构发生任何借贷关系，小微企业95%没有与金融机构发生任何借贷关系。有64%的受调查企业认为，制约企业发展的主要因素是“资金匮乏”，有66%的受调查企业迫切需要解决融资难问题。因此，在竞争激烈化并高度资本化的今天，必须充分解决小微企业融资难题，发挥金融服务的加速器作用，否则小微企业难以发展壮大，也就会从根本上滞阻就地城镇化的进程。

（三）普惠金融是新农村建设的稳定器

建设社会主义新农村，首要的、根本的任务是坚持以发展农村经济为中心，激发和增强农村自我发展、自我建设能力。这就必须以加强粮食生产为重点，切实保护专业合作社和种粮大户利益；发挥龙头企业作用，促进农业产业化经营，大力发展优质高效安全农业和农产品加工业。

这其中，专业合作社的本质是企业，按规模划型，大多属于小微企业。资金短缺是专业合作社的最大问题，很多合作社从未从金融机构贷过款，只能靠自有资金滚动发展。由于农户和合作社的发展资金受到限制，也影响了其与龙头企业的合作。种粮大户和近年来在广大农村地区兴起的农家乐、渔家乐等经营形式，性质类似于个体工商户。就其融资需求而言，对资金的渴求程度与小微企业无异，而其融资条件更差，账目的规范性、完整性和准确性远不及小微企业，抵押物也更为缺失。因此，金融需求的满足率就更低，出现了部分种粮大户难以从银行等正规金融机构贷款，不得不四处借债，甚至依靠高利贷种粮的现象。另一方面，龙头企业的融资因缺乏担保也存在很大问题。以上这些情况直接限制了这些新型农业经营主体的发展壮大，并最终影响到了农村经济的发展。因此，必须建立真正服务新型农业生产经营主体的金融体系，唯如此，才能在新形势下切实稳定粮食生产、增加农民收入，保证新农村建设的稳步推进。

二、凝聚致富共识，让村民主动建设安定祥和的乡村

中国的市场经济是以金融市场为中心的，金融活跃的地区，市场经济就越是发达；享受金融服务特别是信贷服务越充分的群体，收入增长就越迅速。从某种意义上讲，乡村金融不活跃、农民金融服务需求难以得到满足是农村经济与城市经济难以在市场作用下同步发展的重要原因。因此，要根据乡村熟人社会的特点突破金融服务瓶颈，以金融服务帮扶农民脱贫致富为突破口，不断凝聚致富共识，让农民主动维护乡村安定祥和局面，在促发展

中保稳定，在保稳定中促发展。整体上可以分为三步走：一是净化乡村干部队伍；二是加强基层党建工作；三是推进以乡村干部为领导中枢的信用乡村建设：

（一）净化乡村干部队伍

农村基层党员干部是促进乡村经济发展和维护乡村社会稳定的核心力量，必须保证乡村干部队伍的纯洁性。当前，在很多乡村，黑恶势力非常活跃，通过贿选等手段获取村两委领导身份，继而大量涉足经济领域，主要是利用土地征用、流转和承包等方式牟利，更有甚者向村内企业、村民收取保护费，这些情况在城郊土地价值较高及有矿产资源的乡村最为明显，涉案金额动辄以亿计。因此，对于群众反映强烈的乡村黑腐问题要坚决查处，对于苗头性的侵害乡村群众利益问题要坚决纠正，不容许乡村“小苍蝇”为所欲为，净化乡村干部队伍，为加强和创新乡村社会治理奠定坚实基础。

（二）加强乡村党建工作

在保证乡村党员队伍纯洁性的同时，要不断加强党建工作，让党员干部真正为农民所选、真正为农民服务：一是要深入党的群众路线教育实践活动，加强乡村党风廉政建设，不断改进干部作风，推动乡村基层党组织向服务型党组织转变。二是要加强基层党员队伍特别是党组织带头人队伍建设，将种粮大户等农村致富能手发展进党组织加以培养，不断提高党性强、素养高的党员的领导能力，形成团结有力、德才兼备的干部队伍。三是要强化乡村基层干部监督，深入推进村务公开、政务公开和党务公开，实现村民自治制度化和规范化，把权力装到制度的透明笼子里，提高基层干部的公信力。四是充分重视新型农业经营主体的作用，加强农业企业、农民合作社、专业技术协会等的党建工作，创新和完善组织设置，理顺隶属关系，保持村委与新型农业经营组织的密切联系。五是建立稳定的村级组织运转经费保障制度。

（三）推进信用乡村建设

信用乡村建设是政府有效引导普惠金融发展的重要抓手，也是凝聚村民致富共识，创新社会治理的有益探索。随着农村市场化和城镇化的不断推进，以农业企业为主的小微企业、各类农业合作组织和家庭农场等生产主体在农村经济发展中的作用越来越重要，其不断发展也催生了一批乡村新富精英，成为了村民致富的带头人。这些人是乡村社会关系调整的关键点，其威望来自于个人的致富能力和藉此带动村民致富的事实。在对整村进行信用评级的金融服务模式下，受益致富的群众有维护本村和谐稳定的强烈愿望，想干事、缺资金的新富精英有调解的持续动力，他们会主动约束教育本企业、合作组织成员行为并推及到各自家庭，调解邻里争端，催促及时还贷和规劝村民履行社会责任等，将全体村民团结到共同致富的队伍中来。

这方面，广西的田东县走在了全国前列。田东的信用乡村建设是以个人信用为保证，以信用品质和邻里关系及履行社会责任为侧重点进行评级增信，以整村的信用评级降低贷前调查和贷后跟踪成本，其实质是以村为单位，对村民信用和社会治理情况进行综合评价。对于信用村，由村两委、大学生村官和致富带头人组成“金融服务室”，协助银行和保险公司提供贷前调查、贷中管理、贷款催收、保险知识宣传、理赔现场勘验等服务，并按一定比例提成工作经费，实现农民足不出村就可办理免抵押担保的“一站式”金融服务。而对于未能获评信用村的村庄，则不能享受以上便捷服务。

截至2012年末，田东县通过“三农金融服务室”累计为21156户农户办理贷款6.89亿元，小额信贷保险覆盖90%的贷款农户。广大农户通过增强经济实力、累积信用记录产生正向促进作用，进而提高了信用等级的贷款额度、降低贷款利率，逐步形成了信用体系的良性循环机制，很好地实现了经济发展和社会治理的互促。田东的经验是以金融服务为突破口，通过实实在在的收入提高，凝聚村民致富共识，并把这种共识转化为村民参加社会治理的积极性，让乡村各种不和谐因素面对乡亲的巨大舆论压力，也使乡村党员干部、新型农业经营组织和致富能人等获取发动群众、解决问题的源源动力，真正实现乡村经济发展与社会和谐两手都硬的良好局面。

三、以金融助推农民工市民化是加强社会治理的重要抓手

农民工群体为城市提供了大量的劳动力资源，为城市建设做出了巨大贡献。受户籍制度改革进程、城市综合承载能力和农民工自身收入限制，绝大多数农民工难以在短时间内实现市民化，出现了工作在城市之中、身份游离在城市之外的“半城市化”现象。这种生存状态带来了非常严重的社会问题，主要表现在两个方面：

一是城市社会治安潜伏不稳定因素。户籍制度造成了市民与农民的地位差别，并使两个群体间形成了长期的社会隔阂，这种隔阂也延伸到了农民工和市民之间。大多数农民工在就业岗位、工资待遇、社会保障等方面与市民有较大差距，在社会交往、子

女就学方面也会遭受歧视。这些负能量的积聚容易引起农民工心理失衡，给社会治安稳定带来隐患。加之许多社区保安大部分为外来务工人员，其对社会的认同度和与社区居民的融合度直接影响社区安全。事实也证明，大城市的刑事案件多数涉及暂住人员。

二是乡村留守妇女儿童的心理问题。据中华妇女联合会2010年调查数据，由于青壮年劳动力大量外流，导致全国出现5800万留守儿童，其中80%由爷爷、奶奶照顾生活。父母教育缺失，使留守儿童很容易出现不同种类的心理阴影，影响健康成长。另外，如果家庭只有男性劳动力外出打工，则会带来家庭的不完整，留守妇女在背负繁重劳动的同时，还要忍受长期分居带来的心理和生理上的巨大煎熬。而本应享受天伦之乐的老人，也不得不继续担起生活重任，抚养隔代子女。

“半城市化”导致了城市和农村的双重社会问题，给社会治理和社会建设带来了巨大挑战。只有稳步推进农民工市民化，切实解决农民工收入和落户问题，才能真正解决城市治安和农村留守难题。

（一）职业分化是解决“半城市化”问题必须面对的客观现实

从1985年农民成规模地进城务工开始到今天已经近30年，持续多年的民工流使农民工成为我国现代化进程中出现并将长期存在的一个重要的社会阶层。在此过程中，农民工的身份日益明晰，而其职业却愈加模糊：既有小微企业主，也有个体工商业者，还有普通打工者，甚至还存在数量不容忽视的无稳定职业、无稳定收入和无稳定住所的“三无人员”。

分别来看，小微企业主一般事业有成，甚至在所在城市拥有了一套或多套住房，并雇佣了一些以血缘和地缘为基础的农民工；个体工商业者在经济条件上一般会略逊于小微企业主，但其融入城市的能力和意愿均强于普通打工者。对于这两类农民工来讲，融入城市所缺的，可能仅仅是户口。打工者是农民工群体中数量最多的群体，但打工者也还存在管理人员、技术工人和体力劳动者之分。前两者一般收入较高、工作相对稳定，对所在城市的认同度也较高；一般体力劳动者则流动性强、边缘化倾向明显。与以上三大类农民工相比，"三无"人员无疑处在农民工群体的最底层。

总体来看，随着中小城市户籍逐步放开，小微企业主、个体工商业者将基本实现市民化；打工者之中的管理人员和技术工人中的很大比例也将顺利获得城市户口；而体力劳动者和"三无"人员短时间内难以摆脱农民身份。这是由个人收入水平高低导致的结果。因此，要有效推进农民工群体的市民化，必须不断提高其收入水平，收入提高不但可以降低收入分配差距过大带来的心理冲击，增加农民工的自信心和正能量，还可以较快达到城镇落户条件，改善社保水平，逐步降低收入差别和身份差别带来的负面影响。而提高收入的关键就在于农民工特别是普通体力劳动者和"三无"人员劳动素质和劳动技能的提高。

（二）提高农民工劳动素质和劳动技能的主要困难

农民工劳动素质低下比劳动技能低下更制约就业。这是因为大部分岗位对劳动技能的要求都不太高。像劳动力密集型的服装加工业、制鞋业、电子厂等，多属流水作业，劳动者只需掌握几个简单的工作程序即可。还有像服务业中的服务员、顺菜工、保安、门童、家政人员等，均不需要多高的劳动技能，但却需要较高的职业素养，如良好生活习惯、道德修养、责任心和爱心等，只有具备了这些基本素养，才能比较容易地找到工作，并且获得同岗位中的高薪，在城市中站住脚跟。可以说，让农民工和城市迅速接轨靠的是其劳动素质的提高和行为规范的约束，让农民工市民化靠的是劳动技能的提高。

但当前，农民工劳动素质和劳动技能的提高还面临很多困难：

一是农民工自身支付能力有限。劳动素质和劳动技能缺乏的农民工一般家庭条件也较差，在城市的打工收入微薄，自身基本没有购买培训服务的能力。二是政府培训农民工针对性不强。目前各地政府提供的培训服务还远不能满足农民工的需求。虽然县一级基本都有对农民工的输出前培训，但重技术轻素质，培训时间有限，一般仅限于首次打工之前固定的一小段时间和春节后外出务工之前，如此短的时间很难达到胜任工作的技术水平，导致在全国普遍出现了培训效果不佳和培训经费大量结余的现象。三是企业缺乏持续培训农民工的动力。企业是农民工劳动素养和技术提高的受益者，但当前企业对农民工的培训积极性很低。这主要有两个原因：一是雇佣农民工的企业大多为小微企业，自身资金匮乏，心有余而力不足；二是新生代农民工对工作环境和薪资待遇等各方面要求较高，很多人频繁转换工作，使企业对培训收益缺乏稳定预期。四是职业培训体系不健全。当前社会培训机构很多，但专门针对农民工的培训机构很少，一些职业技术院校虽然部分承担了农民工的培训职能，但效果有限，既不够专业，也没有充分对接需求。总体来看，尚没有发展出较为完善的、专门针对农民工素质和技术提高的职业培训体系。

（三）建立农民工素质开发型普惠金融体系

对农民工进行劳动素质和劳动技术的培训，提高农民工收入，是解决“半城市化”及其衍生社会问题的必由之路，也是新时期改善民生、实现共同富裕，促进社会公平正义的重要抓手。

一是要引导农民工重视自身劳动素质和劳动技术。政府要通过各种渠道，加大力度宣传，引导农民工重视自身素质和技术的提高，并主动参与到自身劳动素质和劳动技术的再培养、再教育中来。

二是要多元主体出资创造有效的农民工培训需求。农民工群体，特别是新生代农民工群体有强烈的学习意愿，但有限的支付能力是难以形成有效培训需求的主要原因。因此，需要多元主体出资支持农民工培训：

第一，农民工自身是素质和技能培训的主要受益者，自然也是培训费用的主要承担者。但由于这部分农民工资金能力有限，故应鼓励银行为其提供素质发展型信贷服务。提供此项服务的银行，要将农民工信贷信息纳入征信体系，防范风险。为农民工提供素质发展型信贷服务的银行应享受全国统一的财税优惠政策和其他特有的优惠政策。第二，农民工输出地政府应成为农民工素质技能培训的重要出资人。当前县级政府的培训经费大量结余，远未发挥实际效用。对外出务工人员，回到本县则为其提供培训服务，出县则不再过问，这显然有失公正公平。事实上，无论是短期还是长期，从资金、技术、管理等生产要素的流动方向来看，输出地依然是农民工素质提高的主要受益者，也应该成为农民工培训的出资主体。第三，输入地也是农民工素质和技术能力提高的受益者，并有可能成为农民工的落户地，因此也有必要对农民工的发展进行扶持。但从目前来看，农民工流动频繁且迅速，输入地没有稳定的预期收益。考虑到信贷支持机构在输入地及政府的公信力，国家应明确输入地政府对农民工信贷的担保责任，为其顺利获取金融服务提供便利。第四，企业要大力支持农民工提高素质和技术水平。当前，企业内部培训动力不足的原因同样是稳定预期问题，尤其是面对频繁转换工作的农民工而言。所以要获取企业对所属员工培训的支持，就需要受训员工签订与企业出资额相匹配的劳动年限合同。同时，要按月对员工工资进行两种风险计提：一是企业风险金，防止培训后员工跳槽；二是输入地政府担保风险金，防止道德风险。

三是发挥市场决定性作用提供农民工培训供给。通过建立农民工个人、输出地政府和所在企业出资、银行信贷支持和输入地政府担保的多元体系，落实农民工的培训需求。在市场的决定性作用下，会迅速产生各类培训服务供给主体。政府可根据实际情况制定准入和监管政策，保证培训质量和良性竞争，引导建立劳动者终身职业培训体系，推动劳动就业的新发展。

Strengthening Urban and Rural Social Management with Construction of Inclusive Finance System

Cui Changbin

Abstract: Small business, micro business, individual businesses, self-employed individuals and farmers are the main service target of small-micro economy entity, and they are also the emphasis and difficulty point in social governance. Three agricultural problems are largely based on the difficulty of getting required financial service for the small-micro economy entities, and "semi-urbanization" dilemma mainly lies in the absence of necessary financial support when self-employed individuals and migrant workers are seeking quality promotion. Therefore, accelerating the establishment of inclusive finance system covering both urban and rural areas is the process of improving urban and rural social governance. The construction of inclusive finance system needs to apply traditional governance kernel of rural acquaintance society and in line with characteristics of the times, also to attach great importance to the role in strengthening social management by improving the quality of migrant workers.

Keywords: inclusive finance system　to strengthen the social governance　small-micro economy entity

建立和完善两维社会统计体系研究

（中国国际经济交流中心博士后）崔长彬

［摘　要］普惠金融覆盖的重点在小微经济体，要发展好中国的普惠金融体系，必须精准把握好中国几亿小微经济体的数量、结构和变化情况。同时，以小微经济体的划型进行金融业务统计的现行统计方法存在较大现实缺陷和改进空间。应在完善实体经济层面统计制度的同时，加快发展独立的纯金融层面的统计制度，建立与中国普惠金融体系相适应的两维统计体系，实现两种统计制度互相结合、两组统计结果互为参照，以更好的为研判小微经济体和小微经济体金融服务发展提供决策依据。

［关键词］普惠金融　两维统计体系　小微经济体　小微金融机构

十八届三中全会首次提出要“发展普惠金融”，这意味着为社会所有阶层和群体提供服务的金融体系建设大幕正在拉开，其实质是让所有老百姓享受更多的金融服务，更好地支持实体经济发展。中国普惠金融体系的建立和发展，既需要金融物质基础设施的建设，也需要对金融制度性基础设施进行必要的调整和完善，其中，用于清晰反映普惠金融服务主要的供需双方——小微经济体和小微金融机构发展情况的相关统计制度，是决策部门研判中国普惠金融发展情况的重要依据。目前的统计制度已经难以适应普惠金融的发展，需要进一步完善和发展。

一、当前小微金融服务统计标准的问题

当前，中国的金融服务划分与统计，沿用了实体经济的划分。按此标准，为三类七层草根经济体提供的金融服务，就应界定为小微金融服务。这样操作的好处是紧跟实体经济，不需另行制定统计标准，且便于操作。但也有较多缺点：

第一，实体经济的个体是千差万别的，且随着创业型经济的发展，新业态、新经营方式不断涌现，标准制定常常滞后，表现为划型标准一直不完善。如以上地方融资平台的例子。

第二，企业规模不断在变，有的在成长变大，有的在萎缩变小，有的甚至消亡了。这是一种常态，要求金融标准必须随实体经济不断调整，融资服务与这些情况对应，是非常被动的。

第三，对金融服务来说，沿用实体经济标准进行统计，是一种间接的统计，而非直接根据金融业务本身进行统计。即统计的各类贷款数不是金融业务直接产生的，而是按实体经济服务对象间接划分的。这就导致金融统计对实体经济统计本身的问题无能为力，实体经济统计上的问题，会直接传递到金融统计，从而无法建立不同统计体系间的对比和纠错机制。

第四，这种统计方法下，很多大额贷款会混进草根贷款。如目前大中银行中小（或小微）企业专营机构的笔均贷款大多在

2000 万以上，这样的额度，其主要服务对象显然是中企业，而不是小企业，更不是微企业，至多包含了较少部分实力雄厚的小企业，一些银行声称的小微企业贷款占贷款总量 80—90% 的高比例实际上是夸大其词，掩盖了数亿微企业、个体工商户、自营就业者和农户等草根经济体的诉求。由于对于数额高达几千万的贷款，并无必要采用新技术，而完全可按传统抵押担保方式放贷。因此，按实体经济划型进行金融统计，就违背了建立小微金融体系的初衷，失去了小微金融服务的方向——对接草根经济体的融资态，推行无抵押、无担保贷款。

鉴于采用按实体经济划分和统计方法存在的这些缺点，也为更好适应草根经济体的自然态和融资态，以便用新型的小微金融的服务态去对应，就需要创造金融自身的、具有明确额度区分量级的小微金融自身的统计标准，形成与中观、宏观数据答题对应的草根实体经济的各个层次，即完全依据纯金融业务（如信贷）流程中的原始、真实、唯一的数据流的划分方法和标准。纯金融标准不是微观意义上的，而是从宏观上实现金融标准与实体经济的大体对应。选取的主指标只能是户均和笔均额度①。

二、小微金融业务的纯金融划分标准的优点

第一，数据源客观、真实、准确且唯一。由于数据源是自身金融业务产生的，可以清晰地实现按自身标准切分，无虚假制造

① 目前主要问题是缺少个体工商户和自营就业者的笔均贷款数据，但这有望在不久的未来弥补。

空间，排除人为更改企业规模的随意性，保证数据的准确性和真实性。

第二，这种量级划分不因企业规模的变化而变化，以不变应万变，可比性强。

第三，金融对应实体经济层次的意义显现。一是可根据不同层次的融资满足情况为依据设立与不同类别草根经济体对应的小微金融机构。二是便于选择技术方法。如不在此层次范围内，则可用抵质押担保法放贷；在此层次范围内，则可推广无抵押、免担保信用贷款。三是监管的差别。小微金融业务和非小微金融业务的监管主体、监管办法、监管重点均不同，便于监管部门集中精力解决小微金融领域出现的问题。四是利于金融机构小微业务的标准化、批量化、规模化运作，降低成本，提高效率，增加效益。小微金融机构规模小，难以像大中金融那样将一些功能内化，执行金融统计标准后，有利于主要以小微金融服务为主的机构锁定，信息的透明度增加可提高市场发挥决定性作用下公共服务的效率。五是支持政策的差别。小微金融与非小微金融以及为不同草根经济体服务的小微金融，所获得的政策支持不应是相同的。越是为金融服务缺乏的草根经济体服务的小微金融机构和小微金融业务，越应该得到政策支持。小微金融服务金融统计标准的出台，将有利于快速明确锁定政策支持的对象和重点，并据此制定稳定的政策。

第四，有利于和国际统计标准接轨，通过客观对比而知不足。如国际上笔均数十、数百美元贷款是贫困农户贷款，笔均数千、数万美元贷款就是自雇者、自就业者的小额信用贷款或微贷款，和我国普通农户贷款笔均额度相仿。而国际上数额较小的如孟加拉，只有数十数百美元，至多几千元人民币，中等水平的是印尼拉美国家，大概 5 万以内人民币的样子，较高的是中亚和东欧国家，在10万人民币左右。按国际通行标准，单笔额度小于该国人均GDP（国内生产总值）的2.5倍的贷款，可认定为小额贷款。按我国2013年人均4.2万元GDP计算，我们10万元以内的贷款可认定为国际通行的小额信贷。与国际通行标准的对接，便于国内外对比，避免自说自话，自我欣赏，以发现不足、取长补短。

三、建立实体经济和金融标准相结合的两维统计指标体系

（一）改进实体经济统计体系

从四类九层经济体[①]的统计情况来看，还存在着较多问题需要改进。具体来看：

首先是大中小微四类企业总数还相对模糊。2011年9月9日国家统计局根据工业和信息化部、国家统计局、国家发展改革委、财政部《关于印发中小企业划型标准规定的通知》（工信部联企业〔2011〕300号）制定了《统计上大中小微型企业划分办法》（国统字〔2011〕75号），要求以从业人员、营业收入、资产总额等指标或替代指标为划分企业大小的标准，对15个行业和社会工作行业门类内的企业进行分类统计，在一定程度上推动了企业的统计工作。统计上大中小微划分标准如表1所示：

① 按性质和规模，我国的经济体可分为四类，即大中企业、小微企业、个体自业者和农户，四类经济体又可细分为九层，即大企业、中企业、小企业、微企业、个体工商户、自营就业者、专富农户、普通农户和贫困农户。

表1　统计上大中小微型企业划分标准

行业名称	指标名称	计量单位	大型	中型	小型	微型
农、林、牧、渔业	营业收入(Y)	万元	Y≥20000	500≤Y<20000	50≤Y<500	Y<50
工业＊	从业人员(X)	人	X≥1000	300≤X<1000	20≤X<300	X<20
	营业收入(Y)	万元	Y≥40000	2000≤Y<40000	300≤Y<2000	Y<300
建筑业	营业收入(Y)	万元	Y≥80000	6000≤Y<80000	300≤Y<6000	Y<300
	资产总额(Z)	万元	Z≥80000	5000≤Z<80000	300≤Z<5000	Z<300
批发业	从业人员(X)	人	X≥200	20≤X<200	5≤X<20	X<5
	营业收入(Y)	万元	Y≥40000	5000≤Y<40000	1000≤Y<5000	Y<1000
零售业	从业人员(X)	人	X≥300	50≤X<300	10≤X<50	X<10
	营业收入(Y)	万元	Y≥20000	500≤Y<20000	100≤Y<500	Y<100
交通运输业＊	从业人员(X)	人	X≥1000	300≤X<1000	20≤X<300	X<20
	营业收入(Y)	万元	Y≥30000	3000≤Y<30000	200≤Y<3000	Y<200
仓储业	从业人员(X)	人	X≥200	100≤X<200	20≤X<100	X<20
	营业收入(Y)	万元	Y≥30000	1000≤Y<30000	100≤Y<1000	Y<100
邮政业	从业人员(X)	人	X≥1000	300≤X<1000	20≤X<300	X<20
	营业收入(Y)	万元	Y≥30000	2000≤Y<30000	100≤Y<2000	Y<100
住宿业	从业人员(X)	人	X≥300	100≤X<300	10≤X<100	X<10
	营业收入(Y)	万元	Y≥10000	2000≤Y<10000	100≤Y<2000	Y<100
餐饮业	从业人员(X)	人	X≥300	100≤X<300	10≤X<100	X<10
	营业收入(Y)	万元	Y≥10000	2000≤Y<10000	100≤Y<2000	Y<100
信息传输业＊	从业人员(X)	人	X≥2000	100≤X<2000	10≤X<100	X<10
	营业收入(Y)	万元	Y≥100000	1000≤Y<100000	100≤Y<1000	Y<100
软件和信息技术服务业	从业人员(X)	人	X≥300	100≤X<300	10≤X<100	X<10
	营业收入(Y)	万元	Y≥10000	1000≤Y<10000	50≤Y<1000	Y<50
房地产开发经营	营业收入(Y)	万元	Y≥200000	1000≤Y<200000	100≤Y<1000	Y<100
	资产总额(Z)	万元	Z≥10000	5000≤Z<10000	2000≤Z<5000	Z<2000

续表

行业名称	指标名称	计量单位	大型	中型	小型	微型
物业管理	从业人员(X)	人	X≥1000	300≤X<1000	100≤X<300	X<100
	营业收入(Y)	万元	Y≥5000	1000≤Y<5000	500≤Y<1000	Y<500
租赁和商务服务业	从业人员(X)	人	X≥300	100≤X<300	10≤X<100	X<10
	资产总额(Z)	万元	Z≥120000	8000≤Z<120000	100≤Z<8000	Z<100
其他未列明行业 *	从业人员(X)	人	X≥300	100≤X<300	10≤X<100	X<10

资料来源：《统计上大中小微型企业划分办法》（国统字〔2011〕75 号。

这一标准制定得相对详尽，但在统计实践中仍然存在一定问题：国家统计局从未系统公布过大中小微企业的年度数据，而仅公布规模以上工业企业数据，造成了各部门间的判断偏差。如工信部根据 2008 年第二次经济普查数据和上述工信部联企业〔2011〕300 号文的标准切出的小微企业占企业总数比例为 97.3%，而在工商总局 2014 年发布的《全国小型微型企业发展情况报告》中，这一比例是 76.6%，虽然时隔 5 年，但 20.7% 的比例差依然显得过于突兀，说明国家对四类企业的数量掌握上还不甚清晰。特别是小微企业数量及其在企业总量中所占比例，亟需发布权威明确的统计数据。

自营就业者缺乏全面系统的数据。当前个体工商户统计是按照《统计上大中小微型企业划分办法》（国统字〔2011〕75 号）标准参照执行的，每年都有明确的数据，但性质与个体工商户极为相近的自营就业者数据则相对缺失。自营就业者是广布城乡的一大类生产经营主体，是国民经济中不可忽视的一支力量。2014 年，国家统计局发布的《2013 年全国农民工监测调查报告》指出，2013 年我国自营就业的农民工为 4437.51 万人，包括了户籍仍在农村，在本地从事非农产业或出户籍所在乡镇从业 6 个月及以上的劳动者，其数量与个体工商户相当，但不包括户籍在城镇但同样在城乡自营就业的人员。我国有 5 亿左右的城镇户籍人口，由于基数很大，这部分自业人员数量应该也在千万之众，因此有必要尽快将此类自业者纳入监测调查范围。

农户无细分标准及相关统计数据。自改革开放和农村实行家庭联产承包责任制以来，一部分农户先富起来了，农村专业合作社也快速发展。党的十八大和十八届三中全会召开后，家庭农场、种粮大户在各地纷纷涌现。农户的经济状况已经出现了较为明显的分化，从生产队刚刚解体时的普遍贫困分化为富裕户、普通农户和贫困农户。三个层次的农户在经济需求上存在明显差异，在经济管理不断走向精细化的今天，有必要像企业那样对其按经济状况划分，并分类统计，以便精确把握国家农业经济情况，为加速“三农”问题的早日解决奠定坚实基础。

（二）创新实体经济视角的金融业务划分方法

实体经济统计体系的改善是准确掌握国家小微经济体情况的必要基础。但从服务小微经济体的持续健康发展出发，仅按实体经济划型标准确定金融业务性质的方法重形式而轻本质，与国际接轨困难。为了从根本上真正做到服务小微经济体，应创新实体经济视角的金融业务划分方法，明确小微经济体金融服务的上限和各类小微经济体笔均融资额度，同时按此额度标准进行统计发布，统一金融服务小微经济体的口径。具体口径可采用如下标准，即：贫困农户的笔均融资需求应在 1 万元以下，普通农户应在 1—5 万元，其余依次如下：自营就业者在 5—10 万元，个体工商户在10—50万元，微企业在50—100万元，小企业在100—500万元。

按照这样的标准，各类小微经济体中，小微企业的正规金融覆盖率均低于50%，其中小企业在40%左右，而微企业仅在12%左右。处于最底层的个体工商户、自营就业者、专富农户、普通农户和贫困农户这五类小微经济体正规金融覆盖率应不超过5%，民间金融成为其资金供应主体，覆盖率在20%—60%之间，经济体经济实力越弱，民间金融对其覆盖的比率越高。

实体经济统计体系和金融业务划分方法亟待改进创新是政府制定实施普惠金融政策的大背景。小微经济体金融覆盖整体薄弱且随不同类别小微经济体经济实力的下降金融服务越发薄弱，是政府制定实施普惠金融政策的起步点。

（三）创新实体经济视角的金融机构分类方法

除了金融业务，还要有对金融机构的统计，以便掌握这些业务来自于哪些金融机构。这样与前两者相结合，就可以清晰呈现小微经济体的总量和各大类、小类小微经济体的数量，普惠金融业务总量和明确的各类小微经济体业务量、金融覆盖率和金融满足率，以及服务小微经济体的所有普惠金融机构数量、分类型金融机构数量。这样的统计体系一经实现，就可以为政府制定政策提供准确的方向和明确的重点，充分保证政策的有效性。在普惠金融机构的统计上，可按如下方式划分：

按存类非存类及正规非正规划分。存款类普惠金融机构包括大中银行中小企业专营机构、城市商业银行、农村商业银行、农村合作银行、农村信用社、邮政储蓄银行、村镇银行、社区银行和资金互助社。非存款类普惠金融机构包括：小额贷款公司、融资性担保公司、典当行、融资租赁公司、保理公司和NGO小额信贷机构。民间金融包括：互联网金融、地方民间借贷登记服务中心和民间借贷。

按专营及主营与兼营划分。普惠金融专营机构为农村合作银行、农村信用社、村镇银行、社区银行、资金互助社、小额贷款公司、典当行、融资性担保公司、NGO小额信贷机构、互联网金融、地方民间借贷登记服务中心和民间借贷。主营机构包括大中银行中小企业专营机构，兼营机构应包括：城市商业银行、农村商业银行、邮政储蓄银行、保理公司。

按直接与间接经营划分。普惠金融直接金融机构包括大中银行中小企业专营机构、城市商业银行、农村商业银行、农村合作银行、农村信用社、邮政储蓄银行、村镇银行、社区银行、资金互助社、小额贷款公司、典当行、保理公司、NGO小额信贷机构和民间借贷。间接经营的普惠金融机构包括融资性担保公司、融资租赁公司、互联网金融、地方借贷登记服务中心。

拟通过引导民间金融优秀放贷组织进入的微企业银行、社区银行、乡村银行、新型农村金融机构、微企业贷款公司和微小贷款公司等六类新型微小金融机构中，前四类是存款类金融机构，后两类是非存款类金融机构，且均是普惠金融直接、专营机构。

（四）机构常规统计制度与体系

对于普惠金融机构来说，仅仅有一个分类的数量统计还难以确切把握其发展情况，也难以预防系统性风险的发生。应建立完善的普惠金融机构统计体系，对普惠金融发展情况进行全面反映，具体应包括盈利能力、安全性、综合发展能力、技术情况、业务情况、税收情况、基础服务情况和政策享受情况，具体如表2所示。

表 2　普惠金融机构常规统计指标体系

序号	一级指标	二级指标	备注
1	盈利能力	资产收益率	利润总额/全年资产平均余额 ×100%
		资本收益率	利润总额/资本平均余额 ×100%
		收入利润率	利润总额/总收入 ×100%
		营业费用率	营业费用/全部营业收入 ×100%
2	安全性	资产负债率	负债总额/资产总额 ×100%
		现金流量	
		资本充足率	资本净额/加权风险资产 ×100%
		不良贷款率	不良贷款余额/全部贷款余额 ×100%
		核心资本率	核心资本/资产总额 ×100%
3	综合发展能力	资产增长率	（本年末资产总额一上年末资产总额）/上年末资产总额 ×100%
		固定资产率	固定资产/总资产 ×100%
		不良贷款余额下降率	（1—不良贷款本期末实际余额/不良贷款上期末实际余额） ×100%
4	技术产品	民间借贷	该技术产品业务量/业务总量 ×100%
		小组联保	该技术产品业务量/业务总量 ×100%
		个人信用	该技术产品业务量/业务总量 ×100%
		评分（含大数据）	该技术产品业务量/业务总量 ×100%
5	税收	缴纳营业税	
		缴纳所得税	
6	业务	贫困农户	各普惠金融机构各项业务服务户数、总金额及该业务占总业务量比例
		普通农户	
		专富农户	
		自营就业者	
		个体工商户	
		微企业	
		小企业	

续表

序号	一级指标	二级指标	备注
7	监管	机构增加与减少	针对各类普惠金融机构
		机构减少原因	按机构减少的原因分类统计
		违规经营及整顿	机构跨出准予业务范围及处置①
8	基础服务	支付结算	是否接入支付系统、效率情况②
		征信服务	是否接入征信系统及查询量③
		信息化	信贷管理系统及大数据应用比例
		批发供资	是否享受该服务、数额及外源融资比
		培训	人次、时间、内容等
		行业协会	行业协会及会员数④
		评级	是否参加评级及评级级别
9	政策享受	准入政策	各类普惠金融机构所享受五方面优惠政策详细情况（中央、省、市、县）
		税收政策	
		补贴政策	
		货币政策	
		监管政策	

这项统计由政府综合统计部门会同“一行三会”、各地金融办根据统计年报每年确定一次，定报统计原则上不进行调整。

① 各类小微金融机构跨出准予业务范围的次数、金额及惩罚情况。

② 包括人民银行支付系统和其他机构支付系统，包括银行卡、网上银行和电话银行使用情况，资金到账时间等。

③ 含企业征信系统和个人征信系统接入情况，小微金融机构查询总量及占比，各类小微金融机构查询总量及占比。

④ 全国普惠金融行业协会总数及会员数、分地区分小类金融机构行业协会数、会员数及基本服务情况。

（五）相关部门的职能划分

首先，作为宏观经济管理部门，国家发展和改革委员会应在综合司下设一个统计研究处，专门研究全国政治、经济、社会、文化、环境和宗教等各领域的统计问题，从顶层设计的角度推动统计领域的改革创新，指出统计领域存在的问题与改革的方向，为国家治理体系和治理能力现代化提供统计数据支撑。当然，也包括对小微经济体和普惠金融体系方面的统计问题。

其次，国家统计局应设立国家综合统计研究所与国家发展和改革委员会的统计研究处对接，专门负责国家整体统计的综合构思，实现纵向上中央到地方、横向上覆盖各领域的统计体系和统计制度的构建，包括对小微经济体及普惠金融统计体系的构建、完善和制度的制定实施。

最后，小微经济体的统计上，应由国家统计局牵头，工业和信息化部、商务部、农业部和工商行政管理总局协同，负责对小微经济体的统计。普惠金融体系相关统计，应由人民银行牵头，会同银行业监督管理委员会、证券监督管理委员会和保险监督管理委员会，在省市县三级金融办的协助下进行。

Establishing a Two-Dimensional Statistical System which Corresponds to the Development of Chinese Inclusive Finance

Cui Changbin

Abstract: Inclusive finance focuses on the small-micro economy entity, thus we should to master the number, structure and changes of hundreds of millions of small-micro economy entities in China in order to develop inclusive finance. At the same time, the current statistical method which bases on classification of the small-micro economy entity still has many defects in reality and space for improvement. We should to perfect the statistical system on the real economy and to speed up the development of independent and pure financial statistics system. That is, establishing a two-dimensional statistical system which corresponds to the development of Chinese inclusive finance, and then realizing the combination of two statistical systems which could reference each other, and provide the decision-making basis to judge small-micro economy entity and to develop small-micro financial service.

Keywords: inclusive finance　two-dimensional statistical system　small-micro economy entity　small-micro financial institution

信息篇

美德网络空间安全政策解析及对中国网络安全工作的启示

（国家信息中心博士后工作站处长、副研究员）吕　欣

［摘　要］对网络空间的持续掌控始终是美国网络空间战略的重要目标。美国作为全球信息技术强国，在战略制定、技术研发、攻防力量、人才队伍等方面一直处于领先地位。德国作为国际领先的工业国家，信息技术的应用程度以及各行业对网络系统的依赖程度均达到很高水平，在制定网络安全战略，完善相关法律法规，特别是数据保护方面采取了一系列举措。本报告对美国、德国两个国家在网络空间安全政策进行了研究分析，从完善网络空间治体系、加强国际合作、推进综合治理、推进企业创新等方面提出了几点政策启示。

［关键词］网络空间安全　网络安全政策

一、美国网络空间政策解析

美国在网络空间战略制订和技术研发方面一直处于领先地

全球要事报告

形成自己的治理模式①。网络权力是运用网域内电子互联的信息资源得到偏好结构的能力。网络权力可以被用来在网络空间内产生偏好结果，也可以运用在网络外的其他领域（如军事和外交领域）产生偏好结果。另外，他还提出灵活运用硬实力和软实力的“巧实力”概念，并被奥巴马政府运用在外交事务中。约瑟夫·奈认为美国通过灵活运用外交政策工具箱里的所有工具，为美国外交政策带来了改变。美国在网络外交方面，除先后与英国、印度、意大利等国加强国际合作外，2013 年又与日本、北约等国家和组织筹划达成网络空间安全伙伴关系。

（四）绝对优势的网络能力和威慑力量是其在全球推行网络霸权的保障

近两年，网络威慑与攻防力量建设和扩张已经成为美国的重要努力方向。2011 年 7 月，美国国防部发布首份《网络空间行动战略——网络 3.0》（Strategy for Operating in Cyberspace，Cyber 3.0），以加强美军及重要基础设施的网络安全保护，提高国防部和国防承包商网络系统的防御能力。具体而言，就是行动战略不限于设置防火墙，而是强调传感器、软件和情报部门所搜集数据的使用。美国网络安全防护旨在由“被动防御”转向“主动防御”，由守转攻以形成强大的网络威慑能力。美国网络司令部司令亚历山大透露，他将在两年内成立 13 个网络作战小组，可在美国网络受到重大袭击时展开反击。亚历山大指出，当局成立的 13 个网络作战小组，作用并不在于防御②。他说：“这是个进攻

① 约瑟夫·奈著，王吉美译：《权力大未来》，中信出版社，2012 年版，第 3 页。

② “美国网战司令：新增 40 支网络队伍 13 支对付中国”，http://www.chinanews.com/mil/2013/03－22/4667263.shtml.

团队，国防部将在国家受到网络袭击时，利用这个团队来保护国家。这即是我们创建的13个小组的唯一任务。”奥巴马在“2014年国防预算草案”中将网络安全经费从8亿大幅增加至47亿美元，其目的在于防御来自其他国家的攻击，以防范因网络攻击造成的知识产权的流失。可见，美国网络攻防力量建设的行动已经全面展开，我们必须做好全面准备。

（五）保持网络技术创新领先优势是保持美国长期繁荣的源泉

美国非常重视技术创新并长期代表着网络技术的发展方向：一是美国实施技术精英与技术标准战略。美国是信息技术的主要发源地。美国大量的技术精英不仅发明了现代计算机和网络系统，而且将美国人设计的技术标准变成了国际标准，确保在信息技术空间建构中美国利益的嵌入，从而获取高额利润。二是美国通过全球垄断企业掌控技术创新。如生产路由器和服务器的思科公司，生产计算机芯片的英特尔公司，生产软件的微软公司、戴尔公司、IBM公司和苹果公司都投入巨资进行研发，掌控着产业的建构权，通过知识产权体系将这些标准专利化，从而占据产业竞争的优势地位。三是重视网络安全防御技术的研发。2013年美国国家标准技术研究院和国土安全部努力推动安全自动化的发展，利用各种工具监控系统和网络流量以获取威胁信号，并且正在开发一套由NIST、政府和私营安全团队合作创建的操作规范。2013年2月美国能源部部长朱棣文宣布将提供高达2000万美元的费用，用于发展提高国家电、油、气等能源输送控制系统网络安全的工具和技术。

二、德国以数据保护为抓手的网络空间安全政策

近年来，随着信息通讯技术的发展以及对网络威胁认识的不断加深，德国政府、产业界乃至公民个人对网络安全的重视程度不断提升，与信息安全相关的法律法规日益完善，国家制定发布网络安全战略，政府及行业等各个层面均采取了一系列网络安全举措。特别是对于个人信息保护有着严格的法律规制和政策约束，是德国网络空间政策的一个重要特色。

（一）德国数据保护法律法规

德国有比较完善的数据保护法律法规体系。德国于 1978 年出台了《联邦数据保护法》，确立了数据保护的规则和框架。欧洲议会和欧盟理事会于 1995 年颁布了保护个人数据处理和数据自由流动的第 95/46/EC 指令，要求欧盟各成员国依据指令精神进行立法。为了执行欧盟数据保护指令，德国分别于 2001 年、2003 年和 2006 年对《联邦数据保护法》进行了多次修订，针对通讯、媒体、艺术等领域涉及数据保护的特殊性，颁布了《通讯法》和《媒体法》等专门法规。随着信息通讯新技术的应用，例如在远程媒体出现后，德国又制定了《远程媒体法》。此外，德国《税法》和《社会保障法》中对公民在征税和社保方面的数据保护也做出专门规定。以《联邦数据保护法》为基础，德国的每个州也制定了本州的《数据保护法》，各州的《新闻法》和《广播电视法》也做出了有关数据保护的规定。这些法规构成了一个严密的法律体系，规范着德国的数据保护工作。

（二）德国数据保护管理制度

德国数据保护坚持“法律授权”和“数据所有者许可”的原则。前者是依据法律法规的要求进行数据处理；后者是在数据所有者同意的前提下方能对其数据进行处理。德国设立联邦数据保护特派员岗位以领导德国联邦数据保护与信息自由保护委员会的工作，联邦数据保护特派员由议会选举产生，由总统任命，负责监督联邦公共机构对数据保护政策的执行情况。在州层面上，设有州数据保护特派员职位，负责监督各州公共部门数据保护工作。联邦数据保护特派员任期为 5 年，实行连任制，两任到期。另外，德国法律还要求 9 人以上的企业必须设置数据保护特派员岗位，为企业数据保护提供咨询、员工培训和内部检查审核服务。企业的数据保护特派员必须经过培训获得资格才能上岗。

（三）德国的跨境数据保护政策

德国的跨境数据保护政策分三种情况：一是根据《欧盟数据保护法律指令》，德国对欧盟其他成员国的数据保护持信任态度，允许与欧盟成员国之间进行数据交换。二是根据欧盟 2001 年《关于向第三国的处理者传输个人数据的标准合同款的委员会决定》，若接受欧盟以外的运营商和服务商提供数据服务，则须签署欧洲标准合同，以确保数据处理过程中的安全性。三是欧盟还制定了数据保护的可信任国家清单，列入清单的国家被认为在数据保护方面拥有信任保障，包括加拿大、瑞士、安道尔、挪威等国。欧盟与美国在数据保护方面采取安全港（Safe Harbor）方式，欧盟企业与美国企业进行数据处理和交换须签署安全港协议。德国专家表示，德国企业质疑美德安全港协议的安全性。因为根据《爱国者法案》，美国政府有权查看美国企业包括美企海外子公司的数据。特别是“斯诺登”事件后，更是大大降低了德国对美国在网络跨国通信方面的信任度。

三、对中国网络安全工作的几点启示

（一）加快网络空间法治体系建设

一是组织力量研究网络空间难题和挑战的法律解决方案，建立适合中国特色的网络空间法律框架，确立国家、组织和个人数据在网络空间的权利和义务，从国家立法的高度有效应对网络霸权主义、网络恐怖主义、暴力犯罪等带来的挑战。二是提升数据与隐私保护在国家网络信息安全议事日程中的重要性，对重要领域敏感信息的监管、个人隐私和信息保护等网络空间治理难题，制定出台或细化现有法律法规，确保网络空间有法可依。三是结合有关案例，及时对不适应新形势和新技术的法律法规做出修正。对于网络空间的新问题和新案件，要研究起草新的法律或对旧的法律进行司法解释。针对网民缺乏保护意识的现状，应大力普及个人数据保护的启蒙意识教育，加大有关法律法规的宣传力度。

（二）加强推进国际合作和交流

一是积极宣传我国在网络空间的政策、主张和立场，争取得到更多国际社会的支持，建立最广泛的国际认同。二是某些西方大国推行网络霸权，利用其掌握的关键技术开展国际监听的行径已经引起了诸如德国等国家的强烈反对，我国应加强与具有网络空间类似诉求的国家开展对话、交流和协作，共同抵制网络霸权，倡导和平利用互联网络，推动建立在联合国框架下国际互联网治理机制，共同维护网络空间秩序。

（三）调动全社会的积极性和主动性，形成维护网络空间秩序合力

一是将网络空间治理政策与群众利益紧密结合起来，从立法高度明确个人在网络空间的权利和义务，高度重视网络空间个人数据的安全性，确保个人在网络空间的经济利益和隐私；二是更大程度地发挥和释放行业协会等非政府组织的社会动员能力，在网络空间的国家治理中起到更积极的作用，形成官民协同的良性互动局面。三是开展专项行动，针对破坏网络空间个人数据安全性的暴利和暴力行为，加大打击力度；四是建立维护网络空间数据安全的举报、奖励和惩罚制度，让公众成为维护网络秩序的主力和先锋，形成良好的网络安全文化氛围。

（四）扶持一批具有国际竞争力的互联网支柱企业

一是进行互联网产业布局，出台产业配套政策，支持一批优势企业“走出去”做大做强，形成一批具有国际竞争力的互联网支柱企业。加强行业监管，规范市场秩序，营造公平的竞争环境，避免企业间的恶性竞争。二是充分发挥企业在网络空间安全治理中的重要作用。高度重视互联网企业在国家网络空间安全治理中的独特作用，加强网络空间信息资源的整合和利用，提高大数据时代对网络空间信息资源的掌控能力。

New Trends and Revelation of Cyberspace Policy of American and Germany

Lv Xin

Abstract: The continuous control of cyberspace is an important goal of the American cyberspace strategy all the time. As a strong power in information technology in the whole world, the United States has been being in the leading role in many aspects, including strategy formulation, technology research and development, the offensive and defensive forces, talent team, etc. In Germany, the world's advantaged industrial county, the application of information technology is well developed and the other industries depend the network system very strongly. And Germany has taken a series of measures in enacting cyber security strategy, perfecting the relevant laws and regulations and especially in protecting the data. This report has analyzed the cyberspace security policies of the two countries-the United States and Germany, and as well put forward some political suggestions in improving cyberspace legal system, strengthening international cooperation, promoting the comprehensive governance and facilitating enterprise innovation.

Keywords: cyberspace security　cybersecurity policy

国际“智慧城市”建设新态与启示

（国家信息中心副研究员）武　锋
（中国成套工程有限公司高级经济师）郭莉军

摘　要： 智慧城市是一种新的理念和模式，也是近年来美、欧、日等发达国家和地区发展经济的重要措施。通过综合分析国外发达地区开展智慧城市建设的理念、内容与特点，可以得出对我国智慧城市建设的借鉴和启示。

关键词： 发达国家和地区　智慧城市　启示

一、定义

“智慧城市”的概念最早是由 IBM 提出的。2008 年 11 月，美国 IBM 公司总裁兼首席执行官彭明盛（Sam Palmisano）在纽约市外交关系委员会发表《智慧地球：下一代的领导议程》的演讲中，首次提出“智慧地球”的概念。2009 年初，刚就任总统的奥巴马与美国工商业领袖举行圆桌会议，彭明盛借机说明了“智慧地球”的概念，并得到奥巴马的欣赏。同年8月，IBM在《智慧的城市在中国》报告中提出“智慧城市”的概念，即能够充分运用信息和通讯技术手段感测、分析、整合城市运行核心系统的各项关键信息，从而对包括民生、环保、公共安全、城市服务、工商业活动在内的各种需求做出智能的响应，为人类创造更美好的城市生活。

此外，中国的华为、赛迪以及相关专家学者也提出了自己的定义①。当然，由于个人理解的差异或者看待问题角度的区别，不同的人给出的答案千差万别。有人曾指出，“智慧城市”不过是IBM在全球经济危机时期，为了推销其产品和服务而适时提出的一个能够吸引眼球的概念，“智慧城市”与我们以往熟知的“电子城市”、“数字城市”、“信息城市”没有什么区别。笔者以为，这句话有一定的道理，但又不完全准确。上述几个概念都属于城市信息化的范畴，它们都是通过运用ICT技术，使得政府服务更优，企业效率更高，人民生活更好，从而使得城市的整体运行更加顺畅。但“智慧城市”比其他概念层次更高，前者是后者的高级阶段。它们之间的关系与“社会主义初级阶段”和“社会主义高级阶段”相类似。因此，“智慧城市”的建设必将是个长期的阶段，在此期间其概念是动态的，随着“智慧城市”的实践不断改变人们的生活，其概念的内涵也将在发展中不断丰富和完善。

---

① 华为的定义是：通过建设宽带多媒体信息网络、地理信息系统等基础设施平台，整合城市信息资源、建立电子政务、电子商务、劳动社会保险等信息化社区，逐步实现城市国民经济和社会的信息化，使城市在信息化时代的竞争中立于不败之地；赛迪的定义：智慧城市是通过物与物、物与人、人与人的互联互通能力、全面感知能力和信息利用能力，实现城市高效的政府管理、便捷的民生服务、可持续的产业发展。

二、发达地区的实践

2008 年 IBM 首次提出“智慧地球”的概念。奥巴马对此大为赞赏，认为它是保持和重夺国家竞争优势的根本所在。智慧城市是“智慧地球”的缩影，也成为近年来美、欧、日等发达国家和地区城市摆脱经济危机的重要措施。

（一）美国

1. 迪比克市——美国第一个智慧城市

2009 年 9 月，美国中西部爱荷华州的迪比克市与 IBM 共同宣布，将建设美国第一个“智慧城市”。通过采用一系列 IBM 新技术的“武装”，迪比克市将完全数字化，并将城市的所有资源都连接起来，包括水、电、油、气、交通、公共服务等等。其中，能源、水务以及交通三大系统建设是优先发展领域。比如，迪比克向每户人家、每个店铺安装数控水电计量器，其中使用了低流量传感器技术，防止公共设施和民宅水电泄漏；同时搭建实时可持续发展综合监督平台，对信息进行整合、分析和展示。此外，迪比克市还计划开展一个项目，该项目将通过使用传感器、软件和互联网让政府和市民能够测量、检测和调整他们使用水、电和交通的方式，以期打造更加节能、智能化的城市。

2. 波尔得市——美国首个智慧电网城市

2009 年初，美国总统奥巴马在发布《经济复兴计划进度报告》中宣布，美国计划在未来的 3 年之内，为百姓家庭安装 4000 万个智能电表，同时投资 40 多亿美元推动电网现代化建设。在这一过程中，美国科罗拉多州的波尔得市较早地启动了智能电网城市工程。波尔得将现有的变电站升级，使之能够远程监控，并进行实时的信息收集和发布，使消费者能够对家庭能源进行自动化操作；对电网接入升级以支持家用太阳能电池板、电池、风力涡轮机和混合动力车等独立的发电和储能设备，使电网电力能便利地传输到这些设备上；同时建立新的测量系统，这个系统不仅可以测量用电，还可以将信息实时、高速、双向地与电网互联。波尔得市的家庭可以和电网互动，每户家庭都安装了智能电表，居民可以了解实时电价，合理安排用电。

3. 圣何塞市——智能道路照明工程

加利福尼亚州的圣何塞市为美国第十大城市，该市每年的路灯照明花费为 350 万美元。如果算上维护和更换路灯，花费还将更高。为此，圣何塞市于 2009 年 4 月启动了智能道路照明工程，其控制网络技术不受灯具的约束，有效地为各种户外和室内照明市场带来节能、降低运行成本、实施远程监控以及提高服务质量等好处。智能控制联网技术以新型灯具的效率为基础，通过诸如失效路灯的早期排查、停电检测、光输出平衡以及调光等功能来降低成本和改善服务，同时使城市的街道、道路和公路更安全美观。

（二）欧盟

早在 21 世纪初，欧洲就开始了智慧城市的实践。2000 年英国南安普顿市启动了智能卡项目，自此欧洲智慧城市建设的序幕正式拉开。此后，欧洲各国相继开始建设智慧城市，并取得了相当可观的成绩。其中，英国、瑞典、荷兰和丹麦等国的实践更具特点。

1. 英国

（1）格洛斯特开展智能屋试点

2007 年英国在格洛斯特建立了“智能屋”试点，将传感器安装在房子周围，传感器传回的信息使中央电脑能够控制各种家庭设备。“智能屋”装有以电脑终端为核心的监测、通讯网络，使用红外线和感应式坐垫可以自动监测老年人在屋内的走动。屋中配有医疗设备，可以为老年人测心率和血压等，并将测量结果自动传输给相关医生。

（2）伦敦“贝丁顿零化石能源发展”生态社区

贝丁顿社区是英国最大的低碳可持续发展社区，其建筑构造是从提高能源利用角度考虑，是表里如一的“绿色”建筑。该社区的楼顶风帽是一种自然通风装置，设有进气和出气两套管道，室外冷空气进入和室内热空气排出时会在其中发生热交换，这样可以节约供暖所需的能源。由于采取了建筑隔热、智能供热、天然采光等设计，综合使用太阳能、风能、生物质能等可再生能源，该小区与周围普通住宅区相比可节约 81% 的供热能耗以及 45% 的电力消耗。

2. 瑞典

瑞典的智慧城市建设主要体现在交通系统上，而首都斯德哥尔摩则是智慧交通的标杆城市。斯德哥尔摩平均每天有 45 万辆汽车驶过城市中央商务区，严重交通拥堵时有发生。为此，瑞典公路管理局请 IBM 为其设计、构建并且运行了一套先进的智能收费系统，包含摄像头、传感器和中央服务器，确定交通工具并根据车辆出行的时间和地点收费，这一举措将交通量降低 20%，排放量减少 12%。在 IBM 公司的助力下，斯德哥尔摩在通往市中心的道路上设置了 18 个路边控制站，通过使用 RFID 技术以及利用激光、照相机和先进的自由车流路边系统，自动识别进入市中心的车辆，自动向在周一至周五（节假日除外）6：30到18：30之间进出市中心的注册车辆收税。通过收取“道路堵塞税”减少了车流，交通拥堵降低了25%，交通排队所需的时间下降50%，道路交通废气排放量减少了8%至14%，二氧化碳等温室气体排放量下降了40%。由于在环保方面做得出色，2010年2月，斯德哥尔摩被欧盟委员会评为首个“欧洲绿色首都”。

3. 荷兰

荷兰首都阿姆斯特丹可谓是欧洲智慧城市建设的典范，也是世界上最早开始智能城市建设的城市之一，其智能城市建设主要体现在以下四个方面：

（1）可持续性生活

阿姆斯特丹是荷兰最大的城市，共有40多万户家庭，占据了全国二氧化碳排放量的三分之一。为了改善环境问题，该市启动了两个项目（WestOrange项目和Geuzenveld项目），通过节能智慧化技术，降低二氧化碳排放量和能量消耗。Geuzenveld项目的主要内容是为超过700多户家庭安装智慧电表和能源反馈显示设备，促进居民更关心自家的能源使用情况，学会确立家庭节能方案。而在WestOrange项目中，500户家庭将试验性地安装使用一种新型能源管理系统，目的是节省14%的能源，同时减少等量的二氧化碳排放。

（2）可持续性工作

为了让众多的大厦资源得到高效合理的利用，阿姆斯特丹启动了智能大厦项目。智能大厦是在未给大厦的办公和住宿功能带来负面影响的前提下，将能源消耗减小到最低程度，同时在大楼能源使用的具体数据分析的基础上，电力系统更有效地运行。其中，ITO Tower是智能大厦项目的试验性、示范性工程，总面积达38000平方米。

（3）可持续性交通

阿姆斯特丹的移动交通工具包括轿车、公共汽车、卡车、游船等，其二氧化碳排放量对该市的环境造成了严重的影响。为了有效解决这个问题，该市实施了 Energy Dock 项目，该项目通过在阿姆斯特丹港口的 73 个靠岸电站中配备了 154 个电源接入口，便于游船与货船充电，利用清洁能源发电取代原先污染较大的燃油发动机。

（4）可持续性公共空间

乌特勒支大街（Utrechtsestraat）是位于阿姆斯特丹市中心的一条具有代表性的街道，狭窄、拥挤的街道两边满是咖啡馆和旅店，平时小型公共汽车和卡车来回穿梭运送货物或者搬运垃圾时，经常造成交通拥堵。2009 年 6 月，该市启动了气候街道（The Climate Street）项目，用于改善之前的状况。

4. 丹麦

丹麦首都哥本哈根市素有“自行车之城”的称号。近年来，为了实现零排放的目标，哥本哈根设法鼓励市民骑车出行。2010 年，哥本哈根开始推广一种智慧型自行车，让骑车变得更轻松。这种自行车的车轮装有可以存储能量的电池，并在车把手上安装射频识别技术（RFIT）或是全球定位系统（GPS），汇聚成“自行车流”。通过信号系统保障出行畅通。与此同时，政府大力完善沿途配套设施建设，如建立服务站点、提供简便修理工具等，这为自行车出行提供便利。数据显示，这种新型自行车与配套设施确实有效果，越来越多的市民拉长骑自行车的距离，以减少使用会产生温室气体的运输工具。预计到 2015 年，哥本哈根市民往返城郊选择自行车出行的人数比例将达到 50%。

（三）日本

继“e-Japan”、“u-Japan”之后，日本于2009年7月推出了“i-japan（智慧日本）战略2015”。该战略的要点是大力发展电子政府和电子地方自治体，推动医疗、健康和教育的电子化。该战略旨在到2015年实现以人为本，“安心且充满活力的数字化社会”，让数字信息技术如同空气和水一般融入每一个角落，并由此改革整个经济社会，催生出新的活力，实现积极自主的创新。因此该战略的要点在于实现数字技术的易用性，突破阻碍其使用的各种壁垒，确保信息安全，最终通过数字化技术和信息向经济社会的渗透打造全新的日本。当前，包括东京在内的日本各城市积极落实国家战略，重视新技术的研发和应用推广，在远程医疗、电子病历等方面进行了积极的尝试。

目前东京电子病历系统在各类医院已基本普及，电子病历系统整合了各种临床信息系统和知识库，如能提供病人的基本信息、住院信息和护理信息，为护士提供自动提醒，为医生提供检查、治疗、注射等诊疗活动。此外，医院采用笔记本电脑和PDA实现医生移动查房和护士床旁操作，实现无线网络化和移动化。目前日本的医疗信息化建设基本实现了诊疗过程的数字化、无纸化和无胶片化。

三、简单启示

通过综合分析国外发达地区开展智慧城市建设的理念、内容与特点，可以得出对我国智慧城市建设的借鉴和启示，主要有以下几点：

第一，智慧城市建设要突出城市自身的个性和特色。城市是具有生命力的，不同的城市具有不同的个性。“智慧城市”也必然因城而异、各具特色，智慧的共性之中彰显独特的个性，不可能千篇一律。为此，我国各地智慧城市建设要充分突出自身的个性和特色，不能简单照搬其他城市的规划和方案。要以全球视野和战略眼光，结合本市的客观需求和各种优势，量体裁衣，科学规划，精心设计，构建具有当地特色的智慧城市。

第二，智慧城市建设要切实服务于城市的总体发展战略。每个城市都有各自的历史、文化、产业基础，也都有面向未来的发展定位。智慧城市建设应围绕城市的功能定位和新时期经济社会发展规划目标，利用现代信息通讯手段，不断提升城市规划发展能力、提高城市公共设施水平、增强城市公共服务能力、激发城市新兴业态活力，推进科学发展、加快发展、率先发展、和谐发展，在更高层次上建立核心竞争力新优势、提升承载环境新水平、开创文化文明新局面。

第三，智慧城市建设要突出以人为本。现代城市是人口集中的聚居区，城市的经济社会发展水平决定着生活在城市的人们的生活质量。智慧城市建设的核心是要把满足广大人民群众的利益作为根本出发点和落脚点，政府职能部门在规划、建设和管理城市时，要做到以人为本，最大限度地满足人们在城市生活中的物质需求、精神需求和感官享受，把提升市民的生活幸福指数作为政府的核心工作，强调人与自然的和谐共处，真正把百姓需求和幸福感受放在第一位。

第四，智慧城市建设要正确处理规划、建设和管理三者的关系。规划决定城市发展的方向，建设决定城市质量水平的高低，管理决定城市的核心竞争力。在规划过程中，要以概念设计明确智慧城市建设的基本思路和基础框架，以总体设计和详细设计明确智慧城市建设的具体内容、建设目标、总体方案和详细实施方案；在建设过程中，要区分轻重缓急，分步实施，稳步推进；在管理的过程中，要以可持续发展为核心，创新管理体制和协调机制，提高管理质量，提升智慧城市的经济和社会效益。

第五，智慧城市建设是一项长期而复杂的系统工程，不可能一蹴而就。智慧城市建设是一个长期的发展过程，不可能毕其功于一役，要充分认识到智慧城市建设的长期性和复杂性。智慧城市建设需要考虑城市当前发展阶段和未来发展定位等关键因素，需要巨大的财力和良好的城市发展基础做支撑。其中，城市的发展基础包括城市管理理念、城市基础设施、城市的信息化水平、城市的产业形态、市民综合素质和城市资源禀赋等政治、经济、资源、自然和人文等城市发展要素。在建设智慧城市的过程中应有充分的思想准备，不能把智慧城市建设看成是一个政绩工程，只顾眼前利益和短时效应，盲目跟风和炒作，做表面文章。

The Constructions and Revelations of the Developed Countries and Areas' Smart Cities

Wu Feng　Guo Lijun

Abstract: As a new kind of idea and pattern, constructing of Smart Cities becomes a important measure of the developed countries and areas to develop their economies. By comprehensive analyses of the developed countries and areas' constructions of Smart Cities, we can get some good revelations.

Keywords: Developed Countries and Areas; Smart City; Revelation

科技篇

德国智慧城市发展现状与经验

（国家信息中心副研究员）武　锋

［**摘　要**］随着物联网、云计算、大数据等新一代信息技术的迅猛发展和在城市经济社会发展各领域的广泛应用，“智慧城市”的理念和模式也逐渐为世界各个国家和地区所接受和认同。德国的智慧城市建设未必是世界最好的，但其建设智慧城市的相关做法与经验，却非常值得我国各地在智慧城市建设过程中借鉴和学习。

［**关键词**］德国　智慧城市　经验

智慧城市是当今世界城市发展的新理念和新实践。随着物联网、移动互联网、云计算、大数据、遥感遥测、空间地理信息技术等新一代信息技术的迅猛发展和在城市经济社会发展各领域的广泛应用，“智慧城市”的理念和模式也逐渐为世界各个国家和地区所接受和认同。

近年来，美、欧等发达国家以及韩国、新加坡等中国周边国家纷纷开始建设智慧城市。当然，到目前为止，全球没有哪个城市的建设模式被世人公认为是“智慧城市”的样板，但每个所谓的“智慧城市”又各有各的特色和经验。2013 年 7 月，笔者赴德国考察学习，对德国智慧城市建设的现状及相关机制有了一定的了解。笔者以为，德国智慧城市建设的水平未必比中国城市高多少，但是其建设智慧城市的相关做法与经验，却非常值得我国各地在智慧城市建设过程中借鉴和学习。

一、德国智慧城市建设概况

“智慧城市”的概念一经提出，立即在世界多个国家和地区得到了普遍的认同和广泛的接受。然而在德国人看来，所谓的“智慧城市”，跟之前出现的“电子城市”、“无线城市”、“数字城市”、“信息化城市”、“智能城市”等概念除了在称谓上略有不同之外，在其余方面并无多少区别，其最终目的都是为了提高居民的生活水平和增强城市的综合竞争力。

总的来说，德国的智慧城市建设项目一般多集中在节能、环保、交通等领域。考虑到城市的代表性、资料的可获得性和智慧城市建设的特色，可以选择以下三个城市：柏林——首都，也是德国第一大城市，法兰克福——德国第三大城市，经济比较发达，是德国乃至欧洲的金融中心，弗里德里希哈芬市（Friedrichshafen）——德国南部的一座风景秀丽的小城市作为案例来介绍德国的智慧城市建设情况。

（一）柏林

柏林的智慧城市建设主要是由柏林伙伴公司负责的，柏林伙伴公司是柏林市政府旨在促进经济社会发展而成立的一个专门机构。

1. 电动交通

柏林的目标是成为欧洲领先的电动汽车大都市。2011 年 3

月，柏林提出“2020年电动汽车行动计划（Action Plan for Electromobility Berlin 2020）”，其中一个重要的项目是奔驰 smart 的 car2go 项目。在该项目中，注册用户可以在大约250平方公里的区域内租用到配备了智能熄火/启动系统、空调和导航系统的 smart fortwo 车辆，并根据自己的意愿长时间驾驶这些汽车，然后在运营区域内的任何公共停车场归还汽车。此外，car2go 还面向 iPhone 用户推出了一款 car2go 应用。用户可以通过该应用查询附近可用的 car2go 车辆等信息。目前，柏林—勃兰登堡首都地区是德国最大的电动汽车“实验室”，也是少数拥有220个公用充电桩的德国城市，迄今实施的可持续交通项目涵盖了从私人和家庭用车，到电动汽车共享、企业车队，再到卡车货运、电动自行车的广泛目标。

2. 节能住宅

柏林的被动式节能住宅是在低能耗建筑的基础上发展起来的，是一个全新的节能概念。此种节能建筑在室外温度为零下20℃的情况下，室内可以不必开空调或暖气就保持正常生活所需的温度，意味着房屋基本不需要主动供应能量，每年单位面积供热能耗仅为15度电，远远低于目前德国的标准75度电。而这种效果，只需通过材料、设计、施工等手段就可实现，它的采暖能耗每年不超过15kWh，即每年每平方米的原油消耗量不超过1.5升。此外，被动式节能房的能量来源于可再生能源，主要是由屋顶上的太阳能装置来供电，只是在极少数的情况下需要额外的能量用于取暖。同时，为了尽量多地接收阳光，房子大多向南，窗户面积也尽量大，而三层隔离窗的设计，是为了使室内产生的热量不会向外流失。而且其自动通风系统可以从废气中抽取热量，再使用这个热量为吸入的新鲜空气加热。

（二）法兰克福

法兰克福的智慧城市建设主要是由法兰克福环保局负责的。与其他城市相比，法兰克福更加注重绿色发展，其目标是建设绿色城市，并在“2014 年欧洲绿色之都”[①] 的评选活动中进入了最后的决赛阶段。

1. “环城绿带”

法兰克福全市绿化覆盖率高达 52%，由花园、公园、树林、水泽和沙丘等多样化地貌组成，人均占有公园绿地就达到 40 平方米。法兰克福最大的绿化动作当属持续 20 多年之久的建设环城绿带（Green Belt）计划，目前，长达 75 公里城市外围的“法兰克福绿化带”基本建成，不仅成为城市绿化屏障，还通过数次立法，征求市民意见，增添了许多休闲娱乐设施，大力度向市民开放。

2. 被动式住房

法兰克福提出了以住宅建筑节能为核心的“节能家庭方案”。这种被动式节能建筑特点体现在两个方面：一是注重房屋的保温密闭性；二是充分利用可再生能源。在政府扶持政策方面，对于新建的房屋，建房者可以到地方政府参股的银行申请优惠的低息贷款，还可以享受联邦政府给予的奖励；对于改造的房屋，政府通过节能改造样板房进行典型引路，发放低息贷款和补贴扶持节能改造项目，但要求改造后房屋节能必须达到 30%—40%。预计 10 年后法兰克福节能型被动屋的比例能达到 60% 以上。

3. 节电奖励

为了鼓励居民节约用电，法兰克福市政府采取了现金奖励的

① 2010 年以来，欧盟开始开展“欧洲绿色之都”评选活动，其初衷是为了改善欧洲城市的环境和提高城市的可持续发展能力。

办法。法兰克福是德国第一个用现金奖励节约用电居民的城市，而且居民可以从法兰克福能源局或者麦诺瓦有限公司（Mainova AG）免费领取电力测量仪。居民在一年内如果能够节约10%的电，就可以得到20欧元的现金奖励，在此基础上，每多节省一度电还可以得到0.1欧元。到目前为止，法兰克福的居民平均获得了65欧元的现金奖励。

4. 控制大气排放

在环保方面，法兰克福除了关注绿化以外，还比较重视空气的质量。特别是在控制CO_2排放方面，采取了大量的应对措施：第一，低排放公交车。法兰克福在数年前就率先启用了低排放公交车，法兰克福公交系统坚持使用配备高标准（EEV）的车辆。第二，天然气汽车。2005年，法兰克福市政府决定将其车队全部改换为天然气汽车，目前市政府及其下属企业已经有400辆天然气汽车投入使用。第三，低排放区域。2008年10月，法兰克福在市区划出一片面积约110平方公里的区域设为低排放区。所有的高排放车辆都不允许驶入该区域，只有黄标（欧3）和绿标车（欧4）才可以进入。从2012年开始，只有绿标车方可驶入，否则，就会受到40欧元的罚款处理。第四，鼓励自行车出行。2003年，法兰克福市决定将自行车出行的比例提高到15%（1998年该比例仅为6%），为此还出台了如下政策：新建、改建、扩建自行车道，改变交通信号灯的变化次序并启用自行车优先的原则，重新设计自行车路线并设路标，修建更多拥有固定停车架的自行车公园，为了避免绕行并增加骑车的吸引力，法兰克福甚至允许骑车人在单行道上逆行，等等。第五，电动交通。在德国政府举办的“电动交通示范区”评选活动中，法兰克福凭借ZEBRA工程得以从全国130个参选区中脱颖而出，成为德国八个“电动交通示范区”之一。该工程主要设计了两个工程：一是在汽车公园、公共停车站和出租车排队处建设电动车充电站；二是邀请不同的人群来测试电动自行车、电动汽车等各种电动车在日常生活中的实用性。

5. 垃圾再利用

随着相关技术的成熟，除了常规的填埋和焚烧外，法兰克福正在越来越多地利用生物技术降解垃圾，将之转化为电能和热能。如利用生物发酵剂处理厨房垃圾，将法兰克福全市每天1000吨以上的生活垃圾转化为无公害生物有机肥，可利用这些有机肥培植无公害蔬菜及花卉等。目前，法兰克福有30000户家庭正在使用垃圾发电厂生产的电力，这在一定程度上也能够节约诸如油、汽、煤等石化燃料并降低CO_2排放从而保护环境。

6. 水资源管理

虽然德国整体而言水资源丰富，但政府也不忘通过各种手段鼓励节约利用水资源。如法兰克福所在的黑森州政府提供一部分补贴，鼓励和帮助居民购买雨水收集设备，主要是通过房顶收集雨水，雨水经过管道和过滤装置进入蓄水箱或蓄水池，再通过压力装置把水抽到卫生间或花园里使用。此外，保护水资源免受污染和提高水质也是政府环境保护的重要组成部分。为了保障水源安全，在含水层周围按不同的距离划分了三级水源保护地带，其中在采水点周围10米范围内的一级保护带要求最为严格，禁止一切有污染的物质渗入地面，违者将被罚以巨款。为了保证自来水质量，从生产、传输和监管等各环节都做出了详细的规定，目前德国自来水都达到了直接饮用的水平，而法兰克福对水质的要求更高，目前已经达到每小时一测的程度。

（三）弗里德里希哈芬市（Friedrichshafen）

弗里德里希哈芬市是一座位于遥远的博登湖畔的德国小城。

2006 年，德国电信在全国范围启动了 T-CITY 竞赛，弗里德里希哈芬市经过两轮激烈的竞争从 52 个参赛城市中脱颖而出。弗里德里希哈芬市也成立了专门的负责机构——弗里德里希哈芬虚拟市场有限公司，并于 2008 年改名为 FN-Dienste 有限公司。

与柏林、法兰克福等其他德国城市不同的是，该市的智慧城市建设的领域更广、项目也更多。2007 年来，弗里德里希哈芬市已经在医疗、教育等领域启动了超过四十个智慧城市建设项目，以下将重点介绍六个相对成熟且与老百姓日常生活关系密切的项目。

1. 远程诊疗

“远程诊疗”是一个针对慢性心脏病患者的远程监控的项目。通过利用互联网、手机等 ICT 手段，患者可以定期将血压、体重等监控数据从家里传到医院的远程医疗中心。这样，患者一方面可以持续监控身体状况并提早确定潜在的风险，另一方面还可以及时得到医生的建议并减少去医院的次数。也就是说，该项目实施之后，弗里德里希哈芬市的老百姓就可以免去经常上医院量血压、体重的舟车劳顿，从而在一定程度上提高了人们的生活质量。

2. 肿瘤会诊

“肿瘤会诊”项目是为了改善癌症患者治疗方案而启动的。弗里德里希哈芬市医院希望扩展与一家拥有联合认证的乳腺中心业已存在的合作，并有意通过对治疗图片的数字交换来简化双方远程协商和合作的程序。使用该项目后，参与会诊的医生就可以通过视频会议共享相关的信息和经验，并最终提出最好的治疗方案。

3. 独立生活

为了应对日益来临的老龄化社会，弗里德里希哈芬市启动了

“独立生活”项目。该项目的服务对象是当地拥有行动受限困扰的居民，目标是提升上述居民的自我服务能力。通过在家里安装一种特殊的装置，行动不便者可以更轻松地使用一些服务，比如药品、商品、食品的配送和看护，等等。也就是说，有了 ICT 技术的帮助，行动不便者可以（比以前）更长时间地呆在家里，即变得更加独立了。

4. EDUNEX

EDUNEX 是弗里德里希哈芬市为当地学校搭建的一个基于网络的教育平台。通过互联网，师生可以进入该平台查看相关资料并进行互动，这无疑增加了师生在时空上的灵活性。比如，生病不能去学校的学生可以在家里学习相关资料，老师也可以在任何地方上传学习资料。该平台还为学生提供了相互之间以及与老师之间交流的工具，如 E-mail 或者聊天论坛等。特别是远程交流的实现，可以使得同国外伙伴合作进行外语教学也成为可能。

5. 在线幼儿园

“在线幼儿园”是基于互联网的一个项目，可以帮助家长和幼儿园加强联系。一方面，可以帮助家长为孩子注册幼儿园，另一方面还可以帮助幼儿园加强管理。从 2009 年末开始，已经有 37 家幼儿园联入该系统。通过互联网，家长可以收集不同幼儿园的信息，比如地点、开放时间等，每个幼儿可以在网上最多选择三家幼儿园。通过该系统，幼儿园可以更快、更轻松地组织生源和安排工作。

6. 智能仪表

“智能仪表”项目启动于 2008 年，其目标是为了帮助居民节约能源。最初，整个城区的大约 350 个志愿者家庭安装了智能仪表，到 2011 年春天，弗里德里希哈芬市奥伯霍夫（Oberhof）和威德汉格（Windhag）两个区的所有家庭全部安装了这种新型智能仪表。安装了智能仪表之后，消费者可以通过互联网监控家庭的能源消费，对能源消费和能源价格等信息更加了解，并可以根据监控信息改变家庭能源消费习惯，从而实现期望的能源节约。

二、德国智慧城市建设经验及启示

（一）专门机构

经考察发现，德国城市在建设智慧城市过程中，都有专门的机构负责。这些机构或者是政府部门，如法兰克福的环保局，或者是政府特意成立的下属机构，如柏林的柏林伙伴公司和弗里德里希哈芬的虚拟市场有限公司，其职责都是代表当地政府提出一些长期的、宏观的规划目标，并从市场上挑选最具吸引力并适合当地实际的智慧城市项目。因此，我国在建设智慧城市的过程中也应保证有专门的负责机构而不能是政出多门。

（二）政企合作

为了更好地建设智慧城市，德国城市一般会选择 PPP（Public—Private—Partnership）模式，即政府和企业合作的模式。合作有两种情况：一种是政府首先会在某个方面提出长远的宏观目标，并通过财政补贴的方式引导企业进行相关研究，最终从若干参与者中选出合适的合作者。另一种是像德国电信、西门子、宝马等大型企业为了推销本公司的某种产品或服务，会在全国范围内选择一个或几个城市进行试点，符合条件的或对项目感兴趣的城市会积极参加这些企业开展的试点竞赛。因此，我国在建设智慧城市的过程中，也要发挥政府和市场两方面的重要作用，政府不能对智慧城市建设大包大揽，而是在仔细认真调查研究的基础上提出在某个时期要达成的目标，关于建设内容以及如何建设等具体细节问题应交由市场来完成。

（三）多方出资

在德国智慧城市建设项目中，根据提出某项目标主体的不同，德国城市会有不同的资金来源，如欧盟、联邦政府、州政府、市政府以及相关企业。如果是前三者提出目标要求城市完成，那么它们就会给这些城市一定比例的建设资金。比如，为实现节能减排，欧盟提出“力争到 2020 年将温室气体排放量在 1990 年的基础上减少 20% 以上”的目标，并投资 1.15 亿欧元帮助 500 多个城市进行节能建设。德国联邦政府提出“电动汽车国家发展计划”，并选取了包括柏林在内的 4 个州开展试点。在这个为期 4 年（截止时间为 2016 年）的项目中，联邦政府投入 8000 万欧元，柏林州政府投入 6000 万欧元，参与企业投入 6000 万欧元。因此，我国各城市在建设智慧城市的过程中，也可以积极争取各方面的资金，比如中央资金、省政府资金以及有意愿参与本市智慧城市企业的投资。

（四）因地制宜

“智慧城市”建设是一个复杂的系统工程，它必将是一个长期的发展过程，不可能毕其功于一役，每个城市在建设智慧城市的时候应充分认识到其建设的长期性和复杂性，充分考虑当地的资源禀赋、经济水平、产业基础、信息化水平、市民素质等各种因素。德国各个城市的智慧城市建设虽然多集中在节能、环保等领域，但就具体项目来讲，不同的城市绝对不会雷同。因此，我国在今后建设智慧城市的过程中，必须充分考虑当地居民需求和所需解决问题的迫切程度，进行统筹规划，分步实施。

（五）务求实效

自 IBM 提出“智慧城市”概念以来，中国各地城市迅速展开了一场建设智慧城市的竞赛。相比国内对“智慧城市”的追逐和热捧，德国对“智慧城市”的认识更加理性和务实。德国人并不认为“智慧城市”有统一的模式，而且在建设智慧城市的过程中并未过多使用甚至几乎没有使用国人熟知的物联网、云计算等新兴信息技术，只要能够促进市民生活质量改善和城市竞争力提升的工作即可视为建设智慧城市。因此，我国在今后建设智慧城市的过程中，要充分考虑市民生活质量的改善和城市竞争力的提升，而不能盲目跟风，做表面文章。

（六）以人为本

通过考察不难发现，在建设智慧城市的过程中，“以人为本”的理念在柏林、法兰克福等各个德国城市都得到了充分的体现。在策划某个智慧城市项目的时候，这些城市的政府会做仔细认真的前期调研，在此基础上充分地考虑当地居民的需求，还会在项目实施之前选择若干志愿者进行实际体验，之后根据志愿者的意见和建议对项目方案进行修改完善并在更广范围推广。因此，我国的智慧城市建设也应突出以人为本，要把满足广大人民群众的利益作为核心宗旨，最大限度地满足人们在城市生活中的物质需求、精神需求和感官享受，把提升市民的生活幸福指数作为城市信息化建设的核心目标，真正把百姓需求和幸福感受放在第一位。

The Current Situations and Experience of the Development of German Smart Cities

Wu Feng

Abstract: with the rapidly development and widely application of the new ICT in the economic and social areas, the Concept and pattern of Smart City is graduallyaccepted globally. The Current Situations of the Development of German Smart Cities may not be the best, but it's related measures and experience do have great use to China's Constructions of Smart Cities.

Keywords: German　Smart City　Experience

中国创新驱动发展战略实施路径

（国家信息中心副研究员）刘绿茵

[摘　要] 当今世界正处在大发展、大变革、大调整之中，创新驱动是大势所趋。当前，我国正处于创新驱动、转型发展的关键时期，发挥科技创新的引领作用，加快产业结构转型成为我国经济社会发展中面临的重要课题。本文在分析新科技革命和世界主要国家与地区创新驱动经济社会发展经验的基础上，研究我国创新驱动发展战略的实施路径，并提出我国创新驱动发展的相关政策。

[关键词] 创新驱动发展战略　实施路径　中国

世界经济社会发展正面临着诸多挑战，如金融危机、全球经济停滞、低碳经济、社会老龄化等问题，信息技术的更新换代促使新兴产业不断涌现，新一轮科技革命和产业变革正在孕育兴起，各国迫切地寻求经济社会发展新的驱动力，进而布局科技进步的重点方向和领域。我国已实施创新驱动发展战略，以科技创新引领经济社会的发展，才能在未来的激烈竞争中赢得先机，抢占主动权。

一、创新驱动成为全球关注的焦点

（一）全球性挑战问题推动新科技革命和产业革命

现阶段，我国面临的一个重要发展背景就是世界范围内新一轮科技革命和产业变革正在孕育兴起，全球知识创造和技术创新的速度明显加快，新科技革命的巨大能量正在不断蓄积，经济全球化与信息化交汇融合、交织影响，国际创新要素流动空前活跃，重组不断加快，以新技术突破为基础的产业变革呈现加速态势，正在深刻改变着世界科技和经济社会发展形态，科技创新前所未有地影响着经济发展和社会进步，也前所未有地影响着民生改善和群众福祉。

当前，国际金融危机、人口、资源、能源、粮食、环境、健康等一系列全球挑战，对世界现有经济社会发展模式提出挑战，如何找到新的发展和增长动力，必须在科技创新上有所突破，是牵引新科技革命和产业变革的巨大动力。世界各国均迫切地意识到寻求经济发展新的驱动力的重要，进而积极布局科技进步的重点方向和领域。

（二）世界各国争当创新领先者

许多国家都将创新提升到国家发展的战略核心层面，作为重点发展和着力投入的焦点领域，全球进入了空前的创新密集时代。各国纷纷出台创新政策，强化创新战略的顶层设计，争当创新的领先国家。

2011 年，美国先后颁布了《美国创新战略》、《美国发明法》，旨在提升国家的创新能力和经济竞争力，确保经济的增长与繁荣，抢占创新制高点。为提升本国科技创新能力，加快推进英国成为世界科技创新的领导者，英国政府于2011年底发布了《促进增长的创新与研究战略》报告，对科技创新进行了全面部署。2013年3月，俄罗斯制定了《2013～2020年俄罗斯国家经济发展与创新型经济计划》，强调从根本上提高创新基础设施的利用效率，保证科研成果商业化和新技术的应用，并实施区域创新发展政策。2013年6月，日本通过了《科学技术创新综合战略》，提出政、产、学联合推进创新的新思路。

韩国政府经过多年的创新实践及战略调整，更想通过技术突破占领全球产业技术高地。2013年12月19日，韩国出台新产业技术创新5年计划——《第六次产业技术创新计划》，提出2014年至2018年韩国中长期产业技术相关战略远景、政策目标、方向及核心推进战略，聚焦全球领先技术，开拓新市场。此次新产业技术创新计划侧重于提高韩国整体产业生态环境的科研生产力及创造力，是聚焦新技术、新产业、新市场的创新战略，同时也是韩国“创造经济”国家发展战略下通过技术创新及融合实现产业深化、经济增长的重要举措。韩国希望经过多年的努力，从原来的“Fast Follower”，成为“First Mover”，抢先挖掘未来潜力产业，从而引领全球市场。特别是进行产品与服务间的融合型科研，以及包括产品、材料、设备、系统在内的综合型科研，从而创造新市场及价值链。

创新驱动成为世界各国关注的焦点，围绕科技创新的竞争与合作不断加强，这既为我国带来了重大机遇，也给我国提出了严峻挑战，必须紧紧地把握机遇，应对挑战，积极通过创新驱动，为加快转变经济发展方式、调整产业结构、提高社会生产力开辟新的空间，以科技改革发展的新突破实现经济社会发展质的提升。

二、我国创新驱动发展战略与实施路径

为顺应新一轮科技革命，我国“十二五”规划中指出经济发展要更多依靠科技创新驱动。2012 年 7 月，党中央、国务院召开的全国科技创新大会提出了创新驱动发展战略。党的十八大报告强调要实施创新驱动发展战略，强调科技创新是提高社会生产力和综合国力的战略支撑，必须摆在国家发展全局的核心位置，这是我们党放眼世界、立足全局、面向未来做出的重大战略决策，对于我国加快建设创新型国家、开启迈向科技强国的新征程、对于全面建成小康社会、全面深化改革开放、对于走中国特色社会主义道路、推进科学发展和社会和谐、加快推进社会主义现代化具有十分重大的意义，必将产生全面而深远的影响。

（一）创新驱动的内涵

最早使用创新驱动概念并把它作为一个发展阶段提出来的是波特，他把经济发展划分为 4 个阶段：第一阶段是要素驱动阶段，第二阶段是投资驱动阶段，第三阶段是创新驱动阶段，第四阶段是财富驱动阶段。我国长期依靠物质要素投入推动的经济增长方式，属于由投资带动的要素驱动阶段。这种增长方式不可避免而且正在遇到资源和环境不可持续供给的极限。创新驱动就是利用知识、技术、企业组织制度和商业模式等创新要素对现有的资本、劳动力、物质资源等要素重新组合，以创新的知识和技术改造物质资本、提高劳动者素质和科学管理。各种物质要素经过新知识和新发明的介入和组合提高了创新能力，形成内生性增长。创新驱动可以在减少物质资源投入的基础上实现经济增长。

（二）创新驱动发展战略

创新驱动发展是关系全局和长远的重大战略。当前，我国已进入全面建成小康社会决定性阶段，国内外形势发生深刻变化对科技进步和创新提出了更加全面、更加紧迫的需求，实施创新驱动发展战略是要发挥好科技创新在全面建成小康社会中的重要作用。

实现创新驱动发展的根本目的是促进综合国力和核心竞争力提升。应坚持把创新驱动发展战略贯彻到现代化建设整个进程中，落实到各个方面，全面加强农业、民生、社会、文化、生态和国防等各个方面的科技工作，促进工业化、信息化、城镇化和农业现代化同步发展，推动科学发展和社会和谐。

促进经济实力和社会生产力提升是实现创新驱动发展的首要任务。应坚持把科技创新作为经济社会持续健康发展的内生动力，围绕产业发展需求，以科技创新支撑引领产业发展，加快经济发展方式转变和经济结构调整。

促进科技实力和自主创新能力的大幅提升是实现创新驱动发展的基础与关键环节。应始终坚持科技优先发展，适应新的科技革命和产业变革需要，加强基础前沿研究和科技基础能力建设，下大力气解决影响我国未来发展的重大科学和关键技术问题。

（三）实施路径

要按照创新驱动发展战略的顶层设计，明确创新路径，引领未来。实施创新驱动发展战略是一项系统工程，涉及到科技经济社会各个方面，要以世界眼光抓好顶层设计，找准世界科技发展趋势，找准我国科技发展现状和应走的路径，动员科技界、产业界和社会各方面广泛参与，瞄准国家目标，以全球视野谋划和推进创新，奋力抢占科技和产业制高点。要在实施创新驱动发展战略中找准定位，明确方向，努力提高自主创新能力，推动科技和经济社会发展深度融合，推进产品创新、品牌创新、产业组织创新和商业模式创新，真正实现创新价值，把科技创新作为提升社会生产力和综合国力关键的支撑引领作用充分发挥出来。

我国已是世界第二大经济体，但人均指标远远低于美国和日本，自主创新能力还有待大幅提高，在全球产业链中处于低端位势，走“高端高效”路径是实施创新驱动发展战略的现实选择。

“高端”是指产业具有知识、资本、装备技术创新等要素禀赋支持下的内生比较优势，在产业价值链中处于有利位置，摆脱掉依赖土地、自然资源、低成本劳动力等一般要素的局面，创新驱动产生价值，产业结构得到转型升级，经济发展质量得以提升。处于产业链“高端”具有高价值链控制力，主要体现为行业内应具有一定支配地位、较大规模和先进技术的重点龙头企业，对产业标准、核心技术专利、营销渠道等控制力强，同时处于产业链“高端”高价值链位势也体现为研发位势、制造位势和市场位势，反映了国家的核心研发技术、核心制造能力和市场竞争能力。

“高效”是指产业资源配置效率高，有较高的经济产出效益，资金、土地、人员等各要素的使用效率较高，创新效率高，有较高的附加值，产值增加值、风险收益管理、利润和资产收益水平良好，同时能兼顾环境友好，经济绿色、低碳发展。

三、各国创新驱动政策对我国的启示

（一）各国创新驱动政策

世界各国为了保持在全球的创新领先地位，采取了税收减免与信贷优惠措施、为企业技术研发提供启动经费、支持企业承担国家战略性项目任务等具体措施，加大创新支持。

为了提高企业创新能力，美国《创新战略》提出要对企业税收抵免永久化立法，以便给美国企业界尤其是制造业继续投资于研发和创新活动带来更大信心。通过有效的知识产权政策激励独创性，鼓励高增长和创新型创业。

德国新创新纲领提出，到 2020 年把研发企业和创新企业的数量分别提高至 4 万和 14 万，为此将采取措施营造更加有利于创新的环境，并通过提供风险资本投资补贴、设立新“欧洲天使基金”、对企业发起的创新集群给予专业支持等加强中小企业的技术创新。

法国于 2012 年 2 月宣布实施“战略投资基金（FSI）投资 2020 计划”，以加强对中小企业的直接投资，增强法国企业的创新能力与竞争力。计划的主要目标是对新的创新型企业提供长期资助以推动创新；为具有国际化视野的成熟中小企业提供支持。

英国 2011 年《增长计划》中提出，要建立在 G20 国家中最具竞争力和简洁的税收制度，使英国成为欧洲最佳的企业总部选址地和欧洲最适合创业、融资和企业成长的地区。2011 年发布《面向增长的创新与研究战略》，强调支持企业技术创新，主要措施包括：英国技术战略委员会（TSB）增加用于支持企业技术创新的投资，资助或提供设备帮助企业进行产品开发和商业化；提供资金，支持企业建立大型展示平台或产品原型，促进其找到潜在的投资者，实现创新商业化；通过“创新代付款计划”，保障中小企业获得来自大学的免费技术咨询。

澳大利亚《驱动创新思想：21 世纪创新议程》指出，政府可以解决市场失灵，支持企业创新。为提高中小企业的创新业绩，将采取以下措施：在未来 10 年使参与创新的企业比例增加

25%；逐渐增加投入研发的企业数量；提高创新能力和工作能力；支持企业的创新商业化活动；与私营部门合作，增加风险资本投入。

俄罗斯提出要支持创新型企业发展，主要措施包括：通过实施创新发展规划，大幅提高国家经济、国家参股企业和国有企业的创新能力；制定关键技术发展路线图，划分企业类型，明确发展支持措施；持续提高技术标准、适当采用激励和约束措施，促进技术和服务在关键技术发展领域的应用；为优先项目拨款，确保企业全面参与确定科技发展优先项目及技术活动；对发展工程和信息技术的企业给予税收优惠支持。

（二）各国创新驱动政策对我国的启示

1. 充分发挥政府的导向作用

政府在创新驱动中起积极的推动作用。一是研判新技术革命与产业变革的形势与需求，加强战略前瞻布局和持续投入，通过政府部门的主动作为，创造发展机遇和应用市场，帮助企业了解新的产业机会、不断提升竞争力水平。二是政府的协调和引导作用非常重要，通过政府的规划引导可以解决规模效应不足、高成本等问题，培育新兴产业，推动高端高效产业发展。三是通过政策组合，促使技术创新与经济社会融合发展，如在绿色技术、电动汽车、新能源等新兴领域，需要通过不同政策的组合使新技术得以推广应用。

2. 创新驱动需要充足的资金投入

各国发展实践证明，经济增长由物质资源投入转向创新驱动，可以相对节省物质资源、环境资源之类的物质投入，但不能节省资金投入。创新驱动本身需要足够的投入来驱动创新，产业变革也高度依赖于创新驱动，在科技攻关、产品升级、市场开拓、人才引进等诸多方面需要长期的、巨大的、不间断的资金投入保障。新兴产业需要通过金融创新来构建筛选培育、风险分担机制和区别于传统产业的特别融资机制，实现新兴产业与金融资本之间的良性互动，从而推动产业规模的不断扩大和产业层次的不断提升。

3. 加强企业的技术创新

实现创新驱动离不开企业。企业是技术创新主体，也是实现创新驱动的主体。世界各国加大企业技术创新投入力度，积极培育创新企业，扶持创新型中小企业发展，确立企业技术创新的主体地位。加强资金等创新资源向企业集聚，扶持企业做大做强，加快培育了具有一定支配地位、较大规模和先进技术的企业，提高产业价值链的控制力。

四、我国创新驱动发展政策措施建议

（一）促进创新型政府建设

为了有效地实施国家创新驱动战略，建设高效并有集成创新能力的创新型政府势在必行。实施创新驱动战略，重要的是制度创新，制度创新的主体是政府。创新成果具有溢出效应，具有公共产品的属性。这就决定了政府作为社会代表来支付创新的社会成本，制定重大科技创新计划，并通过公共财政对此类创新进行直接的或引导性投入。国家竞争力主要由国家创新力来衡量。国家创新力不是个体创新力的相加，而是对科技创新的国家集成能力。集成创新即创新系统中各个环节之间围绕某个创新目标的集合、协调和衔接。政府对创新系统进行整体协调和集成的主要方式是建立大学科技园，搭建产学研合作创新平台。创新型政府应在创新法律法规、公共采购、制定刺激创新的政策、新市场的开拓、定价/税收及补贴、消费者导向等方面做深入的工作。

（二）推动创新驱动改革

在重要领域和关键环节开展创新驱动改革试验示范，完善公共投资、市场准入相关规定与程序，消除制度障碍。优化管制流程，如医院、新药、医疗器械审批流程，无线电频谱和空域管制等，提高社会化服务审批效率。建立反映资源稀缺程度和市场供求关系的要素价格形成机制，促使企业从依靠过度消耗资源、低性能低成本竞争，向依靠创新竞争、差别化竞争转变。加快要素价格市场化改革，放开竞争性环节价格，调整提高环境、安全、节能节地节水及技术等市场准入标准。加强行业监管，完善市场退出机制，倒逼无竞争力或达不到节能环保、安全生产、食品药品、工程质量等强制性标准的企业退出市场。积极在科技成果处置权、收益权、股权激励等方面进行探索试验。

（三）建立开放创新机制

开放是自主创新的助推力量，要建立深度融合的开放创新机制。要深化国际交流合作，充分利用全球创新资源，在更高起点上推进自主创新。支持并购海外创新资源。通过放宽外汇管制，简化境外投资核准程序、强化风险担保等措施，鼓励和支持优势企业开展海外并购，设立研发中心，获取创新资源，赶超国际先进水平。引导企业建立国际技术同盟，采取资金、市场、政策等综合手段，支持企业与国际同行在前沿领域开展技术、标准、装备等方面深度合作，建立联合研发机构，结成互利互赢的技术同盟。吸引跨国公司在华设立研发机构，实现研发技术、人才、成果本土化。加快自主技术和品牌走出去，完善外交、投资、经贸、产业等方面的协调机制，形成政策合力，加快高铁、核电等自主技术走出去。有效应对国际贸易、知识产权纠纷，支持有实力的企业开拓国际市场，树立国际品牌。扩大国际科技交流合作，积极参与大型国际科技合作项目，吸引国外科研机构参与到特定的科学研究计划中。

（四）各创新主体联动提升国家创新体系效能

建立起产学研合作创新的国家创新体系，充分释放彼此间“人才、资本、信息、技术”等创新要素活力而实现深度合作。通过突破创新主体间的壁垒，创新资源和要素有效汇聚，企业、政府、知识、大学、研究机构、中介机构和用户等为了实现重大科技创新而开展联动合作，促进企业、大学、研究机构发挥各自的能力优势整合互补，实现各方的优势互补，加速技术推广应用和产业化，协作开展产业技术创新和科技成果产业化活动，提升国家创新体系的整体效能。

The Research on the Ways of Implementation of National-Driven Development Strategy

Liu Luyin

Abstract: The world today is undergoing major development, major adjustment, major reform, innovation-driven is the coming trend. At present, China is during a crucial period of innovation drive & transition development. Technological innovation plays the lead role for speeding up the transformation of industrial structure. This paper discusses the new technology reform and the experiences of innovation-drive for economy and social development in world's major countries and regions. Then, paper studys the ways of implementation of National-Driven Development Strategy. Finally, forward some policy suggestions to promote economic and social innovation development in China.

Keyword: Innovation-driven development strategy　Ways of Implementation　China

安全篇

中国水安全问题及对策

（中国国际经济交流中心博士）綦鲁明

［摘　要］目前，我国面临水资源分布不均，水污染问题严重，频繁洪涝灾害威胁经济社会发展，用水水平远低于发达国家，水土流失严重等突出问题，原因包括粗放低效利用问题严重，洪水管理落后，国际水资源开发不足，水资源管理体制障碍等，建议积极发展高效节水产业抑制水需求增长势头，通过工程措施改变水资源天然时空分布与生产力布局不相适应的被动局面，实施综合协调的水资源管理体制，让私人部门参与水管理，运用市场手段开发利用国际水资源。

［关键词］水安全　资源配置　市场

水是生命之源，一切生物的生存与成长都离不开水，没有水就没有生命。回顾人类生产发展史，在原始的采集和狩猎时代，水是人类赖以生活的重要资源；在农牧时代，水是生产的决定因素之一；进入现代信息社会，水仍是国民经济的重要决定因素。没有水，一切发展都无从谈起。随着社会经济快速发展和人口急剧增加，淡水危机必将成为21世纪世界最重大的环境问题之一。我国是世界最大的发展中国家，拥有世界最多的人口，当前正处在工业化和城市化快速发展阶段，国民经济发展对水的依赖性非常强。因此，如何处理好水安全问题，支持国民经济持续健康发展，成为当前我国社会各界必须认真对待的重大问题。

一、我国水安全的六大突出问题

（一）水资源区域分布严重不均

我国地域辽阔，水资源总量不算太少，位居世界第六，排在巴西、俄罗斯、加拿大、美国、印度尼西亚之后。我国水资源的空间分布极度不平衡，东南多，西北少，特别是华北地区缺水情况日益严重。其中，北京、天津、河北、山东、辽中南等地是严重缺水区，这些地区的水资源开发程度已达70%。东三省、内蒙古自治区、新疆维吾尔族自治区、河南、陕西等地是缺水区，淮河—秦岭以南大部分地区属于水资源供需基本平衡或有余地区。

2001—2009年多年平均值与1956—2000年多年平均值比较，全国地表水资源量和水资源总量分别减少5.2%和3.6%。海河流域最为显著，地表水资源量减少49%，水资源总量减少31%。而近30年正是我国经济快速发展的时期，对水资源的需要迅速扩大。

（二）降水分布严重不均

降水是我国水资源补充的重要来源。受气候和地形地貌影响，我国降水同样存在分布严重不均的问题。东部地区降水相对丰富，而在西北内陆干旱异常。据统计，西北内陆面积虽然占全国的一半，但降水总量仅占全国的9%，而水资源总量更是不足全国的5%。从地形分布上看，降水分布明显受西高东低的三级阶梯状地势影响，呈现从西往东逐渐递增的趋势。降水分布的南北差异也十分明显。以秦岭—淮河为界，南部亚热带季风气候区降水充沛，而北部温带季风气候区降水明显偏少。

另外，北方地区的降水还有一个突出问题，就是随时间的分布极不均匀。一年中62%的降水都集中在夏季，汛期（6—9月）的降水占全年75%以上。海河流域降水在年内分布的集中程度最高，汛期4个月降水量占到其全年降水的79%—84%。还有，降水年际变化也大，海河流域最大年降水量一般在最小年降水量的5倍左右。降水的年际、年内剧烈变化，为防洪和水资源利用带来了很大的难度，使本来就有限的水资源难以被充分有效地利用。

（三）水污染严重，导致水质下降、水环境恶化

近几十年，随着工业化进程快速推进，我国经济特别是沿海地带经济飞速发展。大量用水及工农业污染排放，导致了我国水质下降和水环境破坏。根据水利部公布的《2008年中国水资源质量年报》，2008年度按《地表水资源质量评价技术规程》（SL395－2007）规定的评价方法，对全国3219个重点水功能区进行了水资源质量评价，评价结果显示：全年水功能区达标率只有42.9%，其中一级水功能区1197个（不包括开发利用区），达标率为53.2%；二级水功能区2022个，达标率36.7%。在一级水功能中，评价保护区339个，达标率为65.5%；保留区461个，达标率为67.7%；缓冲区397个，达标率为25.9%。在二级水功能区中，评价饮用水源区709个，达标率为44.4%；评价工业用水区、农业用水区和渔业用水区381个、442个和71个，达

标率分别是 38.8%、37.6% 和 36.6%；评价景观娱乐用水区、过渡区、排污控制区 250 个、92 个和 77 个，达标率分别是 24.4%、16.3%和15.6%。

从水体类型看，河流类水功能区评价河流长度 123195.0km，达标率仅为53.5%，其中河流类一级水功能区评价河长 67979.8 万 km，达标率 64.3%；二级水功能区评价河长 55215.2 万 km，达标率 40.1%。湖泊类水功能区评价湖泊水面面积 22204.0 万 km^2，达标率为 30.8%，其一级水功能区评价湖泊水面面积 16564.0 万 km^2，达标率 34.1%；二级水功能区评价湖泊水面面积 5640.0 万 km^2，达标率 21.3%。水库类水功能区评价水库蓄水量 818.9 亿m^3，达标率为 68.8%，其一级水功能区评价水库蓄水量 666.6 亿m^3，达标率 72.9%；二级水功能区评价水库蓄水量 152.3 亿m^3，达标率 51.0%。与 2007 年相比，河流类、水库类功能区的达标率有所上升，湖泊类水功能区的达标率下降较明显。全国重点水功能区的主要污染项目是氨氮、高锰酸盐指数、化学需氧量、五日生化需氧量等。

2007 年《中国地质环境公报》显示，据 189 个城市的地下水水质监测资料分析，总体来看，全国地下水水质状况较好，但多数城市仍受到一定程度的点状或面状污染，使一些元素在局部地区超标。含量增加的主要水质指标有总硬度、氯化物、硫酸盐、硝酸盐氮、氨氮、重碳酸盐、铁、锰、钙、镁、钾、钠等。比如，华北地区浅层地下水水质为较好—优良级的监测点约占 44%（指该水质级别的监测点数占全区统计浅层地下水水质监测点总数的百分比例，水质为较差—极差级的监测点约占 56%。深层地下水水质略好于浅层地下水，水质为较好—优良级的监测点约占 45%，水质为较差 – 极差级的监测点约占 55%。含量增加的主要水质指标有总硬度、硫酸盐、硝酸盐氮、氟化物等。

（四）频繁的洪涝灾害威胁着经济社会发展

我国地域辽阔，河流众多，自然环境差异很大，具有产生多种类型洪水和严重洪水灾害的自然条件和社会经济条件。除沙漠、极端干旱区和高寒区外，我国其余大约2/3的国土面积都存在不同程度和不同类型的洪水灾害。我国山地、丘陵和高原约占国土总面积的70%，山区洪水分布很广，并且发生频率很高。平原约占总面积的20%，其中7大江河和滨海河流地区是我国洪水灾害最严重的地区。洪水威胁的严重，从古至今，对我国社会和经济的发展都有着重大的影响，大江大河的特大洪水灾害，甚至带来全国范围的严重后果。如，1998年特大洪灾，直接经济损失2642亿元。2000—2010年，我国（不包括香港、澳门和台湾）发生的洪涝灾害年平均受灾人口12831.5万人，农业年平均受灾面积1057.9万km^2，年平均直接损失为989.15亿元。局部性的山洪、泥石流、滑坡灾害点多面广，防御难度大，所造成的影响是毁灭性的。2010年，我国山洪灾害造成的死亡人数占全国洪涝灾害死亡总人数的80%以上。

（五）水资源紧缺成为经济社会发展的主要制约因素

2012年全国总用水量6131.2亿m^3，其中生活用水占12.1%，工业用水占22.5%，农业用水占63.6%，生态环境补水（仅包括人为措施供给的城镇环境用水和部分河湖、湿地补水）占1.8%。2012年，全国人均综合用水量454m^3，万元国内生产总值（当年价）用水量118m^3。万元工业增加值（当年价）用水量69m^3，城镇人均生活用水量（含公共用水）216L/d，农村居民人均生活用水量79L/d。

从发达国家的情况看，2012年，美国用水总量为4784亿m^3，农业用水占 40.22%，工业用水占 46.11%，生活用水占 13.67%，水的生产率为 29.75 美元/㎥（合万元生产总值用水量 52.5㎥），人均用水量为 1870㎥。日本 2012 年用水量 900 亿㎥，农业用水占 63.13%，生活用水占 19.32%，工业用水占 17.55%，水的生产率为 52.13 美元/㎥（合万元生产总值用水量 30㎥），人均用水量为 736㎥。与发达国家情况比较，不难发现，随着我国国民经济快速增长，水资源“瓶颈”问题日益显现。

用水紧缺的情况还表现在，目前农村 3 亿多农民喝不上符合标准的饮用水，农田受旱面积达 3 亿亩。农业用水每年亏缺 300 亿立方米。另据预测，在 2030 前后我国人口将达到 16 亿高峰，需要粮食增长到 6.4—7.2 亿吨才能满足需求，按照现有水平预测，为了满足这种粮食需求，灌溉面积需要发展到 9.0 亿亩，此时，用水量将从现在的 4000 亿㎥增长到 6650 亿㎥。

从城市用水看，目前，在全国 600 多个建制市中，有 400 多个供水不足，110 个严重缺水，每年城镇缺水 200 亿立方米以上，影响工业产值 2000 多亿元。从工业用水看，高耗水行业比重过大。又有一些工厂，为了节省成本，违反污水的管理条例，将污水直接排放到河流当中，导致严重的污染。华北水资源危机，每年缺失 80 亿立方米，主要靠超采地下水和利用不合标准的废水解决。

（六）水土流失严重

区域性、局部性的治理成效较大，但面上的水土流失治理进程缓慢，边治理、边破坏的现象还很严重，特别是开发建设项目人为造成新的水土流失急剧增加。全国平均每年因开发建设活动等人为新增的水土流失面积达 1 万平方公里，每年堆积的废弃土石约 30 亿吨，其中 20% 流入江河，直接影响防洪安保。

二、我国水安全问题原因分析

总体看，我国水安全问题已经相当严重，必须引起警醒。分析水安全问题产生的原因，大致有两类，一类是技术问题，即水资源使用和污水处理过程中科学技术水平问题，另一类是制度问题，即用经济手段对水资源进行有效配置的问题。在当前全面深化改革的关键阶段，制度改革是极为重要、极为迫切的，同时制度的有效安排也将会推动水资源使用的科技水平提高。因此，本文就水安全原因分析主要从水资源使用体制机制的角度进行。

（一）粗放低效利用问题严重

长期以来，水资源的粗放低效利用，加剧了水资源短缺程度。以农业用水为例，目前农业灌溉用水约占全社会用水量的六成多，但由于输水方式、灌溉方式、农田水利基础设施、耕作制度、栽培方式等方面的问题，我国农业用水的利用率很低。每单位净耗水的粮食生产效率不足 1kg/m³，和一些发达国家单位净耗水 2－3kg/m³的水平相比差距很大。目前黄河流域农业用水占总用水量的九成，大约有 4/5 的面积是大水漫灌，节水灌溉面积仅 2276 万亩，占总灌溉面积的 20%。同时，我国西部地区普遍缺水，其中西北干旱少雨，西南土层瘠薄，农业生态环境脆弱。但现状是农业用水浪费严重。

（二）洪水管理严重不足

从危害性的角度看，洪水是极其凶猛的自然灾害，给经济社会发展带来了巨大创伤。但应看到，如能有效利用，洪水也是重要的水资源来源之一。新中国成立以来，我国兴建了大量堤防工程，其中水库 8 万多座，加高培厚江河大堤 20 多万千米，特别是 1998 年以后，国家加大了对七大江河堤防建设的投资，大江大河防洪标准得到巩固和提高。这些措施显著提高了防御洪涝灾害的能力，也为水资源蓄积做出了重大贡献。但与此同时，小江小河上水利设施由于重视程度不够，年久失修，防洪标准降低，极易发生决堤溃坝事件。另外，城市洪水管理严重不足。在全国具有防洪任务的 640 多座城市中，70% 以上的城市防洪标准低于国家规定的防洪标准。再有，对山洪、泥石流等灾害认识不足。由于缺乏对山洪形成、运动、转移机制的研究和认识，导致对山洪灾害的预测预防难以适应实际情况的需要。这诸多情况下，大量经济损失发生的同时，大量宝贵的水资源也消失了。

（三）国际水资源开发不足

我国是世界上国际河流最多的国家之一，仅次于俄罗斯、阿根廷，与智利并列第三。据不完全统计，我国国际河流和湖泊主要有 42 条（个），包括东北的鸭绿江、图们江、绥芬河、黑龙江；西北的额尔齐斯河、伊犁河，以及西南的雅鲁藏布江（布拉马普特河）、澜沧江（湄公河）、怒江（萨尔温江）、森哥藏布河（印度河）等等。东北国际河流以边界河为主，西北国际河流以跨界河流为主，兼有出入境，西南国际河流以出境河流为主。这些国际河流大部分发源地在我国，水资源丰富，每年从我国流出境外的水资源数量达 4000 亿立方米，占我国所有水资源总量的近六分之一，甚至超过了长江的年水资源量。而这些国际河流在中国境内的部分产生的年水资源量达 10000 亿立方米，约占全国水资源总量的近40%。但是，长期以来，我国水资源管理中，对丰富的国际水资源开发利用并没有引起足够重视，在国际合作中仅仅是相关环境协议中的某些原则性规定，甚至以国内河流的开发模式或思想规划管理国际河流。这种情况大大制约了对国际水资源的开发程度，不适应我国对水资源迫切需要的形势，也使得我在国际关系问题上把应有的利益拱手让人。

（四）体制问题

由于水资源具有外部性和公共品性，往往涉及多个不同地区、不同部门、不同利益群体，出现多头管理、部门分割、政出多门的管理现状，如，我国水利部管地表水，国土资源部管地下水，环保部管水污染，气象部门管大气水，林业部门管保护区内的水，农业部门管灌溉用水，江河大坝用水国家管，用水小的地方管。分管部门从部门利益出发，本着有利可图的目的，往往互相争夺管理、处罚、解释等权限。由于各主管部门平行，以致在环境管理过程中遇到阻力时需要位阶更高、权力更大的机构出面协调，这增加了行政成本，降低了行政效率。这导致水资源使用效率低下，加剧了水资源安全问题。

另外，从国际经验看，除了行政管理，流域管理是水资源管理的一种普遍做法，我国环境保护部下属的六大环境保护督查中心，负责承办跨省区域和流域重大环境纠纷的协调处理工作，可以说这是流域管理的雏形。但这六大环境保护督查中心性质上属于事业单位，在环境保护部的授权范围内处理环境争议。六大环境保护督查中心系环境保护部派出的执法监督机构，不是行政机关，权力有限，在处理跨省界污染中力不从心，并未完全发挥其应有的作用。

三、以水资源优化配置缓解水安全问题

从经济学的角度，水安全问题说到底就是水资源的有效配置问题，也即对有限的不同形式的水资源进行科学合理的配置，以实现水资源的可持续利用，保证社会经济、资源、生态环境的协调发展。因此，优化我国水资源配置是解决水安全问题的根本出路所在。

水资源优化配置，一方面是提高水的分配效率，合理解决各部门和各行业（包括环境和生态用水）之间的竞争用水问题。另一方面则是提高水的利用效率，促使各部门或各行业内部高效用水。在实际操作中，实现水资源优化配置，主要是从需水管理和供水管理两方面进行。也就是说，运用市场办法，千方百计调整水资源供需，是实现水资源优化配置，进而解决水安全问题的基本手段。基于上述基本思想，针对我国水资源利用中的突出问题及原因，我们提出如下建议：

（一）积极发展高效节水产业抑制需水增长势头，以适应较为不利的水资源条件

从目前我国水资源需求状况来看，农业是用水大户。目前，我国的耕地灌溉率已经高达40%，农田灌溉用水总量3600亿m^3-3800亿m^3，占全国总用水量的65%。据中国工程院预测，在不增加灌溉用水的条件下，2030年全国缺水高达1300亿m^3-2600亿m^3，其中农业缺水500亿m^3-700亿m^3。如果我们把农业灌溉水的利用率由目前的0.45提高到发达国家的0.7，则仅节水灌溉一项即可节水900亿m^3-950亿m^3，不仅可以解决7亿吨左

右食物生产的用水，还可以富余出 400 – 500 亿m^3的水用于国民经济的其他重要领域。这种情况也符合随着社会经济的发展提高，农业用水将大量被工业和生活用水所取代的国际用水发展趋势。因此，要对全国 434 个大型灌区以及 1 万亩（666.67hm2）以上的7300 多处中型灌区进行续建配套与节水改造，推动农业节水。其次，要对建制城市及重要城镇的供水管网以及输配水设施进行改造，对电力、化工、石化、钢铁等高耗水工业进行节水技术改造，推进城市公共建筑和居民小区中水利用、城区雨水利用等。

（二）通过工程措施改变水资源天然时空分布与生产力布局不相适应的被动局面

第一，大力推进重点水源工程建设。在水源条件有保障、生态环境影响可接受的前提下，选择在西南、西北、东北地区跨界河流与东南沿海的独流入海河流，长江、珠江以及淮河上中游干支流等地区建设一批大中型骨干水源调蓄工程，增强对天然径流的控制能力，改善重点地区供水结构，提高供水安全保障程度。加强老少边穷等地区城镇和农村的水源建设，改善饮水安全状况，发展和改善灌溉面积，提高城乡供水和工农业供水保证率。

第二，大力推动重点区域水资源调配工程。对水资源紧缺地区和目前水资源开发利用程度已经超过当地水资源承载能力和水资源问题突出的黄淮海地区，东北、西北腹地，沿海经济区，云贵高原平坝经济区等，按照“三先三后”的原则建设必要的跨流域调水工程，统筹调配当地水和外来水、地表水和地下水以及其他水源，提高缺水地区的水资源承载能力，增强水资源的调配能力，修复流域生态和保护水环境：一是有序快速推动南水北调东中线工程建设。二是加快西北、西南等重点地区引调水工程论证和建设工作。三是积极推进东北地区跨流域和区域水资源配置工程建设，加快引嫩入白、吉林中部城市群等调水工程建设步伐。四是抓紧实施引汉济渭、引江济淮、滇中引水、闽江北水南调等工程，统筹解决区域资源性缺水问题，保障城乡饮用水和工业用水，改善生态环境。

第三，实施好水源保护工程。重点加强江河源头水源地保护以及城镇饮用水水源地的保护，控制大型湖库水源地面源污染。通过建立健全水功能区水质水量监测网络，对城镇饮用水水源地实施隔离防护、标志与警告等设施进行保护，拆除非法建筑，关闭饮用水水源地所有排污口，整治入河排污口，实施保护区污染源治理等工程；对全国重要大型湖库岸边、周边及水域开展以清洁小流域为重点的生态修复与面源污染控制工程，解决城镇饮用水不安全问题。

（三）水资源管理机构要综合协调

从发达国家的经验看，最重要的水资源管理制度问题是如何兼顾各种不同需求，实现水资源高效和公平分配。从各国经验看，强化部门间协调，开展综合性水资源管理是一个通行做法。许多国家通过机构改革，将与水有关的行政部门整合起来，实行从国家层面或流域层面整合起来，从而提高管理的有效性。欧盟2000年颁布了《水资源管理框架指导方针》，为欧盟成员国的水资源管理制定了共同的方法、目标、原则和基本措施。管理模式包括流域管理系统、以行政区划为基础的管理系统和合作管理模式。在法国，有多个机构涉及水资源管理，环境部是主管部门，主要负责水质保护、水环境与河流系统保护、管理和改善，并协调与相关行业的关系。全国水资源委员会负责政策制定及法律和规划文本的起草。按不同流域，每个都设置一个流域管理委员会和水资源管理局，流域管理委员会扮演议会的角色，而水资源管理局是执行机构。二者均受环境部监控。借鉴国际有益经验，我国应通过整合涉水管理部门，建立跨行政区的流域管理机构等措施，由部门管理转变为综合管理，可有效提高水资源的使用效率，使水资源得到更好的保护。

（四）让私营部门参与水管理

水资源属于公共产品。从国际经验看，由于水资源管理涉及不同层面和部门，涉及多方利益，最近几年，各国都纷纷出台相应政策，促进公众参与水资源管理。在欧洲和美国，近年来在供水及污水处理服务领域，私人参与大幅增加。参与方式有很多种，如公共部门保留供水和污水处理系统的所有权，而让私营部门参与一些服务经营管理。日本近年来开始允许私营部门参与水务业的经营管理，保留服务承包、管理承包、租赁、特许经营及公共合作等，服务承包是其中最普遍采用的形式。因此，我国将来在水资源管理中，可以采用公私合作的办法，给民营企业一个政策，让其参与水密切相关的公共产品的生产提供，这既可以解决长期面临的资金不足问题，又可以提高水资源的利用效率。

（五）采取经济贸易途径开发利用国际水资源

从国际上看，由于水资源分布不均，一些国家或地区拥有丰富的水资源，一些国家和地区则非常缺乏水资源。因此，像石油交易一样，将淡水作为商品进行交易，这在一些国家和地区已经开始，尤其是在严重缺水的中东地区。如阿拉伯联合酋长国从1984年开始每年从日本进口2000万吨桶装雨水，用来解决国内干旱地区的农业用水，他们认为这种做法比海水淡化更合算。利用经济贸易的手段，是解决水资源短缺的途径之一，但此途径在一些情况下显得十分脆弱，特别是在国际关系紧张时，经济交易手段显然受到政治因素的制约。

我国国际河流水资源丰富，为了在国际法框架下争取更多的水资源分配权益，应积极运用市场决定资源配置的方法，探索水权的保护、转移，以充分利用国际水资源，争取水资源最大分配权益。建议组织有关科研、规划单位，抓紧进行前期规划研究，对我国国际水资源情况进行摸底，通过对国际河流水资源利用优先权、协调流域内土地资源权属关系、流域生态用水量和各流域国在流域内的水量贡献量等因素的综合评价与分析，签订区域性国际河流协定，确定各流域国的水权份额，并认真研究国际水法规，维护国家利益，推动水权的保护、转移得以实施。

The Problems and Solutions on China's Safety of Water Resources

Qi Luming

Abstract: At present, China is facing outstanding problems of water resources, including that water resources is unevenly distributed, water pollution problem is serious, frequent floods threaten economic and social development, the level of using water is far below the developed countries' level, serious soil erosion, etc. The reasons include extensive inefficient use of water resources, flood management backwardness, lack of developmentabout international water resources, water resources management system disorders. Recommend that actively develop efficient water-saving industries, change in spatial and temporal distribution of water resources, implement integrated water resources management system, allow private sector participating in water management, use market means on development and utilization of the international water resources.

Keywords: the safety of water resources　the allocation of resources　market

货币国际化中的“特里芬难题”之辨

（中国国际经济交流中心副研究员）王冠群

［摘　要］本文在对“特里芬难题”进行深入解读的基础上，找出了“特里芬难题”的重大逻辑缺陷，并指出了破解“特里芬难题”的意义及启示。

［关键词］货币国际化　“特里芬难题”

在经典金融理论中，“特里芬难题”阐述货币同时充当本币与国际货币所面临的矛盾不可调合。作为理论界和实务界公认的长期定论，这一概念长期深入人心，但研究认为“特里芬难题”极有可能是伪命题，存在较大谬误。

一、何谓“特里芬难题”

1960 年，美国经济学家罗伯特·特里芬在《黄金与美元危机——自由兑换的未来》中提出，“由于美元与黄金挂钩，而其他国家的货币与美元挂钩，美元虽然取得了国际核心货币的地位，但是各国为了发展国际贸易，必须用美元作为结算与储备货币，这样就会导致流出美国的货币在海外不断沉淀，对美国来说就会发生长期贸易逆差；而美元作为国际货币核心的前提是必须保持美元币值稳定坚挺，这又要求美国必须是一个长期贸易顺差国。这两个要求互相矛盾，因此是一个悖论。”这一矛盾被国际学术界和实务界称为“特里芬难题”（Triffin Dilemma）。“特里芬难题”表述了美元币值稳定、美国国际贸易收支平衡和海外美元流动性合理之间三者不可兼得的“死结”，其提出的问题对所有国际货币具有普遍性，至今被国内外各界公认。

二、“特里芬难题”核心逻辑及重大缺陷

“特里芬难题”的核心逻辑包括：一是认为只有通过国际贸易逆差才能实现本币净流出；二是认为本币币值稳定由国际贸易收支平衡决定；三是本币净流出、币值稳定和贸易顺差不可兼得。长期以来，国内外学术与实务界基本上对带有经典性质的“特里芬难题”未有质疑。不很严谨地推测，现有国外研究回避“特里芬难题”主要是因为认定其客观上“无解”和主观上有利于美国推行单边主义经济政策。国内研究回避“特里芬难题”，既因其看似“无解”，也因其喻示的“死结”同样有碍人民币国际化目标。研究表明，“特里芬难题”存在较大逻辑缺陷，某种程度上是伪命题，其提出的问题也不应循其思路框架求解而入歧途。

“特里芬难题”的重大逻辑缺陷在于：一方面，本币净流出并不单纯依赖国际贸易逆差实现。从本币流出渠道看，国际化了

的本币海外投资同样可以实现本币流出，只要国际收支平衡中，资本项目和金融项目等的差额与经常项目差额之和总体表现为国际收支逆差，国际货币发行主体即可实现本币净流出。虽然不能肯定，通过资本项目和金融项目逆差就可以在任何时段完全满足国际货币海外使用者的总体需求，但可以肯定，国际货币需求并不唯一依赖国际货币发行主体的国际贸易逆差来实现。在大多数情况下，国际化的本币海外投资净流出可以部分解决国际货币海外流动性需求，在极端情况下，本币海外投资净流出则可以基本解决国际货币海外需求。另一方面，国际贸易差额不是决定币值的唯一因素。客观上，币值坚挺有两层含义：一是对内通胀较低，货币购买力坚挺。二是汇率基本稳定或合理升值。对于币值坚挺，“特里芬难题”考虑了国际贸易差额对本币和外币供求关系的影响，以及其对汇率变化的作用，但其忽视了本币购买力对币值坚挺的基础性保障作用。无论汇率变化是否反映了购买力因素，或在何种程度反映了购买力因素，都说明国际贸易差额，乃至国际收支差额并非是决定币值的唯一因素。同时，货币国内职能是其国际职能的基础，货币发行主体的经济实力是本币购买力和本币正常履行货币职能的根本保障，国际贸易乃至国际收支仅是影响一国经济实力的部分影响因素，“特里芬难题”对币值变化影响因素的论述似有以偏概全之嫌。从本币购买力与汇率之间关系来看，由于国际货币的基础是本币，因此本币购买力对汇率发挥基础性作用。本币购买力与本国经济实力和货币发行量直接相关。而当影响汇率的其他因素均处于高水平均衡而不对汇率变化产生影响时，国际贸易差额或国际收支差额方对汇率产生压倒性影响。从上述两方面看，国际贸易逆差、币值稳定、国际货币海外流动性之间存在一定相互影响关系，但并不存在绝对不可调和的矛盾。从长期和广义范围看，所有正常的国际贸易有利于世界各国发展，币值稳定取决于本国生产力水平与货币发行规模，从根本上讲，某种本币成为国际货币满足国际贸易、国际投资和全球储备需求，应立足于本国国力长期增长、适度的货币发行规模和合理的汇率市场调整，而非依靠货币长期贬值、货币超发和国际贸易逆差。综上所述，在某种程度上，“特里芬难题”本身是伪命题。

三、补缺后的“特里芬难题”仍不成立

在近年国际金融理论界，部分观点主观认为“特里芬难题”中提出的国际贸易逆差不仅仅是指贸易逆差，而是指国际收支逆差，以此加强“特里芬难题”的合理性。就客观而言，其做法符合“特里芬难题”本意与否并无从判断，即使符合特里芬本意，也似说明“特里芬难题”原始表述有欠严谨。从逻辑角度看，即使用国际收支逆差概念替换国际贸易逆差概念，国际收支逆差也仅解决了本币净流出问题，依然不能简单断定国际收支逆差导致本币贬值。货币贬值与否，本币购买力下降与否，不取决于这些货币在境内外的数额，而取决于为货币背书的发行国生产力水平和财富，“特里芬难题”立足国际贸易乃至国际收支，讨论货币间供求关系对汇率的影响，毫无疑问具有合理性。但事实上，“特里芬难题”研究中隐含了货币总量不变或基本稳定的假设，而这一假设与事实不符。在特定时期，货币超发已成普遍现象，货币发行产生因素极大扭曲了货币间正常的供求关系。从上述角度分析，改良后的“特里芬难题”仍难逻辑自洽。

四、破解“特里芬难题”对国际金融理论创新，促进人民币突破美元历史局限性具有重要价值

作为全球50多年来世界金融理论和实务界的重大难题，“特里芬难题”长期发挥着理论与实务的双重影响。其逻辑合理性一定程度上解释了国际金融与国际贸易的某些“乱象”。作为困扰美元充当国际货币和实现美国国际贸易收支平衡的公认难题，“特里芬难题”成为国际货币体系和国际贸易规则改革的难点和阻碍因素，其为美国货币政策和国际贸易单边主义提供了理论基石，使美元作为国际货币长期贬值和不断干扰正常国际贸易具有了“公认合理”的理论依据。“特里芬难题”喻示，其他国家在接受美元国际货币地位，接受美国贸易逆差的前提下，理应接受美元不断贬值。如不接受美元贬值，就要接受美国国际贸易顺差，接受海外美元流动性不足造成的全球经济波动与风险。而任由上述风险长期威胁世界经济与金融的稳定与繁荣，则因“特里芬难题”的“无解”而天经地义。从我国角度看，人民币国际化正在不断深入，现有观点“公认”，随着人民币国际化程度不断提高，“特里芬难题”同样在人民币净流出、国际贸易收支平衡和人民币币值稳定方面成为人民币国际化进程中难以逾越的“死结”。按照“特里芬难题”的逻辑，即使人民币国际化程度不断上升，乃至某种程度替代美元，基于“特里芬难题”思维框架，美元的主权货币与国际货币角色冲突，同样会在人民币问题上重演，即人民币国际化也难逃“特里芬难题”魔咒。这不仅喻示人民币国际化会存在长期障碍，也喻示着人民币国际化对世界

经济稳定繁荣方面的积极作用不过是对国际货币体系极为有限的改善，“特里芬难题”对所有国际货币存在的共性约束成为各国际货币促进全球金融稳定繁荣发展的天花板。由此，从长期来看，人民币国际化只有打破“特里芬难题”天花板，才能使人民币国际化在不断循序渐进演化中，最终突破美元在国际货币体系中的历史局限性，更好地实现中国与全球经济金融发展共赢。破解“特里芬难题”对积极推进国际货币体系和国际贸易规则改革，确保人民币国际化持续深化均有重大意义与作用。

五、虽然“特里芬难题”存在重大缺陷，但“特里芬难题”仍具重要启发

“特里芬难题”从币值坚挺、国际贸易差额、国际货币海外流动性角度探讨了某国本币持续充当国际货币存在的挑战，尤其提出了国际货币币值坚挺与国际货币流动性需求间的潜在冲突，为国际货币理论和实践提供了有益启发，也从美元角度为其他货币国际化提出了前瞻性较强的预警。“特里芬难题”中的逻辑缺陷说明，解决“特里芬难题”中提出的“死结”存在可能。币值坚挺与满足全球国际货币需求可以有条件地兼顾。例如可以考虑这样一些思路，以本国经济实力保障本币购买力，积极扩大海外投资实现本币净流出、提高国际经济资源本币化程度，通过汇率变化正常调节、反映国际货币供求，合理发展虚拟经济形成货币“蓄水池”。在本币国际化进程中，发展本国生产力，提高本国经济实力，需要统筹国内生产总值和国民生产总值海外两部分，本币国际化需要本国经济全球化支撑。

Currency Internationalization of the "Triffin dilemma" Distinction

Wang Guanqun

Abstract: Based on the "Triffin dilemma" in-depth interpretation of the identify of the "Triffin dilemma" a major logical flaw, and pointed out the crack "Triffin dilemma" Significance and Implications.

Keywords: Currency Internationalization Triffin dilemma

中国地方政府性债务的现状、原因和治理对策

（中国国际经济交流中心博士后）马　跃

［摘　要］ 当前，我国正进入经济新常态阶段，经济逐步由高速增长转向中高速增长。过去潜在的风险伴随着新常态开始凸显，地方政府性债务风险尤为突出，已成为影响我国经济金融安全的重要因素。本文通过梳理我国地方政府性债务发展的历史和现状，归纳其存在和发展的时代特征，深层次分析原因，并结合国情从短期治标、中长期治本等角度提出治理对策。

［关键词］ 地方政府　债务　融资平台　风险　治理对策

近年来，国际债务危机频频爆发。2008 年长期位居“世界最幸福国家”的冰岛政府几乎破产，2009 年始于希腊的欧洲债务危机造成的经济冲击至今仍未消除，2011 年全球最大经济体美国爆发主权债务危机更是让全球经济再遭重创。我国政府性债务问题同样由来已久，尤其自 2008 年国际金融危机以来，地方政府债务规模迅速扩大，风险急剧增加，已成为影响宏观经济平稳运行的

不稳定因素之一。世界银行多次对中国地方政府性债务给予警示。

一、地方政府性债务发展的历史脉络

新中国成立后，根据财政管理体制及宏观经济形势的变化，地方政府债务历经波折并得到迅猛发展，大致可划分三个阶段：

（一）改革开放前三十年（1949—1978年），以少量公债为主要形式的地方政府性债务出现时期

新中国建立初期，国民经济濒临崩溃，外贸因西方国家封锁、禁运而严重受阻，金融市场剧烈波动，物价上涨，加之对内巩固政权、对外抗美援朝等需要庞大的军事支出，财政保障能力严重不足。1950年，全国财政收入有18.7%的亏欠，国家不得不通过发行货币和公债解决赤字。1950年，我国批准东北人民政府发行的“东北生产建设折实债券”，用于东北地区生产性建设；60年代，部分地方政府根据1958年颁布的《中华人民共和国地方经济建设公债条例》发行了“地方经济建设公债”。安徽省1959—1961年连续三年共计发行7660万元公债。黑龙江也连续两年发行了地方建设公债。在“大跃进”时期，地方公债出现了一些问题，如强行摊派和利用效率低等问题。为规范市场秩序，60年代初公债已不再发行。1968年公债全部偿清后，我国出现了一段“既无外债，又无内债”的时期[①]。这个时期地方性债务的主要特点是规模较小，形式单一，以发行公债为主，且须经过

① 张宏安：《新中国地方政府债务史考》，《财政研究》2011年第10期。

中央政府严格审批，行政色彩浓厚。由于国家财权高度集中，地方政府性债务偿还基本上仍由中央承担。

（二）改革开放后三十年（1979—2008 年），地方政府债务形式多样、增长迅速时期

十一届三中全会后，我国开始由计划经济向市场经济转轨，财政体制也相应围绕“放权让利”进行了系列改革。1979 年，国家决定对国家预算内投资有偿还能力的基本建设项目，逐步由财政拨款改为建设银行贷款制度（简称“拨改贷”）。由于地方政企不分，“拨改贷”在一定程度上也属于地方政府性债务。80 年代末至 90 年代初，很多地方政府为了筹集资金修路建桥，纷纷发行地方债券和企业债券。这个时期地方政府性债务形式主要有三种：一是承接因改革引发的历史债务。1993 年的国有企业改革，在企业增资、资产重组过程中，地方政府承担了大量债务。二是国债转贷。为应对 1997 年亚洲金融危机，国家连续 5 年发行 6600 亿元国债，部分转贷给地方用于基础设施建设，并要求地方以 1：1 的比例提供配套资金，形成地方政府债务。三是国际金融组织和外国政府贷款。80 年代初，我国开始与国际金融组织合作，积极利用国际金融组织贷款。1979—2007 年，我国累计借入政府外债 1079.26 亿美元。

（三）2008 年国际金融危机爆发至今，以“融资平台 + 土地”模式为主的政府性债务“井喷”及清理规范时期

这个阶段最主要的特征是地方政府融资平台发展迅猛并成为政府性债务的主体。2008 年国际金融危机爆发，我国迅速出台“四万亿”投资计划，为解决资金缺口问题，鼓励地方政府组建投融资平台，拓宽中央政府投资项目的配套资金融资渠道。短时

间内地方融资平台得到迅猛发展。2010 年，全国地方政府性债务总额中近一半来自于融资平台公司，占 46.4%。融资平台过快增长及一系列潜在风险很快引起了中央关注，从 2010 年开始国务院就开始要求地方各级政府进行全面清理，各部委也陆续出台了具体政策措施并取得了一定成效，2013 年 6 月底，融资平台政府性债务比重降至 38.9%。尽管如此，融资平台债务风险已成为当前化解政府性债务风险的头号难题。

二、地方政府性债务的现状①

（一）债务规模大，增长快，主要以市县级政府为主

根据公开数据，截至 2013 年 6 月底，地方政府性债务共计 17.9 万亿，较 2010 年增长 67.2%。其中，政府负有偿责任的债务 10.9 万亿，占 60.9%，负有担保责任的债务 2.7 万亿，占 15.1%，负有救助责任的债务 4.3 万亿，占 24%。在负有偿还责任的债务中，省、市、县、乡四级地方政府分别为 1.8 万亿、4.8 万亿、4 万亿、0.3 万亿，比重分别为 16.5%、44%、36.7%、2.8%。市、县政府合计超过八成，达到 80.7%，与 2010 年情况基本一致。

（二）融资平台和政府部门构成举债主体，国有企业承接部分平台职能

从举债主体看，融资平台公司、政府部门和机构分别举借政府性债务为 6.97 万亿、4.06 万亿，分别占 38.9%、22.7%，合

① 本部分数据来源于国家审计署 2013 年第 32 号公告《全国政府性债务审计结果》或根据数据计算得出。

计61.6%，尽管比重较2010年的69.7%有所下降，但依然保持债务主体地位。国有独资或控股公司（不含融资平台）举借政府性债务3.14万亿元，占17.5%。而在2010年统计中，这部分并未出现。很明显，近年随着国家对融资平台清理规范力度加大（如银监会的“名单制”管理），平台公司融资渠道严重受阻（比重较2010年下降7.5个百分点），地方国企开始更多承担起政府性债务融资主体的角色。

（三）债务以银行贷款为主，融资渠道多样化趋势明显

从债务资金来源看，银行贷款仍是主要来源，总额达到10.1万亿元，占56.5%，但比重较2010年的79%大幅下降了22.5个百分点。与此同时，通过BT、债券直接融资、信托、融资租赁、垫资施工、延期付款等形式形成的政府性债务规模增长迅速。其中，BT、发行债券形成的政府性债务为1.48万亿、1.85万亿，分别占8.3%、10.3%，反映出在银行信贷政策趋紧、金融脱媒加速、金融创新加快、债券市场活跃（如城投债放量）、投资需求不减等形势下，地方政府减少了对银行信贷的传统依赖，不断拓宽其他融资渠道，继续保持了债务规模快速增加。

（四）债务投资方向以基础性、公益性支出为主

在政府负有偿还责任的债务使用中，市政建设、土地收储、交通运输、保障性住房、教科文卫、农林水利、生态建设等基础性、公益性项目占到86.8%，与2010年基本持平，这与我国工业化、城镇化加速的现阶段特征以及更加注重民生改善和生态文明的包容性发展要求是相符的。以教科文卫及保障性住房为例，债务支出规模由2010年的6169亿元增至1.64万亿元，增长1.66倍，比重由9.5%提高至16%，提高了6.5个百分点。其他

如生态环境债务支出也有大幅增加。

三、地方政府性债务形成的主要原因

（一）财政制度供给不足导致“逆向激励”是地方政府性债务快速增长的重要原因

1994 年的分税制财政体制改革，确立了中央和地方财政关系的基本框架，实现了“两个比重”的提高，增强了中央政府控制能力和宏观调控能力。但由于体制设计不够完善，在中央上收财权的同时，大量的事权向下转移，形成政府间财权“正金字塔”型结构与政府间事权“倒金字塔”型结构畸形并存。由于财权、事权严重不匹配，地方财政支出中近 40% 依赖中央财政转移支付或税收返还。但转移支付制度也存在设计不科学、弹性大、平衡区域财力的作用有限等问题，地方政府收支缺口难以得到有效弥补。虽然我国《预算法》规定地方政府财政预算不得出现赤字，但由于财政制度存在较大缺陷，激励地方政府千方百计通过各种渠道举借债务，形成事实上的巨额财政赤字。

（二）政治治理体制的“政绩激励”是推动地方政府性债务增长的内在动力

诸多研究将地方性债务归结于分税制财政体制。按此逻辑，东部地区负债水平应该远低于中西部地区。但审计公告显示，在 2010 年全国地方性债务总额中，东部省市只占一半比重。显然。财政体制并非主因。十一届三中全会后，我国根据社会主义初级阶段的基本矛盾确立了“以经济建设为中心”的战略方针，并将 GDP、财政收入等经济指标用来考核地方政府。为迎合考核，地方政府投资意愿强烈，甚至不惜透支财力上“大工程”“大项目”，政府债务快速增长有了内在的逻辑性。加之官员实行的是任期制和异地交流制，且政府债务通常期限较长，短期无偿还压力，更是激励地方政府在任期内大规模举债搞投资开发，造成政府债务规模“滚雪球”式膨胀。

（三）现行土地管理制度下形成的“土地杠杆”成为地方政府债务的重要支撑

1987 年，深圳经济特区借鉴香港土地批租制经验，率先试行城镇国有土地使用权出让转让制度，后推广至全国。批租制下，政府一次性出让若干年限的土地使用权，并一次收取整个出让期限内各个年度地租的贴现值总和。由于地方政府垄断土地供给且土地收益归地方支配，尤其 2002 年实行土地出让招拍挂制度后，土地市场价格与征地成本差距进一步拉大，土地财政问题日趋严重。为了筹集资金征用开发更多的土地，攫取更加丰厚的超额利润，地方政府设计了“融资平台 + 土地抵押”的融资模式，将土地作为资产注入融资平台，以土地未来收益作抵押进行债务融资，导致地方政府性债务规模急剧扩大。刘守英等人研究结果显示，东部城市建设的资金构成，土地出让收入约占 30%，土地抵押融资约占 60%；中西部的城市建设资金，土地出让收入约占 20%，土地收益权质押融资约占 70%。

四、地方政府性债务的治理对策

（一）处理地方政府性债务应当正视五个问题

一是正视地方政府性债务在国家治理中的重要作用。财政是国家治理的基础和重要支柱。在市场经济条件下，政府部门通过预算、税收、公债、补贴、投资等政策工具的使用进行国家宏观调控和实现治理。现代经济中的政府应该是善于利用债务工具的政府，我们应该善于管理并使用地方政府债务这个工具为国家治理服务。

二是正视地方政府债务存在风险的事实，增强化解债务风险的紧迫性。我国地方政府债务规模不大但风险不小，且呈现融资平台公司信用向政府信用靠拢、地方政府债务风险向中央政府集中的趋势。加之地方政府债务长期“重借轻管”，缺乏危机意识，抗风险能力比较脆弱，难以适应新时期国家治理能力现代化的要求，必须尽快采取措施加以解决。

三是正视地方政府正当的融资需求。我国正处于工业化、信息化、城镇化、现代化加速时期，同时也处于“三期叠加”阶段，在财政收支缺口扩大化、经济运行紧、平衡常态化的形势下，为保持必要的财力，在规范制度框架内允许地方政府适度举债是必要的、合理的。

四是正视地方政府债务风险的历史性、制度性和复杂性，通过系统性改革逐步化解。地方政府性债务的形成具有历史积累、财政体制、政治考核、调控政策等多种背景，任何单项改革都难以真正收到成效。必须根据国情有针对性地进行顶层制度和实施路径的设计，增加制度供给，通过系统性改革化解债务风险。

五是正视我国长期以来政治、经济、法制等政府债务治理机制供给薄弱的现实，充分认识到化解地方政府性债务的长期性和艰巨性，立足当前、着眼长远，长短结合、标本兼治，运用法治思维推进改革，最终建立科学规范的政府性债务管理长效机制。

（二）立足当前，短期治标，加强地方政府性债务增量控制，着力做好存量风险消化

1. 货币政策“去杠杆化”审慎推进，把握力度和节奏，保持适度的信贷供给。鉴于我国地方政府性债务具有历史性、长期性、特殊性、复杂性和脆弱性等特点，完全放任地方政府自担风险或采取“一刀切”政策堵住风险均非合理选项。化解政府性债务风险是个长期任务，不能指望短期完成。我国货币政策进行“去杠杆化”操作，利于引导政府、社会对政府性债务给予高度关注和合理预期，关键在于把握力度和节奏，“疏堵结合”，保持适当的货币流行性，逐步消化和释放债务风险，以时间换取降低杠杆率的空间。

2. 规范土地出让行为及土地收入管理，逐步减少对“土地财政”、“土地金融”的依赖。公共利益原则是世界主要国家土地征用制度的基本原则，只有在出于公共利益的情况下，国家（政府）才有可能发动土地征用权。但在我国，“公共利益”概念模糊，被扩大到几乎所有领域。征地用途应当限定于真正的公共利益范围，同时在征地、补偿、安置、申诉等程序上尽快加以完善，改变当前地方政府自由裁量权过大、垄断土地一级市场的局面。建立土地收入“年租制”及统筹使用机制，将未来土地出让金进行平滑，降低土地价格，扭转当前“批租制”下地方政府寅吃卯粮式的土地财政模式，实现土地收益的代际均衡。在土地收益使用上建立上级统筹机制，由当前“地方独享”变为“中央、地方、个人多方共享”。严格资金使用范围，杜绝地方政府将其视为“钱袋子”随意支配，抑制卖地冲动。

3. 调整优化地方政府性债务结构。一是提高直接融资比重。我国地方政府性债务中，债券融资只占全部债务的10.3%。间接融资不仅融资成本高，且银行体系承载了过多风险。近年来我国多层次资本市场发展很快，应着力提高直接融资比重，降低财务成本，改善融资结构。二是降低土地抵押融资的比重。我国地方政府融资平台通过土地抵押方式占到60%—70%，依靠土地相关收入偿还债务的占到70%以上。一旦土地市场形势出现逆转，势必触发债务风险集中爆发。因此，必须尽快降低“土地依赖综合症”，从“抵押土地借钱—卖地还钱”的恶性循环中解脱出来。三是严格约束债务投资结构，规定政府举债不得投资经济建设领域及其他竞争性领域，切实体现政府性债务的公共利益原则。四是以国有企业改革为契机，优化法人治理结构。大力发展PPP等市场化运作模式，积极发展混合所有制经济，减少政府“输血”，更多依靠自身“造血”。还可通过“债转股”方式，变债权人为股权投资者，化解债务压力。

4. 推进融资平台转型及资产证券化常规化发展。地方政府融资平台拥有大量的能够产生稳定现金流的基础设施类资产，如收费型高速公路、供水、污水处理、热电、供电网络、保障房等，这些资产都适于证券化，有效提高资产流动性，盘活存量，解决期限不匹配问题以及化解债务风险。实际上，目前围绕融资平台广泛开展的银信合作的本质就是非标准化的资产证券化。当前，利率市场化改革正加快推进，债券市场日渐完善，地方政府融资平台资产证券化具备较为宽松的政策环境。我们应以此为契机，加快制度建设，积极推进融资平台公司转型为一般公司或特殊目的公司，开展资产证券化业务创新，着力运用市场手段化解债务风险。

5. 成立地方资产管理公司（AMC）。20世纪80年代美国为化解银行危机，设立了重组信托公司（RTC），通过回收坏帐、独立核算、最终清盘等方式对储贷机构的不良资产进行处置，被公认为是世界上处置金融机构不良资产的成功典范。1999 年，我国成立了四大资产管理公司（AMC），对口接受了四大国有银行 1.4 万亿元的不良资产。2012 年，地方政府设立 AMC、从事不良资产一级市场经营的政策开始松动，地方政府在处置区域内不良资产时有了更多操作空间。由于地方 AMC 关键操作细节目前并未明确，建议对地方版 AMC 发起设立标准、业务经营范围、高管任职资格等具体细则进行完善，积极试点并加快推广。

6. 发行长期低利率的债券对高成本债务进行置换。通过发行长期低成本企业债、中期票据、项目收益债等债权品种，加大地方政府债券发行力度等方式置换短期银行贷款、信托贷款或以往年度发行的高利率债券，即“借新换旧”“借长补短”，综合降低融资成本、优化债务结构，化解短期流动性风险。部分省市已通过债券品种创新在这方面取得了很好的效果。

（四）着眼长远，长期治本，稳步推进各项制度供给，最终建立科学规范的政府性债务管理长效机制

1. 完善政府治理体系。一是构筑“强政府”和“强市场”的国家治理格局。社会主义市场经济要求“强市场”，即市场在资源配置中起决定性作用。我国国情、所处发展阶段以及大国治理的复杂性决定了政府仅仅作为“守夜人”是远远不够的，必须有个“强有力的政府”。关键是政府和市场要分清界限。就政府而言，在经济建设等竞争性领域应及时“让位”，尊重企业投资的主体地位。在社会管理、公共服务等领域应尽快“补位”，减轻政府支出压力，抑制不合理的投资需求。二是调整政府绩效治理机制。根据中国经济转型和政府职能转变的需求，相应改变传统过于偏重 GDP 和财政收入等经济指标的考核机制，既要见物又要见人，既要见大树，又要见森林，弱化政府盲目搞物质建设的内生动力。三是建立地方政府性债务问责制度。我国体制决定了在处理地方债问题上无法完全复制西方那种放任地方破产模式。当前应完善行政考核问责机制，明确惩处标准，纠正地方政府对举债后果的预期。

2. 提高财政治理能力。一是构筑中央和地方政府新型财政间关系。重点明确中央和地方职能定位，在保持中央财力适度集中的基础上，明确支出责任主体，保持各级政府间财政分配关系的稳定。二是建立以地方政府债券为主体的地方政府融资机制。赋予地方政府适度举债权，并将债务完全纳入预算管理，严控规模和用途。三是建立债务风险预警及化解机制，设立债务偿债准备金和应急预案。推动债务信息公开透明，建立完善的与债务预算制度相适应的包括政府会计和预算基础、政府资产负债表框架、政府财务报告框架等内容的地方政府债务统计与报告制度。四是转变财政投资理念和投资方式。资金分配根据需要可由“普惠式”转为“竞争式”，由“直接投资”转为“购买服务”，由“补助”转为“奖励”，由“主导”转为“引导”，等等，提高资金使用效率。

3. 推进投融资体制改革。一是继续推动政府简政放权，少审批多服务，重在为市场主体创造良好的法治环境、公平参与竞争的机会，激发民间投资活力。二是继续推动市场准入负面清单制度，破除“玻璃门”、“弹簧门”、“旋转门”，为民间投资参与市场竞争拆围破墙。三是鼓励发展混合所有制经济，尤其是地方政府融资平台或承担公共事业建设任务的国有企业，充分发挥市场机制作用进行债务重组，吸引民间资本参与经营性项目建设与运营，形成多元主体的市场结构，提高基础设施、公共服务领域的投资与运营效率。

4. 发挥立法保障作用。法治建设是国家治理体系和治理能力现代化的重要基石，立法也是财政预算严肃性的重要体现。我国地方政府债务问题的重要根源是立法工作缺失且在治理过程中缺乏法治思维。建议在新修订《预算法》的基础上，抓紧研究制订专门的《政府债务法》，推动地方政府债务管理走上规范化、法制化轨道。

Research on Chinese Local Government Debt: Current Situation, Reasons and Countermeasure

Ma Yue

Abstract: At present, our country is entering a stage of new normal economic. Economic growth gradually from the previous high speed to a medium-to-high speed and the potential risks began highlight. The local government debt risk is particularly prominent as an important factor affecting the safety of our country economy and finance. This paper mainly combs the history of local government debt in China's development, Summarize the characteristics and reasons of its existence and development, Put forward the countermeasures with our national conditions.

Keywords: Local government　Debt　Financial platform　Risk　Countermeasure

军事篇

从战略到行动：2014 年美军发展指南

（中国社会科学院博士）童　真

［摘　要］2014 年，为应对预算约束压力与“后阿富汗时代”更加复杂的多元威胁，确保实现“维持美国全球领导地位”的战略目标，奥巴马政府在重新评估国际战略环境与各方军事实力的基础上，战略上采取“有选择收缩、有重点进取”态势，在加快推进“亚太再平衡”战略的同时，兼顾欧洲、中东等地区军事存在，更加注重借助盟国和伙伴国力量，继续发挥“全球领导作用”，打赢下一场战争。

［关键词］美国　军事　发展

一、系统评估国家安全威胁，加强情报战略指导

2014 年，为应对更加复杂的国家安全挑战，美国国家情报总监詹姆斯·克拉珀于 9 月发布了《2014 年国家情报战略》，这是

继2009年版《国家情报战略》之后的又一次更新，该报告认为，当前美国面临着50年来最为复杂多样的威胁。从威胁主体看，由国家行为体向下延伸到非国家行为体，如社会团体以及个人等；从威胁的客体看，纵向上包括国内安全和国外安全两大领域，横向上涵盖了政治安全、军事安全、经济安全、信息安全、能源安全、生态环境安全、粮食安全、文化安全等传统安全与非传统安全领域。对此，新版报告针对当前及未来安全形势变化，提出一系列应对举措，旨在为美国情报界17家机构明确未来4年的优先任务和行动蓝图。具体包括：一是全面系统评估了美国当前所处的战略环境，强调中国、俄罗斯、朝鲜、伊朗等国将继续挑战美国国家利益。二是认为美国情报界面临诸多挑战，包括国家安全局文件泄露，与境外国家关系受损，被迫中断特定情报活动等。三是确立了美国情报界的七项使命和六个实现途径。七项使命指战略情报、超前情报、当前行动、网络情报、反恐、反扩散和反情报。六个实现途径指一体化使命管理、一体化事务管理、信息共享与防护、创新、人力资源和伙伴关系。四是首次将使命、真相、合法、整合、管理、优秀和多样化等纳入“情报界职业道德七原则”。五是要求推进情报一体化工作，提高美情报界各机构之间的整合水平。六是要求国家情报总监办公室发挥更好的监督职能，既要为各情报机构确立“国家情报项目”，又要督促各机构在提高情报业务的同时加强自身建设，在采取措施应对预算削减的同时控制潜在风险，从而更好地为总统和国家安全委员会提供国家安全情报。

同时，美国国防高级研究计划局（DARPA）亦出台了“全球定量分析项目”计划。该计划将开发并利用大数据技术，使指挥员能够分析危险趋势并预测全球事件。虽然此前政治、经济、种族和环境危机通常可以通过公开的经济和金融指数预先观察到，为突发事件提供预警，但由于伪信号和随机噪声的混沌效应，这些信息很难生成有用的情报。而“全球定量分析项目”将把全球和地区的经济和金融数据与自然语言处理、社会网络分析以及气候研究等相结合，以剔除混沌效应，从各种开源数据中实时获取高价值情报。

二、利用军事技术优势，实施第三次“抵消战略”

在国防战略层面，继美国国防部长哈格尔于 9 月在“国防工业论坛”上提出的“第三次抵消战略”后，美国战略与预算评估中心于 10 月出台首份名为《迈向新抵消战略：利用美国长期优势恢复美国全球力量投送能力》的“抵消战略”报告。所谓“抵消战略”，是指利用美国的军事技术优势慑止和压制数量上占优的对手。从历史上看，美军第一次“抵消战略”是在冷战初期，利用其核优势抵消苏联军队在数量上的优势。第二次“抵消战略”是冷战中后期，美军利用信息技术“力量倍增器”作用，转向发展精确制导武器、全球定位系统、一体化情报监侦平台等武器装备，并对原有武器系统进行信息化、网络化改造，从而再次获得技术优势。当前，拟实施的第三次“抵消战略”内容包括：开展“长期研究与发展规划计划”，推动国防部创新；实施“购买力增强计划”3.0 版，优化采办流程，提高采办效益；在武器装备研发、采办和运用的过程中，注重模块化和开放式系统架构；通过民军一体化方式，推动对新武器和新技术的研制；利用商业领域的新技术，如机器人、自动化和 3D 打印技术等。第三次“抵消战略”，根本上旨在通过美国在未来继续保有决定性军事优势，以实现“影响和改变战局”的战略目标，对美国国防建设产生重要影响。

三、着眼未来国防与军队建设，出台新版防务评估报告

为指导未来4年国防建设与军队发展，美国国防部于3月发布了新版《四年防务评估报告》，与2010年版相比，当前美国所处的国际战略环境与国防预算环境都发生了深刻变化。如果说“2010年版报告从根本上说是一种战时的策略”，其重点仍是“打赢当前（反恐）战争”，那么，随着美军走出两场战争，新版报告首要考虑的是如何建设一支着眼未来作战特点的联合部队，打赢下一场战争。新版报告提出：一是在防务战略框架上，将《国家安全战略》中提出的四项美国核心利益与2012年“防务战略指南”中指出的六项防务优先事项进行综合，明确将国土防卫、塑造全球安全和投送力量并赢得决定性胜利作为“三大战略支柱”，特别突出了“国土防卫”的优先地位。二是首次明确亚太、中东、欧洲、非洲和拉美地区的战略优先排序，高度重视利用盟友和伙伴来推进“亚太再平衡”战略，试图将澳、日、韩、印和东南亚主要国家均纳入这一战略，并提高了澳大利亚在“亚太再平衡”战略实施中的地位。三是制定打赢“一场半”战争的“兵力规划构想”，即“美军要有能力在一场大规模、多阶段的战役中，击败地区对手，同时也要有能力拒止另一地区的侵略者实现其目标，或使其付出难以承受的代价”。四是调整军种发展思路，优先确保海空力量，压缩地面力量。与以往将陆军置于首位，其次是海、空军的建军思路相比，在新的“兵力规划构

想”指导下，新版报告在阐述各军种未来 4 年发展方向时，依次为空军、陆军、海军和海军陆战队。五是对联合部队和国防部进行“再平衡”，以增强战备水平和作战能力。联合部队的“再平衡”主要围绕“聚焦于所有可能的作战行动，保持海外存在和全球态势旨在更有效地促进国家利益，调整联合部队的能力、规模与战备间的平衡关系”这三方面展开；国防部的“再平衡”，主要是机构改革、削减预算，减少直呈国防部长的报告数量，提高财务管理水平，开展采办改革，启动新一轮“基地重组与关闭”计划等。六是明确美军优先发展“八项关键能力”，特别是为应对“高端威胁”，并确保美军的现代化、多能力、高战备水平，重点增强网空、空海、导弹防御、精确打击、核威慑、情监侦、太空以及反恐与特种作战等八个方面的关键能力。其中，网空、空海一体和特种作战能力尤为重要。

四、配合战略优先方向，集中军费投入

为更好地实现防务战略目标，美国国防部在预算削减背景下，进一步科学统筹国防资源，优化资源配置，于 3 月出台了总额为 5220 亿美元的《2015 财年国防预算申请》。从该申请中清晰可见：一是基础性预算减少，但增加一项额外预算。在 5220 亿美元的预算申请中，基础性预算为 4956 亿美元，相比 2014 财年预算拨款减少 4 亿美元，较 2014 财年预算申请额下降 5.89%，但增加了 264 亿美元额外预算，主要用于维持战备水平和加快关键武器系统现代化。二是战备预算所占比重仍位居首位。按用途划分，战备预算占 40.1%，人员预算占 27.3%，采购预算占 18.2%，科研预算占 12.8%，军事建筑等其他预算占 1.6%。三

是优先保障海、空军预算，陆军预算继续削减。按军种划分，陆军预算占24.3%，海军（含海军陆战队）预算占29.8%，空军预算占27.8%，国防部直属机构及其部门预算占18.1%，相比2014财年预算拨款，陆军预算减少了1.11%，而海、空军预算则分别增加了0.25%和2.28%。四是重点强化亚太地区军事存在。2015财年，美军将进一步优化西太前沿军事部署和战场建设，继续推动驻日本冲绳美海军陆战队迁至关岛和夏威夷等地，向韩国增加部署兵力，与菲律宾完成《增加轮换部署框架协议》第五轮谈判。五是着力构建新型战略威慑力量。根据2015财年预算申请，美军将继续推动“全球快速打击”计划，其中，X－37B型轨道飞行器继续在轨飞行并打破最长时间纪录，同时首次成功进行了X－51A型高超音速巡航导弹飞行试验，X－47B型舰载无人机亦完成了新一轮起降测试。此外，美军还加速推进了亚太反导体系建设，明显提升了海基“标准－3”中段拦截系统与陆基“萨德”系统的联合反导作战能力。

五、适应未来作战特点，更新作战概念

为满足未来联合作战需求，美军参联会于4月发布了《联合进入作战概念》，从联合部队建设层面阐述了未来如何利用跨域集成兵力向外国领土投送部队，完成挫败大规模杀伤性武器威胁、执行突袭、特种侦察等作战任务，实现预定目标。其实施过程包括：一是塑造有利的作战条件，包括危机前统一行动和危机特定作战条件设置；二是建设任务定制型联合进入部队；三是整合多域部队能力实施进入；四是实现作战目标后的任务过渡。实施进入所需的能力主要包括五个方面：一是指挥与控制：联合多

国部队司令部集成职能司令部、战区司令部和多国伙伴能力，联合参谋和作战司令部制定全面的演习计划并组织联合训练的能力，在恶劣或受到削弱的环境下指挥控制部队的能力，高效集成特种作战部队和常规部队的能力，维持足够的跨机构、跨国间的互联、互操作能力；二是情报侦察：管理情报需求和相应优先级，提供充足的情报支援能力，在恶劣或受到削弱的环境下处理、利用和分发情报的能力，与所有联合、多国和跨机构伙伴快速分享信息和情报数据与产品的能力；三是火力：在最底层战术梯队运用联合火力及时支援独立机动计划的能力，继续打击 A2/AD 威胁的能力，规划、集成信息和信息作战的能力；四是机动：初始进入部队进入初始作战区域的能力，增援进入部队快速部署并机动至初始突击目标的能力；五是保障：缓解威胁和危险对人员、装备和设施影响的能力，增援进入部队和保障部队反击敌方制约进入部队自由的能力，提供充分的空中和海上优势的能力，初始进入部队和增援进入部队在受到核生化辐射攻击时的作战能力，利用预置设施快速提供救济品的能力，评估、计划进入部队的保障需求，并进行重点区分和分配排序的能力，建造、开设、评估、修理和改进远征机场、海港或联合岸上后勤基地的能力，在多个地点提供大宗油料或液体投送系统的能力。

从军种部队建设层面看，美国陆军于 10 月正式公布了 2020—2040 年新版作战概念《在复杂世界中获胜》，特别强调了在亚太地区作战环境中美陆军应具备的作战能力。文件一是提出了美陆军未来作战环境的五大特点：信息通过网络和媒体在全球快速传播，对民众、政府、军队都将产生极大影响；潜在对手会利用远程精确火力、防空系统、电子战、无人机、网络病毒和反卫星武器等手段来削弱美军的制敌优势；竞争对手和非国家行为体获取现金的网络空间和反太空能力，会对美军构成威胁；城市将成为恐怖分子、叛乱分子和犯罪集团的避难所和基地，对盟军和美国民众造成威胁。二是列出了未来可能与美国产生冲突的四类行为体：竞争性大国，如中国和俄罗斯；地区性强国，如伊朗和朝鲜；跨国恐怖组织，如“基地”组织和“伊斯兰国”组织；跨国犯罪集团。三是阐述了陆军的十种行动方式：地区接触、全球反应、增强态势理解与感知、实施联合合成兵种作战、维持快速作战行动、塑造并维护安全、强调战后维稳和重建行动、应对并缓解本土危机、确保作战部队和战备保障部队的协同增效、培养具有创造力的领导者。四是强调了未来美陆军的七大核心能力，即塑造安全环境、建立战区、投送国家力量、陆海空天网合成兵种机动、广域安全、网络作战和特种作战等能力。总体看，美陆军正由阿富汗的维稳行动向“区域定向部队”转型，要求部队能够快速部署应对全球紧急事态，未来能够在陆地或通过陆地向空中、空间、海上和网络空间等作战域投送力量。

六、加快改革步伐，调整军种发展思路

在深入推进“亚太再平衡”战略背景下，美军将重点发展海、空力量，相对压缩陆军部队规模，但总体上，美军将加速提升各军种作战能力，并促进陆、海、空三军更加协调发展。

陆军：根据最新发布的《四年防务评估报告》，未来4年陆军既要维持世界一流的地面作战能力，在大规模、多阶段的联合联军作战中发挥作用，又面临编制削减压力：现役部队减至44—45万人，国民警卫队减至33.5万人，预备役部队减至19.5万人。对此，美国陆军部于6月颁布了《2014年陆军战略规划指南》，针对预算削减和编制压缩挑战，提出未来发展的五个战略

优先方向：培养可适应全球复杂环境的陆军领导者、建设可全球反应的区域定向陆军部队、保持战备精良和现代化的陆军部队、发展致力于陆军职业的士兵、实现卓越的全志愿陆军部队。同时，进一步明确陆军的职能任务，包括威慑/击败来自地面的威胁，控制地面环境并确保其人员安全，为国内外安全合作提供支持等。与 20 世纪 70 年代至 90 年代重点建设快速反应部队不同，此轮陆军改革更倾向于积极主动地预防冲突以及塑造安全环境，特别强调将“区域定向部队”建设作为未来陆军建设与发展的重点。美军认为，在“后阿富汗时期”，陆军改革要更加注重提升战区定向支援能力，积极塑造地区有利环境，为联合部队提供支持，以确保实现作战进入。当前，陆军已明确部队的定向支援关系；并根据定向支援关系强化针对性训练，将实战化训练与任务区语言、文化等知识培训相结合，以增强部队适应并融入战区环境的能力；同时形成陆军预备役部队的配套定向。“区域定向部队”建设将“彻底改变陆军运行模式”，这既是陆军推进改革的一项重要内容，也是美军打造“任务定制型联合部队”、有效遂行“联合进入作战”的重要举措，对美国陆军乃至未来美国联合部队的建设与使用具有重要影响。

同期，陆军还发布了《2015 财年陆军武器装备现代化计划》，配合军种建设与发展。该计划明确了陆军在 11 个能力组合领域的研发、采办投资，阐述了过去两年中各个领域取得的成就，并提供了 2015 财年陆军武器装备投资计划。此外，还将陆军的研发、采办投资与陆军战略相结合，强调未来陆军武器装备现代化建设的重点与目标，优先物资计划以及陆军科技计划。随着作战环境与财政环境的变化，陆军武器装备现代化计划或将随之调整，但作为美国陆军装备发展的指导性计划，将使陆军以更低成本和更高效率实现装备现代化。

海军：根据《四年防务评估报告》要求，未来4年海军要发挥其在塑造全球安全和应对危机中的作用，并提高水面舰艇、舰载机、潜艇的现代化水平。海军舰艇数量短期内将下降，但2015财年后将逐步回升。海军陆战队要担当关键的危机反应部队，提高战备水平和现代化程度，但现役部队人数将减少约1.5万人，降至18.2万人。

在《四年防务评估报告》指导下，海军作战部于8月公布了《2014年度导航计划》，明确未来海军军力发展规划，突出强调在军费预算持续削减背景下，要以“作战第一”、“前沿行动”、“保持战备”为基本原则，以实现海军的“全域”进入能力、动能与非动能作战系统的综合运用能力为主要目标，围绕“保持海基战略威慑力”、“维持全球前沿存在”、“保持打赢侵略者能力”、“聚焦海上和岸上战备水平”、“提升物理空间和网络、电磁空间的非对称作战能力”、“保持强大的工业基础”六项发展重点，来有效提升军力运用效率，保持海军全球前沿存在，更好地满足新版《四年防务评估报告》提出的战备需求。

3月，海军陆战队亦发布了名为《21世纪远征部队》的新版战略报告，对当前以及未来两栖作战的威胁态势、行动样式、作战概念、组织方式和建军目标等内容进行了详细阐述，明确了今后10年美海军陆战队的发展方向。《报告》提出了围绕三大目标，来拓展美军的前沿存在优势：一是通过进一步提升部队的非战争军事行动能力，扩大“软实力”优势；二是通过及时、可靠、有效行动的威慑效果，来慑止潜在对手；三是通过拓展作战范围和战术灵活性，来挫败近海水域的敌人。该报告标志着美海军陆战队的未来任务重心已由“两场战争”条件下的“人力密集型”陆上作战任务，转向“反进入/区域拒止”环境下的“技术密集型”海上作战行动。

空军：根据《四年防务评估报告》要求，未来 4 年空军要重点具备全球力量投送能力，并为此装备新一代战斗机和轰炸机。对此，空军密集出台相关配套文件。

空军空中作战司令部（ACC）于 6 月发布《2014 年空中作战司令部战略规划：确保优势》文件，旨在优化编成、训练和装备，提高部队的战备和管理水平，发展确保优势所需的能力，以提供强大的空中作战力量。文件还指出，一个美国“难以理所当然地主宰天空”的时代正在到来。7 月，空军部长德博拉·詹姆斯和空军参谋长马克·威尔士三世联合签发名为《美国空军：响应未来》的战略愿景文件，对全球战略环境的变化和美空军面临的挑战进行评估，提出未来 20 ~ 30 年美空军变革的基本目标和具体途径，建议美军逐渐停止采购长研发周期的高价武器系统，并以更快的速度、更低的成本培养飞行员，开发那些可以迅速投入使用的高科技军备。同时重申了“成本转嫁”战略，认为该战略在冷战期间美国慑止和瓦解苏联的过程中发挥了重要作用，提出美空军继续秉持该战略，但同时要寻求创新性、低成本的方式。

七、满足长远防务需求，调整全球态势

2014 年，乌克兰局势持续动荡，中东政治生态环境历经重构，亚太地缘战略碰撞加剧，对奉行全球战略的美国将产生重要影响。对此，美国将进一步调整全球防务态势，以确保“全球领导地位”。

美国国防部副部长鲍勃·沃克于 9 月在对外关系委员会上发表讲话，强调应着眼长远防务需求，调整全球态势，改变海外用

兵方式。核心思想为：一是全球态势就是精心分派、全球配置前沿驻扎和前沿部署的部队，发展支撑性的全球攻击、全球机动和后勤、强行进入、指挥控制通信和情报力量，发展利于在全球快速集结部队的安全关系和法律协定。二是维持一支全球力量使美国在全球战略反应时间、部队的地理配置以及部队集结和支援方面享有巨大优势，这对保持有利的战略平衡极为重要。三是全球态势有五大重点，即将美国的注意力和部队向亚太地区再平衡；强力维护欧洲和中东的安全稳定；全球协力反击暴力极端分子和恐怖主义威胁；努力建设创新性的伙伴关系；强化同盟关系，以更低的成本、创造性的方法维持美国的存在。四是前沿存在部队与本土增援部队须保持恰当平衡。五是加强世界范围的“塑造行动”，提高全球影响力。六是创新全球行动模式。如美国陆军正在建设“区域定向部队”，强调提升适于各地区特点的技能，保持动态存在，计算出某个战区可能需要的最小威慑力量，然后在全世界更动态地运用其余力量。

值得一提的是，当前，针对“伊斯兰国”极端武装力量引起的冲突，奥巴马政府已明确提出美军打击“伊斯兰国”的新战略。9 月 12 日，奥巴马发表电视讲话，全面阐述了美军打击极端组织“伊斯兰国”（ISIS）的新战略，要求通过全面、持久的反恐战略，逐步瓦解“伊斯兰国”的势力。新战略包括四大支柱：一是对“伊斯兰国”实施“系统”空袭，重点打击伊拉克和叙利亚境内的极端武装势力的重要目标，以阻断其不断扩展蔓延的势头；二是向伊增派军事人员，为其提供军事训练、情报搜集、武器装备和军事援助等方面支持，使其成为制衡“伊斯兰国”的重要力量；三是扩大联盟，全面动员国际力量，构建反“伊斯兰国”联盟，整合全球反恐情报资源，切断“伊斯兰国”的资金网络，阻止外国武装人员进入伊拉克和叙利亚；四是保卫平民，继续向受“伊斯兰国”威胁的平民提供人道主义救援。

综上所述，未来美国仍将在国家安全战略框架下，加速调整地区军事战略，并仍将以亚太地区作为战略重点，更加重视在应对多样化威胁、全球军事部署态势、部队能力和战备建设、资源分配投向上实现“四个平衡”，同时特别强调应对大国间传统常规战争，以及特种作战、网络作战和无人作战等关键能力建设，力图建设一支具有明显优势且更加精干、灵活、高效的联合部队。

From Strategy to Action: the Guidance to Development of the U. S. Military on 2014

Tong Zhen

Abstract: On 2014, to ensure the global dominance position and to deal with multiple threats post Afghanistan war in the era of tight budget, Obama government take a strategy of *selective shrink and focus on the key point*. The U. S. accelerates the implementation of the strategy of "Asia-Pacific Rebalance". Meanwhile, the U. S. doesn't overlook its military existence in Europe and Middle East. Besides, the U. S. emphasizes the power of its allies and partners to maintain its global leadership and win the next warfare.

Keywords: the U. S.　military　development

乌克兰危机引发全球军事格局新变化

（中国国际经济交流中心副研究员）任海平

［摘　要］乌克兰危机的爆发与持续，对当今国际战略格局产生了重大影响，各主要国家的国际战略正在和将要做出一系列调整变化。乌克兰危机打乱了美国既定的全球战略调整，特别是“重返亚太”的进展。俄罗斯做好了应对西方制裁的最坏准备，大国崛起受到严峻挑战。北约加快战略调整部署，积极拉乌围俄，巩固东扩基础。俄罗斯与北约、欧盟的对抗态势进一步尖锐，世界格局进入新的变动周期。中国面临新的战略机遇期，需谨慎把握，以务实态度处理复杂态势。

［关键词］乌克兰危机　全球　战略

乌克兰危机的爆发与持续，对当今国际战略格局产生了重大冲击。乌克兰危机向何处去？美俄是否会爆发军事冲突？这些疑问牵动着整个世界的神经，左右着全球格局的发展，对每个主要国家的内政、外交走向都带来了不可回避的影响。当前，乌克兰危机还在发展变化之中，冲突各方的诉求和要求还有相当大的分歧，在各方诉求找到融合点前，还看不到危机解决的前景。对乌克兰危机有决定性影响的背后各方也还没有找到和谐点，乌克兰政府背后的北约和欧盟在制裁俄罗斯、打击“反政府派”上态度强硬，俄罗斯反对制裁、针锋相对的态度同样非常明确，解决乌克兰危机将可能是一个漫长的过程，而在此动荡过程中，各主要国家的国际战略或主动或被动地正在和将要做出一系列的调整变化。

一、美国战略东移受到重大牵制，两头兼顾，力不从心

乌克兰危机爆发后，美国和欧盟动用各种战略资源对俄罗斯实施了冷战以来强度最大的政治、经济和外交制裁。虽然奥巴马政府表示美国不会因为乌克兰与俄罗斯开战，也不会在军事上支持乌克兰与俄罗斯开战，但美国在俄乌周边不断增加军事部署，使军事冲突的危险有增无减。在乌克兰危机加剧之际，美国撕毁了当初与俄国、乌克兰签订的协议，已经向波罗的海沿岸国家如立陶宛增派陆军，向波兰增派空军，向黑海沿岸国家如罗马尼亚增派海军。美国之所以积极参与乌克兰局势的发展，战略动机是明确的，主要就是挤压俄罗斯的战略空间，削弱甚至消除俄罗斯对周边特别是中东局势的影响力，如对叙利亚、埃及以及伊朗等国的影响力，同时也可引发俄罗斯和欧洲的政治和经济动荡，从而从中渔利。美国一直强烈谴责俄罗斯的举动粗暴践踏了国际秩序和国际法，其实最为核心的在于俄罗斯的举动直接挑战到美国在全球事务上的所谓领导权和影响力。现在，乌克兰问题已经成为美国全球战略部署的重中之重，美国已经将叙利亚问题、朝核

问题、伊核问题甚至巴以和谈都暂时搁置，以全力以赴处理乌克兰问题。

乌克兰危机的爆发，出乎美国的预料，也打乱了美国既定的全球战略调整，特别是“重返亚太”战略的进展。美国作为当今世界唯一的“超级大国”，自冷战结束后，一直积极进行覆盖全球的战略设计。近年来，美国最核心的战略部署在于“重返亚太”的战略东移。但乌克兰危机爆发后，美国束手难有良策，眼看着俄罗斯步步紧逼，却只能空喊制裁，难有实际应对措施。当初北约曾经对俄罗斯占据绝对优势，步步东扩，如今面对开始重新恢复大国形象的俄罗斯却不再占据优势地位，无法对俄罗斯形成有效反击。乌克兰危机的不断深化，必然引发欧洲各国对于自身安全的担心，而欧洲又是美国的利益关键所在，美国不可能放弃欧洲，因此美国现在实施的“重返亚太”战略很可能成为强弩之末，难以为继。

对乌克兰危机的深度卷入，无疑将迫使美全球战略进行重大调整。但未来可供美国的选择并不多。一是“重返欧洲”，即美国重新把军事重心放在欧洲，从而在欧洲形成相对于俄罗斯的绝对优势地位，迫使俄罗斯停止西进步伐，阻止俄罗斯势力重新扩张。然而，美国如果实施此战略，美国重返亚太所取得的成果必然付之东流，这对美国来说是很难接受的。因此，美国也很难“重返欧洲”。二是“均衡战略”，即美国实施既重视欧洲也重视亚洲的战略。一方面，美国联合欧洲盟国并帮助盟国扩充军事实力，形成对于俄罗斯的相对优势地位，使俄罗斯有所顾忌，不敢肆意妄为，形成和平对峙局面，逐步消解各种危机，最大限度维护自身利益；另一方面，美国继续重视亚洲，设法保持其在亚洲的战略优势地位，这样在战略上可以继续牵制中国，从而美国可以继续保持其在全球范围里战略优势地位。但是，美国当前的经济实力、军事实力实际上已经无法同时展开与两个区域性大国对抗的全球部署，因此，美国会进一步加强其与亚洲盟国的关系，并很有可能会进一步放松对日本的控制，支持日本发展军事实力，以达到借力打力的目的。

当前的乌克兰危机已经演化为美俄之间的深度博弈，而作为主要当事方和受害者的乌克兰则退居次席，无论是军事部署还是外交抗议都不为国际社会所关注，这也是在当前国际战略格局下小国与大国博弈的典型悲剧。乌克兰危机的根源是北约东扩，美国一直决心将俄罗斯周围的前苏联各加盟共和国国家抽离莫斯科的保护圈，而乌克兰是俄罗斯面对北约东扩的最后一层屏障。从2004年发动“橙色革命”开始，美国竭力要把乌克兰打造成为一个亲西方的“民主、自由国家”，以此作为对抗俄罗斯的重要步骤。但美国在全球部署特别是北约东扩顺利推进的同时，对于俄罗斯这个大国的激烈反弹评估不够，认为俄罗斯实力萎缩，不可能再与过去的苏联同日而语，即使2008年北约宣布格鲁吉亚和乌克兰“将成为北约成员国”，俄罗斯立刻表明其底线出兵格鲁吉亚，美国仍然未能警醒和自检。乌克兰危机期间，美国一直鼓励乌克兰抗议者造反，当亚努科维奇政权被推翻，亲西方政权进驻基辅后，普京认为事态发展是对俄罗斯核心战略利益的真正威胁，最终出兵克里米亚并且肢解了乌克兰，美国的全球部署最终在乌克兰遇到了真正的阻力。

美国可以制约俄罗斯的牌并不多。核武器出现后至今，核大国之间不交战的惯例从未被打破，而美国从高层到民众都没有在俄罗斯家门口与其开战的舆论准备及系统的军事部署、国家动员预案，奥巴马已经明确表示美国不可能为了乌克兰与俄罗斯动武。仅从经济上制裁俄罗斯，俄罗斯虽然会很痛，但是凭借巨大的经济体量和丰富的资源储备，完全可以挺得住。尽管乌克兰领导人表示，俄罗斯和乌克兰的冲突已进入军事阶段，但是乌克兰已经销毁了苏联时代的核武器，更无法反制俄罗斯在常规武器方面的绝对优势。当前俄罗斯已经完全控制克里米亚，乌克兰东部地区也面临分裂危险，在乌克兰的博弈中俄罗斯已经略占上风。

二、俄罗斯大国崛起受到严峻挑战，破釜沉舟，背水一战

作为俄罗斯传统势力范围，乌克兰既是俄罗斯和北约的重要战略缓冲带，也是向欧洲前进的桥头堡，以及能否前出地中海参与中东事务的重要通道。经济上，乌东南部工业有占俄罗斯工业体系的30%的配套工业基地，乌克兰5000多万人口以及市场也是俄罗斯能否重整经济的一个重要因素。因此，面对西方的攻势，俄罗斯丢不起乌克兰，特别是乌克兰不加入北约是俄罗斯面对乌克兰危机的底线。俄罗斯在乌克兰危机中的出手可谓破釜沉舟，普京及俄罗斯当局做好了应对西方制裁的最坏准备。因为乌克兰问题触及了俄罗斯的核心国家利益，处理不好俄罗斯将会丧失在黑海的军事存在，随之在欧洲的影响与利益都将不能自保，所以无论普京本人还是俄罗斯民族都输不起这场博弈，可谓背水一战。

近年来，服务于重振俄罗斯大国地位，围绕建立欧亚经济联盟的总体目标，俄罗斯一直坚持对独联体地区的主导。在外交政策方面，俄罗斯的独联体一体化政策在西部始终伴随着与北约和欧盟对乌克兰的争夺上，2004年以来，能否争取“颜色革命”后的乌克兰回到独联体一体化的轨道上来，一直是俄罗斯外交努

力的重点，而乌克兰局势动荡和危机的爆发则成为俄罗斯积极作为的良好“契机”，从阶段性看，克里米亚的脱乌入俄充分体现了俄罗斯外交战略的重大成绩。

自从乌克兰危机以来，俄罗斯是有条不紊地对乌克兰进行着事实上的军事干预，而且，还大力支持着乌境内的反对武装，使得乌克兰危机没有终止的任何迹象。特别是马航 M17 惨遭击落后，西方国家开始第三次全面制裁俄罗斯行动，涉及金融、军事、石油等领域，包括限制俄罗斯国有金融机构进入欧盟金融市场，对俄罗斯实施武器禁运并禁止向俄出口军事终端用户使用的军民两用商品，限制俄罗斯获取欧盟敏感技术尤其是石油产业的敏感技术。这是欧盟迄今为止就乌克兰问题对俄采取的最严厉制裁措施，对俄罗斯的杀伤力也是最严厉的。通过多轮制裁，实际上俄罗斯已经受伤严重，给俄罗斯在经济领域造成越来越明显的负面影响，譬如融资吃紧、资本外逃、市场信心动摇。显然，西方现在忌惮俄罗斯的战略军事实力，不敢在乌克兰与俄罗斯开战，唯有也只有通过全面制裁来打压俄罗斯，试图通过封锁和孤立俄罗斯，使其知难而退，从此放弃对乌克兰的野心。不过，俄罗斯虽遭严厉制裁，但并没有慌乱。首先是俄罗斯对欧美的制裁行为表达了不满，但同时称俄不会对此实施报复，这就避免了西方和俄罗斯的关系继续恶化。其次，俄罗斯针对北约在黑海越来越大的海军演习，也进行了大规模的部署和演习，并且继续向乌俄边界派驻重兵，以保持对乌克兰和西方的军事压力使其不敢轻举妄动。再次，为了显示俄罗斯不会屈服，俄军方连续宣布三个重大决定：一是俄罗斯“北德文斯克”号攻击核潜艇以及“北风之神”级“亚历山大·涅夫斯基”号弹道导弹核潜艇服役；二是开始建造三艘新核潜艇，包括“北风之神”级“奥列格大公”号，“亚森”级“克拉斯诺亚尔克”号和“哈巴罗夫斯克”

号；三是俄罗斯宣布将投资7000亿美元进行重整军备计划，包括将建造10艘“亚森”级攻击型核潜艇和包括6艘“阿尔罗萨”级潜艇在内的20艘柴电潜艇。所有上述种种举措，显然是与西方制裁针锋相对的行动，幕后的潜台词就是要与西方对抗到底。这也使美国开始左右为难，正如奥巴马在制裁决定通气会上所说的那样，制裁并不意味着美俄之间的“新冷战”，“只是一个特定议题，与俄罗斯不愿承认乌克兰可以自主选择自身道路相关”。预计今后，美欧将在乌克兰问题上继续犯难，如果不迫使俄罗斯完全停止干预乌危机，那么，西方将颜面扫地并默认俄罗斯对乌克兰的控制；如果继续加大对俄罗斯的制裁和打压，无疑将最终把俄罗斯逼入冷战的死胡同，迫使其进行全面的应对。如果后者出现，美国将不得不考虑在战略上开始重返欧洲，否则俄罗斯将再度威胁欧洲。

在这场被国际社会称为“自冷战结束以来俄罗斯与西方之间爆发的最严重的地缘政治危机”中，俄罗斯领土得以再次扩张，这似乎证明俄罗斯在此轮对决中占了上风。然而，无论外界如何肯定克里米亚“回归”俄罗斯及乌克兰东部地区“独立”对俄罗斯的战略意义，它也难以扭转苏联解体以来俄罗斯对乌克兰战略选择上的困境，即未来俄罗斯仍将面临着既不能放弃乌克兰但又无法阻止其西进的两难局面。俄罗斯虽然对乌克兰拥有绝对的经济和军事优势，且能起到“立竿见影”的短期制衡效果，但负面作用也很明显，会更增加乌克兰对于俄罗斯“帝国”意识的恐惧和反感，更加坚定乌克兰远离俄罗斯的决心。因此，俄罗斯对乌克兰的战略选项并不多。从长远看，俄罗斯并不打算因乌克兰与西方社会决裂，这不仅是缺乏实力的问题，更重要的是俄罗斯不能承受因此而使国家复兴之路中断的后果。囿于有限的实力、在欧美不断的战略挤压下，在可预测的未来，维持乌克兰的现状、保持俄乌特殊伙伴关系是俄罗斯极少可行的战略选择，甚至可以说是唯一的战略选择。

三、北约趁机加速战略调整部署，拉乌围俄，巩固东扩

乌克兰危机走向不仅关系到乌克兰的命运，而且关系到整个东欧的安全局势和地缘政治格局，尤其是北约与俄罗斯的关系。总体而言，受此次乌克兰危机影响，北约和俄罗斯的关系在2008年俄罗斯与格鲁吉亚冲突后跌入新的低谷。乌克兰局势的不确定性给北约与俄关系以及双方的安全博弈增添了诸多不稳定因素。随着乌克兰局势骤变，北约不断指责俄罗斯的军事干预对局势恶化负有责任，并宣布暂时中断与俄罗斯的正常合作关系，暂停与俄罗斯的民事和军事方面的各项合作，只在北约—俄罗斯理事会层面保持交流。

乌克兰是北约东扩计划发展的重要伙伴，是独联体中的首个北约和平伙伴关系国；俄罗斯则将乌克兰视为传统势力范围，努力将北约阻遏在乌克兰以西。所以，双方对乌克兰局势的态度针锋相对。克里米亚公投后，北约秘书长拉斯穆森表示，乌克兰危机是一次地缘政治的“游戏改变”，俄罗斯的行动已经危及欧洲的和平与安全，威胁到全球秩序。为此，拉斯穆森提出北约当前优先考虑的三个方向：一是强调北约盟国共同行动的责任；二是加大与乌克兰的合作，帮助训练并允许乌克兰军事力量参加北约行动；三是对俄采取惩罚性制裁举动。围绕这三个方面，北约积极展开全面部署：一是强调集体防御，提升军事实力。今年4月，北约在波罗的海三国立陶宛、爱沙尼亚和拉脱维亚举行空中

演习。这三个国家曾是苏联加盟共和国，北约此举既是彰显集体防御姿态，更有剑指俄罗斯的意味。北约还与伙伴国加强军事联动，请瑞典和芬兰空军参加此次军演。拉斯穆森表示，北约已加强了东部军事力量，包括对成员国波兰、罗马尼亚的侦察巡逻，并增加了在波罗的海执行空中警戒任务的战斗机。二是加强对战略“棋子”乌克兰的拉拢。乌克兰作为俄罗斯与北约的缓冲地带，具有重要的战略地位。乌克兰政局剧变后，北约理事会与拉斯穆森一再向乌克兰新政府表明其支持态度，承诺将加强军事合作，帮助乌克兰武装力量现代化。三是对俄制裁态度强硬。在俄提出在乌克兰领土上动用军事力量后，北约马上宣布对俄采取暂停联合军事行动和人际交流等制裁举措，以及重新评估北约—俄罗斯全方位合作。克里米亚公投后随着乌克兰危机趋紧，北约对俄制裁升级，首当其冲是打击对俄军事贸易。

乌克兰危机的不断升级，也使北约找到了自己的“第二春”。北约不用再找“维和”或是“反恐”这样蹩脚的理由来阐释其存在的必要性，它在乌克兰危机中开始重新扮演自己的“老角色”——作为防止俄罗斯入侵其欧洲盟友的威慑力量。北约也为履行自己的使命做了一系列的军事准备，对俄罗斯进行战略围堵。在与俄罗斯西部接壤的波罗的海三国，美国空军已派出F-15C“鹰”式战斗机，英国、波兰和丹麦三国空军共同派出战机，承担波罗的海三国的空防巡逻任务。拉斯穆森表示，鉴于乌克兰局势变化，要重新研究调整北约的军事行动和军演计划，加强在东欧地区的兵力部署，比如把更多的战机转移部署到波罗的海地区。另外，北约派出了由挪威、荷兰、比利时、爱沙尼亚等国海军组成的战舰编队进驻拉脱维亚，对波罗的海地区进行海上增兵。在俄罗斯南边，北约则想办法让格鲁吉亚“更靠近”自己。对于与俄罗斯接壤的欧洲北部国家，已有美国学者建议北约是时候将芬兰和瑞典收编旗下，此举可以将整个北极—东欧—波罗的海地区打造成为一体化的军事战略区，使北约更好地保护立陶宛、拉脱维亚和爱沙尼亚不受俄罗斯侵略，还可使北约从北边进一步挤压俄罗斯的战略空间。

对于危机中的乌克兰，北约和美国五角大楼已秘密磋商向乌克兰提供“实质军事支持”的可行性。在危机中，美国及其西方盟友屡次发动的经济制裁软弱无力，作为“高级政治”的军事手段开始显现它的价值所在，北约因此又有了市场。根据北约和俄罗斯 1997 年签署的协议，北约不得在波兰等东欧国家永久驻军。但随着乌克兰危机不断升级，北约的新东部成员纷纷要求盟军在本国永久驻军。若在这些国家实现永久驻军，对北约而言，无疑又是一次战略大突破。乌克兰危机让北约不但找到了存在感，还进一步扩大了自己的影响，特别是进一步完成了对俄罗斯的战略围堵，可谓是收获颇丰。尽管美国表示不会与俄罗斯发生军事冲突，但如果俄罗斯在吞并克里米亚之后，继续染指乌克兰东部和南部地区，乌克兰向欧盟求援，欧盟很难袖手旁观，非常有可能像利比亚那样先于美国干涉，而美国届时不论打什么旗号都免不了出兵跟进。但由此导致的军事对抗也将产生巨大且不可预测的风险。

四、世界格局跃入新的变动周期，大国重组，风险升级

对于乌克兰危机的结局，国际战略界曾做出种种推测：第一种是最乐观的结果，美国和俄罗斯达成妥协，美国保证乌克兰不加入北约，承认俄罗斯有保卫乌克兰和驻军的权力，俄罗斯尊重

乌克兰的主权和领土完整。在国际社会的斡旋下，不论是亲西方还是亲俄的民众，通过民主选举的方式，重新组建乌克兰政府。第二种是2004年俄罗斯出兵格鲁吉亚模式，克里米亚亲俄民众在俄罗斯支持下脱离乌克兰实现自治。虽然克里米亚自治不会得到国际承认，但俄罗斯仍能实现对该地区的有效控制，国际上对其道义上的谴责声音也会弱一些。第三种是目前的结果，俄罗斯将克里米亚纳入版图，却把乌克兰推到了西方阵营。这是众多战略分析家始料未及的。如果克里米亚回家的逻辑成立，那么历史上曾经属于前苏联版图的其他许多国家和地区是否也有回家的理由？第四种是可能更为复杂的局面，克里米亚加入俄罗斯引起连锁反应，乌克兰东部和南部亲俄民众纷纷要求效仿，乌克兰临时政府压制引起街头暴力，美欧对俄罗斯的经济制裁压力过大，俄国铤而走险，为东部和南部亲俄势力提供军事支持，届时，欧盟和美国将有可能被拖进乌克兰内战。在以上几个结局中，国际社会最希望看到的是第一种或者第二种。俄罗斯和美国、欧盟发生激烈冲突，不符合国际社会的利益。俄罗斯虽然在军事和资源方面有足够的资本，但要恢复前苏联的大国雄风或许为时尚早。而俄罗斯居然将克里米亚纳入版图，并有可能恢复前苏联版图，无疑让世界重新看到了俄帝国的贪婪，这将可能进一步加剧冲突的升级。

俄罗斯在乌克兰危机中的作为直接威胁到了美国作为世界霸主的权威性，美国经营多年的北约东扩眼看就要大功告成，却在关键阶段功亏一篑，美国自然会重新调整战略布局遏制俄罗斯。目前看，俄罗斯占尽了“地利”优势，美国等西方阵营则无从下手，所以美、俄在乌克兰博弈的势头将会逐渐复杂和胶着，美国及其盟国不得已会长期陷入“乌克兰泥潭”。由于北约、欧盟因乌克兰危机而对俄罗斯态度发生巨大变化，甚至有人把它称为

“新冷战时代”，类似以前两大集团对抗。

乌克兰危机的发展，可能会有多种走向，也将引发国际战略格局新的改变。目前看来，一种走向是中国方案：保持乌克兰领土完整，乌政治上保持中立，即不偏西，也不偏俄，政策上实施民族和解，打击贪腐和极端势力；经济上进行整合，从而逐步建立起自己的独立体系，这一诉求实质上符合乌克兰民众的最大利益，无论是俄罗斯还是欧盟都比较容易接受。另一种走向即美国方案：其也是坚持乌克兰领土完整，但后面完全不一样。政治上要求乌克兰加入欧盟联系国，然后是北约；经济上由欧盟援助和改组。这将使俄罗斯利益严重受损，俄似乎已做好拼死一战的准备，所以不太可能实现。

乌克兰危机实质上是一次国际各强权势力的一次强势碰撞，其最终演变结果有可能深刻影响今后国际战略格局，还有可能演变成21世纪的一个重要标志性事件。比如，乌克兰危机成为冷战后东西方关系的分水岭，俄罗斯和美国及北约互为战略对手的局面进一步固化，双方由战略容忍转向战略对抗；有可能是美国全球霸权走向衰落的转折点，从此世界将进入多极社会。

五、中国进入新的战略机遇期，使命重大，责无旁贷

乌克兰危机为中国带来战略机遇与新的挑战。就乌克兰本身，其重要程度对中国来讲不言而喻。中国与乌克兰在国防、航天、农业等领域的合作广泛而深入，有些则不可替代。对于中国，在这次危机中的最佳结局至少有三点：一是乌克兰继续保持中立，中乌合作得以继续；二是乌克兰继续发挥东西方缓冲带的

作用，在避免战争的同时，俄罗斯和西方的战略争夺长期化，甚至形成美俄之间的准冷战状态，从而缓解中国目前所面对的战略压力；三是通过成功调停冲突，中国在国际间的身份有所转化，从一个单纯的经济大国转化为国际间重要的和平调解人及政治大国。

多年来，中国致力于推动国际秩序朝多极化方向发展。苏联解体后中国单独面对西方世界，在反对单极化上走在前面，也一直在抵制美国的单边霸权。乌克兰危机发生后，俄罗斯对西方的态度发生明显变化，从以前崇尚“西方文明观”开始转向，认为西方极端的自由主义不可取，表示要走爱国主义（保守主义）道路。从以前的全盘西化，到走和西方不一样的道路，这是俄罗斯一个重大的转变，也显示出中国单独面对西方的形势开始有所改变。俄罗斯在苏联解体后经历 20 年的低谷后，近年来国力逐渐复苏，并重新以大国姿态出现在世界舞台上，这一趋势有利于世界的多极化。而美国对全球事务的支配能力相对正每况愈下，“重返亚太”高调宣示后的结果证明是雷声大雨点小。在乌克兰危机之前，中东问题已使美国进退维谷，现在与俄罗斯摩擦更令美国将被迫再一次转移目标。美国这个超级大国忙于四处灭火，对中国无疑是个战略机遇期。如果遭遇西方的严厉制裁，俄罗斯必将进一步靠拢中国，这将有利于在各领域促进中国的战略利益。中国或能以更优惠的条件从俄罗斯购进天然气，并促使俄调整输气管道建设计划，以适应中国的需求。俄罗斯在亚太的动作，尤其是在对日关系上，可能更多考虑中国的立场。在贯穿中亚的新“丝绸之路经济带”战略中，俄罗斯能为中国开放更多空间。

长期来看，中国的战略目标是和平崛起。为实现和平崛起，中国必须探索出一种新的地缘政治架构。因此，习近平主席在加州向奥巴马总统提议在中美两国间建立新型大国关系。大国之大，不仅在于领土、经济规模，关键在于其文明拥有的全方位影响区域。只有大国间有效合作、有序竞争，才能保证全球新秩序的和平建立。当然，在中国的视角中，中国、美国和俄罗斯都是大国。在新型大国关系框架下，大国之间应尊重各自的核心利益和影响区域。乌克兰危机的复杂性，也导致中国在以下几个方面将面临一些复杂的态势，需要谨慎把握，以务实态度处理复杂态势。中国在坚持反对国际关系中的霸权主义、强权政治的同时，也要妥善处理和发展与西方大国的关系，防止国际关系中出现新的集团对抗，加剧国际关系的紧张局势。目前中俄双方在能源合作方面，如天然气供给方面已经达成协议，但由于美欧在一轮又一轮地加大对俄罗斯的制裁力度，逐渐涉入到能源领域，这就给中俄天然气贸易方面带来一些障碍，中国如何做到在不引起欧美强烈反弹的基础上发展与俄罗斯的能源贸易，是需要切实考虑的。此外，还有中乌关系的处理。乌克兰一直以来与中国保持着非常好的关系，中国在乌克兰的投资涉及到农业、航天等方面的合作，如何继续发展与乌克兰的良好关系，为中国的在乌投资创造稳定的投资环境，也是需要注意的。

Ukraine Crisis Triggered a New Global Strategic Pattern Changes

Ren Haiping

Abstract: Ukraine crisis broke out and continued on today's international strategic pattern had a significant impact, the major national and international strategies are going to make a series of adjustments and changes. Ukraine crisis disrupted the progress of the United States established a global strategic adjustment, especially the "return to Asia" is. Russia well prepared to deal with the worst of Western sanctions, the rise of great powers faced with severe challenges. Accelerating the deployment of NATO's strategic adjustment, and actively La Wai Russia consolidate the eastward expansion of the foundation. Russia and NATO, the EU's fight against the trend further sharp changes in the world situation into a new cycle. China is facing new strategic opportunities and grasping the need to be cautious, pragmatic attitude in dealing with the complex situation.

Keywords: Ukraine Crisis　Global　Strategy

能源篇

中国迈向经济强国的全球能源资源战略

（中国国际经济交流中心战略研究部副研究员）张茉楠

[摘　要] 总体而言，未来十年全球能源资源需求增长趋势性放缓、新供给的结构性变化，以及消费增长重心转移将给中国能源资源的获取带来新的机遇，但中国也不可忽视全球能源资源的潜在竞争性风险，应着手制定包括能源资源储备、能源外交、走出去以及能源基础设施建设在内的全球能源资源战略，这是中国迈向经济强国的重要保障。

[关键词] 能源对外依存度　能源/资源竞争　能源革命

未来十年，中国将进入中等收入国家，工业化将进入后期阶段，城镇化率也将达到60%，能源资源约束强化将成为影响中国经济可持续发展的关键。在全球资源供给偏紧和环境约束强化的背景下，制定中国能源资源全球化战略，不仅是中国利用全球资源创造的新优势，也将推动中国由经济大国迈向经济强国。

一、未来十年必须把能源资源安全作为战略重中之重

在中国经济快速发展过程中，能源消耗增长率不断提高，导致能源供需缺口不断扩大，使得中国各种能源对外依存度不断提高，已危及中国的经济安全。当前，主要发达国家通过控制资源/能源的开采权、控制资源/能源定价权，以及运输通道等方式依然对全球资源/能源供应产生重大的影响。

1. 石油。目前，中国进口石油最多的三个国家为沙特、安哥拉和伊朗。2010 年前 3 位进口国进口量占总量的四成。按地区分布，中东地区占中国石油进口总量比例为 50.1%，居第一；非洲为 30.2%，居第二，以下依次为拉美、独联体和东南亚，进口风险仍过于集中。中国社科院《世界能源中国展望（2013—2014）》报告认为，中国能源对外依存度将由目前的 9% 上升到 2015 年的 11%，2020 年接近 26%。石油对外依存度将由 2011 年的 55% 左右上升到 2015 年的 60%。天然气对外依存度将由目前的 19% 左右上升到 2015 年的 35%，2020 年接近 40%。

2. 铁矿石。中国是全球第一大铁矿石进口国，2008 年进口总量高达 4.4 亿吨，占全球海运铁矿石比重 52%，而且来源高度垄断，仅集中于澳大利亚、巴西和印度几个国家；

3. 天然气。天然气进口 80% 以上来自澳大利亚，而管道天然气进口至今尚未全面展开；

4. 铜矿石。中国当前铜消费量占全球 17%，是全球第一大

铜消费国和铜精矿进口国；铝土矿消耗量大，且主要集中于亚太；

5. 铝土矿。中国铝土资源并不匮乏，但由于近年各地大量上马电解铝项目，造成消耗量剧增，已由铝土净出口国变成净进口国；

6. 煤炭。从2002年中国煤炭进口量开始迅速增加，2011年中国已经超越日本成为世界第一大煤炭进口国。中国目前的主要煤炭进口国包括南非、美国、加拿大、哥伦比亚，亚太的澳大利亚、印尼、蒙古、越南以及俄罗斯。

综合以上分析，石油、铁矿石、天然气、铜矿石、铝土矿以及煤炭6种战略资源的储量和现状（如图1、图2），都是中国经济目前所不可或缺的战略资源。从目前看来，中国能源资源进口依存度仍处于上升状态，除个别例外，绝大多数资源的进口来源局限于少数几个国家，且多为一般贸易进口，资源供应和资源安全已经成为中国经济的“阿克琉斯之踵”。目前来看，我国能源资源安全主要面临三大问题：一是由于国内环境治理制约能源消费增量，全球应对气候变化要求能源低碳发展，环境容量已成为制约我国能源安全的重大问题；二是由于国际能源技术和经济竞争加剧，能源技术水平已成为重要的能源安全保障因素和经济竞争力；三是由于我国能源消费总量大、增速仍然过快和煤炭占比过高、消费结构不合理，油气对外依存度大，非化石能源近中期占比仍十分有限，我国的能源消费现状不可持续，严重影响能源安全。因此，必须突破能源资源瓶颈，把保障能源资源安全作为中国未来十年战略的重中之重。

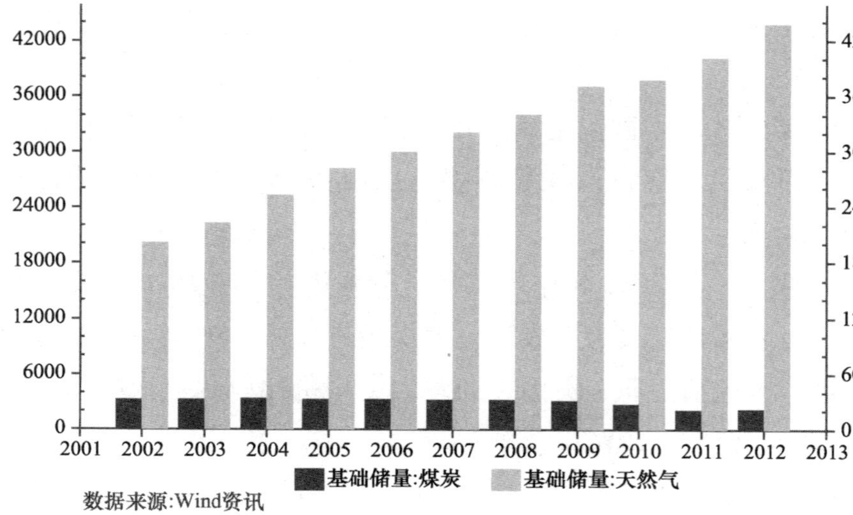

图1　中国天然气和煤炭资源基础储量变化情况（亿/立方米、亿/吨）

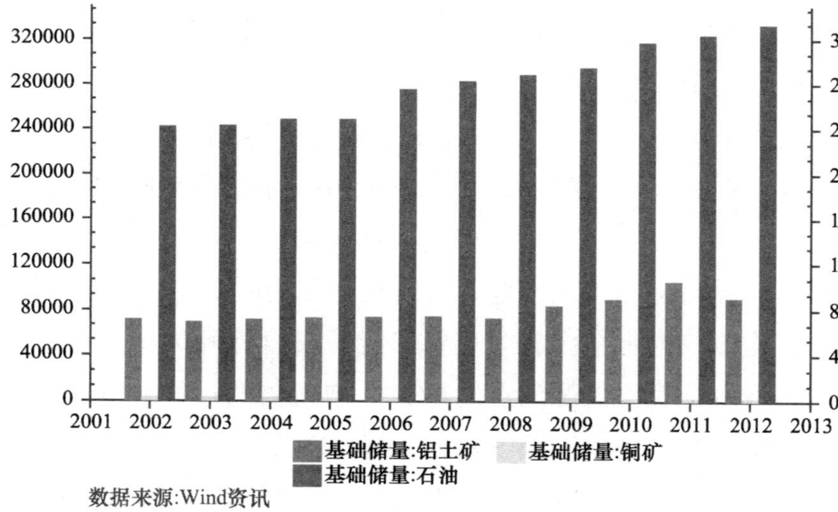

图2　中国石油、铝土矿和铜矿资源基础储量变化情况（万吨）

二、未来中国能源资源增长处于重要战略机遇期

未来十年，全球能源资源格局将呈现三大新趋势：需求增长趋势性放缓、新供给的结构性变化，以及消费增长重心转移，这些变化对中国而言将是实施全球能源资源战略的重要战略机遇期。

（一）全球经济增长放缓以及“再工业化”周期带来机遇

全球经济增长和结构因素将持续影响全球能源资源需求的变化：一方面，发达国家债台高筑、消费萎缩、人口老龄化，以及总体增长低迷的趋势不会改变，对能源资源的需求量和人均消耗量也将趋势性下降；另一方面，未来十年以美欧为代表的发达国家正在启动“再工业化”周期，以新能源、环保、高附加值制造业、生产服务性制造业以及能够提高能源效率的高技术产业为代表的低碳经济将成为新一轮产业结构调整的主要推动力，这使得初级矿产资源以及基础大宗商品的需求也会趋于减少。

而从中国自身发展趋势看，经济将由高速增长向中高速增长转换，能源需求增速有可能明显下降。未来 20 年，如果采取正确的能源战略和政策，加快经济结构调整和产业升级，发展低碳交通和绿色建筑等，可将 2020 年和 2030 年的能源需求分别控制在 50 亿吨标煤左右和 60 亿吨标煤左右。2010—2020 年我国能源需求年均增长 4.8%，2020—2030 年年均增长 1.5%，明显低于 2000—2010 年年均 8.4% 的增长速度。

（二）以美国“能源独立”为代表的全球能源供给冲击

2014 年 6 月以来，国际油价出现一轮罕见下跌，布伦特从最高 115 美元左右大跌 30 多美元，目前已经跌破 80 美元。国际原油价格何以如此暴跌？国际油价在短期内如此暴跌，很可能预示着全球能源变局的开始？

事实上，全球能源效率的提高、新能源等替代能源的开发以及环境标准的提升，大大改变了全球能源资源的供给结构。以能源为例，近些年，随着美国“能源独立”战略的有效推进以及“页岩气革命”溢出效应的重大影响，美国出现了一些标志性的变化：美国石油需求从升转降，已经彻底扭转了能源自给率下滑的态势。过去 7 年里，美国能源自给率逐渐提高，在 2011 年达到 81.4%，美国能源信息署（EIA）预计在 2035 年将达到 87%。

目前，除美国页岩气产量飙升外，加拿大油砂矿、墨西哥湾和巴西深海的油气资源潜力巨大，但大多数非常规油气资源因技术和经济原因尚未进行商业开发，这是未来十年可以加以利用的巨大机会。相比较而言，美国已经基本实现“能源独立”，未来则可能输出能源。而我国则受资源限制，能源进口依存度过高，且能源战略目前主要是满足于经济发展，解决能源瓶颈问题，而美国能源战略则着眼于后工业化阶段和产业革命，这是中美在战略上的重大差异。

（三）能源/资源消费重心转移带来全球经济秩序重塑机遇

随着全球经济增长重心“由西向东”转移，全球能源资源消费重心也随之转移。仍以能源需求为例，根据英国 BP 公司发布的《Energy Outlook 2030》预测，未来二十年发展中国家将以更加迅猛的势头加速发展，2030 年发展中国家人口、GDP 总量和一次能源消费总量占全球的份额将分别达到 87%、60% 和 70%，中国或成第一能源需求国。而根据最新发布的《世界能源中国展望》报告，未来中国、印度和东南亚构成的亚太月牙形地带的石油需求占世界 25%，不仅是世界最大的石油需求中心，而且成为对世界石油市场和地缘政治具有重大影响的“需求中东”。预计 2014 年后，世界新增能源需求在中国、印度、东南亚、中东、拉美和非洲等地进一步聚集（如图 3）。届时全球人口增长总量的 95%、GDP 增量的 70%、能源消费总量的 93% 将来自于发展中国家，特别是新兴大国能源资源需求的增长将带来可观的贸易规模，这会大大提高新兴大国的能源议价能力，也会成为其重构全球能源与贸易秩序的重要因素和“筹码”。

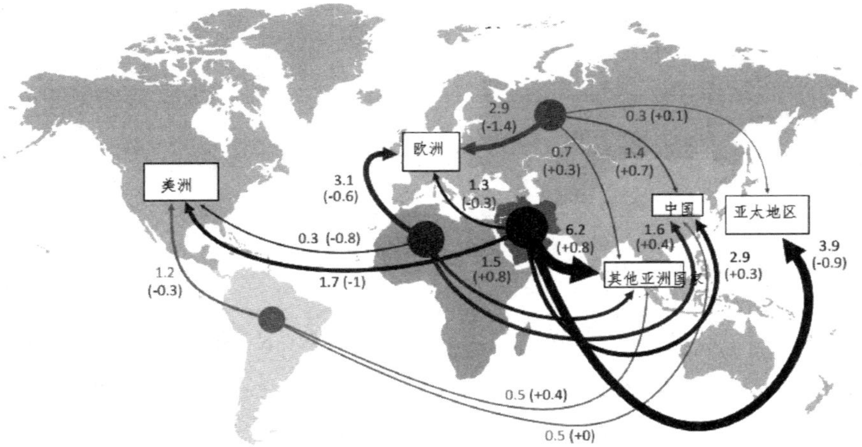

图 3　2018 年原油出口和 2012—2018 年主要原油贸易路线的增长预期

资料来源：IEA，2014

（四）全球能源互联网成为未来发展新的大趋势

世界各国积极探索能源互联网战略。2001 年，美国提出名为“智能电网”的新电力能源供应系统概念，并于 2003 年正式展开研究。智能电网采用先进的材料技术、高温超导技术、储能技术、可再生能源发电技术、微型燃气轮机发电技术等，旨在构建一张全美骨干电网、区域性电网、地方电网和微型电网等多层次的电力网络，以实现自动化、高效安全、稳定可靠、可灵活应变及品质有保障的电力供应。该计划将在 2030 年完成。

德国宣布了全面转向可再生能源的战略目标，政府正和 6 个试点地区合作，研究和测试“能源互联网”：数万家德国企业和数百万户家庭将收集现地生产的可再生能源，用氢气或其他方式储存起来，通过智能电网在全国范围内共享，就像我们在互联网上共享信息一样。再加上插电式零排放交通方式等，构成了第三次工业革命的支柱。数十年的工业实力将创造数百万个就业机会，使德国成为新一轮革命的“领头羊”。全世界会紧密关注德国的这一实验，如果德国能有效推动实现一个可持续和繁荣的“无碳”欧洲，欧盟将实现重生。

以全球能源互联网为主要特征的全球新型能源体系革命为中国实现跨越式发展提供了难得机遇。当前世界范围内正在经历新型能源体系变革，其特征是将以互联网技术与新型可再生能源相融合的分布式智能能源体系，取代以化石能源为基础的集中化能源体系，从而走上绿色低碳的发展道路，实现由不可持续的现代工业文明向未来可持续的生态文明过渡。

一方面，全球能源互联网可以有效解决全球能源资源分布和市场需求严重失衡的问题。贸易全球化、生产全球化、金融全球化、区域经济一体化等早已渗透到能源领域，能源市场已成为全球化的市场。各国能源相互依赖加深，能源安全越来越超越消费国和生产国的界限，呈现出全球化的特征。

另一方面，全球能源互联网带来能源形式、生产方式、存储形式、分享机制等广泛的变革。根据世界生物能源协会预测，到2020年，30%的电力将来自绿色能源。到2030年，插电式电动车的充电站和氢能源燃料电动车会普及全球，并将为主电网的输电、送电提供分散式的基础设施。到2040年，75%的轻型汽车将有电驱动。可再生能源—建筑物生产和收集能源—互联网分配能源的“能源互联网”基础设施，可以为插电式电动车、氢燃料车、家庭和工厂提供充足的电力。这种可再生能源的转变、分散式生产、储存（以氢的形式）、通过能源互联网实现分配、零排放的交通方式，将有望形成全新的经济模式。

三、未来中国将面对全球能源资源竞争潜在风险

（一）未来十年全球能源/资源争夺可能演变为常态化趋势

我们必须认识到：（1）尽管与过去几十年间全球能源资源需求爆发式增长相比，总体需求有所放缓，但对一些战略资源的刚性需求还将持续增长，特别是各国对能源资源重要性认识的不断提升，全球资源竞争日趋激烈导致利用国外资源的风险和难度加大。（2）消费趋同正改变着全球资源的供求平衡，国家间的竞争将演变为资源特别是能源竞争。经济性短缺、区域性短缺、地缘政治导致的供给中断或短缺以及需求型短缺将会不同程度地存在。（3）考虑到未来全球经济重心从发达经济体向新兴经济体转移，由于发达经济体的总人口是10亿，而新兴和发展中经济体

的总人口近50亿，全球经济增长的人口基数变化和新兴经济体人均收入水平的不断提高，将产生大规模的消费需求和消费的升级换代需求。因此，新一轮消费势必推动对原材料等大宗商品和能源需求的上升，未来十年全球资源争夺将可能演变为常态化趋势。

（二）能源资源价格波动及长期上涨趋势难以根本改变

由于发达国家深陷债务泥潭都倾向于通过量化宽松等方式来维持债务循环，长期低利率和全球范围内的流动性泛滥可能成为价格上涨的推手。尽管短期内，全球价格上涨并不大，但全球产出缺口正在减小、劳动力成本以及生产成本进入上升周期，特别是金融资本和投机资本导致能源资源金融化属性进一步增强，这在很大程度上扭曲了原有能源资源供需关系以及价格走势，未来全球能源资源价格长期上涨压力依然较大。

四、中国须以前瞻性战略思维应对全球挑战

在多重因素影响下，世界能源资源格局正在发生新的重大变化。中国是世界能源资源版图变化的利益攸关者，世界能源资源格局的变化对中国能源和资源安全将产生全面而深远的影响，中国必须以前瞻性战略思维谋划应对举措。

（一）当务之急是建立中国能源资源战略储备制度

西方发达国家很早就把稀缺资源纳入国家战略，特别是20世纪发生的三次石油危机有力地推动了各国竞相建立战略资源储备制度。目前，美国、日本、德国、瑞士等发达国家已制定了较

为完备的矿产战略储备制度。美国从1939年开始实行物资储备，到1985年储备的战略资源就达到63类93种。日本在上世纪80年代制定了储备稀有金属的相关法律，规定国家和部分企业必须储备一定数量的钒、锰、钴、镍、钼、钨、铬等稀有金属。

中国作为最大的新兴大国，战略资源储备还处于起步阶段。尽管中国制定了石油储备计划，但其他重要资源储备尚未引起重视，形势十分紧迫。应尽快制定中国战略资源储备规划，以保障在未来全球激烈的竞争中取得主动，避免受制于人。建议从经济承受能力考虑，首先应做好关系国家经济命脉的国内紧缺矿产的储备，如石油、铜、铁、铝、钾盐等，储备形式采取矿产品储备和资源储备相结合；同时加强优势矿产的资源储备，防止因竞相出口导致国际市场供过于求、优势价格下跌的局面。

（二）中国全球能源资源战略要“走出去”，还要“拿回来”

面对日益突出的能源供需矛盾和国际能源格局变化，未来中国必须充分利用全球能源资源，这是中国能源安全必须坚持的长期战略，不但要“走出去”，也要“拿回来”，也就是要通过能源资源勘探开发、贸易和科技合作，以及运输管道建设、能力建设，建设完善的能源资源贸易基础设施，真正把资源“拿回来”，增强对国际大宗能源资源市场的影响力和定价权。

（三）将经略海洋作为中国未来全球能源资源战略的重点

应确立海洋资源开发战略，实现国家地缘战略定位由“陆上大国”向“陆海大国”的转变。中国是海洋大国，大陆海岸线达18000公里，面积较大的海岛有7000多个，海洋资源极为丰富，2005年第三次石油资源评价结果显示，目前中国石油资源量为1070多亿吨，其中海洋石油资源量为246亿吨，占总量的

22.9%；天然气资源量为54.54万亿立方米，其中海洋为15.79万亿立方米，占29.0%。因此，未来可以考虑以“海陆立国，开海固权，营疆造域，择优出击”作为新的海洋开发原则，全方位推进海洋资源的开发，从根本上改变海洋疆土疏于管理，海洋资源开发缓慢的被动局面。

（四）把全面深化能源资源外交作为中国全球战略的核心

中国应该深化和加速资源外交，使资源外交成为国家实现全球资源战略的重要手段之一。随着中国经济的快速发展，对各种资源的需求不断加大，美、日、欧等国担心中国崛起，正以政治、经济、法律、贸易保护、军事等各种手段阻碍中国突破能源资源瓶颈，获取石油、铁、铜等战略短缺资源。中国如何与资源供应国强化经贸联系，建立新型供给体制，充分发挥能源国际合作机制的作用意义重大。目前，中国与近30个国家建立了双边能源合作机制，已参与了20多个国际能源合作组织和国际会议机制，能源领域国际合作内容不断深入。同时，需要特别提醒的是，针对全球化这把双刃剑的利弊共存问题，须着重研究制定既能在交流合作中发展壮大自己的长期指导战略，又能很好保护自身利益的具体应对策略。

中国应以建设“一带一路”（即“新丝绸之路经济带”和“21世纪海上丝绸之路”）为战略统领，统筹国际国内两个大局、两个市场、两种资源，并通过油气勘探开发、油气通道、工业园区、服务区等重大合作项目，进一步提升能源资源国际合作水平。此外，目前俄罗斯能源业正在进行重大转型，石油出口正通过东部西伯利亚太平洋输油管向亚洲转移，这给中国提供了新的合作机遇。

（五）以加大全球矿产资源开发合作力度为投资重点

稳定和扩大境外铁矿石、铝土矿、铜精矿、钾盐等原料来源，提高资源供应保障能力。积极参与海外铀资源勘探开发，建立稳定的铀资源供应渠道。发挥我产业技术、装备、规模优势，加强上下游领域合作，扩大境外加工规模，建设一批钢铁冶炼、有色金属、油气化工、煤化工、钾肥等境外生产基地，提升资源国深加工能力。

（六）加强亚洲乃至全球范围内的能源“互联互通”

目前，全球能源市场分散，基础设施老化，各国能源政策缺乏透明度，中国应积极推动亚洲或更大范围的“能源一体化”，创造一个更加一体化、相互联系和竞争的市场。比如，建立面向未来的、包括天然气管道建设、供电网络建设、新能源网络建设在内的亚欧能源基础设施蓝图，加快发展新能源，提高清洁能源比重，减少二氧化碳排放，发展高压输电和智能电网，同时制定统一标准，并提供项目债券、风险资本或 PPP 等方式的融资框架。特别是在 APEC 框架下，亚洲各国可以再在低碳城镇、智慧社区、可再生能源、非常规油气、洁净煤技术等领域进一步加强优势合作；通过建立公平开放的可再生能源市场，安全高效地发展农业，推进清洁能源技术创新合作，为亚太可持续能源合作营造良好的环境。

（七）争取在全球能源革命中不断塑造中国新优势

中国作为新兴大国，应充分考虑全球能源革命对中国向经济强国迈进的战略意义，争取在第三次产业革命中走在世界大国的前列，在解决能源消耗增长过快、生态环境不断恶化问题的同时引领世界经济技术的发展方向。要加快发展清洁/替代能源，大幅提高能源利用效率。大力发展太阳能、风能、生物质能、地热能、海洋能、氢能等可再生能源技术，以“减量化、再利用、资源化”为原则，以低消耗、低排放、高效率为基本要求，积极推动能源循环高效使用。同时，研究和跟踪重大能源技术的变化趋势，加大页岩气等非常规能源勘探、开发的科技投入，特别是提升关键技术的自主创新能力，为新一轮能源革命提供技术储备。

Global Energy Resources Strategy of China Towards Economic Power

Zhang Monan

Abstract: overall, structural change in the next ten years of global energy resources demand growth trend slowed down, the new supply and consumption growth center transfer will give access to energy resources in China, but the potential competitive risk in China can not be ignoredthe global energy resources。China should proceed to develop include globale-nergy resources strategic energy reserve of resources, energy diplomacy, go out and energy infrastructure construction, which is an important guar-antee for China's move towards economic power.

keywords: dependence on foreign energy　energy/resource competi-tion　energy revolution

还原能源商品属性，推动能源体制革命

（中国国际经济交流中心副研究员）景春梅

[摘　要] 推动能源体制革命关键在于还原能源商品属性。为此，需要放开竞争性业务，培育市场竞争主体；形成市场化的能源价格机制，真实反映市场供求和资源稀缺程度；转变政府对能源的监管方式，发挥好宏观引导、市场监管、资源保护和利益协调的职能；健全能源法律法规体系，规范能源市场秩序。

[关键词] 商品属性　能源市场　体制革命

2014年6月，习近平总书记在中央财经领导小组第六次会议上针对能源生产和消费革命提出五点要求，可归纳为能源消费、供给、技术和体制“四个革命”和一个“国际合作”。笔者认为，推动能源体制革命的要义，是还原能源的商品属性。

近年来，煤电矛盾反复发作，“油荒”、“气荒”、“煤荒”、“电荒”轮番上演，能源企业政策性亏损频现，工商企业用电负担沉重，新能源、可再生能源发展受到制约。这些矛盾和问题凸显出能源市场体系的缺失与相关改革的滞后，市场主体不健全、竞争不充分、价格机制不顺、行政管理色彩浓、法律体系不健全等诸多问题掣肘能源生产和消费的诸多环节。这些矛盾和问题的根本在于没有将能源视为一般商品，没有建立真正意义上的能源市场体系。

因此，推动能源生产和消费革命，关键是按照能源商品属性，遵循价值规律，发挥市场在资源配置中的决定性作用，深化能源市场化改革，构建起统一开放、竞争有序的现代能源市场体系和体制机制。

一、还原能源的商品属性

推动能源革命，首先需要破除一些观念和认识误区，特别是应还原能源的一般商品属性。很久以来，包括煤炭、电力、油气在内的能源一直被认为是关系国计民生的特殊商品，是市场失灵领域，应该由政府管制、国企垄断经营。无论是生产、运输、价格还是项目的审批，都被赋予浓厚的计划经济色彩。煤炭订货会、分配运输指标、电价实行政府审批的一厂一价等，往往让能源的商品属性被弱化。由于对煤、电、油、气管得过多过死，供需关系长期紧张，常常出现管制什么就短缺什么的怪象。

事实上，能源虽然是关系国家安全的战略性资源，但也是商品，具有一般商品的基本属性，受价值规律和供求关系调节，可由竞争优化配置资源，由供求决定价格，由契约规范交易。自上世纪 70 年代以来，回归能源商品属性、推进能源领域的市场化改革成为全球性趋势。无论是成熟的市场经济国家，还是体制转轨国家，大都转变理念，对能源领域实行放松管制、打破垄断、引入竞争，大大提高了能源的供给能力和能源利用效率。中国实践也证明，市场化改革对能源发展具有重大推动作用。自上世纪90年代确立社会主义市场经济体制以来，中国对能源企业制度、价格体制、投融资管理体制、对外贸易体制等进行了一系列改革，从下放地方煤矿、拆分国家电力公司、重组中石油和中石化，到通过淘汰落后电厂、兼并小煤矿、提高行业集中度，再到改革和重组能源管理机构，能源生产力得到极大释放，供给能力显著增强。1993年放开部分行业和地区煤炭价格，提高了市场调节比重，煤炭产量快速增长。电改十年，发电装机从2002年3.57亿千瓦的装机容量增长到2012年的11.4亿千瓦，增速达世界平均水平的20倍，在材料、设备价格上涨的条件下，发电工程造价居然降低40%—50%，彻底解决了计划经济时期电站工程造价连年攀升、制约发展的老大难问题。

还原能源商品属性需要科学界定竞争性业务和非竞争性业务。垄断并非能源行业的天然特性，笼统地认为能源行业具有自然垄断性不够科学。因为市场的垄断有各种形态，有的具有自然垄断性质，有些垄断则来自人为。不仅如此，产业的自然垄断属性也会随着技术进步和实践深化而发生演变。例如，早期被认为属于自然垄断的发电环节，通过厂网分开等改革建立起竞争性市场，已被公认不在自然垄断之列。而原来意义上具有自然垄断性质的邮政、电信、铁路运输、自来水、煤气等行业，随着竞争机制的引入，垄断格局正在瓦解。一些行业虽具有自然垄断特征，但并不等于这个行业中的所有业务都应当一体化经营，通过竞争提高效率的规律在这些行业同样适用。构建能源市场体系的前提是将这些行业中的竞争性业务与非竞争性业务分开：属于竞争性领域的完全放给市场，引入多元主体，让供求关系决定价格；属于非竞争性领域的业务实行公平接入、提高普遍服务水平，加强政府对其经营业务、效率、成本和收入的监管。

还原能源商品属性，构建能源市场体系不仅要着眼国内，也要统筹用好国际国内两个市场、两种资源。中国应当树立互利合作、多元发展、协同保障的新能源安全观。能源安全观要从自我保障向集体安全、协同安全转变。中国领导人首倡在G20框架下建立全球能源市场治理机制，在国际上赢得广泛好评，应当充分利用这个平台，推动能源供应国、消费国、过境国之间的对话，共同讨论能源政策、市场建设、定价机制、运输通道安全等重大问题，形成在国际上有约束力的机制和共同行动计划。

二、培育企业竞争主体地位

我国能源企业大多为大型国有企业，其中又以中央企业为主，民营资本进入较少，市场主体不健全，竞争尚不充分，行业分割和垄断现象依然存在。一些大型国有能源企业实际上还承担了部分政府职能，以企代政的现象比较突出。同时，这些企业也因为享受一定程度的政策性资源，尚不能成为自由竞争的市场主体，政府与市场关系难以理顺。

我国能源产业链有待进一步重组。过去十多年，煤炭、发电领域先后打破垄断，但油气行业、输配电领域依然是国有企业“一家独大”，多元化的主体格局尚未形成，市场缺乏公平竞争的环境。即使在国有企业内部，也存在竞争不充分的问题。譬如，目前我国只有3家公司拥有国内石油勘探开发权，其中一家公司独家拥有海上石油开发权，两家拥有陆上石油勘探开发权，陆地不能到海上开采，海上不能到陆地开采，致使中化、中信、北方等一些对石油投资感兴趣的大企业只能到境外进行勘探开发。

培育多元竞争主体是形成市场的基础，也是能源改革的方向。首先应实现政企分开，剥离政府应当承担的职能，使企业轻装上阵，专注于提高经济效益。其次，根据不同行业特点实施网运分开，对于电网、油气管网等网络型自然垄断业务，可继续保持国有资本控股经营；对于具有竞争属性的生产（包括进口）、销售环节应放开准入，打破行业分割和行政垄断，引入多元竞争主体。再次，营造各类所有制企业都能公平竞争、规范准入的制度环境，减少对国有企业的特殊政策与优惠。

煤炭行业是我国能源领域市场化改革进行最早、也是相对最彻底的行业，其经验和教训可以为其他行业提供重要参考。在放开煤炭市场、放松管制之前，煤炭紧张是经常状态。但市场化改革后煤炭成为我国最重要的一次能源，产量逐年提高，即使在关停非法小煤矿政策执行最严厉的时候也基本保持了充足供应，保证了经济快速发展对能源的需要。

电力行业目前市场主体不健全，社会资本进入不够。国务院出台了鼓励非经济发展的新、旧“36 条”及其实施细则，但非公经济进入电力行业的隐形障碍依然存在。由于电力价格机制尚未理顺，投资回报率无法保证，一些民营资本不愿进入，已进入的则纷纷退出。目前，民营及外资发电企业装机容量占全国总装机容量的比重不到 5%，国有资本仍然占到 95% 以上。电网领域则保持国有独资的产权形式，输、配、售环节仍然维持了上下游一体化组织结构，电网企业依然处于“独买独卖”的垄断地位，发电企业和电力用户没有选择权，市场机制整个产业链无法发挥应有的作用。今后应进一步扩大电力行业市场开放范围，放松市场准入条件，允许民营、外资资本通过多种形式进入电力行业，并促进非公有制经济资本的集聚化和规模化。只有放开市场准入，打破行业分割，才能形成多元市场主体，从而激发电力行业的活力和效率，构建起公平公正的电力市场。

相比电力而言，石油天然气的市场化改革更显滞后。频现的油荒、气荒已经表明垄断体制并不能有效地保证供应，开放、多元的石油市场更加有利于维护石油安全，原油、成品油进出口和国内市场的放开将会增加油气的供应能力。竞争在短期内可能会降低几个国家公司的利益，但长期看将增强整体行业的运营效率，更大的利益会在新主体和消费者中间实现。当前，国内有人担心能源领域的开放会降低国家公司的竞争力。其实，只有在竞争中形成的竞争力才是真正的实力。一个例子是，巴西对石油行业实施市场化改革后，原来的巴西国家石油公司不仅没有衰落，反而在市场化的竞争中焕发了新的活力，十年间产量翻了一番，巴西也从一个石油一半靠进口的国家成为石油净出口国。

新能源领域已经有了很好的市场化开端。目前，民间投资新能源和可再生能源领域总额已经超过 8000 亿元，发电项目装机容量超过 4900 万千瓦，约占全国新能源和可再生能源总装机容量的 18%；从投资分布看，民间投资小水电项目约 2500 亿元，风电项目约 640 亿元，太阳能光伏发电约 230 亿元，生物质发电约 200 亿元。民间投资风电设备、太阳能电池及组件、晶体硅制造领域 2300 亿元，太阳能热水器全行业投资约 2200 亿元。太阳能热水器累计安装集热面积 2.2 亿平方米，其设计、施工、制造、服务等主要为民营企业。由于各类风电企业的竞争，新能源价格不断下降，譬如风电价格已经降到了 0.5 元左右，初步具备了大规模应用的基础。可以说，民间资本会随着能源体制的改革和市场建设的有效推进，更多地进入到新能源领域投资，这将对我国新能源的发展发挥不可替代的生力军作用。

三、坚持由市场形成能源价格

能源价格是能源市场体系的核心，市场配置资源的决定性作用主要通过价格信号的引导来实现。目前能源领域价格改革总体滞后，能源价格主要由政府制定。过多依靠行政手段配置资源的机制使得市场的作用得不到有效发挥，容易导致“政府失灵”，也造成系列价格扭曲现象：

一是能源价格市场化程度不高，价格无法如实反映能源稀缺程度和市场供求关系变化。能源价格水平总体偏低，不能真实反映能源产品市场供求关系和稀缺程度，价格缺乏对投资者、经营者和消费者有效的激励和约束作用。能源使用者缺乏动力通过技术革新寻找更经济的替代能源或者可再生能源，不利于节能技术和节能设施的推广，也没有建立起有效利用和节约能源的约束机制。

二是能源价格构成不合理，缺乏科学的价格形成机制。现代经济学认为，能源价格应包括开发成本、外部成本和代际成本，而且，无论是外部补偿还是代际补偿都无法通过市场机制自发实现。目前，资源破坏和环境治理成本没有反映在能源价格中，外部成本没有内部化，环境损失不能从能源产品的销售中得到补偿，代际成本也没有得到应有体现，致使清洁能源的真实价值不能得到足够体现，其推广利用在现实中遭遇“价格瓶颈”。

三是能源产品市场体系不健全，没有国际市场定价话语权。由于能源市场发育不足，石油等产品的现货、期货市场体系并没有建立起来，作为全球能源生产和消费大国，却没有国际市场定价话语权，对于国际市场价格变动只能被动接受。相对较高的能源进口价格，使中国消费者损失了大量的利益，也影响了国内产业的整体竞争力。

四是无法利用价格信号合理引导投资。投资项目行政审批制度使得能源建设与需求时有脱节，盲目投资、重复建设、无序发展与投资不足并存。缺乏用户参与和需求侧响应机制，行业内外普遍不满，历次价格调整都面临较大的社会舆论压力。

能源价格改革关键是建立起合理透明的价格形成机制，使能源价格既能有效反映供求关系、资源稀缺程度和环境的损害程度，又能有效发挥对于消费、投资和资源配置的引导作用。首当其冲的是区分行业的不同属性，明确各环节价格改革的方向和模式。应按照网运分开的原则，对相关产业链实施结构性改革，对油气管网、输电网络等自然垄断环节，核定其输配成本，确定企业的合理回报率，加强价格和成本监管；对于其他竞争性环节，则应打破垄断格局，鼓励多元主体参与竞争，形成市场化的价格机制。具体来说，各能源行业价格改革目标如下：

煤炭方面，核心是从根本上解决“计划电”与“市场煤”的体制矛盾和机制冲撞。真正实行煤电价格并轨，结束实施多年的煤电双轨制。在取消电煤合同价的基础上，着手推进煤炭价格完全市场定价；配套实施煤、电、运全产业链综合改革，建立煤炭价格、上网电价和销售电价实时联动机制，彻底解决煤电矛盾；鼓励煤电企业相互进入，签订长期供货合同，减少煤价波动的风险。

石油方面，启动市场化改革，允许各类投资主体公平进入，构建有效竞争的市场格局。在新的成品油价格形成机制基础上，进一步完善定价机制，包括调价周期、调价幅度、调价方式等。定价权应更多地下放给行业协会或企业，在实现与国际接轨的基础上，价格调整不必由政府发布，可以由行业协会按照政府确定的规则，自行调整发布。

天然气方面，在门站价进行市场净回值定价的基础上，建立上下游联动机制，形成真正反映资源稀缺程度、市场供求关系、环境补偿成本的价格，最终实现天然气出厂价由市场竞争形成，政府只对具有自然垄断性质的输配气价进行管理。

电力方面，应坚持2002年电力市场化改革的正确方向，进一步区分竞争性和非竞争性业务，对电力产业结构进行重组，改变电网企业盈利模式，上网电价、销售电价尽量减少由政府制定，逐步形成发电和售电价格由市场决定、输配电价由政府制定的价格机制，即“放开两头、管住中间”。

表1　我国能源主要领域不同环节价格形成机制的目标模式

	上游	中游	下游
煤　炭	勘探开采：市场定价	运输：市场定价	批发零售：市场定价
石　油	勘探开发：市场定价	管道运输：政府调控	批发零售：市场定价
天然气	勘探开发：市场定价	管道运输：政府调控	批发零售：市场定价
电　力	发电：市场定价	输电配电：政府调控	售电：市场定价

四、转变政府对能源的监管方式

政府职能转变是深化行政体制改革的核心，也是构建能源市场的体制保障。过去，我国对能源主要采取行政手段，经济手段和法律手段运用不多，行业管理色彩较浓。主管部门更加注重通过投资项目审批、制定价格和生产规模控制等方式干预微观经济主体的行为，政府职能越位、错位严重，但缺位并存，主要表现为：

一是能源基础信息薄弱，统计分析体系不健全。政府主管部门对能源基础信息掌握的及时性和准确程度，对制订规划和政策至关重要。当前大量的能源信息统计和分析工作由中国煤炭工业协会、中国电力企业联合会、中国石化协会等行业协会和国家电网、中石油、中石化等大型国有企业承担，而政府部门专门负责统计分析的人员缺乏。相对于拥有数百员工、年度预算经费上亿美元的美国能源信息署，我国能源基础信息工作存在差距。

二是一些重大战略尚未形成统一认识，规划政策存在反复。统一、明确、稳定的国家能源战略和政策对能源发展至关重要，必须认真研究，稳健决策，切实贯彻。但是在能源布局、特高压建设、新能源与可再生能源发展、油气资源开发、能源与环境等重大问题上尚未形成统一认识，有的重要能源规划和政策经常调整，甚至国家已经形成的决策得不到贯彻执行。

三是缺乏对外合作的协调机制，难以有效应对日趋严峻的国际形势。在当前的能源管理体制下，国家能源局、国家发改委、商务部、外交部等有关部门以及大型能源企业都在通过各自渠道分别开展对外合作，能源全球战略与国际能源合作缺乏统一部署和协调行动，存在多头对外、单打独斗的情况，难以形成合力。况且几大石油企业均为国内外上市公司，其目标也不可能与国家战略目标完全一致。

四是未能形成对能源企业的有效监管，市场监管职能尚待增强。比如，作为自然垄断性企业的电网公司的输配价格和投资至今未按规则接受监管，输配电价成本尚未明晰，合理的输配电价至今无法出台；“三桶油”内部成本始终无法厘清，历次油价调整饱受社会议论；在煤炭交易中间环节存在市场操纵、破坏市场秩序等乱象。

转变政府对能源的监管方式，必须坚持市场化改革方向，清晰界定政府和市场的边界，大幅放松对企业的微观管制，发挥市场在资源配置中的决定性作用，把重心转到市场无法发挥作用的方面。笔者认为，今后政府对能源的监管应聚焦四大职能，即宏观引导、市场监管、资源保护和利益协调。

在宏观引导方面，致力于弥补市场缺失。一是构建以《能源法》为统领的能源法律体系，以法律法规为依据指导能源市场化改革；二是加强能源基础信息体系建设，为准确决策提供可靠依据；三是强化能源战略规划，集中力量深入研究，形成明确的国家能源战略，特别是在能源布局、特高压建设、新能源与可再生能源发展、油气资源开发、能源与环境等重大问题上形成统一认识；四是统筹协调多部门和大型能源企业分别对外合作局面，形成统一的纲领性的能源全球布局与国际合作战略，有效保障国家能源安全。

在市场监管方面，形成对能源企业的有效监管。坚持市场化改革方向对纵向一体化的能源产业进行结构性改革，对竞争性环节放松管制，保障市场秩序的公平公正；对于自然垄断性环节，则做好成本和价格监管，厘清电网企业输配成本，核定油气管网输送成本等。

在资源保护方面，处理好经济发展和资源保护的关系。企业往往追求经济利益的最大化，而忽视资源保护和永续利用。目前我国资源无序开发、破坏和浪费问题严重，作为市场失灵领域，促进资源能源的保护和可持续开发政府责无旁贷。应通过法律、经济和必要的行政手段，进一步完善资源管理体制，健全资源资产产权制度和用途管制制度，明确权责，有效监管，促进资源有序开发；大力推动能源节约，提高能源利用效率，减少能源消耗，实现资源能源约束下的经济持续健康发展。

在利益协调方面，处理好中央与地方，东部与西部，以及政府、企业和民众的关系。我国能源企业多为央企和国企，涉及中央和地方税收分成，利益不均衡已引发一些地方政府和企业之间的矛盾。我国能源富集区多在西部，而能源消费区集中在东部，能源初级产品和制成品之间的价差，以及能源开采、环境污染等问题也使得东西部之间出现利益分配和利益补偿的问题。此外，为改善大气污染和治理环境，清洁能源的使用成本和环境治理成本需要建立全社会的价值补偿和分担机制。政府应从理顺中央与地方财政和税收体制，以及理顺能源产品价格及补偿机制等方面，协调好不同类型企业之间、不同区域之间、不同主体之间的利益关系，在市场失灵的领域施展作为。

五、健全能源法律法规体系

成熟市场化国家能源体系的运行建立在完备的法律体系基础之上。我国能源法律体系不完善，法制建设滞后问题较为突出。一是结构不完整，能源法缺位。《能源基本法》尚未正式推出；尚无石油、天然气法，缺少天然气供应法、热力供应法等能源公共事业法，无法对石油、核能等重要能源领域的建设、管理和运营进行有效监管。二是内容不健全。部分法律内容也已与现阶段市场经济发展和节能减排需要不相适应。如《电力法》中缺少有关电力交易规则、电价形成机制、电力建设的规定，无法支持新能源等分布式能源的发展；《煤炭法》中也有诸多内容无法适应当前煤炭工业发展，亟需修改和完善；法律法规制定过于原则化，可操作性较差，缺乏必要的实施细则和配套法规。三是各种法律缺乏必要的衔接，法律执行效果不佳。

必须构建以《能源法》为统领的能源法律体系。按照先急后缓、相互支撑的原则，尽快推出能源基本法，制定《石油法》、《天然气法》、《原子能法》，制定《核电管理条例》、《海洋石油天然气管道保护条例》、《国家石油储备管理条例》等法规规章。根据改革与发展的需要，尽快完成《煤炭法》及《电力法》等的修改，完善能源专门法的体系和内容，鼓励新能源“分散上网，就地消纳”，构建有利于分布式能源发展的法律和政策体系。此外，还要提高法律法规的可操作性，并完善相关的实施细则和配套法规，以保障能源基本法和能源专门法的贯彻实施。

六、构建现代能源市场体系

改革是还原能源商品属性，构建能源市场体系，推动能源革命的必然选择。构建能源市场体系，必须打破行业垄断和地区封锁，鼓励能源上、下游产业相互融合，形成全国统一能源大市场和各具特色的区域能源市场。从中长期看，我国需要完成煤、电、油、气四个国内市场的构建，夯实与此相关的其他市场建设，分述如下：

现代煤炭市场体系建设。建立以全国煤炭交易中心为主导，以区域煤炭交易中心为辅助，以地方煤炭市场为补充的合理布局、规范有序、健康发展的现代煤炭交易市场体系。建立与国际煤炭市场接轨的现代煤炭交易市场体系，形成具有国际影响力的区域煤炭交易中心。积极发挥促进煤炭交易，发现合理价格信号，推动煤炭经济健康增长的现代煤炭市场体系功能（见图1）。

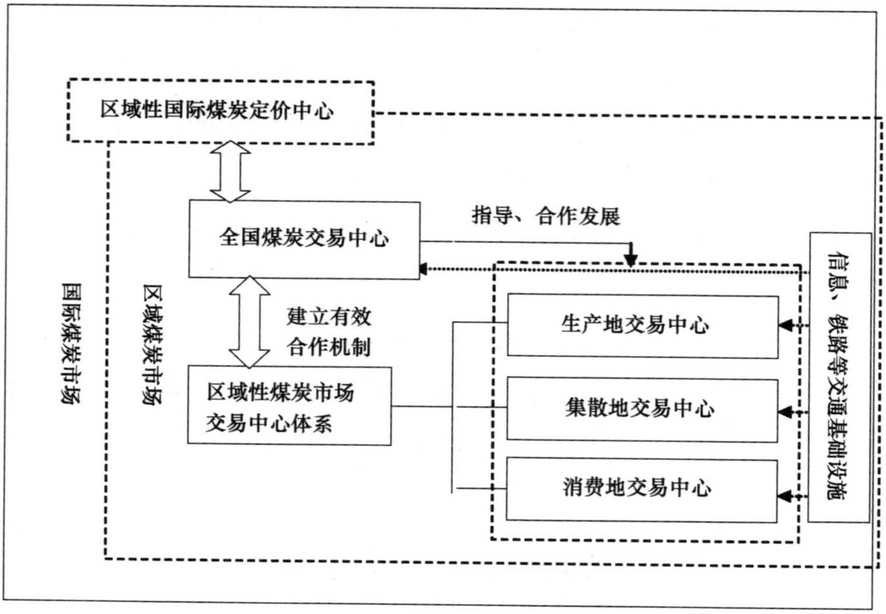

图 1　我国现代煤炭市场体系框架

现代石油市场体系建设。放开原油和成品油进口，实现成品油市场定价。完善石油现货市场、中远期合约市场，建立期货市场，为国内石油企业、用户和贸易商提供避险工具和场所。加快国际区域性炼油中心和储运中心建设，逐步形成辐射东亚地区的石油中转、加工、交易和定价中心，力争形成与纽约商品交易所WTI原油期货价格并重的石油基准价格，增强我国对国际石油市场的影响力（见图 2）。

现代电力市场建设。根据国家、区域和省内电力资源优化配置的特点，设计各自的交易模式，并开展相应的交易，各级市场互为补充，交易品种分工明确。积极培育全国电力市场，大力推进大用户直购电，推进区域间电力交易，实现跨区域送电、区域间电力互济和区域间备用共享，促进电力资源在全国范围内优化配置，并加强与周边国家联网，促进电力进出口贸易的开展。最

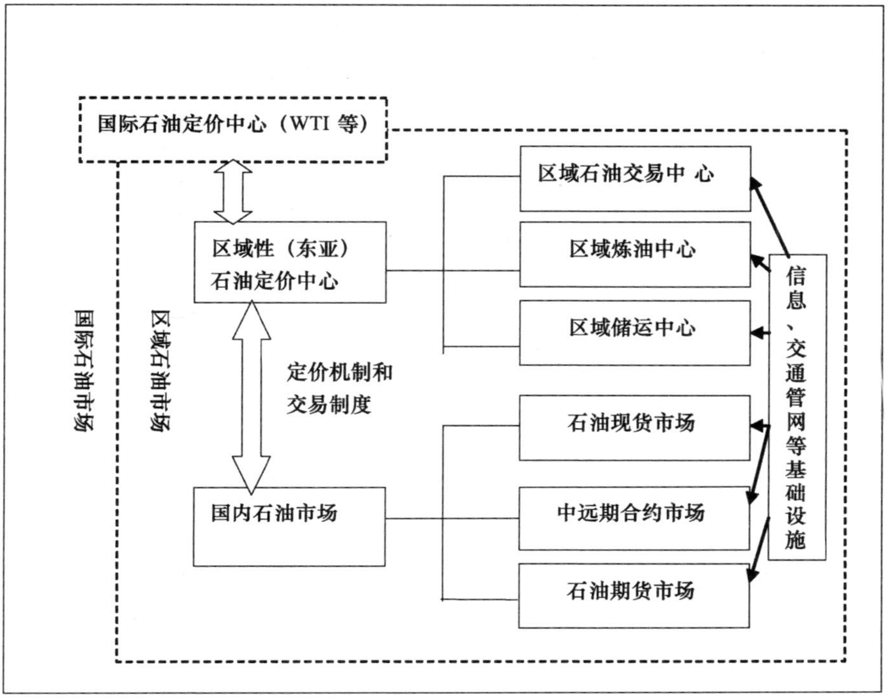

图2　我国现代石油市场体系框架

终形成国家、区域和省级市场有机融合、统一开放的电力市场体系（见图3）。

现代天然气市场体系建设。实施政企分开，逐步实现天然气市场定价，发挥政府维护市场的公平与服务、市场监管职能。实现天然气上、下游市场的开放，鼓励多种资本进入，实现两个市场的自由竞争。

完善天然气储运设施建设，建立独立的管输公司，以实现天然气管输领域的有效监管。积极推进天然气中远期合约市场、现货市场和期货市场，为国内的天然气生产企业、用户和贸易商提供规避风险的工具和场所（见图4）。

其他市场建设。根据我国经济社会和能源需求发展的实际，

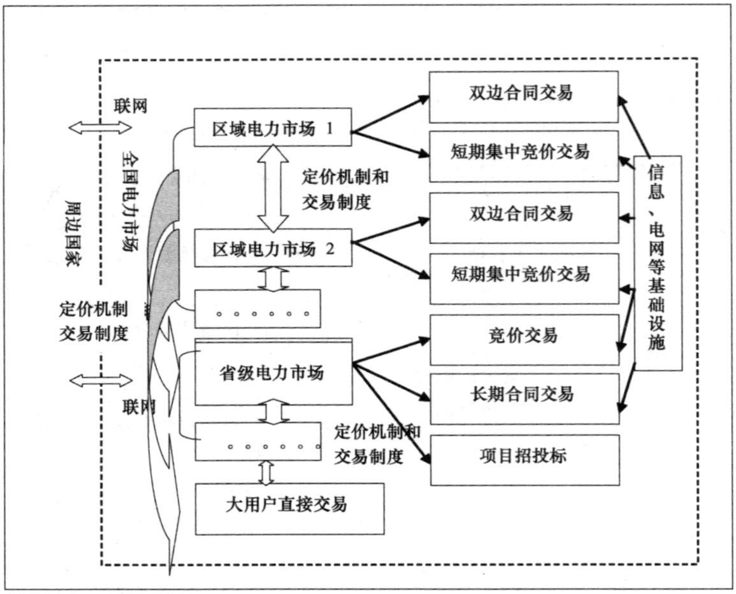

图 3　我国现代电力市场体系框架

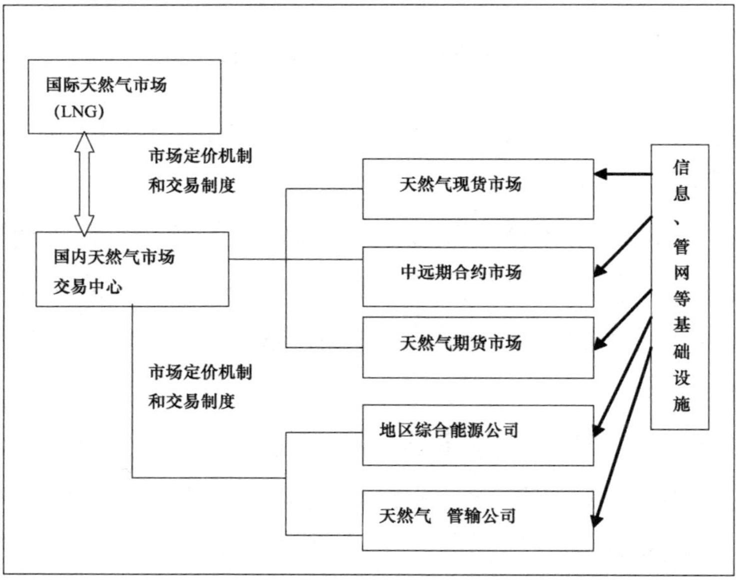

图 4　我国现代天然气市场体系框架

逐步探索能源生产污染物排放额交易、可再生能源配额交易、绿色证书交易、白色证书交易、碳排放交易、CDM 交易、环境容量交易。

此外，在积极构建国内能源市场体系建设的同时，也要注重与国际能源市场的对接，加强国际能源合作，积极参与全球能源治理。

Return to the Commodity Attribute of Energy, Promotethe Energy System Revolution

Jing Chunmei

Abstract: Promoting energy system revolution is the key to reducing energy commodity attribute. For this, we need to let go of a competitive business, foster competition in the market main body; Formation of market-oriented energy price mechanism, reflect market supply and demand and resource scarcity; Transformation of the mode of government regulation for energy plays a good macro guidance, market supervision, resource protection and interest coordination functions; The energy laws and regulations system, standardize the order of the energy market.

Keywords: commodity attribute　energy markets　system revolution

外汇储备转换为石油储备的问题研究

（国家石油储备中心副研究员）肖　英

［摘　要］本文在辨析外汇储备概念的基础上，指出我国外汇储备规模过大，影响货币政策实施等问题。将部分外汇储备转换成石油储备，有利于化解外汇储备存在的问题和风险。外汇储备转换为石油储备的方式主要包括中央银行向指定商业银行提供外汇资金贷款等两种。最后，文章指出应具体分析采购原油即可减少外汇储备、应利用外汇储备采购原油等观点。

［关键词］外汇储备　转换　石油储备

近年来，世界经济发展放缓，我国以美元资产为主的外汇储备面临巨大的汇率变动风险。2014 年 5 月 10 日，国务院总理李克强在访非时特别提到："比较多的外汇储备已经是我们很大的负担，因为它要变成本国的基础货币，会影响通货膨胀。"随着我国外汇储备规模的不断扩大，一些社会舆论高涨，呼吁将外汇储备转化为石油储备等，既能优化外汇储备，又能保障国家能源安全。本文试对此进行分析研究。

一、外汇储备[①]

外汇储备是货币当局控制并随时可利用的对外资产，其形式包括货币、银行存款、有价证券、股本证券等，主要用于直接弥补国际收支失衡，或通过干预外汇市场间接调节国际收支失衡等用途。

我国的外汇储备是由中国人民银行通过投放人民币在银行间外汇市场购汇形成的，购汇所使用的人民币直接来源于货币发行。值得注意的是，外汇储备从持有主体看，由货币当局（即中国人民银行）持有，而民间和其他官方机构持有的外汇不属于外汇储备。在我国结售汇制度下，企业和居民结汇形成的商业银行外汇资产，及企业和居民在对外交往中赚得的外汇及外币存款，如未在银行间市场出售并由中央银行购买，这些外汇均不属于外汇储备。此外，商业银行的自有外汇不属于外汇储备。政府通过发行人民币债券向央行购买的外汇，一经央行售出，就不再属于外汇储备而属于中央银行售汇。

二、我国外汇储备面临的问题

改革开放以来，随着我国经济持续快速增长，对外开放水平日益提高，我国外汇储备规模不断扩大。根据中国人民银行公布的数据显示，截至2014 年6 月末，我国外汇储备余额达39932 亿

① 外汇管理概览，http：//www. safe. gov. cn/wps/portal/sy/cbw_ whglgl

美元，较 2013 年末增长了 1719 亿美元。[1] 当前我国外汇储备规模居世界第一，占全球官方外汇储备总量的比例超过 1/3。美元、欧元、英镑、日元是我国外汇储备的主要组成货币，其中美元比重占 50% 以上。

表 1　我国近十年外汇储备规模[2]单位：亿美元

时间	金额	增长
2004	6099. 32	2066. 81
2005	8188. 72	2089. 4
2006	10663. 44	2474. 72
2007	15282. 49	4619. 05
2008	19460. 30	4177. 81
2009	23991. 52	4531. 22
2010	28473. 38	4481. 86
2011	31811. 48	3338. 1
2012	33115. 89	1304. 41
2013	38213. 15	5097. 26

拥有一定规模的外汇储备，既是我国综合国力显著增强的标志，也是维护国家金融安全的重要保证，对保持人民币汇率稳定、支持经济高速增长、增加就业等具有重要意义。但我国目前外汇储备占 GDP 的比例超过 41%，与进口额的比例超过 200%，远远超出了最低警戒水平。在国际金融市场风云变幻的形势下，过高的外汇储备规模和较快的外汇储备增长势头，使我国面临着

① 外汇储备数据，http：//www. safe. gov. cn/wps/portal/sy/cbw_ whglah.

② 同上。

巨大的国际经济风险。

一是迅猛增加的外汇储备影响了我国货币政策的实施。由于人民币是非自由兑换货币，外资引入后需要兑换成人民币才能进行流通使用，国家为兑换外汇投入大量人民币，从而形成外汇占款，并成为中国央行投放基础货币的主要渠道之一。近年来，由于外汇占款增长过快，客观上增加了社会资金投放规模，加大了通货膨胀风险，影响了国家宏观调控政策的实施，而国内外汇市场严重供过于求，也增大了人民币的升值压力，不利于保持稳健合理的出口。

二是在近年来美元贬值的形势下，我国以美元资产为主的外汇储备结构，将不可避免地受到美元贬值的汇率风险影响。2014年6月末，人民币兑美元汇率中间价为6.1528元/美元，从2005年7月汇率改革以来至2014年6月末，人民币对美元汇率中间价累计升值34.5%①。而我国的外汇储备以美元资产为主，以本币角度看，不断贬值的美元储备，使国家资产产生了巨大的缩水。

三是巨额外汇储备必然导致很高的机会成本。2005年到2013年，外商在我国投资的回报平均是6.7%，而我国外汇储备基于资金安全考虑主要用于购买国债，收益率不高。据测算，2005年到2013年，我国平均对外投资收益率约为3.3%②。我国一方面以高代价从国外借入或引进资金，另一方面，又以较低的收益率购买国外的债券，导致因持有巨额外汇储备而付出很大的机会成本。

---

① 国家外汇管理局国际收支分析小组：《2014年上半年中国国际收支报告》，2014年9月29日。

② 外汇局官员："2005年以来对外投资平均收益率3.3%"，http://finance.sina.com.cn/china/hgjj/20140612/130419392286.shtml

三、将外汇储备转为石油储备的意义

石油是现代社会不可缺少的重要能源和原材料。为应对石油供应中断危机，经合组织（OECD）国家在框架内于1974年11月成立了国际能源署（IEA），要求其成员国建立至少相当于本国90天石油净进口量的石油储备。截至2013年底，IEA成员国共持有石油储备4.7亿吨[①]，平均相当于200天[②]的石油净进口量。美国石油储备达2.39亿吨，其中政府储备9493万吨；日本石油储备7802万吨，其中政府储备4446万吨；德国石油储备3887万吨，其中政府储备2509万吨。2013年，我国石油消费约4.995亿吨，其中净进口2.91亿吨，对外依存度约58%，超过国际社会公认的警戒线50%。根据预测，未来我国石油需求仍将保持较快增长速度，而国内原油产量难以大幅提高，石油对外依存度将持续攀升。为防止石油供应中断，保障国家能源安全，我国从2004年开始建立石油战略储备，2008年国家石油储备基地一期项目合计规模1640万立方米建成投入使用，共收储原油约1200万吨。目前，国家石油储备基地二期项目正在建设，三期项目正在规划选址阶段。但总体来看，我国石油储备起步晚，进展不快，形成和在建规模薄弱，远不能适应国际形势复杂变化和应对石油供应中断等突发事件的需要，与国际能源署（IEA）规定的90天石油净进口量目标相比，也存在较大差距。当前，国际油价低迷，正是国家战略石油储备补仓的良好时机。

---

① 数据来源：美国能源信息署，http://www.eia.gov

② 数据来源：国际能源署，http://www.iea.org

按照国务院关于“创新外汇储备运用，拓展外汇储备委托贷款平台和商业银行转贷款渠道，综合运用多种方式为用汇主体提供融资支持”[①] 的精神，为了化解外汇储备存在的问题和面临的风险，我们可采取更多、更灵活的办法，使外汇储备转化为其他可以保值增值的实物资产。而将外汇储备转换为石油储备，实行多元化运作，不仅可以化解汇率风险，而且可以增强国家石油储备实力。

1. 石油是稀缺和不可再生的资源。作为重要的能源和工业原材料，石油在相当长的时期内仍将是世界各国需求和追逐的对象，在国家经济和发展战略中占据重要地位。将外汇储备转换为石油储备，不但为过高和较快增长的外汇储备寻找到了合适的途径“消肿”，而且有利于扩大石油储备规模，保证我国能源安全和经济安全。

2. 可实现外汇储备的保值增值。受市场供需、地缘政治、投机炒作、气候变化等多种因素影响，短期内国际市场石油价格不断起伏波动，但从中长期看，国际油价总的发展趋势呈单调递升走势。因此，如果能将部分外汇储备转换为石油储备，短期内可以规避汇率波动的风险，长期可以实现外汇储备的保值增值。若能抓住当前国际油价回落的有利时机，采购到低价格原油，则避险的程度和保险系数更大。

3. 减少货币兑换环节和降低成本。我国外汇储备量巨大，将部分外汇储备直接转换为石油储备，不会影响外汇储备应保有的合理水平，也有利于缓解外汇占款较大的压力，相应减少了使用人民币的兑换等环节，提高了效率。同时，国家石油储备建设势

① “关于金融支持经济结构调整和转型升级的指导意见”，国办发〔2013〕67号。

在必行，在人民币兑美元升值的前提下，将部分外汇储备转换为石油储备，可避免承担美元贬值和人民币升值的双重损失。

四、外汇储备转换成石油储备的途径

我国外汇储备是中央银行的资产或权益，中央银行在形成外汇储备时，银行、企业和居民没有将外汇无偿交给国家，其经济利益已经在外汇和人民币兑换时得以实现，外汇储备所对应的购买力实际上已经进入了国内流通领域。因此，外汇储备与财政资金不同，对应的是等值的央行负债，应在境外投资和运用，国内转移时不能无偿拨付，必须遵循依法合规、有偿使用的原则，向中央银行足额支付同等对价资产、承担外汇储备资产背后的等值人民币负债之后，才能获得外汇储备资产的使用权。如果将外汇储备从央行无偿划拨出去，一方面会影响到央行资产负债表的平衡，相应影响到央行信誉和货币政策、汇率政策的顺利实施；另一方面将外汇储备无偿划拨给国内经济部门使用，由于在国内不能使用美元等外汇储备货币，这些部门必须将外汇进行“二次结汇”，相当于再次增加了人民币投放，带来通货膨胀压力。[①]

尽管如此，在现有体制机制下，外汇储备转换为石油储备仍可通过以下方式实现：一是借鉴日本经验，中央银行根据国家的产业政策和宏观经济形势需要等，向指定商业银行提供外汇资金贷款。[②] 用汇单位申请外汇贷款，直接用外汇在国际市场上采购

---

① “关于金融支持经济结构调整和转型升级的指导意见”，国办发〔2013〕67 号。

② 杨恩源：“中国部分外汇储备转化为石油储备的建议”，http://wenku.baidu.com/link?url=TxELjCg0aw3cqX_oYKvCTCA3HiT6p4IARssJ_QfrKRmXayPMoTr7eOPN52JKB0rf19DdWmbGRR2elB-B7P56ZF0tBF12GCuC2JdZk0fRUiK

原油，实现外汇储备向石油储备的转换。二是由专门的外汇储备投资管理机构向央行负债，在直接利用外汇进行投资过程中将部分外汇储备转换为石油储备。值得关注的是，为不断创新外汇储备运用，国家外汇管理局有关负责人 2013 年 1 月 14 日表示，中国人民银行、国家外汇管理局已成立了外汇储备委托贷款办公室（SAFE Co-Financing），负责创新外汇储备运用工作。外汇储备委托贷款的运作模式主要是国家外汇管理局委托商业银行（国家开发银行等）将其持有的外汇储备以外汇贷款的形式借贷给需要用汇的企业，被委托的商业银行（国家开发银行等）根据确定的贷款对象、用途、金额、期限、利率等代为发放、监督使用并协助收回，只收取佣金即代理费。

五、几点认识

一是关于采购原油即可减少外汇储备，增加石油储备。由于国际市场采购原油结算时使用的是外汇，因此有观点认为，只要是采购原油，就需要使用外汇，即减少了外汇储备。笔者认为，这一观点需要具体分析。如采购者在国际市场上采购原油使用的外汇是自身持有的，或来源于商业银行内部调剂、银行间拆借、买卖等，如前文所述，不属于外汇储备范畴，但在客观上有利于减缓外汇储备的增加。

二是关于国家石油储备采购资金是否应利用外汇储备。外汇储备的功能主要是调节国际收支，保证国际支付；干预外汇市场，维护汇率稳定；应对突发事件，防范金融风险；配合货币政策实施，实现经济增长；提升本币国际地位，促进国际金融合作。因此，首先应在综合考虑我国经济各方面因素的基础上确定需持有的一定规模的外汇储备，在外汇储备超出适度储备规模的条件下，比较国家石油储备资金筹措成本，以此确定是否应利用外汇储备，不宜因急于为外汇储备“消肿”而利用外汇储备采购石油。

三是关于外汇储备转换成石油储备的操作难点。在现行外汇管理体制下，将外汇储备转化为石油储备，属政府行为而非市场行为[①]，因为建立国家石油储备的着眼点是通过保有石油实物储备，实现能源应急和政治、外交等方面的战略意图，并不强调盈利增值，而专门外汇储备投资管理机构的主要目的是实现投资收益最大化和资产的保值增值。如采用外汇储备委托贷款方式，贷款金额、期限、利率等均需相关各方进行大量磋商，并无成例[②]。

随着我国能源对外交往扩大和深化，国际社会十分关注我国石油储备建设情况。因此，增强国家石油储备应特别注意，采购时需避免对国际石油市场产生冲击。同时，为降低成本，可考虑将转换的石油储备分成两部分运作，一部分着眼于长远，随油价的上升达到保值增值；另一部分视油价的波动，低吸高抛，择机轮换，取得差价收益，并帮助国内生产企业降低进口成本。

Reserves Converted to Study Issues Related to Oil Reserves

XiaoYing

Abstract: Based on the analysis of the concept of foreign exchange

① 孟祥昇：“‘运用外汇储备建立国家物资储备’方案评析”，《管理世界》，2008年第6期，第172—173页。

② “揭开外储委托贷款的神秘面纱”，http：//pe. hexun. com/2014－08－19/167641166. html reserve, the article pointed out that China's foreign exchange reserve scale is too large, have an impact on the implementation of monetary policy and other issues. Converting part of foreign exchange reserves into oil reserves is helpful to resolve the problems and risks of foreign exchange reserves. There are mainly two ways of conversion, including the central bank provides foreign exchange funds loans to the designated commercial banks. Finally, the article pointed out that some points of view should be specific analysis, for example, foreign exchange reserves can be reduced as long as the procurement of crude oil, and we should use the foreign exchange reserve purchase crude oil.

Keywords: foreign exchange reserve convert oil reserve

资源篇

国际大宗商品价格下跌成因及影响

（中国国际经济交流中心副研究员）刘向东

[摘　要] 2014 年以来，国际上多数大宗商品价格呈现先扬后抑的走势。主要受欧洲和中国需求放缓的影响，原油、煤炭、天然气、铁矿石、贵金属、有色金属等多种工业品市场出现供过于求的状况，而美元持续走强和地缘政治因素也加剧了大宗商品市场的供需失衡。短期看，商品价格下跌对输出国会构成较大威胁，而利好于资源消费国经济成长；而长期看，价格持续下跌还可能诱发全球经济陷入通胀状态，尤其表现在生产资料领域。

[关键词] 商品价格　国际油价　美元指数　供需关系

2014 年以来，全球经济进入“新平庸经济”时代，即经济疲软程度可能持续，具体反映在国际大宗商品市场领域。除极少品种外，多数国际大宗商品价格出现连续走低态势，而且价格波动的不确定性正在加强。伴随着全球市场需求日益趋缓，国际商品市场也进入了“新平庸”时期，可预见未来商品价格大幅上涨的动能稍显不足。

一、2014年国际大宗商品价格呈现倒U型走势

（一）2014年以来国际大宗商品价格走势呈现倒U型走势

2014年年初，汤姆逊路透核心商品价格指数（TR/CC-CRB Index）呈现急剧拉升态势，从1月9日的272.3点攀升至2月19日的301.7点，短短40多天涨幅高达10.8%。直到7月9日之前，该价格指数几乎都在300点至310点之间窄幅波动，但是自6月25日达到312.8的高点后，该价格指数呈现急剧下降，至10月22日时就下跌至270.4点，四个月时间里跌幅高达13.6%，并且逐步接近2010年10月以来的最低点（267.2）。图1给出了2011年以来TR/CC-CRB指数的走势变化。从图中可以看出，2014年价格指数呈现先扬后抑的走势，价格指数曲线显示出了不同以往三年的倒U型形态。

（二）近期国际大宗商品价格下跌的覆盖面相当广泛

2014年6月下旬以来，国际大宗商品价格几乎呈现全线下跌态势，这一轮暴跌的覆盖面非常广泛，原油、煤炭、铁矿石、有色金属、黄金、螺纹钢等主要工业品价格全部进入下行通道，有些品种甚至不断刷新历史新低；即便农产品价格也未幸免，玉米、大豆、小麦、棉花等国际农产品价格也大幅度下跌，甚至跌到了四至五年以来的最低点。上游原料价格出现大幅下挫，进而诱发下游产出品价格也随之下跌。比如，国际油价大幅下跌，引发了下游石油化工产品价格下跌，如乙烯、丙烯、丁二烯、甲

图 1：2011 年以来 TR/CC-CRB 指数走势

醇、甲乙酮价格都在下跌之中。

（三）美元持续走强抑制国际大宗商品价格上行

国际市场上，大宗商品价格走势之所以呈现集体疲软，主要受到世界经济基本面表现不佳这一大环境的拖累。尽管美国经济单方面向好，但是并不能支撑商品价格上行。近期，美联储逐步退出量化宽松货币政策，进一步促使美元持续走强，由此形成的预期，在很大程度上增加了大宗商品价格下行压力。通常，美元汇率上涨会导致以美元计价的商品期货价格下跌，因持有其他货币的投资者买入这些期货的成本将会变高。据图 2 所示，美元指数走势与 CRB 指数呈现较强的负相关关系。受美联储将在 2015 年 10 月底结束 QE 预期影响，2014 年 7 月 1 以来，美元指数（广义）持续攀升，从 79.8 点攀升至 10 月 1 日的 85.9 点，三个月时间涨幅达到 7.6%，刷新了 2010 年 6 月中旬以来的新高。美国经济向好的基本面支持了美元的强势复苏，而欧元、日元、俄罗斯卢布等非美元货币的持续疲软，相对加剧了美元走强的基调。倘若美联储于 2015 年启动加息窗口，今后美元继续走强的可能性仍然较大，甚至有可能突破 100 点的关口，根本上确立美元进入新一轮牛市周期。

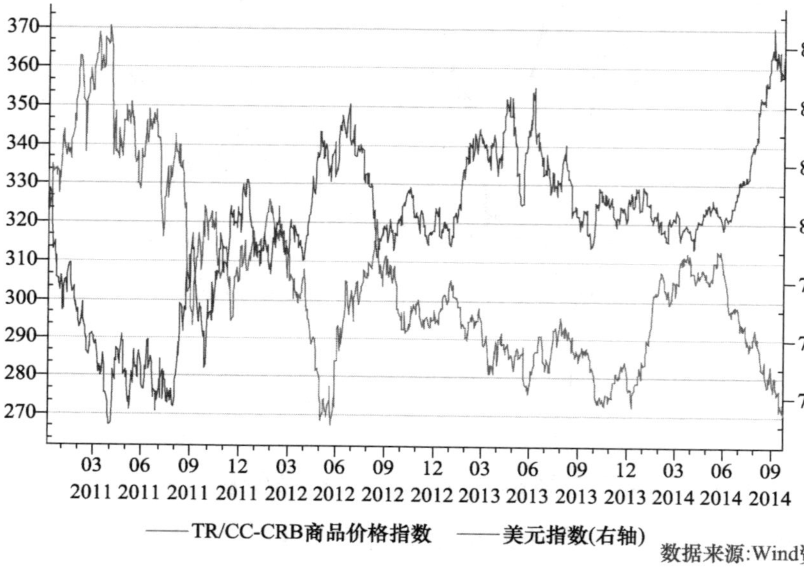

图 2：2011 年以来美元指数与 TR/CC-CRB 指数走势关系

（四）沃尔克规则弱化了国际大宗商品的金融属性

2014 年 4 月 1 日，美国通过了“沃尔克规则”。该规则禁止银行机构从事大多数自营交易，限制投资对冲基金和私募股权基金，同时要求银行机构设立内部合规计划，并向监管机构提交相关计划和报告重大交易活动。美联储要求美国银行机构在 2015 年 7 月 21 日前完成符合“沃尔克规则”的规定，在此规则影响下，花旗银行、德意志银行、摩根大通、摩根士丹利、高盛等已纷纷剥离并退出大宗商品业务。倘若银行机构不能插手大宗商品业务，这意味着大宗商品价格正逐渐与金融衍生品价格脱钩，未来大宗商品金融炒作因素将下降，而使商品价格更多地回归产业属性和反映供需基本面。近三年来，国际商品市场持续走低，这虽与商品市场普遍出现供过于求有关，但沃尔克规则的实施，可能进一步减少商品被炒作的频次。由于不同商品的金融属性程度存在差异，该项规则给不同品种的商品带来的影响会有所不同，但总体上该规则的实施将会导致商品市场流动性减弱，进而使商品贸易与金融衍生品交易脱钩的影响逐步在商品市场价格上显现出来。

（五）国际大宗商品价格下跌加剧了全球通缩预期

国际能源、基本金属等主要大宗商品价格的整体疲软，将会对全球经济体产生不同的影响。俄罗斯、委内瑞拉等主要能源资源输出国经济或受到较大冲击。而美国、欧盟、日本、中国、印度等资源进口国可能会从中受益，它们不仅可以获得廉价资源而降低商品生产成本，而且还帮助抑制了输入性通货膨胀，降低经济运行风险。以中国为例，据国家统计局公布的 PPI 数据显示，2014 年 9 月 PPI 环比下降 0.4%，同比下降 1.8%，连续第 31 个月出现负增长。可以预见的是，倘若原油、成品油、钢材等原材料价格持续下滑，不排除在全球范围内产生通缩预期。此外，国际大宗商品价格的持续下挫还进一步促使全球矿业投资趋缓。以铁矿石为例，2014 年以来，全球铁矿石市场铁矿石价格大幅下跌，这不仅造成前几年高成本获得的铁矿石资源大幅缩水，使投资者承受较高的“沉没成本”，而且还会营造悲观的市场情绪，形成商品市场的看跌预期，从而削弱投资者对商品需求增长预期，进一步加剧通缩预期的形成。

二、2014 年国际原油价格进入了持续低迷的调整阶段

（一）国际原油价格呈现连续暴跌的非常规走势

2014 年 7 月以来，国际油价已经较年度内高点跌去四分之一之多。其中，纽约油价（WTI）和布伦特（Brent）油价分别从 6 月每桶 107.26 美元和 115.06 美元的高点下跌至 10 月 24 日的 81.01 美元和 86.13 美元（见图 3 所示），两者较 2011 年以来的高点分别下跌 28.9% 和 32.0%。而与 Brent 原油价格变动一致，被俄罗斯政府作为经济预测基准的“乌拉尔”石油价格也已接近每桶 83 美元，几乎要跌破每桶 80 美元的参照价格。同时，国际原油价格的大幅下跌还导致与此挂钩的成品油价格也出现连续下跌态势。以中国国内成品油市场为例，截止 10 月 29 日，国内成品油价格已经经历连续六次下调，每次下调幅度都较大。

（二）国际油价下跌是由供需失衡等多重因素决定的

本轮国际油价下跌是由供需失衡等多重因素所决定的。从供求关系看，国际油价下跌是中长期内市场供需变化的结果。全球经济增长的放缓预期和供过于求的市场状况是导致此轮油价大幅下跌的重要原因。据国际能源署（IEA）预计，2014 年全球原油日均需求将增长 70 万桶，低于其此前预期的增长 90 万桶；同时 2014 年 9 月全球原油日均产量增长近 91 万桶，主要由于欧佩克（OPEC）成员国（2012 年约占全球原油产量的 44.5%）及非欧佩克产油国原油产量均有所增长。特别是受益于页岩油气技术的快速发展，美国国内原油产量持续增加。据美国能源信息署表

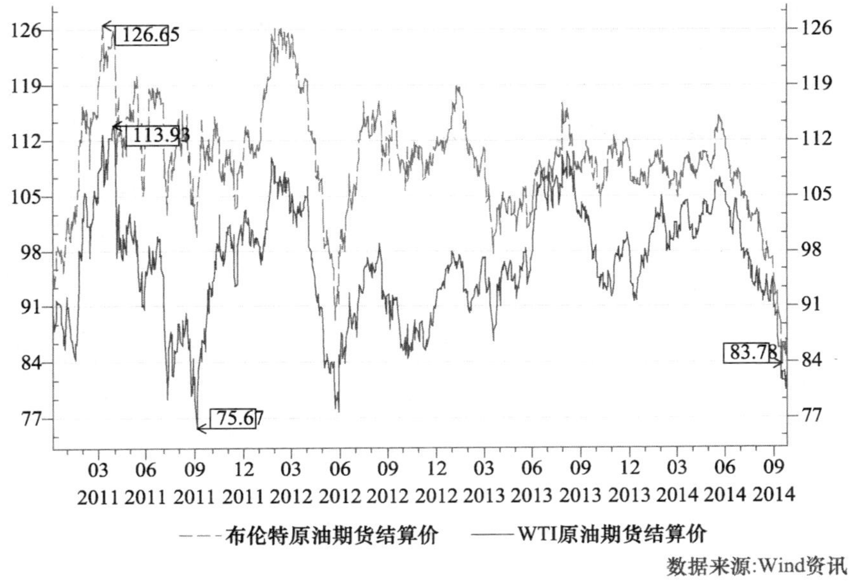

图3：2011年以来Brent原油期价与WTI原油期价走势

示，美国国内原油日均产量已经接近900万桶。另据IEA数据显示，美国石油及相关液态油气（如乙烷和丙烷）日产量在2014年中旬（6—8月）已与沙特阿拉伯不相上下，约为每天1150万桶。此外，受到战乱困扰的利比亚和伊拉克基本维持了既有的石油产出量。2014年以来，随着战乱后局势趋于稳定，利比亚原油恢复生产，加上北美石油产量大幅增长，致使全球原油库存稳步上升。与此同时，欧洲、中国和其他亚洲国家经济减速导致对原油需求减少，从而使国际原油市场呈现供过于求状况，并成为国际油价连续走低的主导因素。值得注意的是，短时期内原油市场的供需还是相对平稳的，不太可能是导致国际油价暴跌的直接导火索。换句话说，目前国际油价的暴跌可能存在过度迹象。随着高成本油价限产供应，随后就会推动库存消耗，供需关系的自我调节变化将会促使国际油价回归正常水平。据高盛预计，2016年以及之后长期内 WTI 原油价格将处于每桶 80 美元，Brent 油价则是每桶 90 美元。

（三）地缘政治将是导致国际油价暴跌不可忽视的力量

地缘政治因素始终是导致国际油价短期大幅波动的重要因素。2014 年 7 月份以来，国际油价出现暴跌的背后隐藏着国际政治因素。近期，俄罗斯、乌克兰、伊拉克和大叙利亚伊斯兰国（ISIS 组织）、北美和尼日利亚等地缘政治风险频发，而国际油价却在持续下跌，这是不同寻常的现象。由于在克里米亚问题上美欧与俄罗斯关系走向分裂，美欧国家试图以惯用的经济制裁方式向俄罗斯施压，以期在乌克兰危机中掌握主动。以往美欧国家针对伊朗等国家的制裁往往会引发油价飙升，而今对俄罗斯实施经济制裁却是诱发了国际油价下跌，这种打压油价的做法，旨在拖垮俄罗斯脆弱的财政基础。根据俄罗斯联邦储蓄银行的计算，当国际油价在 104 美元时，俄罗斯才能维持收支平衡；如果油价维持在每桶 90 美元附近，2014 年底前俄罗斯经济可能开始萎缩，2015 年俄罗斯财政收入将因此减少 1.2%；如果油价跌破 80 美元，俄罗斯可能将不得不削减开支。美欧国家利用掌控的石油资源，不断增加市场原油的充足供应，同时巧妙利用地缘政治因素实施制裁，不鼓励欧佩克采取减产保价措施，从而使地缘政治关系成为推动国际油价持续走低的重要原因。例如，沙特表示愿意接受更低的油价和不限产，甚至油价可以跌至每桶 80 美元，以当前油价计算，沙特财政收入每年减少约 400 亿美元。尽管我们尚找不到证据说明欧美西方国家有意为之，但主要消费国都具有打压国际油价的内在动力，既符合消费国自身的经济利益，又增加俄罗斯等不合作国家的经济运行风险。

（四）国际油价下跌将给产油国经济带来较大冲击

国际油价持续走软，Brent 原油价格接近每桶 80 美元关口，可能触及产油国经济运行风险底线，不仅伴随石油收入下降，导致财政赤字扩大，而且还会对经济增长构成威胁。如果 Brent 原油价格指数跌至每桶 80 美元，欧佩克国家的盈利预计将会出现 20% 的下降，并削弱其对外偿债能力。如前所述，俄罗斯、伊朗和委内瑞拉等原油出口国要承受较大压力。以俄罗斯为例，油气出口占俄罗斯出口总额的 70% 左右，而油气收入占其政府财政收入的 50% 左右，倘若国际油价持续低迷，俄罗斯经济增长可能受到威胁。据俄罗斯政府在其 2015—2017 年预算草案中预计，油价每桶为 100 美元，年均 GDP 增速为 2.6%，倘若油价从每桶 100 美元下跌至 80 美元，将使得 GDP 减少约 2%。此外，油价持续下跌还可能使俄罗斯面临外汇储备锐减和卢布大幅贬值的风险。图 4 显示了主要产油国要达到收支平衡所需的石油售价水平，以及其当前处在预算赤字还是盈余状态。如果国际原油市场持续低迷，除俄罗斯外，其他部分产油国也同样会遭受较大困境，比如尼日利亚、委内瑞拉、伊拉克、利比亚等国家面临融资压力和债务违约风险。美国也可能被迫削减用于扩大产能的资本开支，影响其页岩气、页岩油开发的进程。

（五）国际油价下跌改善石油消费国经济状况

国际油价下跌近似于大规模的量化宽松计划，对那些承受高油价的消费国是相当大的利好。即便美国页岩油气繁荣发展，但美国仍然是石油净进口国，油价下跌至每桶 80 美元，相当于给美国每个家庭分发近 600 美元红利。日本、韩国、欧盟、印度、中国等石油进口国均从油价下跌中受益，成为它们稳定增长的助

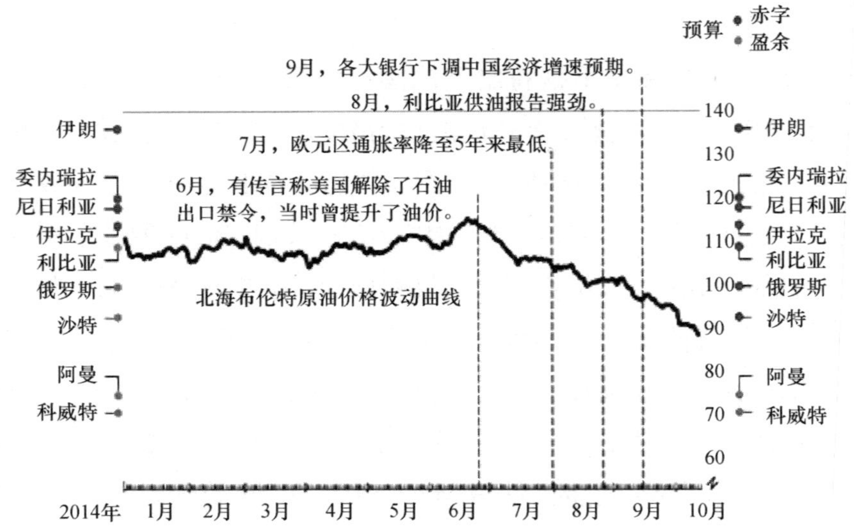

图 4：2014 年以来布伦特油价走势与主要产油国收支平衡关系

推器。以中国为例，中国原油对外依存度高达 60% 左右，2009 年全年进口量为 2. 0379 亿吨，进口金额为 892. 5559 亿美元，而 2014 年前 8 个月，中国进口量就已达 2. 0091 亿吨，进口金额约为 1568. 8570 亿美元。倘若按照每桶 80 美元平均进价计算，2014 年前 8 个月中国石油进口将会节省 395. 5552 亿美元。另据《经济学人》报道，如果近期油价下跌得以维持，中国石油进口费用将节省 600 亿美元，约占购油费用的 3% 。

三、国际煤炭价格下跌激发中国煤炭进口规模增长

（一）国际煤炭价格进入长期持续下行通道

2011 年以来，国际煤炭价格就进入一个持续下跌的阶段。图 5 给出了国际和国内主要动力煤现货市场价格走势。国际上，主

要动力煤价格由每吨 130 美元左右下降至每吨 64 美元左右，跌幅达到 50% 以上，而国内秦皇岛动力煤市场价也由每吨 130 美元的高点下降至每吨 80 美元左右，跌幅接近 40%，且国内动力煤价格已经高于国际煤炭价格。从图 5 给出的价格走势看，国际煤炭价格下降持续的时间较长，已进入了漫长的持续低迷时期。煤炭价格长期处于低位，这既与中国经济出现放缓有关，也与国际供应增长较快有关。在供应侧，印尼、澳大利亚等国家煤炭产能持续释放，煤炭供应保持稳定增长；而在需求侧，主要受国家雾霾治理要求的影响，中国政府和企业加大了对燃煤总量的控制，反映在市场上表现为对煤炭的需求增长出现放缓迹象。从供需关系看，国际国内的煤炭市场均已经供大于求，从而成为促使煤炭价格水平持续处于低位的主要因素。

数据来源:Wind资讯

图 5：2011 年以来国内外主要动力煤现货价格走势

（二）煤炭进口关税上调对进口抑制作用有限

2014年10月15日，我国正式实施对煤炭进口关税调整政策，取消无烟煤、炼焦煤、炼焦煤以外的其他烟煤、其他煤、煤球等燃料的暂定进口零税率，分别恢复实施3%、3%、6%、5%、5%的最惠国税率。此次煤炭进口关税调整后，煤炭进口价格每吨大约上涨20—30元左右。与国内煤炭现价相比，即便考虑到运费，国际煤炭价格仍具有成本优势。短期内，我国虽然会抑制煤炭进口，但是对国内煤炭企业脱困帮助不大。因受结构性过剩的影响，国内煤炭市场总体表现出不景气。煤炭价格持续下行主要深受经济增速放缓和能源结构调整等因素影响。因而，即便提高煤炭进口关税，但只要国际煤炭价格低于国内煤炭价格，贸易商就倾向于从国外进口煤炭。尤其是中国与东盟签订的自由贸易协定，优先确保印尼等煤炭出口国享受零关税政策，这意味着中国有近一半左右的进口煤不受此次进口关税调整的影响。现实情况是，2014年年前8个月，我国煤及褐煤进口20176万吨，同比减少5.3%。尽管煤炭进口量同比有所减少，但国内煤炭价格下行态势并未发生根本性扭转。

四、国际天然气价格下跌有助于解决俄乌天然气争端

（一）国际天然气价格下跌进入相对平稳状态

在经历2011年的价格下行后，国际天然气价格呈现震荡攀升态势，直至2014年初达到高点（如图6所示）。受全球经济增速放缓影响，2014年6月以来，国际天然气价格却呈现大幅下滑

态势，短短一个多月内，NYMEX 天然气期价从每百万英热单位 4.75 美元的高点下降至每百万英热单位 3.73 美元，下跌幅度高达21.5%，创下2010 年一季度以来连续走跌的最长周期。进入8 月份后，天然气价格则维持在每百万英热单位4 美元上下波动，进入相对平稳状态。我们预计，天然气价格持续下跌的余地有限，因为全球天然气消费的增长速度较快，尤其是以中国为代表的新兴市场国家，正在进行能源结构的调整，对天然气的需求量将会持续增长。截至2013 年底，中国天然气的对外依存度达到31.5%，而2000 年以来中国天然气年需求增速平均在16%左右。作为清洁的优质能源，天然气供应和需求均会持续增长，这意味着全球天然气价格很难出现再次的大幅度下降。

数据来源:Wind资讯

图6：2011 年以来 NYMEX 天然气期价和亨利中心现价走势

（二）国际气价下跌利于俄乌达成供气协议

在克里米亚问题上，俄罗斯和乌克兰两国剑拔弩张，俄罗斯则以中断供气为要挟，提高供乌克兰气价。随着国际天然气价出现下跌行情，俄乌天然气价格谈判也趋于达成一致。2014 年 10 月 21 日，俄乌就冬季天然气供应价格达成一致，即乌克兰将按照每千立方米 385 美元的价格购买俄罗斯管道天然气，这与俄罗斯向欧洲用户供气的平均价格相当，但比之前俄罗斯要求的价格低了 100 美元，且此协议价格将在 2015 年 3 月之前有效。与此同时，乌克兰拖欠俄罗斯天然气巨额款项问题也在欧盟的帮助下初步解决，这将缓解欧洲对俄罗斯经由乌克兰向欧洲的天然气供应因俄乌争端而中断的担忧。倘若国际天然气价格持续维持低迷状态，预计 2015 年 3 月之后俄乌之间的天然气价格谈判或许也会顺利一些。

五、国际黄金价格下跌使其在资产配置中的重要性减弱

（一）国际黄金市场已由牛市周期转向熊市周期

2011 年四季度以来，国际黄金价格开始出现大幅下跌，虽然在 2012 年中期有所反弹，但 2012 年下半年国际黄金价格呈现大幅下跌态势。图 7 显示了这一跌势，由 2012 年 10 月初的每盎司 1794. 1 美元下降至 2013 年 6 月底的每盎司 1200. 4 美元，跌幅高达约 33. 1%。随后虽有小幅反弹，但是金价再次跌入 2010 年 8 月以来的最低点，较 2011 年以来的最高点下跌了 36. 5%。2014 年以来，国际黄金价格进入震荡下行通道，COMEX 黄金期价由

年内每盎司 1399.0 美元的高点下降至每盎司 1191.3 美元的低点，跌幅接近 15%，几乎触及 2010 年 8 月以来的最低点。从 2013 年至今，全球黄金市场已经告别长达十年的牛市周期，而渐渐进入相对低迷的熊市周期。

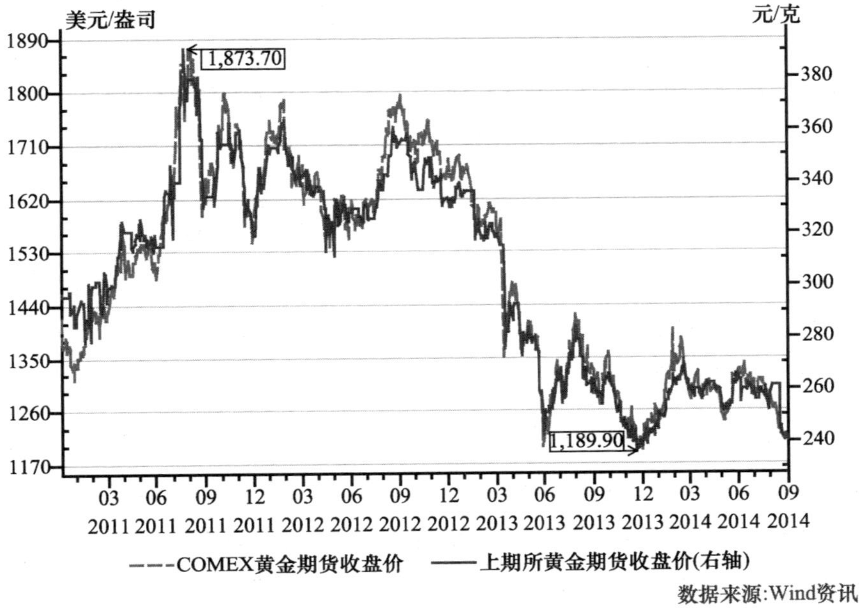

图 7：2011 年以来 COMEX 黄金和上海期货交易所黄金期价走势

（二）国际黄金在避险投资中的地位正在削弱

历史数据说明，国际黄金价格与美元指数具有一定的负相关性。尽管近年来两者的负相关性有所减弱，但美元持续走强的确使黄金价格上涨受到抑制。2014 年三季度，美元指数就攀升了 8%，而此时黄金价格恰好出现大幅下挫，跌幅甚至超过 8%。随着美联储确定将在 2014 年 10 月底关闭宽松货币的闸门（QE3），2015 年美联储加息的预期可能对未来金价再次形成压力。由于美元的持续走强，投机者对黄金的中长期走势保持着观望态度，黄金的避险需求有所下降。换句话说，黄金在资产配置中的重要性出现减弱迹象，预计未来一段时期内金价仍存在向下的空间。有迹象表明，全球对冲基金更倾向于投资股票、债权，而黄金正褪去金融属性的光环，而逐步回归到金属属性上来。

六、国际铁矿石市场进入结构性供给过剩状态

（一）国际铁矿石价格受中国削减钢铁产能拖累

2010 年以来，国际铁矿石价格出现大幅下滑，新加坡交易所铁矿石当月掉期价格由每公吨 188. 72 美元的高点下跌至 2014 年 10 月 8 日的每公吨 78. 25 美元的低点，跌幅接近六成。图 8 给出的一年来大连商品交易所的铁矿石期货收盘价也几乎呈现直线下跌的态势，跌幅也高达 44. 6%。铁矿石价格大幅下跌的主要原因在于中国对钢铁产能的压缩导致对铁矿石需求减弱，而与此同时国际铁矿石供应持续增长，包括力拓在内的国际铁矿石矿商均增加了低成本产出，令本就过剩的供应更加充裕。在供过于求的情况下，中国钢铁企业应拥有更大的议价空间，因而国际铁矿石价格下跌幅度大于钢材。

（二）国际铁矿石市场已告别供应商定价的鼎盛时期

在国际铁矿石市场，尽管中国铁矿石需求仍保持强劲，但中国钢铁产业的转型，加上前些年新建矿山产能的投运，铁矿石市场已经进入结构性供给过剩状态。未来几年，中国经济刺激推动需求大幅上升的可能性极低。据澳大利亚资源能源经济署预计，铁矿石在未来五年的均价将为每吨 90—95 美元。而高盛的预测

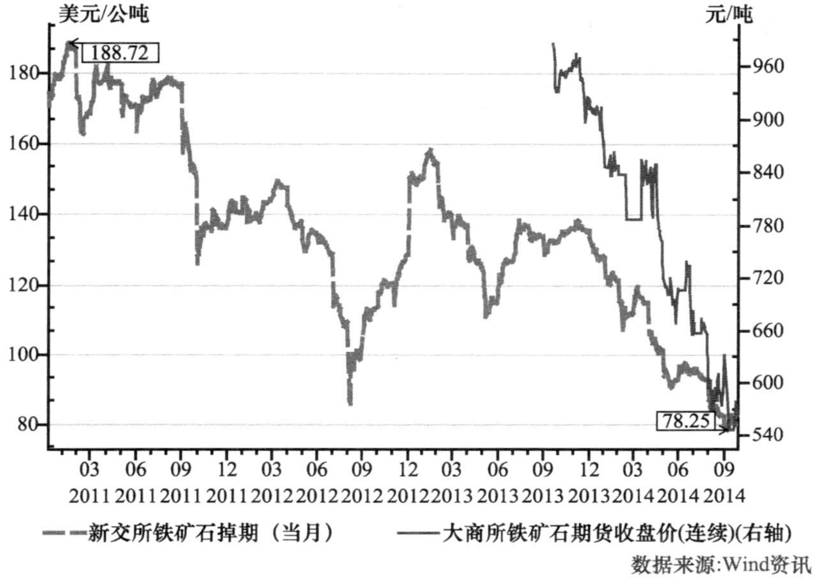

图 8：2011 年以来新交所铁矿石掉期和大商所铁矿石期价走势

更为悲观，认为 2015—2016 年铁矿石供过于求的情况依然严重，为此给出的 2015 年铁矿石均价预测值只有每吨 80 美元。随着中国铁矿石刚性需求缩减，可以预见的是中国钢铁企业的议价能力会有所提升，而过去由巴西的淡水河谷、澳大利亚的必和必拓、力拓三大矿商主导的寡头定价格局可能被打破，铁矿石市场将进入由双边议价而非单边主导的平稳时期。

七、国际有色金属价格呈现长滞短涨和品种分化态势

（一）国际铜价和铝价仍处于长期下跌周期之内

2011 年以来，国际有色金属价格出现长期下行通道，但近来

出现长滞短涨走势，而且品种出现分化情形。尤其是铜、铝价格长期下跌态势较为明显，铅、锡、镍价长期下行中略有反弹，而锌价在下跌后出现较大幅度的回升。其中，LME 铜和 LME 铝均出现了持续震荡下跌行情，2014 年初都下跌至 2011 年以来的最低点，较 2011 年的最高点下跌幅度分别达到 36.9% 和 40.0%。2014 年以来，LME 铜价和 LME 铝价虽有反弹，但在年中时受中国和欧元区经济放缓以及美元走强等多种因素影响，加之下游市场需求清淡，上升势头得到遏制，而是出现较为明显的回落（见图 9）。

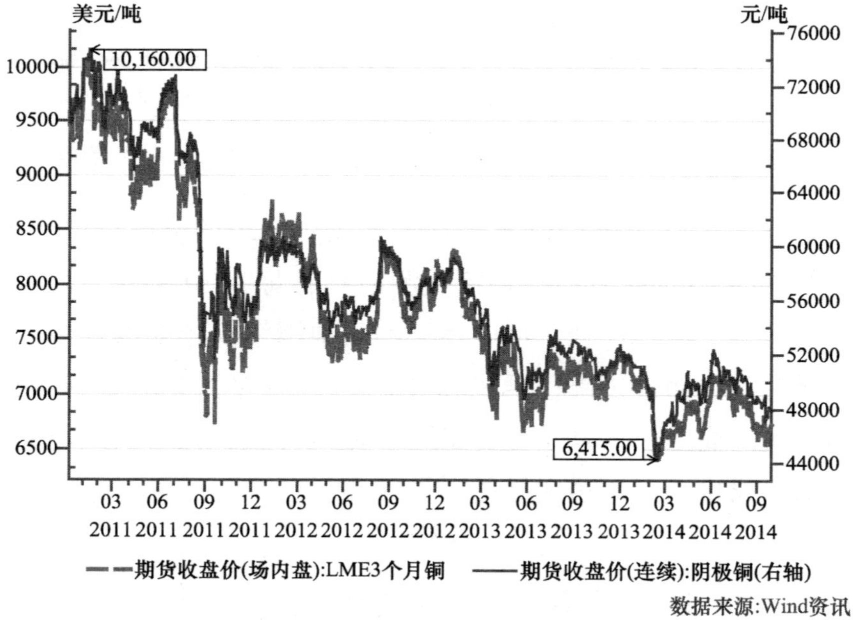

图 9：2011 年以来 LME 铜期价和沪铜期价走势

由于中国是主要的铜消费大国，本轮铜价出现回落主要是因为中国楼市需求减弱所致。2014 年中国楼市在销售、价格以及新屋建设上都呈现了放缓迹象，这对整体的铜消费形成了明显的抑制。2014 年三季度，中国实施了积极的房贷放松政策，四季度地产销售有筑底反弹迹象，从而会进一步支撑铜消费。因为铜的需求则主要出现在新屋开工较少、房屋完工率较高、库存率上升（通常伴随着销售疲弱）的中后期循环阶段。此外，近期秘鲁和印尼铜矿工人罢工将影响铜矿的正常运营与生产，铜价或由此受益。值得注意的是，中国整体宏观基本面仍稍显平淡，预示着铜价预期回升的幅度有限，铜价仍会维持弱势状态。

2014 年以来，LME 铝期价和沪铝期价在长跌中略有反弹（见图 10 所示）。2014 年以来国际国内铝价反弹主要是因为供应缺口的扩大。据世界金属统计局（WBMS）数据显示，2014 年 1—8 月全球铝市供应短缺 30.4 万吨，短缺情况较 1—7 月扩大近 10 万吨。然而随着四季度供应增加和需求放缓，铝市场供需将渐趋平衡。今后铝价反弹的空间也不大，预计仍会维持震荡调整态势。

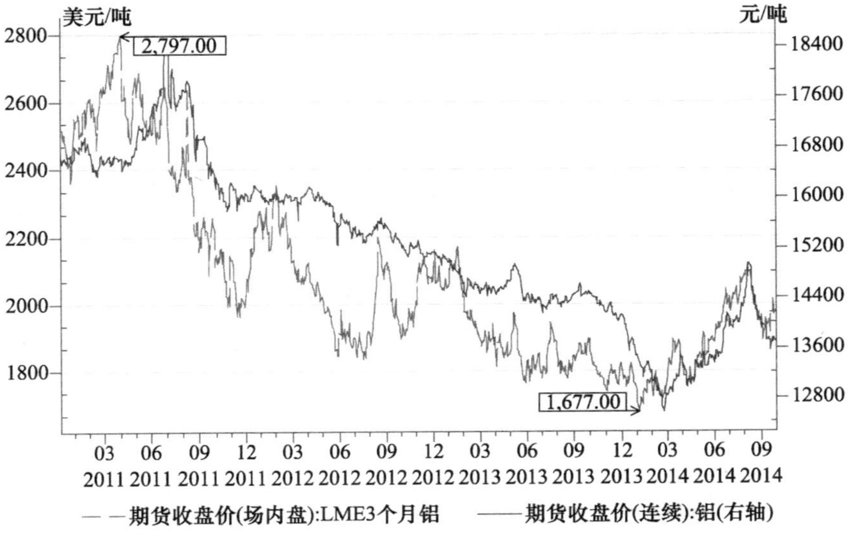

数据来源:Wind资讯

图 10：2011 年以来 LME 铝期价和沪铝期价走势

（二）国际铅、锡、镍期价呈现长滞短涨的震荡走势

2011 年以来，LME 铅期货价格从每吨 2600 美元迅速下滑至每吨 2100 美元开始较宽幅震荡，并在 2012 年下跌至每吨 1756 美元探底后，随后多数时候在每吨 2000 美元至 2200 美元之间做箱体震荡。2004 年 2 月后经历一小段急速上涨后，于 7 月 28 日 LME 铅价达到每吨 2301 美元的高点，随后再次进入下行通道，至 10 月中旬甚至跌破每吨 2000 美元的关口（见图 11 所示），两个半月时间跌幅达到 14. 1%。究其原因在于全球电池制造业需求萎靡不振，尤其是中国目前是全球最大的铅消费国，其中电动自行车行业的铅需求占中国铅需求总量的 36%。短期内，来自中国和欧洲的制造业活动放缓，这使得铅价仍会面临下行压力。

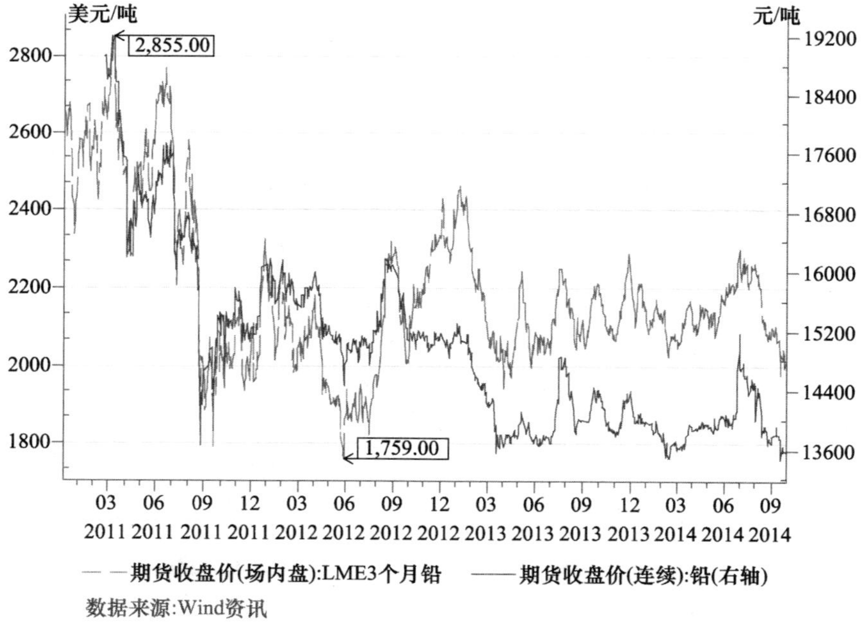

图 11：2011 年以来 LME 铅期价和沪铅期价走势

与 LME 铅期价有类似表现的还有锡和镍两种金属。2011 年以来，国际锡和镍的价格出现大幅下跌。其中锡价从每吨 33300 美元的高点下跌至每吨 17345 美元的低点，跌幅高达 47.9%（见图 12）。有同样表现的镍价最高跌幅更是高达 54.7%。进入 2014 年以来，LME 镍价经历一小波上涨行情，由年初的每吨 13350 美元攀升至每吨 21000 美元，涨幅高达 57.3%，此后经历三个月平稳波动后，到 8 月份镍价却出现急速下滑，截止到 10 月 27 日下跌至每吨 14790 美元，一个半月时间跌幅高达 25.8%。相比较而言，LME 锡价呈稳步下跌态势，2014 年内跌幅接近 19%。

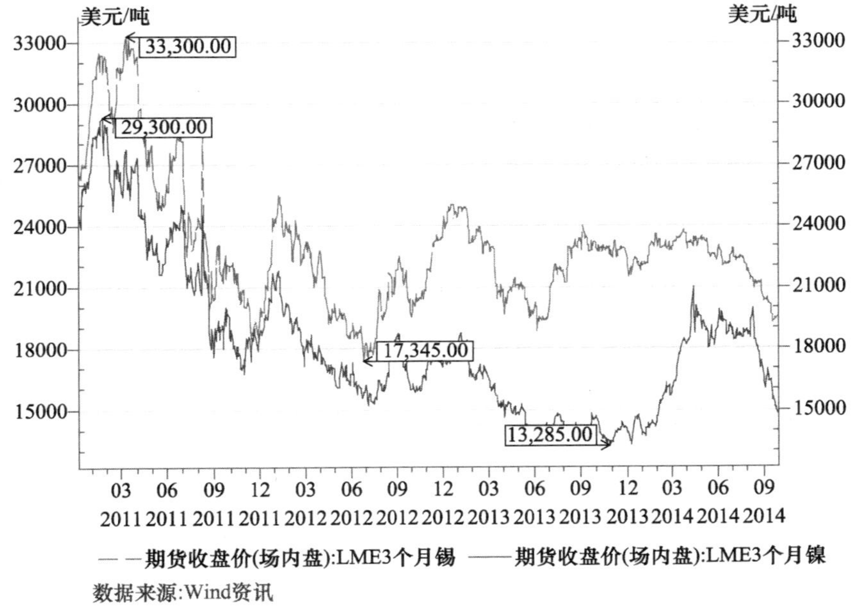

图 12：2011 年以来 LME 锡期价和 LME 镍期价走势

锡价下跌的原因主要是供过于求。锡市场基本面也在一定程度上支持价格下跌。国际锡研究协会（ITRI）统计，由于中国和印尼的产量及库存大幅增加，导致 2014 年二季度锡市场由供应短缺转向供应大量过剩。据有关资料分析，锡主要用于焊料（占52%）、马口铁（占17%）和化工（占14%）等领域，其中锡焊料主要用于半导体等行业。长远来看，锡在半导体工业地位逐步下降，因为新型集成电路板将会使用新型材料取代锡材料。短期来看，锡供应状况已经出现较大改观，而需求正出现放缓迹象，这才造成供过于求。近年来，澳大利亚取消矿业税及日本补贴印尼、印度等国生产有色金属和稀土金属，这些因素都会促使锡的供应增加。作为全球最大的锡出口国，印尼可能会促使冶炼厂停工减产，采取配额制等措施严控锡矿出口，即从11月开始执行更为严格的出口法规，以此应对锡价持续下跌，显然这种做法并没有即刻在市场上有所体现。

镍价下跌的原因更多是由需求市场的悲观情绪引发的。2014年1—5月镍市场曾出现持续数月的上涨，其原因在于印尼和菲律宾等东南亚国家颁布了镍矿出口禁令，从而推高国际镍价。但9月以来，印尼的禁令仍在执行，但镍价却大幅度下跌，这主要是因为欧洲和中国经济放缓营造了相对悲观的市场情绪，因为镍的用途涉及建筑、家用电器等各个领域，使得这种金属的市场需求与全球经济增长状况密切相关。此外，中国港口出现的金属库存抵押融资的丑闻，不仅促使商业银行收紧以工业金属作抵押的信贷发放，而且引发投资者纷纷抛售持有的镍合约。长期看，作为稀缺金属资源，镍市场还会有所反弹，特别是东南亚国家镍矿石出口禁令的存在，镍市场供应可能会逐步偏紧。据法国巴黎银行（BNP Paribas）预计，2014年镍过剩约15000吨，只占到全球产量192万吨的0.8%。另据花旗集团（Citigroup）预计，2015年镍价将暴涨至每吨23900美元附近，2016年涨至26500美元。

（三）国际锌价震荡平整后出现强势反弹表现

2011 年以来，LME 锌价也经历暴跌，由每吨近 2600 美元的高点下降至每吨 1740 美元的低点（见图 13），跌幅高达 33.0%。此后较长一段时间内，锌价维持在每吨 1800 美元至 2100 美元之间震荡波动。2014 年 3 月 24 日以来，锌期货价格大幅反弹。LME 锌价由每吨 1945 美元攀升至 7 月 28 日的每吨 2410 美元，涨幅达到 23.9%；随后锌价虽有所下滑，但仍维持在每吨 2200 美元之上。

锌之所以成为有色金属领涨的品种，其主要原因在锌供应出现收缩，短期内供给不足超过预期，海外部分主要锌精矿确实因矿山服务年限将近而逐步减产，甚至部分大矿即将关停，同时全球 1/4 的锌矿产能面临产量下滑局面。当前锌产品处在一个供需拐点上。前期锌价持续两三年处于低位，致使锌生产者对市场预期较为悲观，引致部分企业退出市场，直接造成供应偏紧，即出现供给端缺口，从而在有色金属价格整体表现不佳情形下促成锌价出现大涨。据国际铅锌研究小组数据显示，2014 年 1—8 月全球精炼锌供应短缺达到 6.47 万吨，已较前 4 个月供应缺口已有所收窄，但供应偏紧的状况尚未完全缓解。

我们预计，未来锌的基本面相对较好，因为市场存在海外矿山关停预期带来的产能收缩和远离中国房地产的镀锌板的稳定需求。其中，中国镀锌板的产量约为全球 40%，是最重要的锌消费国家，而锌主要用于电子制造业生产，而非房地产领域。换句话说，锌的需求与房地产需求变化相关度较小，而中国工业转型升级，需要培育战略性新兴产业，而电子元器件制造是产业振兴的重点，这些需求仍将会为锌价提供支撑。

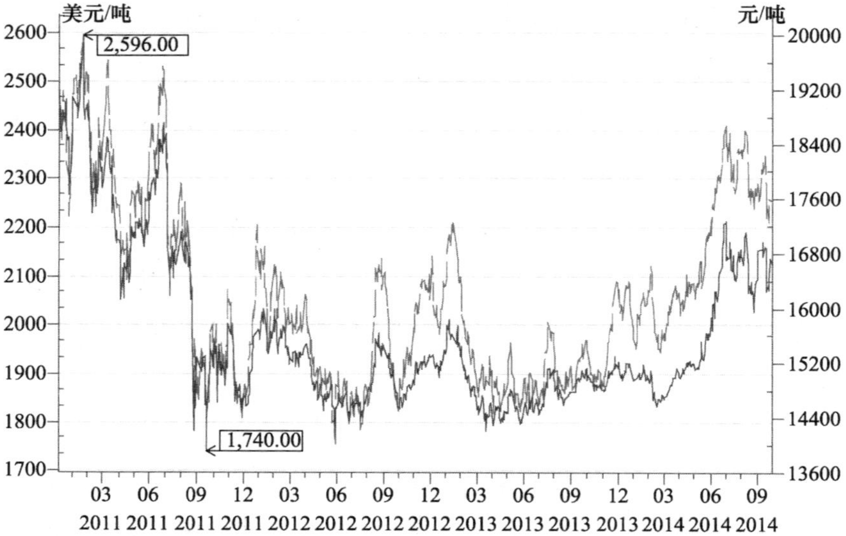

图13：2011年以来LME锌期价和沪锌期价走势

The Reasons and Influence on the Decreasing Price of International Commodities in 2014

Liu Xiangdong

Abstract: The majority of international commodities' prices had firstly increased and then plummeted in 2014. Because of released demands both in Europe and China, the supplies surpassed the demands in crude oil, iron ore, gold and non-ferrous metal markets. The strong dollar and geopolitical factors also had important impacts on the prices of international commodities. In a short term, the decreasing prices would threaten the security of the resource-based countries, and benefit for the imported countries. In the long term, the fall in prices of international commodities could induce the global deflation, especially for production fields.

Keywords: price of commodity　crude oil price　U. S. dollar index　supply and demand.

人才篇

主要发达国家的天才儿童教育研究

（中国国际经济交流中心副教授）张　瑾
（中国社会科学院讲师）卢立昕

[摘　要] 世界主要发达国家之所以成为具有竞争力的国家，共性特点就是对教育的极度重视，而天才儿童教育则成为教育过程中的关键环节。天才儿童是国家重要的稀缺资源和战略资源，将天才儿童教育推进到法制化、科学化、正规化的发展阶段，关系到一个国家的核心竞争力。本文通过大量的资料收集和整理，对美国、以色列、德国、韩国、新加坡的天才儿童教育政策进行梳理。

[关键词] 发达国家　天才儿童　天才教育

一、天才儿童的定义

牛津英语词典给“天才”定义，是指某人展现了卓越的智力、创意，而此创意则通常指在某一或某些领域展现前所未有的洞察力。在西方国家，特曼和阿松内特斯第一次提出科学的天才定义，根据斯坦福—比奈量表等相关测定工具，确定天才的标准是标准智力测试分数在前 2% 的人，即高智商的群体。世界各国对天才儿童的称谓主要包括天才、神童、超常儿童、资优儿童、天赋儿童以及英才儿童等，英文普遍用 Gitfed Children、Talented Children 或 Gifted and Talented Children 来表示，虽然称呼不同，但它们概念的内涵与外延基本一致。天才儿童能力和智慧超过同龄儿童发展水平，在智能、创新、领导或特定领域具有较高能力。美国联邦教育局认为天才儿童是那些表现出特殊才能的儿童，体现在智力倾向、特殊学术能力倾向、创造性或富有成效的思维、领导能力、视觉和表演技巧等方面[①]。伦祖利提出“三环天才儿童的概念”，指出天才需要三种因素：高智商、创造力、任务执着度，改变了唯智商论的天才观。雅各布在《天才和专才学生教育法案》中定义“天才（gifted）和专才（talented）”，认为“那些在某些领域明显表现出高成就的儿童或青少年学生，领域包括智力、创造力、艺术或领导能力或某一特定的学术领域”，指出对“天才”的培养，“需要在普通学校服务和活动之外，再提供能充分发展其能力的其他服务和活动”。在以色列，“英才”指的是那些在艺术、数学和科学等领域具有杰出才能的儿童[②]。中国科学院心理研究所施建农教授用五个标准界定天才：智商在 130 以上、有非常特殊才能、表现超越 95% 的同龄人、学业成绩大于平均水平两个标准差、表现优于比自己大两岁的人的群体水平[③]。

---

① 宋秋前：《欧美天才教育理论与实践略述》，《浙江海洋学院学报（人文科学版）》1995 年第 4 期。

② 李玉芳：《以色列英才教育的缘起和特点》，《教学与管理》2012 年第 11 期。

③ 唐璇：《中美天才教育的比较与启示》，上海师范大学，2010 年。

二、世界主要发达国家天才儿童教育

（一）美国天才儿童教育

1. 通过立法保障天才儿童受教育权利

1958 年美国《国防教育法》指出“必须选拔天才儿童，并努力进行天才教育”，同时联邦政府提供资金培育数学、科学和外国语言等天才学生。20 世纪 50 年代，自特曼与霍林沃斯倡导天才教育运动以来，美国州、联邦教育部乃至国会从师资力量、机构组织、财政专款到法律实施等方面，对天才儿童教育给予充分的权利保障。《马兰德报告》指出美国对天才儿童的忽略及影响，各州及联邦纷纷设立天才儿童教育机构，支持天才教育计划的各种组织纷纷成立①，专职教师从事天才儿童教育的工作得到进一步加强，各州层级的经费来源逐年增加。1978 年通过《天才儿童教育法》界定了“资赋优异”的特征，将天才儿童教育推进到法制化、科学化、正规化的发展阶段。《杰维斯资赋优异学生教育法案》及修正强调学校对资赋优异学生提供特殊教育要求，指出加速式学习模式是有效、低成本的形式，达到兼顾贫富天才儿童公平竞争的目的，从法案上确定每年联邦对该群体的拨款额度。美国对天才儿童受教育的权利，从政策法令、财政、师资等方面，发展到现在，一直给予有力而持续的保障。美国天才儿童受教育权利的保障的思想渊源是人人平等的思想，即天才儿童不受性别、种族、区域、贫富与背景等因素影响，只要符合鉴

① 范明丽：《美国天才儿童受教育权利保障的经验与启示》，《教学与管理》2010 年第 2 期。

别条件的儿童，即可以接受天才教育。1988 年《贾维茨英才学生教育法案》将天才儿童的教育与国家安全直接挂钩[①]。2008 年布什总统签署了《高等教育机会法》，该法对从事天才教育的教师的专业发展提出明确要求。2010 年美国总统奥巴马的《教育改革方案》出台，进一步要求加强天才教育。

2. 多元化天才儿童培养方式

在培养方式上，按具体办学形式的不同，有普通型和特殊型两种。普通型即通过传统形式实施天才教育，特殊型即为天才生专设特殊学校、特殊班和暑期学校等各种教育机构。这两种类型实质是采用分流形式，把学校中 5% 以前的天才学生划分出来，采用特殊教育方法进行培养。对天才儿童教育方式，有加速制、丰富制、集中制三种[②]。加速制是用较短时间完成规定时间的正常学习要求，提前入学、毕业攻读硕士或博士学位，分跳级、压缩年限和选修额外课程等形式。丰富制是不改变就读年级情况下，向学生提供常规课程外内容，满足天才生求知需要。集中制是将资质禀赋高的天才学生进行集中编班，进行特殊培养。实践证明，较为理想的方法是“丰富制”与“集中制”。

3. 天才儿童培养趋势新变化

近些年来，随着美国对天才教育各方面的不断完善，美国天才教育呈现出新的发展趋势。视角从“什么是天才”转向“如何培养天才”，更加侧重培养过程，天才教育教学模式从最初的“加速式”向“丰富式”偏重。教育理念的取向上，强调天才教育和公共教育融合，面向全体学生，提供发展特长和才能发挥机

① 王文：“美国的天才教育”，http：//blog. sina. com. cn/s/blog_ 4558878b0100eb1w. html

② 沈敏：《美国天才儿童教育初探》，《现代基础教育研究》2011 年第 12 期。

会的天才教育观。重视天才儿童智力与社会同步发展，关注情感需求是美国天才儿童教育中的重要特征。美国的天才儿童教育，历经近百年的发展，其体制日趋成熟。美国政策和法令高度重视天才儿童教育，经费投入逐年提高，使美国成为世界上天才教育最普及、研究深度和师资力量最强大的国家，天才教育成为美国教育的重要特色之一。

（二）以色列英才儿童教育

1. 通过立法保障天才教育

“教育立国”、“科技立国”是以色列国家战略的重中之重。1958 年开始实施天才儿童项目，20 世纪 60 年代末，一些大学教授开始对在数学方面有杰出才能的儿童进行个性化教育，70 年代初成立专门负责天才儿童教育委员会，制定有关天才儿童政策。1973 年设立天才教育局，创办第一所全日制天才教育学校。1976 年英才学术部负责人成为世界英才儿童理事会的第一任主席，标志着以色列已在英才教育领域起到引领作用。1988 年出台《特殊教育法》，2003 年以色列英才教育指导委员会正式成立[①]。

2. 以色列英才儿童培养方式

英才学生的培养方式，融合了多种英才教育计划，有以下几种。（1）特殊班或超常儿童班。在普通学校中将具有相似能力的英才学生集中在一起，设立特殊的班级。（2）英才中心。为中小学英才学生提供交流和学习场地，涉及艺术、人文和科学等多个学科，只有成绩排名达到 1%—1.5% 的英才学生，才能来到英才中心参与每周丰富日计划，每周一天，其余时间在普通学校学习。（3）虚拟学校。利用现代信息技术进行网络课程学习，有师

---

① 吴春艳、肖非：《以色列的英才教育现状研究》，《比较教育研究》2012 年第 12 期。

生见面会，解决远程学习中不能完成的任务，这种类型的培养方式，解决了偏远地区英才学生无法到大城市参与天才计划的问题，实现了天才计划的区域公平。（4）午后额外课程。3—6 年级的学生如果在天才儿童鉴别考试中取得优异成绩，则被推荐到天才儿童训练中心，每周半天时间，到该中心进行额外课程训练[①]。（5）特殊学校。即将英才儿童集中起来安置在专门的特殊学校里，学校课程设置强调科学、人文、艺术等多学科融合，强调学科间互相影响，培养能适应社会变化的创新性人才，如耶路撒冷科学和艺术高级中学，招收具有领导潜力且智商高达 145 以上的学生。除以上主要培养方式外，还有学校内的特殊计划、导师计划、艺术特长学校、塔皮奥特（Talpiot）计划等，都是从不同角度、不同领域对天才学生进行培养[②]。

3. 民办英才教育项目卓有成效

社会上组织举办英才儿童教育机构或中心，是以色列英才儿童教育的重要组成部分[③]。内坦亚学院是以色列民办英才教育比较有代表性的学院，它倡导和组织的数学英才项目，依靠民间力量发展壮大，得到公众和政府认可。民办英才教育项目分为初中项目和高中项目，参与项目的学生通过严格的考试入学，并且每年考试层层淘汰，最后选拔出有天赋的英才学生。民办英才项目不同于国家英才教育，不论是课程体系还是课程标准都是来自实践中的摸索。严格选拔出英才项目教师进行授课，经验丰富，功底很强。根据英才儿童不同发展年龄阶段的特征设置课程，让英才学生在自觉、自愿中接受高深知识。英才班课程与时俱进，年

① 兰继军：《以色列发展特殊教育的经验》，《中国特殊教育》2006 年第 2 期。

② 薛华领：《以色列教育立国之路与创新策略》，《教育研究》2012 年第 11 期。

③ 张英伯：《卓有成效的民办英才教育—以色列访问纪实》，《数学通报》2012 年第 11 期。

年更新，一方面需仔细观察学生喜欢什么，另一方面需跟上世界飞速发展的科学技术步伐，不断汲取新鲜知识。采用融合式教育安置形式，把超常儿童放在普通班级，但有专职老师指导，这样有利于避免孩子智力超常、心理年龄过小，无法与高年级学生沟通的弊端。不管是初中项目还是高中项目，第一年在普通学校学习，每周上一次英才项目课程，第二年用英才项目的数学课代替学校数学课，仍然参加普通学校的数学考试，第三年不再参加普通学校数学考试，其他课程仍随班继续学习。完成三年高中项目后，参加一次严格考试，通过后进入大学数学系学习，大学前两年仍在原来学校学习其他课程，第三年完全在大学学习。该英才项目的数学训练，为优秀英才们在未来各个领域科学研究打下坚实基础，也符合以色列强调发展数学人才的教育目标。

4. 军队是英才教育最好学校

在以色列，军队成为最好的学校[①]。以色列的“中东硅谷”集聚了许多技术能力极高的英才，这些英才的培养无不与具有以色列特色的英才教育密切相关，即英才在军队培养的教育。以色列人服兵役不同于传统意义的兵役，在接受军事化严格训练的同时，为成绩优异的英才群体提供“特殊课程”，即入伍同时入大学，在军队英才接触最尖端最实用的技术环境，学习高科技领域的最新知识。在以色列英才教育中，重视具有优异数学才能的人，数学才能优异的英才青年，会被集中到计算机情报部门，参与高级系统开发，接触最先进的器材，进行从基础到应用的所有教育[②]。在军队经过尖端技术与“特殊课程”培养的人，毕业后

① 张彩云、毕诚：《以色列创新人才培养战略及其启示》，《中国教育学刊》2013年第12期。

② “技术大国以色列的秘密”，2010. 06. 01，http：//news. ifeng. com/history/special/yiselie/detail_ 2010_ 06/01/1575751_ 0. shtml

都成为不同领域的技术高手或者优秀高技术风险企业家，为以色列在各个领域培养了大量精英人才。

（三）德国英才儿童教育

1. 天才儿童教育政策

上世纪70年代以前，德国受传统文化影响，对天才儿童的研究比较少，普遍认为“对天才的报道是对孩子正常成长的干扰”。1977年马丁发表《天赋儿童的行为障碍》，开始引起人们对天才儿童教育的认识，1978年“德国天赋儿童促进协会”成立，1984年巴符州建立德国第一个综合中学，被看作是一所实施天才儿童教育的学校①。1985年在汉堡举行的第六届天才儿童国际会议，在德国引发了激烈的讨论，虽然反对者呼声很高，但天才儿童教育在德国开始出现突破。1985年后在联邦政府设置天才教育署、慕尼黑大学等开设天才教育课程，培养天才教育师资，各地天才学生课后研习和夏令营活动蓬勃展开②。1994年联邦教育与研究部积极支持对天赋儿童的促进教育，1992年第三届欧洲天才儿童大会在慕尼黑召开，展开对外交流。

2001年3月，德国教育研究部长布尔曼在“发现和促进天才儿童”教育论坛上，发表题为“促进精英教育就是促进天赋儿童教育”的讲话，重新界定天才儿童的社会地位，扩展天才儿童的标准，这是对德国传统教育认识的突破，它指出“天才儿童”并不与“特权”、“贵族”“精英”等挂钩，并不是对“教育平等”的破坏，国民教育不能忽视高天赋的群体，“天才儿童”与天赋、

① 彭正梅：《德国天赋儿童教育的历史发展和现状》，《山东教育科研》2002年第10期。

② 朱永新：《培养拔尖人才需重视“资优教育”》，http：//news. sciencenet. cn/htmlnews/2011/2/244210. shtm. 2011. 2. 23

天份、能力、投入精神和富有责任感的品质密切相关①。对“天才儿童”的衡量标准，超越了传统认定的以高智商为唯一鉴别标准，将范围扩展到在某一领域具有特殊能力的人都属于天才儿童范畴。2001 年天赋儿童国际研究中心成立，研究开发天才儿童发展的方案和计划。2006 年在斯图加特召开二战以来德国政府最重视的超常教育研讨会，会议主题是“超越常规，从幼儿园到大学，为超常个体的发展铺平道路”。2014 年德国应用管理大学校长克里斯蒂安·温纳（Christian Werner）教授参加第 13 届亚太地区超常儿童发展与教育国际学术研讨会，并做了关于超常儿童培养的重要报告。

2. 加强天才儿童发展的多种形式

20 世纪 90 年代以来，德国进入天才儿童教育快速发展时期，在国内出现了不同形式的实验学校、咨询机构、协会组织，促进天才儿童发展。具体促进形式有：（1）建立学前促进机构；（2）提前入学。德国有禁止学前教育的立法传统，但对于有优异天赋的儿童，经过测试可以提前入学；（3）德国快车班。即为天才儿童开设的特殊班级，根据天才儿童的个性发展，为天才儿童进行特殊教育。培养方式采用加速式学习模式。（4）中小学生学术活动。为天才儿童举行“假期学术活动”，参加者是德国数学和外语竞赛的获奖者，或者学校推荐的优秀者；（5）实验中学中的快速高中班；（6）特殊学校。专门为天才儿童开设的学校；（7）大学学习日。天才儿童在普通学校学习，每周有一天时间到“天才儿童中心”，学习特定的大学课程；（8）门萨夏令营。是高智商成人协会，90 年代末向天才儿童开放，举办青少年夏令营活动。

---

① 彭正梅：《德国天赋儿童教育的历史发展和现状》，《山东教育科研》2002 年第 10 期。

3. 德国天才儿童培养的形式

（1）天才基金会。德国各个州都有“天才基金会”。天才学生由学校推荐，每年三四月份，文理中学毕业考试前，毕业论文设计递交后，学校以学生平时成绩作为鉴定依据进行推荐。天才基金会考试科目共五门，采用15分制，总分75分，5门成绩加总达到55分（每门考试不得少于11分），即通过“天才”考试。成为天才的人，被送进天才库，名牌大学、著名企业、著名研究所、奖学金基金会等机构会通过天才库找寻所需的天才。

（2）较完善的天才儿童超常教育系统。德国每个州都有不同的超常教育系统，随着对天才儿童认识的转变，每一个州都允许孩子提早入学，可以跳级。在高中可以去大学旁听课程，在一些州，为了满足天才学生需求，低年级可在高年级听一些特别的课程。对不同孩子有一系列追踪，对成绩差、普通、好的都有不同的追踪系统，可以有效观察天才儿童发展情况。在有超常儿童学校的州里，孩子如果具有某方面特殊天赋，或在考试中有优异成绩，可以从普通学校进入超常学校学习，接受丰富制的教育，有更多学习机会和活动。

（3）对天才儿童提供指导和咨询服务。天才儿童咨询中心或服务机构，是德国天才儿童教育环节中不可忽视的重要辅助部分。天才儿童需要特殊教育，父母和教师需要获得为天才儿童提供特殊教育的咨询服务，在天才儿童最佳时期，采取特殊发展措施，提供合适的发展机会，发挥天才儿童特有才能①。慕尼黑大学超常辅导中心负责对天才儿童指导和咨询服务，天才儿童需要克服的最大困难是在大多数情况下，其成熟的智力水平与他们不

① Kurt A. Heller：《德国对超常儿童的指导和咨询服务》，《上海教育》2012年第20期。

成熟的“情感”间的巨大反差，智力超常儿童完全意识不到自己这种不寻常性，因而常常感到被孤立、被排斥。当个体天赋儿童发展受到阻碍时，需要以“激发天赋发展”为核心的特殊咨询，天才儿童咨询中心和服务机构就会及时提供相关的服务。

（4）加强天才儿童国际文化交流。“天才儿童协会”是德国全国性公益组织，其目的是研究和促进智力超长儿童的教育和发展。2007 年 11 月，德国纽伦堡—埃尔兰根孔子学院与北拜仁州“天才儿童协会”合作，共同举办“青少年假期汉语及中国文化培训班”[①]。该活动为德国“天才儿童协会”里的天才儿童提供接触汉语和了解中国文化的机会，开拓了视野并增强对其他民族文化的理解。2009 年以来，与中国科学院心理研究所超常儿童研究中心积极交流，参与“中德师生文化与教育交流项目”。2012 年德国受邀师生对中国相关学校进行访问，并与北京育才学校师生进行交流和学习[②]。

（四）韩国英才儿童教育

1. 英才儿童教育政策与行动

20 世纪 70 年代末，韩国教育研究机构和学者开始对早期英才教育进行总结和专门研究，1996 年构建“速进型英才教育”体制，指定韩国教育开发院为英才教育中心，1997 年对《教育基本法》进行修订，英才教育成为国家和地方团体的责任和义务，1999 年制定《英才教育振兴法》，设立中央与地方“英才教育振兴委员会”。2001 年公布《国家人力资源开发基本计划》，

① “德国‘天才儿童’触摸中国文化”，http：//www. gmw. cn/content/2007 - 11/10/content_ 696250. html

② “德国师生文化与教育交流回访团抵达中国”，http：//world. workercn. cn/c/2012/09/29/120929153240021185260. html

推进了英才教育发展，2002年公布《英才教育振兴法施行令》，出台《英才教育振兴综合计划》（2003—2007年），提出英才教育综合性计划。2003年韩国为中小学英才教育培训了4457名教师，2006年修改《英才教育振兴法实行令》，韩国教育开发院发表一系列研究成果，强调英才教育必要性及相关措施。2007年推出《英才教育振兴综合计划》（2008—2012年），重点是把英才教育推向纵深发展，提高质量①。2013年韩国教育部发布《第3次英才教育振兴综合计划》，提出“通过优化英才教育培养创造性人才”的蓝图，培养引领创新经济的创意性人才，制定充实英才教育方案，实现教育质的飞跃。

2. 英才选拔方式多渠道化

对于英才儿童的认识，韩国并不局限于高智商的范畴，在某个领域具有专门能力或者技高一筹，乃至“偏才”，都属于英才。为了使每个英才都获得发展机会，韩国开发了形式多样的测定工具，测定工具主要侧重于问题思考能力、解决能力和创新能力，尽量避免知识对测定结果的影响。除此之外，韩国投入大量资金，为发掘信息、英语、社会等各个领域英才，研制相应的测定工具。

3. 英才个性化教学

韩国在进行天才教育过程中，充分认识到教师的重要作用，重点培养了一部分英才儿童师资力量。在充分挖掘每个学生潜力的同时，根据英才儿童的兴趣、学习类型、能力水平，提供有针对性的个别化教育计划，按照不同教育理念培养人才，重视学生自主学习能力的培养。课程内容强调创新研究活动与领导能力，提供丰富的课外活动培养全面化和全球化人才。在课程设置上考虑到英才学生比普通学生具有更高学习能力和探究性，将课程学

① 朴钟鹤：《韩国英才教育的历史沿革与特点》，《比较教育研究》2010年第4期。

习置于更加开放的领域层面，给天才学生提供更加自由的发展空间。

4. 平准化教育与英才教育共同发展

1968 年《韩国宪法》与 1974 年韩国政府推行的“高中平准化政策”，强调平准化教育，即实现均衡、标准化的教育。以推荐、区域配置入学方式来取代集中入学考试，实现教育公平。但“平准化教育”历经几十年的发展，仍然争议不断，尤其是亚洲金融危机爆发后，韩国认识到培养卓越人才的重要性。1999 年制定《英才教育振兴法》，是教育从平均化向差异化转变的标志，其中“特目高”与“自律高”是英才教育的一大特点[①]，“特目高”即特别目的高中，致力于培养有特殊技能的人才，分为外语、科学、国际、艺术、体育等门类。“自律高”即自律型高中，分为公立和私立两类，可以根据不同学生发展类型实施个性化教学[②]。

（五）新加坡天才儿童教育

新加坡教育水平位于世界前列，政府重视对天才儿童的培养，重视天才对社会的贡献作用，通过一系列政策与法规，为天才教育实施提供重要政策保障。1979 年在中小学实行分流制度，选拔天才儿童，1984 年实施“天才教育计划”，对象主要针对学业成绩突出的天才儿童，至于在特殊领域有优异才能的天才儿童，如音乐、艺术等，另有相应的专门教育计划[③]。1993

① 万宇：《韩帝国高中收富家子弟高额学费给弱势群体特招》，2014.03.06，http://world.huanqiu.com/exclusive/2014-03/4881564.html

② 李水山：《韩国的“平准化教育”和英才教育的发展》，《基础教育参考》2007 年第 8 期。

③ 罗震雷：《新加坡的天才教育》，《教育科学》1998 年第 2 期。

年修订《新加坡教育法》，要求各级学校依据教育对象年龄、特点和接受程度做出相应调整，实施因材施教。2004年“天才教育计划”逐渐被“以学校为基础的天才教育”取代，实施“直通车”计划。2007年教育部实施天才儿童与大众化儿童融合项目。

1. 实行分流制确保优者更优

“分流”教育制度是新加坡选拔与实施天才教育的重要制度，它在基础教育过程中进行多次分流，选拔天才学生。教育分流制度分为四个阶段：（1）小四分流，即四年级结束进入五年级时要进行第一次分流考试，根据双语考试成绩结合数学和道德教育成绩，分为三“流”，即普通双语班、延长双语班、单语课程班（三个班的学生成绩由好到差，学制由2年到4年）。通过鉴定，让学生分别升入五年级三个不同的课程班。（2）小六大考，即小学毕业离校考试。通过考试，被分别编入中学三种不同课程班：特选课程班、快捷课程班、普通课程班（三个班的学生成绩由优异到普通）。（3）中四毕业分流考，即举行中学考试，成绩最优的10%学生进入初级学院，次优的20%学生进入工艺教育学院或理工学院，剩下70%学生进入技能教育系统。（4）A级统考，进入初级学院的10%最优学生毕业时要参加“普通教育文凭高等水准考试”、“A级统考”，合格者进入国内外高等学校继续深造①。新加坡教育分流制度，符合教育发展基本规律，通过因材施教方式，层层测试和选拔的考试“分流”，对高智商天才群体施以高精尖的优质教育，培养了许多各个领域内的栋梁之才。

① 谢宜宸：《新加坡的天才教育政策及其启示》，《考试周刊》2011年第53期。

2. 天才教育计划

新加坡教育分流制度，虽然培养了很多高精尖人才，但也产生很多问题，“智力浪费”是最主要问题之一。即少数天才儿童不能充分发挥自己的学习潜能，因为没有开设适合这些天才儿童学习能力的课程。天才儿童在智力发展方面明显超出普通儿童，如果按照普通教学方式进行，这些天才儿童可能会因为求知欲的无法满足，成为课堂上的“问题儿童”，失去天才儿童充分发展的机会，造成“智力浪费”[①]。为避免“智力浪费”这一现实问题，新加坡教育部1984年实施“天才教育计划”，旨在从基础教育阶段即为天才学生提供合适的教育。“天才教育计划”贯穿新加坡天才教育整个过程，最大优点是为天才学生提供差异化课程，因材施教，这也是新加坡教育部规定必须采用“丰富法”或者“充实制”培养方式的体现。这种培养方式是基于天才儿童一般性与特殊性特点的考虑，在保证基础学科任务完成后，内容向深度和广度延伸。与这种培养方式相辅相成的是丰富多彩的充实活动（如露营活动、数学探险日）、个别化选择性研究项目、特殊计划（如创新计划、领导才能计划以及人文社科研究计划等）。“天才教育计划”并不是只关注天才儿童的智力能力，还强调道德和情感的培养，如参与社会服务、进行伦理教育以及道德熏陶。[②]

3. 天才学生多样化融合安置形式

新加坡对天才儿童教育最初采用的是集中式编班制，随后受国际融合教育的影响，2007年开始实施天才儿童与非天才儿童的互动项目。各种融合模式主要区别在于对副课的处理上，综合式

① 董俊峰：《新加坡的“天才教育计划”》，《外国教育研究》2000年第4期。

② 冯艳艳：《新加坡“天才教育计划”研究》，武汉：华中师范大学，2009年。

除了主课学习以外，天才学生与非天才学生共同参与副课学习，如一起进行手工操作、共同上音乐课程、或者接受公民与道德教育，达到互相交流，建立密切伙伴关系的效果。分离式则将天才学生从原来的班级中抽离出来单独上副课。天才学生安置方式呈现出融合趋势[①]，避免了传统集中式编班制的发展不足，充分顾及到天才学生的社会性发展，能够与非天才儿童一起，获得情感、态度和道德方面全面发展，具有重要现实意义。

4. 为政府服务的英才教育体制

为了选拔优秀人才到政府，新加坡积极实行英才教育体制，“直通车计划”在大学设立各类奖学金，获奖者由国家送入世界一流大学进行深造，回国后即是政府或企业重要职位应选者。这种英才教育体制为精英人才脱颖而出，提供了机制上的保障。新加坡每个行业及部门都有一整套完备的绩效评估方案，是筛选精英人才的重要途径[②]。每年每个工作人员都要向上司递交绩效评估自评报告，由上司对自评人确定评估等级，政府相关部门根据绩效评估方案，关注各界潜力人才发展状况，一旦崭露头角，便可能被选用到政府任职。

Education for Gifted Children in Major Developed Countries

Zhang Jin　Lu Lixin

Abstract: All the competitive developed countries put great emphasis on education, especially education for gifted children. Gifted children

---

① 王寅枚等：《新加坡天才教育的现状及特色》，《外国教育研究》2014 年第 3 期。

② “新加坡人才战略的思考”，http：//www. showsg. com/detail－3700. html

are scarce and strategic resources and thus, we have to make sure that education for gifted children is well-regulated and scientific as they are related to the core competitiveness of one nation. By reviewing large amount of relevant articles, this paper analyzes policies for gifted children education in major developed countries.

Keywords: developed nations gifted children education for gifted children.

主要发达国家领军人才政策研究

（中国国际经济交流中心副教授）张　瑾
（中国社会科学院博士研究生）范婕妤

［摘　要］ 为实现可持续和包容性的经济发展，人才和创新是国家竞争力的核心，世界各国政府不断推出新的人才战略和人才政策，纷纷加大对科技和人才开发的投入，国际领军人才竞争和高端人才全球性流动日益加剧，不断形成世界人才新格局。本文通过大量资料收集和整理，对近年来美国、以色列、日本、英国的领军人才政策进行梳理。

［关键词］ 领军人才　人才政策　人才战略

世界经济论坛发布的《2014 至 2015 年全球竞争力报告》共覆盖全球 144 个经济体，瑞士连续第六年蝉联榜首，成为全球最具竞争力经济体，其后依次排在前 10 位的是新加坡、美国、芬兰、德国、日本、中国香港、荷兰、英国和瑞典，这些经济体具有一个共同特征，即开发、吸引并充分利用现有人才和在促进创新方面投资较大。为实现可持续和包容性的经济发展，人才和创新是竞争力的核心，是公共和私人部门领导者需要更有效协作的两个重要领域。世界各国政府不断推出新的人才战略和人才政策，纷纷加大对科技和人才开发的投入，特别是发达国家通过不断设计和实施新的人才竞争战略，培养、吸引和留住国际和国内领军人才，获得发展优势，不断形成世界人才新格局。本文通过大量资料收集和整理，对近年来美国、以色列、日本、英国的领军人才政策进行梳理。

一、美国领军人才政策

（一）通过立法保护和激励领军人才成长

2005年美国出台《2005年国家创新法》，旨在确保美国维持其在创新、研究和开发，以及科学家和工程师培养方面的世界领导地位。2007年8月9日，美国总统布什签署了《美国创造机会增强技术、教育和科学优势法》，旨在确保美国继续在优秀人才和创造力上引领世界、提升美国竞争力。随后又签署《美国竞争力计划：在创新中领导世界》[①]，其中强调为保持美国的竞争力，必须继续在优秀人才和创造力上引领世界。通过创新来保持和提升美国的国家竞争力已经成为美国国家发展的主战略。遭遇金融危机之后，美国政府开始在发展高新技术产业和现代服务业的同时，强力推动“制造业回归”。奥巴马政府先后出台了《购买美国货》、《制造业促进法案》、《五年出口倍增计划》、《保就业促

---

① 《对美国科技发展产生影响的“美国竞争力计划”》，《全球科技经济瞭望》，2007年2月13日，http://www.chinahightech.com/views_news.asp?NewsId=132333035333

进倡议》等一系列政策和法案，旨在聚集国际一流领军人才，打造最具竞争优势的高端制造业、智能制造业和先进制造业。留学生和高科技人才是提升美国科技水平和经济竞争力的源泉，移民给美国经济不断带来新推动力，美国政府一直在积极推进综合移民改革法案。在科技创新方面，一方面，对于海外开拓、国外创业的人，提供必要的资助，政府在冒险者、投机商维护本国利益的前提下，许诺成功之后的高额奖励资金；另一方面，政府强迫已有或新成立的大中型企业，必须从成本中保留或在利润中预留一定比例的研究开发经费，用于开发新产品、新技术，违者重罚，美国政府对于科技方面的创新奖励，已经形成了一套完整的法律制度，并予以大力推行。法律对于创新领军人才的保护和鼓励，刺激了人才内在的创新本能。

（二）自由市场机制汇集全球领军人才

美国的人才汇集机制以自由的市场机制为基础，包括个人价值、社会活力和有限政府三大要素，形成了符合人性规律和市场规律的个人、社会和政府三者相关关系的基本准则。在美国，尊重个人的社会文化为人才价值的实现提供了可能，企业竞争所带来的社会活力成为惠及人才的基本动力，而有限政府则为人才汇集机制的形成提供了法制保障。美国吸纳人才的不懈动力来自于美国的自由企业制度。在自由企业制度下，毫无疑问企业主要追求利润的最大化。这就需要通过吸引和汇集优秀人才，来提高企业的竞争能力。美国在全球争夺人才的重要手段之一，就是通过奖学金来吸引外国留学生。而这些奖学金主要来自社会力量的捐助，功不可没的是私人基金会和公立、私立高校；美国政府设的奖学金主要用于资助美国本土的学生。国际开发署、雷布赖特基金会、福特基金会、洛克菲勒基金会等组织和机构，面向全球为留学生提供种类繁多的奖学金。

（三）高等教育以培养未来的领军人才为目的

卡内基小组的相关研究表明，美国经济实力有50%是从教育制度获得。在雄厚教育实力基础上，美国的强大国力主要得益于卓有成效的创新领军人才成长战略的制定和实施。美国自20世纪50年代末就把教育作为国家发展基础和人才培养的关键，通过和出台了《国防教育法》、《美国教育战略》、《为21世纪而教育美国人》等，每年投入达3500亿美元，对相关教育法案和教育规划的实施给予经费保障，成为世界上教育经费支出最多的国家。在高校招收学生方面，美国的每一所大学在录取新生时都在积极寻找“未来的领导人”，招收具有创新潜质的学生。此外，通过荣誉学院施行荣誉教育，成功保持了精英教育的精髓，为美国科技发展和人才强国战略提供了大量具有创造性思维的拔尖领军人才。美国著名的研究型大学拥有一批举世公认的高水平学科，如哈佛大学的商业管理、政治学、化学、哲学等，麻省理工学院的经济学、语言学、物理学、数学、计算机科学与工程、生物工程、航空航天工程等，斯坦福大学的心理学、教育学、计算机科学、物理学、植物学、电子工程等，加州理工学院的航空学、天文学、应用数学、应用物理，加州大学伯克利分校的原子物理学、化学、生理学、人类学，普林斯顿大学的数学、哲学、理论物理、天文学、化学等。这些学科拥有世界级的大师，形成一流的学术氛围，产生重大的科研成果，还通过为学生提供高起点的课程、创造高水平的科研探索机会而成为培养国家精英的摇篮。学生在这里学到各领域最前沿的思想、观点、成果和创新的思维、前沿的意识，使之在毕业后具有高起点优势，世界一流学科为精英领军人才教育提供重要平台。

（四）高水平科研是领军人才培养重要途径

美国的高水平研究型大学不仅能够培养出举世公认的高质量的优秀人才，而且普遍承担着联邦政府和地方上的重大科研项目，进行着高水平的科学研究，成为美国基础科学研究中心。例如麻省理工学院的教师在导弹研究方面做出突出贡献，加州大学伯克利分校曾明确提倡“科研第一，教学第二”，以原子物理、化学、生物科学研究举世闻名。美国这些顶尖的研究型大学在科学技术研究中不断取得创造性的、具有划时代意义的重大科技成果，而通过科研的不断成功，获得了大量的研究经费，使这些大学有能力和条件招收大量的研究生。高水平的科研是精英教育最重要的途径，正如美国总统科学顾问委员会的领导人所说的：“基础研究和研究生教育是美国科学发展的关键与核心，经验证明了美国通过大力开展科学研究来培养研究生的做法是使美国科技领先、高级人才迅速成长的重要途径。”美国精英高等教育是在开放的国际环境中进行，研究型大学在科学研究与人才培养上加强国际合作与交流，使大学中的学者与学生能不断地激发出创新的火花，能够站在科学前沿不断创造出重大科技成果。

（五）重视青年领军人才培养储备

政府选择一批大学兴建工程研究中心，让不同学科的工程技术人才集中在一起，共同研发国家和产业面临的重大课题。政府各部门还设立各种特别培养高层次人才计划。如美国海军设立的“青年研究员计划”，专门在一些大学和私人研究机构设立基金，培养最近5年获得博士学位的青年研究人员。美国国家基金会设立了“总统青年研究奖”，每年颁发200个名额，目的是将最优秀的人才吸引到国家急需的科学和工程领域中来，奖金由国会直接拨款。

（六）大力发展猎头产业挖取世界领军人才

猎头产业被提升到执行和落实国家人才战略的高度。通过跨国公司，实施“人才本土化”战略招募分支机构所在国的大量优秀人才，设立海外研发机构网络研发人才，海外兼并企业招聘高级经营人才，来集聚全球高级人才，为美国实施其科技战略意图提供有力的人才支撑。美国的人才猎头组织在美国高级人才资源配置和国际人才资源市场竞争中发挥了十分重要的作用。美国人才猎头业务是全世界最发达的，其猎头份额占全世界的 70% 以上，在世界排名前十位的跨国性猎头公司中占 7 席。在猎头市场高度集中的同时，美国猎头公司的业务发展呈现出分工精细化和多元化的格局。为了控制移民增长过快的势头，美国国会于 1920 年通过了移民《限额法》。但是，自由企业对人力资源的旺盛需求往往会冲破政府的设限。美国的全球性 10 家猎头公司在世界各地设立了几千个分支机构，为美国的大企业招聘人才。美国企业更把人力资源视为生命，美国自由企业从利己主义的动机出发，客观上抗拒了政府在人才政策方面的消极干预，为美国的人才政策奠定了坚实的社会基础。对于优秀技术人才，美国企业盛行配股方式，即公司按每工作一年的工龄配给员工一定的股份。为了防止员工将配股卖掉，公司一般规定，在若干年内不能卖掉。配股方式不仅能留住人才，也能激励人才。

二、以色列领军人才政策

人口小国以色列幅员不广，对全球犹太人一律接纳，这个处于阿拉伯人的三面包围中的“人造国家”，时刻处在强大的生存危机中，但被称为“创新的国度”，高科技产业实力极其雄厚。这个只有700万人口的小国吸收了20亿美金的风险基金，人均为美国的2.5倍，欧洲的30倍，中国的80倍和印度的350倍。很多高科技产品都源于这个国家。[①]

（一）军队培养高新技术领域领军人才

以色列之所以能网罗几乎所有知名的美国高技术企业，就是因为这里拥有许多技术能力极高的天才。而以色列“英才教育”的主要机构就是军队[②]，军方多年来一直投入大量资源培养科技方面的顶尖领军人才，隶属于以色列国防部科研局的塔皮奥特（Talpiot）项目，每年从以色列全国的高中毕业生中精选出最出色的学生，密集培训两到三年，主攻科技和创新，尤其是训练他们对复杂的军事问题找出跨行业解决方案（multi-disciplinary solution）和从事多元工作的能力（multi-tasking mentality）。毕业生在军方服役6年，继续深研科技，他们大都成为以色列最顶尖科学家和最成功企业家，以色列军方的精英科技部门成为众多新兴企业的摇篮。以色列人服兵役不一定非得到战斗部队，数学才能优异的青年被集中到计算机情报部门，参加高级系统开发。这里有最先进的器材，可以进行从基础到应用的所有教育。20岁前后就直接接触最尖端实用技术的环境，使许多以色列人服完兵役时已是技术高手。以色列还为成绩特别优秀的中学生准备了“特殊课程”，被选中的年轻人在入伍的同时进入希伯来大学。他们必须用3年时间取得数学和物理学学位，并接受军人的严格训练，

---

① 陶短房：《各国移民政策门槛各异》，《国际先驱导报》2014年6月17日。

② 《技术大国以色列的秘密》，《海外文摘》2010年6月1日。

努力晋升军职。由于智力和体力要求甚高，1/3 的人会被陆续淘汰。毕业后他们到相关军队企业从事最尖端的研究开发，这些精英大多在 30 岁前脱下军装，此时除智力、体力得到极大锻炼外，他们还掌握了独立研发项目的能力。因此，“特殊课程”的毕业生中涌现出了许多优秀的高技术风险企业家。以色列高新科技领域中更令人瞩目的，是一支军事情报“8200 部队”，这是一支每年有 50 余名“电脑战士”加入、汇集了电脑精英的小部队，这支部队在世界高技术领域已逐渐闻名，因为以色列保安行业推出的新技术和软件多出自他们之手，包括防火墙。该部队毕业生在商界很活跃，其创建的风险企业和参与开发的技术很多，例如米拉比利斯公司开发的“ICQ”。

（二）“孵化器”孵化创业天才

以色列延揽人才的标准只有一条，那就是“优秀”，只要头脑优秀，一律重用，其灵活度决不亚于以自由竞争著称的美国。在以色列援助年轻的风险企业家的政策中，最有名的是隶属贸易和工业部的“重要科学家办公室”推行的“孵化器”制度。该制度始于 1991 年，旨在最大限度地发挥苏联犹太移民的能量，促进他们与以色列社会的同化。该制度利用废旧校舍等建筑物作为创业基地，对进驻基地的企业给予资金、政策等各方面的扶持，尤其是市场等软件方面的支援。2010 年，以色列国内约有 30 个“孵化器”。被“孵化”的企业除了可以自由使用设施和设备外，两年内可得到最多 30 万美元的资金援助，如事业成功，每年按销售额的一定比例（前 3 年为 3%，后 3 年为 4%，以后是 5%）还给国家，失败则无须赔偿。对于有技术和能力、无门路和资金的年轻创业者来说，利用“孵化器”无疑是他们创办企业的最佳途径。正是因为有着种种创业机会，在以色列，年轻的技术人员往往能取得惊人的成就。例如最有名的测谎软件的开发者阿米尔·利伯曼，就是个二十出头的年轻人，该软件仅在欧美便已售出500多万套。

（三）政府扶持风险基金产业培育创业领军人才

以色列政府为推动高科技产业发展实施了两项相当成功的措施。第一，建立由政府支持的风险投资基金项目（Yozma），扶植和培养本国的风险基金及风险基金投资的专业领军人才①。此项目由以色列本国风险投资者（主要是为了学习如何运作）、外国风险基金公司和以色列政府的投资公司或银行三方参与设立投资基金。政府设立自我退出机制最大程度地降低了投资者风险。Yozma项目非常成功，培养了诸多明星企业，如专门生产激光治疗设备的ESC Medical，生产高端半导体的Galileo，和为福布斯顶尖企业提供内部电邮和信息系统的Commontouch等。其他国家如日本、韩国、加拿大、爱尔兰、澳大利亚、新西兰、新加坡和俄罗斯等国都在学习和模仿Yozma项目的成功经验。第二，以色列政府与美国政府合作建立工业科研基金（BIRD），鼓励两国的合作企业在以色列开发科技项目。至今为止，60%的NYSE上市及75%的纳斯达克上市的以色列公司都曾得到过这个项目的支持。这种合作帮助以色列创业领军人才学会如何在美国及其他海外市场进行成功的商业运作。

（四）大量引进海外先进技术领军人才

以色列在海外有大批顶尖的科技人员在各大公司效力，他们

① 尹一丁：《以色列是全球仅次于美国的第二创业大国》，《21世纪经济报道》2011年7月31日。

中很多都成为全球一流高科技公司的技术负责人、科技领军人才，如思科、英特尔及微软的高级技术总监等。这些科技资深人物利用自己的影响力将这些国际大企业的研发中心设在以色列，从而将大批先进技术引入以色列。而且，它们设立在以色列的研发中心往往从事的是最尖端的前沿研究，而其他海外研发中心则以应用型技术为主。

三、日本领军人才政策

近年来，日本总人口持续减少，人口少子化和老龄化问题日益严峻。据日本总务省 2013 年 8 月 28 日发布的居民基本台账显示，2013 年日本总人口为 1.26 亿人，已连续 4 年减少。15—64 岁的劳动年龄人口为 7900 万人，比 2000 年减少了 700 万人，劳动力不足成为制约日本社会经济发展的一个重要因素。同时，国际社会人才争夺战日益激烈，日本政府计划通过创设新的人才政策吸引外国尖端人才定居日本，日本首相安倍晋三在 2014 年 4 月 4 日的经济财政咨询会议上提出在本国人口不断减少的情况下，日本社会要想持续发展，要进一步探讨有效利用外国人的举措，积极从外国吸引高级人才，为他们创造长期在日居住的环境。

（一）领军人才计划支撑人才总体战略

进入 21 世纪后，传统领域生产能力过剩，科技创新后劲不足，已成为日本亟待解决的重要课题。过去形成的只热衷于技术应用而轻视基础科学研究，只强调忠诚和合作精神而忽视创造性的战略理念和观点，已经不能适应时代发展的需要。因此，进入 21 世纪后，日本在人才培养方面进行了大步调整，出台了一系列计划，构成了日本新型人才总体战略①。

以政府为主导打造领军人才使用环境。日本政府实施了第二期《科学技术基本计划》（2005 年），确立了“科学技术创造立国”的战略目标，提出了培养优秀科技人才的基本方针。同时，政府不断推进和加强国内的“产学官”方面的合作。如文部科学省等政府职能部门构筑科技信息系统；通过因特网等提供人才开发及科技成果转化信息；国立大学、政府研究机构的先进研发设施，实行对外开放共同利用；对大学教职人员及研究机构人员实施兼业许可制等。

实施“240 万高端科技人才开发综合推进计划”。日本政府决定，从 2002 年 6 月开始实施大量培养科技人才的国家战略。目标是培养 240 万精通信息技术、环境、生物、纳米材料等学科的尖端科技人才，确保企业需求的具有实战能力的技术人才。其核心目标就是促进人才、科技与企业对接，造就适应企业快速发展的科技人才队伍。

推行“21 世纪卓越研究基地计划”。从 2002 年开始，日本文部科学省每年选择资助 50 所大学的 100 多项重点科研项目，对每项科研项目的资助时间为 5 年，资助金额每年 1 至 5 亿日元不等。这一计划是日本高等教育由量的扩张转为质的提高的重要举措之一，有助于快出高层次人才，同时也使日本大学的科研更具战略性。

推出“最先端研究开发支援计划”。该计划从 2009 年开始，对可能达到世界顶级水平的研究人员和课题提供资金支持，确保研究人员有高度自由的跨年度或多年度研究资金，旨在形成研究人员能够潜心从事研究活动的机制，促进一些领域的研究人员成

① 胡雪梅：《坚持“科学立国”的日本人才战略》，《海外瞭望》，2012 年第 6 期

长为日本具有代表性的科学家，提升日本在产业经济、安全保障等领域的国家竞争力。

（二）通过“入管法”修正案吸引外国领军人才

2012 年 5 月日本出台的“高级人才积分制度”实施效果不理想，截止到 2013 年 4 月只吸引了 434 名外国人才，其中绝大多数还是原本就已经在日本工作的外国人。因此，2014 年 6 月 11 日日本参院全体会议表决通过《出入境管理及难民认定法》修正案，以自民党和民主党多数赞成票顺利通过。该修正法案的重要变化是：IT、医疗等领域具备高学历高技术的外国人，获得在日永久居住权所需时间从 5 年缩短到了 3 年。新制度的对象为研究人员、技术人员以及跨国企业经营者和大学教授，只要学历、年薪等被认定为优秀的“高级人才”即可。而且，与现行的永住权不同，其配偶可在日就职，并可携父母、保姆同行①。

过去在日外国人获得永住权必要的居留时间，一般需要 10 年。为吸引海外优秀研究人员和技术人员，日本政府于 2012 年实施新政策，在根据工作经历和年收入等进行评分后，达到一定标准的外国人将被认定为“高等人才”，这些外国人在日本活动达到 5 年便可获得永住权。但效果并不理想，截至 2013 年 4 月只有 434 人通过认定享受该制度，远没有达到 2000 人的目标。为此，2013 年日本提出了“高级人才”计划，在日居留时间可以缩短为 3 年。另外，此前拥有永住资格的外国人在父母来日生活等方面，日本并没有给予特殊优惠条件，和一般工作签证、留学签证的人一样，只能办理最长 3 个月的探亲签证，即便有合适

---

① 《日本出新政招徕外国精英华人争评“高级人才”》，《中国新闻网》，2014 年 6 月 18 日。

的理由，也只能再延长3个月。据法务省3013年的统计，适用于人才积分制度的外国人平均年龄34.5岁，大多是处在育儿期。由于夫妇双方工作繁忙、无暇育儿，允许父母、家务佣人一同来日有助于让优秀人才扎根日本。

四、英国领军人才政策

（一）修改移民法规吸引数字领军人才

为改变过度倚重金融业的局面，英国政府自2008年以来多次出台制造业发展战略和倾向性政策，并宣布成立战略投资基金，以实际行动扶持制造业[①]。从传统意义上说，英国属于“非移民国家”。但近年来，为吸引更多海外人才，增强国际竞争力，英国也开始不断调整移民政策，放宽技术人才移居英国的限制。与欧洲其他发达国家一样，英国也正受到人口老龄化的困扰，再加上高技术人才的相对短缺，如何吸引海外人才成为英国政府越来越重视的问题。为此，英国内政部在2002年决定，开始效仿美国、澳大利亚等国的绿卡政策，开始试行“高级技术领军人才移民政策”，吸引有特殊技能及工作经验的领军人才来英工作[②]。

2014年3月14日，英国政府宣布修改移民法规，以帮助英国企业获得国际高级技术人才。同时，新规也将支持英国数字技术行业的发展，并促进与中国的联系[③]。移民法规的修改部分包括：第一，向“英国科技城”批准的世界顶尖数字技术行业人

① 刘红松：《英国为技术人才短缺犯愁》，《新闻晨报》，2014年5月30日。

② 刘石磊：《英国移民政策助力海外引才》，《新华网》，2014年6月10日

③ 缪晨霞：《英国移民新规吸引数字技术人才》，《新京报》，2014年3月24日。

才，开放杰出人才签证通道。2013 年 12 月，英国首相宣布扩大杰出人才通道的政策，并允许“英国科技城”为行业中的创新人才和专业人员提供担保，从而使他们不需要雇主提供担保就可以来英工作。这些政策使英国对顶尖数字技术人才更具吸引力，并允许其数字技术行业从世界各地招募最好的国际人才。第二，延长高技术员工的签证期限，将他们的签证期限从 3 年延长至 5 年，并且签证在 3 年期限到期后不需要重新申请，借此提高用工的灵活性。这对于企业安排员工到国外出差工作非常有利，否则他们必须提交签证延期申请。

（二）继续支持 STEM 领域领军人才的发展

2014 年 3 月 12 日，英国商务、创新与技能部（Department for Business，Innovation & Skills）出台新规鼓励领军人才参与自然科学和工程领域[①]（Engaging the Public in Science and Engineering），主要通过下列措施：举办英国科学节和国家自然科学与工程周活动；资助英国皇家学会、英国皇家科学院和皇家工程院的领军人才；舆情监测下制定自然科学和工程政策；鼓励学校中的自然科学教育，以及资助促进研究自然科学、科技、工程和数学（STEM）领域的项目和活动。

（三）英国伦敦设立“伦敦签证”吸引全球人才

2013 年 9 月 10 日，伦敦市长鲍里斯·约翰逊（Boris Johnson）提出新设立一种“伦敦签证”[②]，方便全球各地有才能的技

① UK Border Agency，Home Office. http：//www. ukba. homeoffice. gov. uk

② 刘鑫：《英国伦敦市长提出设立“伦敦签证”吸引全球人才》，《中国日报》，2013 年 9 月 11 日。

术专家和时尚设计师在英国首都找到工作。伦敦市政厅试图以此扶持初创科技企业和时尚工作室，这些企业目前苦于应对官僚程序和签证政策收紧的高成本。维基百科（Wikipedia）创始人吉米·威尔士（Jimmy Wales）认为，如果伦敦希望和硅谷争夺印度和中国的顶尖人才，英国签证必须更易获得。根据提议，伦敦市政厅每年将获得政府现有的1000个“特殊人才”签证名额中的100个，这种签证专为世界一流的科学家、艺术家和演艺人士而设。市长办公室将与科技城（Tech City）、英国时装协会（British Fashion Council）和伦敦设计节（London Design Festival）合作，选择出最优秀的申请者，为他们提供官方支持，方便他们入境。此举是为了让伦敦吸引到“最优秀和最聪明的人”，吸引硅谷精英和北京的时尚先锋来伦敦开拓新创意，创建新企业。

Policies for Leading Talents in Major Countries

Zhang Jin　Fan Jieyu

Abstract: In order to achieve sustainable and inclusive economic development, many countries attach great importance to talents and innovation and see them as their core competitiveness. Specifically speaking, governments around the world launch new policies and strategies for nurturing and attracting talents constantly, and increase their investments in science and technology as well as personnel development. Fierce competitions for international leading talents and ever-increasing global mobility of high-end talents have reshaped the new world pattern of talents. By reviewing large amount of relevant articles, this paper analyzes policies designed for leading talents in countries like the U. S., Israel, Japan and the UK.

Keywords: leading talents　talents policy　talents strategy

跨国公司篇

跨国公司诚信合规管理新动向及启示

（中国社会科学院研究生院博士研究生）丁继华

摘　要： 近年来，国际组织、各国政府机构、跨国公司都在积极倡导企业强化诚信合规经营，跨国公司把诚信合规经营作为推动企业可持续发展的基石。结合我国企业实际，建议我国企业把撰写合规反腐报告作为推动企业合规反腐的抓手，通过配备专门的合规管理队伍，健全合规管理制度和运行机制，培育道德诚信的合规文化来推动企业合规经营，实现企业持续稳健的发展；建议我国政府相关部门加大力度宣传、引导和监督企业合规经营，为企业营造一个干干净净的商业环境。

关键词： 诚信合规　合规经营　可持续发展

一、强化诚信合规是全球关注的新热点

2008 年爆发的国际金融危机引发了全球经济危机的蔓延，国际组织、各国政府机构和跨国公司都在积极倡导企业诚信合规经

营，同时加大了对商业贿赂的打击力度。在这样的背景下，国际著名的跨国公司在强化企业的经济、环境、社会责任的基础上开始强化合规经营责任。强化合规经营成为了全球企业责任发展的新内容，也成为了全球企业提升软竞争力的新潮流。这一潮流正在通过国际组织、跨国公司的全球网络影响跨国公司本身、各国政府部门和企业，中国政府部门和企业当然也不例外。

（一）国际组织推出诚信合规反腐的新指南

2004 年联合国全球契约修订加入第十项原则，即反对一切形式的腐败，包括敲诈和贿赂。这一修订标志着强化企业责任进入全球合规反腐发展新阶段。此后全球契约组织设立第十项原则专家组，每年两次开会推进企业合规反腐。2014 年 9 月日内瓦全球契约组织第十项原则工作组第 14 次会议，通过各企业及非政府组织共同的呼吁引起政府部门对合规和反腐败的关注，促进全球契约的执行和推广，进而推动规制商业腐败和合规的相关法规政策出台，与此同时，让全球契约的反腐败公约成为在全球具有法律效力的国际性文件。通过这一行动，也让政府部门和企业提高对合规反腐的认识，让各国政府和企业界意识到合规反腐是推动企业和产业可持续发展的重要保障。

经合组织（OECD）理事会于 2009 年 12 月 26 日通过了《关于进一步打击国际商业交往中贿赂外国官员的建议》；2010 年 2 月 18 日，通过《内控、道德与合规最佳行为指南》；2011 年 5 月底，OECD 又推出新修订版《跨国公司行为指南》，此次最重要的修改是强化供应链上相关企业的诚信合规管理。

（二）各国政府强化合规反腐执法的新动向

在各国政府打击腐败的法规中，美国的《反海外腐败法》

（Foreign Corrupt Practices Act，以下简称 FCPA）力度最大，威慑力最强。近几年来通过创新执法理论和执法手段，美国相关当局强化了查处力度。美国还加强国际合作及对非美国公司的执法，作为全球最大最重要的经济体之一，中国已成为美国反海外腐败的重要地带。从 2002 年到 2013 年全球查处的 FCPA 案件中，有 23 家跨国公司商业贿赂案涉及中国。

除了美国之外，2010 年 4 月，英国通过了反腐力度创全球新高的《反贿赂法》。该法案提出了一个新的罪名“防止贿赂失职”，要求所有在其管辖范围内的公司不仅自身要合规经营，而且须对其供应商、合作伙伴、代理商等企业的不合规行为承担严格的连带责任，只有在举证自身建立了“完善的合规管理企业制度”的企业才可免责。

我国在反商业贿赂方面，《反不正当竞争法》对商业贿赂做出了相应的规定。其中第八条规定：“经营者不得采用财物或者其他手段进行贿赂以销售或者购买商品。在账外暗中给予对方单位或者个人回扣的，以行贿论处；对方单位或者个人在账外暗中收受回扣的，以受贿论处。经营者销售或者购买商品，可以以明示方式给对方折扣，可以给中间人佣金。经营者给对方折扣、给中间人佣金的，必须如实入账。接受折扣、佣金的经营者必须如实入账。”2011 年 2 月 25 日通过的《刑法》第八修正案规定“为谋取不正当商业利益，给予外国公职人员或者国际公共组织官员以财物的”，按行贿罪论处，使得中国在全球化背景下打击海外贿赂首次有法可依。中共十八大以来，在过去反腐倡廉的基础上，我国政府进一步加大了打击商业腐败的力度，一些企业因为商业贿赂而受到了打击，其中也包括一些在华著名的跨国公司。

（三）营造诚信合规的商业环境成为国际会议议题

2010年亚太经济合作组织（APEC）中小企业部长会议后，成立了APEC中小企业商业道德工作组，定期组织会议，在生物医药、医疗器械和建筑工程三个关键领域共同推行商业道德准则，即医疗器械领域的《吉隆坡原则》、生物制药领域的《墨西哥城原则》和建筑工程领域的《河内原则》，每年组织各经济体的行业协会和企业代表进行培训，推动准则落地实施。

2014年APEC中小企业商业道德论坛作为第21次APEC中小企业部长会议框架下的系列会议，主要涉及生物医药和医疗器械两个领域加强商业道德建设，对于APEC中小企业及其供应链上合作伙伴具有重要意义。部长们欢迎APEC中小企业商业道德论坛致力于构建利益相关方遵守APEC原则的能力，促进各方协作。部长们通过了《提升医疗器械和生物医药领域商业道德的南京宣言（2014—2020）》，并为实现其目标提供支持，包括呼吁各经济体在2012—2015年将制定商业道德准则的企业数加倍，在2020年前为进一步实施APEC原则进行不懈努力。部长们支持推进建筑工程领域实施APEC原则的马尼拉宣言，鼓励中小企业利用新的APEC商业道德门户网站，以获取诚信道德知识，增强能力建设。

（四）跨国公司正在积极强化自身诚信合规管理

近年来，许多跨国公司通过强化合规管理这样的新举措来遏制商业贿赂。不少公司设立了专门的合规管理部门，完善了合规管理制度，加强培训、制定规则，预防、监查公司运行流程中的违规现象，积极处理违规事件。

全球公司中强化合规经营最为典型的是西门子公司。2008

年，西门子公司因商业贿赂触犯了美国 FCPA，支付了约 16 亿美金的巨额罚金。西门子公司被惩罚后，痛定思痛，完善了商业行为准则，建立了全球合规管理体系。在其最高执行委员会（managing board）内新设立负责法律与合规事务的委员；建立强大的合规团队，目前全球拥有 650 名全职合规专员，而过去仅有不到 100 名兼职人员。今天，有超过 20 万员工完成了合规培训。合规成为高级管理人员薪酬体系一项不可或缺的考核因素。西门子修订和增加了许多合规政策，涵盖了银行账户统一管理、现金控制、礼品和接待、并购交易中的反腐败、捐赠与赞助等等方面。大幅加强了对供应商和客户的合规管理，颁布了商业伙伴行为准则以评估潜在商业伙伴的廉洁度。

西门子案件之后，现在绝大部分跨国公司都建立了或强化了合规管理体系。在公司组织架构方面，许多跨国公司设立了与 CEO 和 CFO 平行的职位 CCO（Chief Compliance Officer，首席合规官），CCO 通常具有很高的级别和独立性，进入董事会，直接从属于董事长，专门负责预防、监督和处理企业违规行为和事件。

（五）诚信合规已成为企业可持续发展的重要内容

2000 年以前，在一些 MBA 的课程中企业主要责任还被确定为实现股东价值最大化。然而，进入新世纪以来越来越多的跨国公司在强调企业经济责任的同时，也在强化企业的社会责任和环境责任。企业责任是包括经济、社会和环境责任在内的一个不可分割的全面的责任体系。

在推进企业强化全面责任方面，联合国发挥了不可替代的作用。2000 年 7 月 26 日全球契约在联合国总部正式发起进入实施。全球契约提倡包括人权、劳工、环境和反贪污等 4 个方面的十项原则。全球契约成为跨国公司强化公司责任的一个里程碑。

2008 年以西门子案为标志，越来越多的跨国公司开始强化以合规反腐为重点的全球责任。强化合规成为企业社会责任新的内容。

合规（compliance）通常包含以下三层含义：（1）遵守法规，即公司总部所在国和经营所在国的法律法规及监管规定；（2）遵守规制，即企业内部规章包括企业的商业行为准则；（3）遵守规范，即职业操守和道德规范等。合规是一个企业走向规范经营的系统化过程。广义的"合规"泛指企业在经营活动包括全流程各个环节中合规。狭义的"合规"聚焦在反对各种形式的商业腐败。

进入新世纪以来到全球金融危机爆发不到十年时间里，被美国反海外腐败法追究涉及在我国涉嫌商业贿赂的著名跨国公司就有二十几家之多。事实表明，遏制商业贿赂强化合规经营是企业可持续发展的基石。强化诚信合规反腐是跨国公司承担的企业全面责任和全球责任中首要的责任。

二、跨国公司强化诚信合规反腐的特点

近年来，全球企业界正在强化合规反腐。跨国公司在强化诚信合规反腐中，建立起了涵盖诚信合规的价值主张、合规管理组织、合规管理制度体系及保证制度顺利运行的机制等体系化的合规管理方法。

（一）诚信合规文化是企业生存发展的基石

越来越多的跨国公司把道德诚信的合规文化视为生存发展的

基石，正如GE公司所认为的那样，“我们不是仅仅因为公司拥有先进的技术或管理，更是因为公司优秀的企业文化，其中最重要的就是诚信与合规。”

跨国公司高度重视发布“从高层做起”，来自企业高层的公开声明表明了企业领导层对商业腐败“零容忍”的态度，从而奠定了企业高层对反商业腐败的基调。“从高层做起”又是要突出企业的诚信领导力的表现。合规反腐“从高层做起”是公司诚信合规价值观得到有效坚守的前提，是整个合规管理体系得到有效运作的基础。

（二）建立诚信合规管理队伍提供组织保障

合规管理需要组织保障，许多跨国公司通过设置专门的合规管理部门和配备专门或兼职的合规管理团队来推动这项工作。一般来说，跨国公司设置专门的合规管理部门，并在集团层面设立首席合规官（首席合规官：Chef Compliance Officer，CCO）。同时，在业务线或者各分子公司设置合规管理部门或者兼职的合规管理岗，配备专职或兼职的合规官（美国公司通常把合规官称作为：道德与合规官，Ethics and Compliance Officer）。合规官发现了重大的违规问题可以直接向高级管理层报告，并拥有直接向董事会或其下设委员会报告的权限。

（三）诚信合规管理的重点是健全制度体系

跨国公司通过建立完善的合规管理制度体系来控制企业日常经营中面临的合规风险。在防止商业腐败方面，跨国公司建立了包括公司的礼品与招待管理制度、第三方支付管理制度等，通过这些制度来强化企业的合规反腐。比如，礼品与招待管理制度，其中最核心的要求就是涉及到公司员工与客户或公司员工与政府部门的交往时防止商业贿赂发生。

为了对商业腐败进行有效的管控，多数跨国公司把合规管理分为事前预防、发现问题和及时应对三个阶段。在预防层面，主要包括沟通、教育、奖惩机制的设计等方面；在发现层面，通过专业人士对举报事项进行调查，每个季度都进行内审，包括合同内容、报销、商业合同流程等；在应对层面，主要是查找漏洞，然后堵住漏洞并从源头上杜绝其再次发生，应对工作是每天日常要做的工作。

（四）诚信合规管理的关键是运行机制顺畅

2014 年 9 月长沙市中级人民法院对葛兰素史克中国公司（GSKCI）以及其前中国区部分高管对非国家工作人员行贿、非国家工作人员受贿案进行审理。葛兰素史克中国公司被判罚金 30 亿元，相关高管也受到了不同程度的惩罚。作为全球知名的制药企业葛兰素史克公司其实建立了比较完备的制度规范与第三方的业务合作，但是仍然发生了这样严重的案件。总结葛兰素史克在华涉嫌商业腐败案件的教训，我们认为一个公司要有效地进行合规管理，有健全的制度体系还不够，还需要有顺畅的合规培训、考核、咨询举报和查处机制来配合，以保证合规管理制度得到落实。事实证明，合规管理机制运行良好的跨国公司出事也相对较少。

三、我国企业强化合规经营面临着严峻的挑战

在全球强化合规潮流的背景下，众多跨国公司已经开始强化合规经营，但强化合规经营在中国企业界还未得到应有的重视。激烈的商业竞争，使得一些企业试图通过商业贿赂的手段来谋取

不正当利益，从而使企业面临陷入不合规经营的风险。在全球强化合规经营潮流的背景下，国内企业界强化合规经营面临着严峻的挑战。

（一）一些政府官员不合规行政给企业强化合规带来挑战

由于市场与政府的边界没有清楚的划分，一些政府部门掌握着项目审批权力。政府部门在项目审批、政府采购等过程中没有明确的规则，缺乏透明度，政府公职人员往往利用手中的权力来寻租。一些企业为了获得政府部门的审批也往往屈服于政府权力部门，有些企业还主动进行商业贿赂。一些政府部门不合规行政影响了企业的投资经营环境，恶化了企业经营生态环境，从外部给企业强化合规经营带来严峻的挑战。中国在改善投资经营环境中，要高度合规行政，并把强化合规行政作为一项重要内容来改进。根据普华永道最近针对全球跨国公司对中国投资环境改善的一项调查显示，接受调查的跨国公司最期望中国通过“提高透明度和加强反腐”来改善投资环境。

（二）一些行业中的“潜规则”给企业强化合规带来挑战

中国的传统文化讲究人情和礼尚往来；处事习惯又讲究变通，变通就非常容易导致违规；政府权力运行中存在人治因素，容易使人们崇拜权力而不遵守规则。三者均导致潜规则，而潜规则是合规的天敌。

2009 年媒体披露力拓公司在华高管收受中国企业贿赂。这个案子固然暴露了国际著名跨国公司面临的严重腐败问题，同时也暴露了中国一些企业受制于“潜规则”而行贿的问题。有媒体根据力拓案的公开庭审资料，披露了一份多达 20 家、涉嫌向力拓前雇员行贿的中国企业名单。20 家被指涉案的企业中，除了少数几家国企之外，大多为中小民营钢厂和民营贸易商。

通过力拓案，我们可以看到行业潜规则盛行，大量的企业被卷入其中。因为潜规则的存在，中国企业在强化负责任的商业行为方面还有很长的路要走。

（三）不同类型的企业在强化合规经营时面临不同的挑战

由于我国正在从计划向市场经济转型，市场经济的规则还有待完善。在不完善的市场经济规则中，各种所有制的企业因为在市场中所处的地位不同，面临强化合规经营的挑战也不一样。

在华外资企业强化合规经营面临的主要挑战有：一是本地员工利用企业管理漏洞进行商业贿赂；二是合资企业与供应商、客户管理也是企业合规管理的难点；三是同业竞争与利益输送的冲突。

国有企业在强化合规经营方面面临的主要挑战有：一是国有企业凭借其垄断地位在竞争中有得天独厚的优势，由于自身运作不透明，导致其他企业往往通过行贿方式获得合作机会。二是国有企业与政府关系相当密切，在公务接待、公款消费方面容易产生腐败。三是企业在管理上的漏洞往往被企业员工利用，一些国有企业管理人员往往成为行贿对象。

民营企业由于处于竞争劣势，往往具有通过行贿获取资源弥补劣势的冲动。大量案例表明，民企行贿对象包括政府官员、国有企业和外资企业。通过商业贿赂的手段获得资源成为了民营企业强化合规经营面临的主要挑战。

（四）一些重点领域企业合规经营面临的挑战最为严峻

从历年检察机关的案件情况看，医药购销、政府采购、土地出让、资源开发等领域是商业贿赂高发区，这些领域给企业合规经营带来的挑战最为严峻。

在医药购销领域，药品、医用设备、医用耗材的购销、在评审、认证、检测、稽查等环节违规操作、以权谋私等问题现象非常严重；在政府采购领域，招标投标、项目评审中经常出现企业商业贿赂问题；在土地出让领域，一些企业往往通过行贿政府官员来获得土地开发权；在资源开发领域，一些企业为了在资源开发上谋取非法利益，往往贿赂政府官员或者利益相关方。

（五）对外投资的企业也面临着强化合规经营的挑战

随着全球反对商业腐败力度加强，一些中国“走出去”企业在商业贿赂方面的问题已经受到了越来越多的批评。近年来，世界银行发布了因涉嫌欺诈和贿赂而在一定时期内被禁止承接世界银行资助项目的企业名单（包括其直接或间接控制的公司），我国有 12 家公司被列入这个黑名单，包括：中国地质工程集团公司、中国路桥工程有限责任公司、中国建筑工程总公司、中国武夷实业股份有限公司等。有的公司也可能没有行贿，是因竞争对手的诬陷或者其他原因被冤枉。但是，从这个名单我们可以看到我国企业在海外投资中还面临着合规经营的风险。因为进入这个名单后，这些企业在全球竞争中显然处于非常被动和不利的地位。

随着对外投资增加，我国企业在海外面临的合规问题越来越突出，合规风险正在逼近。2012 年—2013 年中，中国在美国上市的几十家企业更是集体遭遇不断升级的诚信危机，据不完全统计，当时有 20 多家在美上市企业被停牌或退市。

（六）来自企业自身的挑战是对合规风险的认识不足

全球跨国公司已经开始把合规纳入到企业文化建设中，它们通过发布企业合规报告或者通过在企业社会责任报告中强调企业合规经营，企业高层做出强有力的反腐声明，致力于建设合规文化。中国企业对合规风险还没有引起重视，根据安永一份全球企业面临的风险排行调查报告，监管和合规被认为是全球企业面临的最严重风险。“监管与合规”在全球企业十大风险排行榜上名列第一位，而在中国企业十大风险排行榜上排第七位。

表1　全球企业与中国企业对十大风险的认识

排名	全球企业	中国企业
1	监管与合规	新技术
2	成本削减	人才管理
3	人才管理	政府职能加强
4	价格压力	成本削减
5	新技术	价格压力
6	市场风险	社会认同风险及企业社会责任
7	政府职能加强	监管与合规
8	经济复苏放缓或二次触底衰退	市场风险
9	社会认同风险及企业社会责任	经济复苏放缓或二次触底衰退
10	获取信贷	获取信贷

四、企业要加大重视力度强化合规经营

在中央加大力度打击贪腐，推动现代法治建设的背景下，我国企业经营所面临的内外部环境正在发生着深刻的变化。企业要实现持续稳健的发展，必须重视合规管理，强化合规经营。而强化合规经营又是一个系统性的，涉及企业合规管理制度建立、合

规管理运行机制的完善、诚信合规文化的培育等多方面的工作。

（一）以撰写合规反腐报告作为合规经营抓手

任何一项工作的推进都需要有一个着力点，或者称为抓手。强化合规经营也需要这样一个抓手。总结国内外公司的经验，我们发现，撰写诚信合规报告就是企业强化合规经营的一个重要抓手。这里所说的诚信合规报告可以是与公司社会责任报告或可持续发展报告并行的独立报告，也可以是公司年报、公司社会责任报告或可持续发展报告中的一个部分。一般来说，企业内部应该定期撰写一个完整的报告，梳理企业监管环境的变化和企业内部各个部门在开展业务中存在的问题，对工作流程中存在的漏洞进行分析，对企业诚信合规经营提出建议。

根据企业自身可持续发展和环境的变化的需要，企业要转变对合规反腐报告的认识。企业要认识到撰写合规反腐报告是企业强化合规经营的一个重要抓手，作为企业提升自身透明度的重要手段。从撰写合规反腐报告入手，长期坚持做下去，不断深化对合规反腐的认识，逐步强化企业合规经营。当企业对合规反腐报告的认识加深以后，企业对待撰写合规反腐报告的态度就会从"要我写合规反腐报告"转变成"我要写合规反腐报告"，变得更加积极主动，报告内容也会变得更加真实；企业的行为也会由"要我合规经营"朝着"我要合规经营"转变。

（二）逐步建立起完善的合规管理制度及机制

目前来看，合规管理制度建设走在前面的公司中，有中国工商银行、中交股份、中海油、吉利等公司，它们正在完善业务中相应的合规管理制度、探索建立合规管理组织，逐步建立完善合规管理制度体系。还有不少致力于成为百年老店的企业也意识到了企业内部要建立合规管理制度的必要性，也正在积极探索中。

随着外部环境的变化和实现企业可持续发展的要求，越来越多的企业将从合规管理制度体系上和运行机制上进行探索和完善。从整个市场的角度来研究和应对合规反腐，企业还可以通过开展“合规反腐联合行动”研究和提出应对措施：可以是与同行业企业联合开展，也可以是与供应链上的企业联合开展。这有利于大家共同探索和设计出符合行业特征和企业自身特色的合规管理制度体系，促进企业合规，推动行业合规，在市场上通过合规的手段开展竞争。

（三）培育以责任为核心的道德诚信合规文化

企业文化摸不着，看不见，但是它会影响员工的思考问题的方式和员工的行为方式。企业有了好的合规管理制度体系，还要把合规管理制度设计背后所体现的精神向全体员工传达，让员工在工作和生活中形成职业谨慎、诚信正直的个人品行以及良好的风险意识，即使在没有明确的行为准则或指南的情况下，员工也可以凭借良好的职业操守和价值观念来做出正确的选择。他们把合规视为价值观，把合规作为自己对社会、企业、对家庭、对自己的责任。所以，要保证所有员工合规地从业，就必须培育一个以责任为核心的合规文化。

作为企业高层领导，要主动引导道德诚信的合规文化建设，向全公司公开声明合规反腐的承诺，传达公司的反贿赂立场，通过承诺宣言，向公司内外传达出对贿赂零容忍的坚定态度，以身作则，做出表率。然后，从公司战略层面到企业的细节管理，都要执行反商业贿赂政策的整体策略，使得公司形成一种全体员工能够自觉、自愿地开展负责任商业行为的氛围。

五、政府部门要为企业合规经营营造环境

我国政府正在加快推动政府部门职能转变，实施简政放权的改革。在简政放权过程中，政府部门职能要从“重审批，轻监管”向加强市场监管的力度转变。各政府相关部门的任务，既要着眼于当前，对各个行业加强合规从业的宣传和引导，促进企业加强合规管理；又要立足于长远，在打击商业腐败的同时，还要加快相关法律法规建设，从制度层面为企业营造一个干干净净的商业环境。

（一）加强宣传，提升企业合规意识

合规管理是预防和遏制腐败的重要手段，政府相关部门在打击腐败的同时，更要在各行各业加大对合规从业的宣传力度，让所有企业认识到合规反腐对企业长期生存发展具有的重要意义。

首先，政府各级管理部门要对强化合规管理统一认识，成为企业合规文化建设的推动者。只有各级管理部门统一了认识，才能在推动企业合规文化建设中加大宣传力度，为全社会讲诚信、讲合规营造一种氛围。

其次，通过采取创新合规宣传活动的形式与丰富活动内涵相结合，正面教育与反面案例警示教育相结合等方式，普及“合规人人有责、合规创造价值”的核心理念，宣传正确的价值观和绩效观。

最后，对企业合规反腐好的经验做法进行宣传和推广。我们发现一些中央企业在合规反腐报告中提到的“不想腐、不能腐、不敢腐”的经验就非常不错。所以，建议政府相关部门通过鼓励

企业撰写合规反腐报告的方式，一方面让企业重视合规反腐，总结梳理企业防腐、治腐的经验；另一方面政府相关部门可以把企业好的合规反腐经验做法在行业和社会中推广，对提高各行各业企业的合规意识将发挥积极作用。

（二）加强引导，促进企业合规管理

政府部门正确的引导，会对整个市场的诚信建设发挥重要的作用。我们发现，政府相关部门对所监管的行业出台了引导企业合规经营的文件的，该行业对合规经营就会高度重视，企业合规管理工作就做得比较好。

中国银监会在2006年出台了《商业银行合规风险管理指引》；中国保监会2007年颁布了《保险公司合规管理指引》；商务部、中央外宣办等七部委在2012年联合印发《中国境外企业文化建设若干意见》。这些文件出台后，金融行业、保险行业和一些对外投资的企业都加大了对合规经营的重视力度。建议证监会出台相关文件，可以借鉴国外跨国公司的经验，要求上市公司设置道德与合规官岗位，负责公司的道德诚信与合规制度建设，要求企业定期公布诚信合规报告，从而引导企业加强诚信合规文化建设；国资委、全国工商联等也可以出台关于国有企业、民营企业员工从业规范的合规管理指引，促进企业合规经营。

另外，政府部门在开展政府采购、招投标，商业银行在商业信贷审批时，也可以把企业的诚信合规记录、合规反腐报告纳入企业资质审查中，让那些合法合规的企业得到更多的政府订单和更易获得信贷资金，让那些有违规行为的企业得不到订单，更难获得商业信贷资金，从而使合规经营的企业受益，让不合规经营的企业得不到好处。

（三）加强监管，营造合规经营环境

我们在向市场经济转型的过程中，营造合规经营的市场环境不可能一蹴而就，会是一个相当长的过程。对政府相关部门监管来说，防止和遏制商业腐败，在治标的同时，还要思考如何治本，最终达到标本兼治的目的。

一是政府监管部门要加大对违规企业的打击力度。为适应当前合规反腐的需要，可以出台相关行业自律规定和制定相应的惩罚措施，让那些违法违规的企业付出巨大的代价。比如，医药购销领域有《关于建立医药购销领域商业贿赂不良记录的规定》，把那些有商业贿赂的医药企业纳入“黑名单”进行管理，在规定年限内不得参与政府和医院的采购名单，对行业内的企业起到了威慑作用，对促进行业内企业合规经营发挥了积极作用。

二是政府相关部门要加强自律。遏制商业贿赂不仅需要政府部门加强执法和管理，还需要政府部门和执法部门以身作则，这样才能形成企业合规经营、政府合规行政的良好市场环境。政府合规行政的关键是公开行政程序，公正执行法规，促进公平竞争。

三是尽快制定我国的《反商业贿赂法》。目前，在我国《反不正当竞争法》、《关于禁止商业贿赂行为的暂行规定》中有相关的反商业贿赂条款，但这些条款已经不能满足当前惩治商业贿赂的需要。长期来看，我们可以借鉴美国的《反海外腐败法》、英国的《反贿赂法》的成功经验，将分散在我国各个法律、法规、规章和政策文件中的关于治理商业贿赂的条款规定集中起来，制定我国的《反商业贿赂法》，通过制定和严格执行《反商业贿赂法》为建设干干净净的市场环境提供制度保障。

New Trends of Transnational Corporation Integrity Compliance Management and Enlightenment

Ding Jihua

Abstract: In recent years, businesses around the world are acting to consolidate their compliance and anti-corruption efforts, and transnational corporations are taking integrity and compliance operation as the foundation to improve the capacity of sustainable development. According to Chinese companies' practice, we suggest that Chinese enterprises take writing compliance and anti-corruption report as a measure to promote enterprises compliance, trough building a team for compliance management, establishing management policies and mechanisms, cultivating integrity compliance culture to strength on compliance operation, to promote enterprises sustainable and steady development; We also suggest our government to put an effort to broadcast, guide and supervise enterprise compliance operation, to build a clean business environment.

Keywords: Integrity and Compliance Compliance Operation Sustainable Development

生态篇

全球气候治理：趋势、挑战与对策

（中国社会科学院博士后）许 琳

［摘 要］应对气候变化治理是全球治理的重要领域之一，深刻地影响着全球政治经济的格局和发展。2013 年德班平台谈判以来，全球气候治理进入关键转折期，在谋求气候共治的名义下，各治理主体的权力争夺和博弈更趋激烈。本文拟以全球治理权力理论为基石，勾勒出全球气候治理的基本框架，探讨未来全球气候治理的发展趋势，分析中国在参与和应对全球气候治理时面临的新挑战，建议中国以全球气候“共治”与“共赢”为目标，在国际和国内两条战线上努力提高气候治理权力和竞争力，坚持走低碳发展之路。

［关键词］全球气候治理 权力 挑战 对策

一、引言

2011 年联合国气候变化大会通过“德班平台”，2012 年多哈气候变化大会结束了历时五年的“巴厘路线图”谈判，从法律上确定了《京都议定书》第二承诺期，2013 年起国际气候谈判转入以“德班平台”为主的“一轨谈判”，旨在于 2015 年形成对 2020 年之后全球气候治理的新安排，《公约》下气候谈判进入转折期。“由于气候问题不仅是多样的，而且还具有巨大的不确定性”，谈判各方的“利益、权力、信息和信念都变化得非常快”，[①] 从而进一步加大了《联合国应对气候变化框架公约》（以下简称《公约》）下气候变化谈判结果的不确定性。与《公约》下气候谈判的举步维艰形成鲜明对比，《公约》外应对气候变化行动异常活跃。目前的全球气候治理在结构上形成了以《公约》机制为核心，分散化、网络化的“制度丛结”[②]；在主体上走向了以主权国家为主、公共主体和私人主体的多元化“共治”[③]；在过程上呈现出科学研究、政治安排、市场行为三个环节的循环互动[④]。作为全球治理的最重要的领域之一，全球气候治理的发展不仅决定全球应对气候变化实践的进程，而且深刻地影响着全球政治、经济治理的格局。

本文拟以全球治理权力理论为基石，勾勒出全球气候治理的基本框架，探讨未来全球气候治理的发展趋势，分析中国在参与和应对全球气候治理时面临的新挑战，建议中国在国际和国内两条战线

---

① ［美］罗伯特·O. 基欧、汉戴维·G. 维克托：《气候变化的制度丛结》，刘昌义译，《国外理论动态》2013 年第 2 期。

② Oscar Widerberg, Mapping institutions and actors in global climate governance: A network approach Institute for Environmental Studies (IVM), VU University Amsterdam, 2014 - 08 - 29.

③ See Pamela S. Chasek, David L. Downie, Janet Welsh Brown, *Global Environmental Politics*, Boulder: Westview Press, 2010, p. 164 - 179.

④ 杨晨曦：《全球环境治理的结构与过程研究》，博士学位论文，吉林大学，2013 年 6 月。

上，提高气候治理权力，实现全球气候“共治”下的“共赢”。

二、全球气候治理的基本框架

正如罗伯特·考克斯所描述的那样，全球应对气候变化治理的制度机制如同“遍布全球的星云”，是“包括政府间规制与超政府规制的结合、公私合作体制以及私人权威与自我规制的形式”在内，“联合了公共与私人的力量”的多样性制度结构。[①]在由应对气候变化的“制度丛结”（参见图 1）构成的“全球舞台”上，不同的治理主体，包括国家、次国家政府、政府间国际组织、国际非政府组织、企业和科学机构等，其所具有的权力形式及大小，以及权力行使的意愿，决定全球气候治理的基本格局和发展趋势。[②]

（一）气候谈判下的基本权力格局

《公约》下的德班平台谈判开启了联合国气候谈判的新时代，它将发展中国家和发达国家均纳入到了同一框架下，使谈判从双轨制转向单轨制[③]。谈判开始以来，各缔约方虽然对德班平台谈

① See Henk Overbeek, “Global Governance: From Radical Transformation to Neo-Liberal Management”, in Henk Overbeek, Klaus Dingwerth, Philipp Pattberg and Daniel Compagnon, “Forum: Global Governance Decline.

② 参见许琳、陈迎：《全球气候治理与中国的战略选择》，《世界经济与政治》2013 年第 1 期。

③ 在 2005—2011 年间国际气候谈判实行双轨制（AWG-KP 和 AWG-LCA），德班平台启动后（2012 年度），国际气候谈判实质上是三轨制（AWG-KP、AWG-LCA 和 AWG-ADP），但是随着 2012 年底多哈气候大会决定结束 AWG-KP 和 AWG-LCA 两大工作组，2013 年起的国际气候谈判将单轨制，在 ADP 下进行。

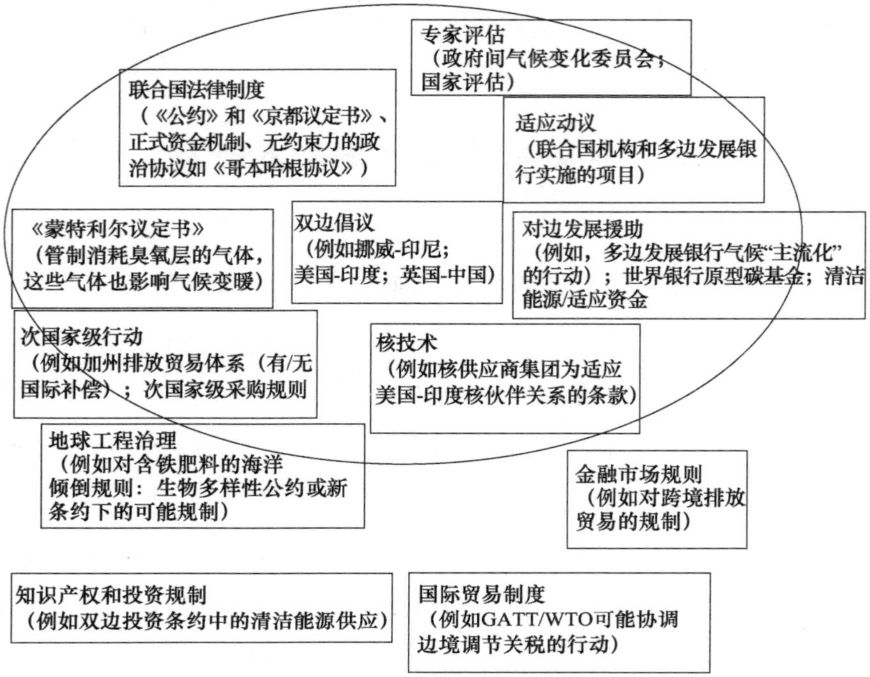

图 1　应对气候变化的制度丛结

资料来源：［美］罗伯特·O. 基欧、汉戴维·G. 维克托：《气候变化的制度丛结》，刘昌义译，《国外理论动态》2013 年第 2 期。

判的共识正慢慢形成，但在一些议题上仍展开激烈的博弈：一是 2020 年后国际气候条约的法律地位；二是德班平台谈判的指导原则；三是德班平台谈判的框架与主要议题；四是提升 2020 年前应对气候变化努力的途径与方法。①

1. 发达国家权力强大，但大多趋于消极

美国促使联合国气候谈判形骸化，并将谈判作为对发展中国

① 高小升：《国际政治多极格局下的气候谈判——以德班平台启动以来国际气候谈判的进展与走向为例》，《教学与研究》2014 年第 4 期。

家施加减排压力的主要平台。2013 年，美国人均碳排放量达到了约 16. 5 吨，仍旧是人均碳排放居全球第一位的国家，碳排放总量约 54 亿吨，占全球碳排放的 15% ,[①] 因此，美国的积极参与是形成全球应对气候变化合力的基础，美国在气候谈判中具有强大的结构性权力。作为世界最大的经济体和军事强国，美国在气候治理上的资源优势是其他国家无法企及的，因此，美国在气候谈判中拥有异常强大的手段性权力。另外，近年来，美国奥巴马政府加强了国内应对气候变化行动力度，并初见成效，使美国在气候谈判中的话语权得到了很大提升。以强大的手段性权力、结构性权力和话语权为后盾，一方面，美国在德班平台谈判中，极力主张构建一个所有缔约方参与的、相对恒定的气候减排协议体系，以此谋求《公约》谈判的主导地位。另一方面，在涉及具体议题时，美国则将谈判重点放在如何促使发展中国家减排上。美国要求缔约方义务在法律上的对等性（legal symmetry）,[②] 对《公约》及其《议定书》原则适用于 2020 年后国际气候谈判持全盘否定的立场[③]；最关心发展中国家的气候变化责任，并反对将 LCA 和 KP 两大工作组下未解决的问题纳入德班平台谈判中。美国主导下的气候谈判，不但没有有效形成应对气候变化的全球治理合力，反而在具体问题上呈现出发达国家和发展中国家分歧不断加剧的态势。在气候谈判中，美国没有发挥权力大国的积极作用，从正面推动减排和适应等气候议题朝着有效遏制全球气候变

① See Global Carbon Project, "Golbal Carbon Budget 2014", http: //www. global-carbonproject. org/carbonbudget/index. htm.

② U. S. Submission on Elements of the 2015 Agreement, http: //unfccc. int/files/documentation/submissions_ from_ parties/adp/application/pdf/u. s. _ submission_ on_ elements_ of_ the_ 2105_ agreement. pdf.

③ Fuhr, L. , The 'Doha Climate Gateway': will the camel go through the eye of the needle?, Heinrich B · ll Foundation, 2012.

化的方向发展，而是发挥扮演谈判分歧制造者和发展中国家分化者的消极作用。总体来看，美国在气候谈判中具有强大的权力，所以，很容易获得谈判的主导地位，但它并没有起到力促全球气候治理合力的领导责任，而是利用气候谈判打压、瓦解发展中国家，对《公约》下气候谈判从根本上采取消极的态度。

欧盟是推动气候变化议题的主要力量之一，也是发达国家中唯一的，具有较强手段性权力，与美国相比，欧盟是发达国家中谋求全球治理合力意愿较强的主体。在具体议题上，欧盟坚持《公约》原则，提出德班平台谈判应围绕四大议题展开并达成结果，即减缓气候变化、适应气候变化、应对气候变化承诺的执行方式以及气候行为和支持的透明度，并强调减缓气候变化毫无疑问是德班平台谈判的中心议题。坚持德班平台谈判应借助既存的谈判进程与机制，将 AGW-LCA 和 AGW-KP 下未解决的议题纳入合适的谈判渠道中。不过，欧盟始终没有充分发挥全部潜在力量。一方面，近年来欧盟经济复苏乏力，内部各国的减排需求和能力差异过大，对减排目标共识下降，这使得欧盟在气候谈判中的集团力量出现分化，巩固和扩大谈判既有地位的权力被削弱；另一方面，迫于美国强大的手段性权力，欧盟在谈判中的既有权力难以得到充分发挥。总体上说，欧盟在谈判中的权力有继续减弱的趋势，这也是欧盟采取现实主义策略，与小岛国家联盟、最不发达国家以及加勒比与拉美国家结成气候联盟——卡塔赫纳论坛（Cartagena Dialogue for Progressive Action）的根本原因。

加拿大、日本、新西兰及俄罗斯等其他伞形国家的权力行使意愿更趋消极。日本在华沙气候大会上宣布，日本 2020 年的减排将比 2005 年减少 3.8%，但相比 1990 年却增排 3.1%，而日本的京都目标是减排6%，这是谈判立场的巨大退步。[①] 在德班平台谈判中传统的伞形国家更是分化为激进伞形集团国家、保守伞形集团国家、美国和加拿大互相观望的联盟。

2. 发展中国家的结构性权力和话语权呈上升趋势，但权力行使领域，权力意愿趋向分化

虽然发展中国家的经济和军事等“硬实力”与发达国家仍然存在很大差距，但是由于发展中国家经济的快速发展以及碳排放持续增长，任何气候治理协议如果没有发展中国家的积极参与，都无法达到预期目标。可以说，发展中国家，特别是基础四国在减排等某些议题上已经拥有了强大的结构性权力。然而，由于发展中国家间的权力形式、大小以及意愿差别较大，在很多问题上甚至存在根本分歧，严重影响了发展中国家在谈判中的权力运用和联盟作用。在发展中国家集团内部，经济较发达的新兴经济体结成基础四国，而经济水平不高、受气候变化影响比较严重的国家则形成了小岛国联盟、最不发达国家以及拉丁美洲和加勒比海国家联盟等规模更小的气候集团。

在德班平台谈判中，对于2020年新协议的具体法律性质，七十七国集团加中国的意见差异很大。印度虽对2020年后国际气候条约的法律形式持开放态度，但又认为在现阶段谈论该问题为时过早。[②] 小岛国家联盟和最不发达国家则希望2020年后国际气候条约应具有法律约束力，以《公约》下新的议定书的形式存在；在应对气候变化的途径和方法问题上，七十七国集团加中国内部也

① IISD, Summary of the Warsaw Climate Change Conference, *Earth Negotiations Bulletin*, Vol. 12 No. 594, November 26, 2013, p. 30.

② UNFCCC, Views on a workplan for the Ad Hoc Working Group on the Durban Platform for Enhanced Action, Submission for Paris, [R], No. FCCC/A/DP/2012/MISC. 3, 30 April 2012.

有不同意见，譬如小岛国家联盟支持在《公约》框架外采取努力，主张利用国际航空组织和国际海事组织填补2020年前的减排缺口。

(二)《公约》外治理权力消长

在《公约》框架之外，围绕着资金、技术、贸易等不同议题，在政治、市场和科学三个环节及其互动中，各治理主体的权力争夺更趋激烈。

1. 资金

发达国家在联合国气候大会上做出的2020年每年动员1000亿的长期资金承诺至今仍无任何具体计划，《公约》的绿色气候基金（GCF）还只是个空壳。但在《公约》之外，一些多边的、区域的、双边的和私人主体的气候治理资金机制不断涌现。世界银行除了《公约》下的正式制度的努力外，还管理着其他几个不同的正式基金。它组织了一个大型基金以用于减少毁林项目的投资；它还创建了一支特别基金来帮助一些国家适应气候变化。另外，世界银行广泛支持将气候变化问题纳入其借贷和赠款项目，因此撬动更多的资金投入农业、发电厂、基础设施和其他引起气候变化或为气候变化所影响的投资项目。例如，世界银行每年投资数十亿美元来建立应对气候变化和控制资助燃煤电厂等项目。[①] 2013年8月，国际货币基金组织宣布将逐步取消对化石燃料的补贴。[②] 2014年9月，非洲开发银行、亚洲开发银行、欧洲复兴开发银行、欧洲投资银行、泛美开发银行以及世界银行六家开发银行承诺按照一揽子计划帮助48个发展中国家，从公共资金筹集

① 《为何世界银行开始关注气候变化》，2013年8月12日，http：//www. ncsc. org. cn/article/xwdt/gjxw/201309/20130900000216. shtml。

② 《国际货币基金组织和世界银行负责人表示支持应对气候变化》，2013年10月8日，http：//www. ncsc. org. cn/article/xwdt/gjxw/201310/20131000000327. shtml。

80 亿美元（约 500 亿元人民币），并以此为契机从其他渠道募集约 550 亿美元（约合 3400 亿元人民币）投入应对气候变化的行动中。[①] 2014 年纽约气候峰会上，中国表示愿意提供 600 万美元支持推动应对气候变化的南南合作。

2. 贸易

国际贸易中的“低碳”问题是全球气候治理的新议题，也是引发治理主体权力消长的新领域。2012 年年初，欧盟不顾其他国家的强烈反对，单方面将航空业纳入其排放贸易体系，11 月 12 日，又以全球碳排放问题国际协商已有进展为由，宣布在 2013 年秋季，即国际民航组织（ICAO）大会之前，对非欧盟航空公司进出欧盟的航班征收碳排放税。2012 年以来，美国和欧洲多次就中国出口的光伏产品进行反倾销调查。国际货物和知识产权贸易中“低碳”问题成为新型的贸易壁垒，引发了新一轮的国际贸易争端。国际贸易已经成为气候治理权力争夺和博弈的重要战场。

3. 新能源技术和市场

在可再生能源和新能源开发上，一方面，欧洲及美国的结构性权力仍然强大，另一方面，发展中国家，特别是基础四国急起直追，在这一领域中结构性权力明显增强。由于欧洲、美国的石油、天然气行业率先掌握了碳捕获和封存技术[②]，这些国家便掌握了技术上的结构性权力，而且这些结构性权力多是从跨国私营大型企业行动中获得的。

2014 年，彭博新能源财经（BNEF）在全球多地同步发布

---

① 《全球六家开发银行承诺推进气候变化行动》，中国新闻网 2014 年 9 月 25 日，http：//news. xinhuanet. com/energy/2014 -09/25/c_ 1112630566. htm。

② 比如挪威国家石油公司（Statoil）、BP 集团以及埃克森美孚公司（ExxonMobil）。参见 Tjernshaugen，Andreas，Technological Power as a Strategic Dilemma：CO2 Captureand Storage in the International Oil and Gas Industry *Global Environmental Politics*，2012. 1.

Climatescope 2014 研究报告指出，发展中国家的清洁能源投资规模迅速崛起，清洁能源发电装机容量的增长速度比发达国家更快，过去 5 年（2009 至 2013 年间）增长了一倍多，总计新增 142 吉瓦，超过法国目前的装机量，增幅达到 143%。相比之下，经合组织国家（OECD）同期新增装机 213 吉瓦，增长 84%。其中，中国 2013 年在清洁能源方面投资了近 545 亿美元，居世界第一位。市场转移必然导致结构性权力的转移，在清洁能源市场上，以中国为代表的发展中国家的结构性权力迅猛增长，对传统的领先国家——欧盟（特别是德国）和美国的结构性权力优势带来了威胁。整体而言，德国、美国、欧洲一如既往，在科研方面的投资仍然明显高于发展中国家中的新兴大国，但是德国、美国、欧洲在太阳能工业方面的科研投资在下降。

4. 碳市场

欧盟碳排放交易体系（EU - ETS）2012 年 1 月 1 日正式实施，是世界上最大的碳排放交易市场，这使欧盟拥有最多的碳交易市场权力。除了欧盟外，美国加州和加拿大魁北克正在探讨打通双方的碳排放交易机制，这一举措增加了美国和加拿大在全球碳市场建立过程中的权力。2014 年，联合国和世界银行数据显示，近 200 个国家和地区中，有超过 50 个已经拥有或正在考虑建立碳交易市场。

三、全球气候治理的趋势分析

（一）美国发挥在全球治理网络中的强大权力，谋求全球气候治理的主导地位

一方面，2014 年 6 月，美国总统奥巴马推出《总统气候变化

行动计划》，该计划以能源利用方式的调整为中心，借助美国能源创新和能效革命，提升了美国减排能力和竞争力。[①] 美国政府要求电力部门在2005年的基础上到2030年实现减排30%；[②] 美国电力行业和交通行业到2035年天然气替代增加接近20%。在过去五年中，美国的能源消费总量降低了5%，单位GDP能源强度降低了9%。奥巴马还在2015年预算中为应对气候变化的各项措施专门拨款，包括应对海平面上升和风暴，并设立了气候基金。这些使美国在能源领域和气候适应领域的结构性权力大大增加。另一方面，奥巴马政府一改消极态度，改变了行动的策略，在全球气候治理领域转为高调猛进和主动出击，积极谋求主导地位。一是在国内外通过有力的实际行动树立榜样。二是缔结新的国际性气候变化协议。三是执行全球气候变化倡议。四是加强多边参与，与主要经济体论坛、清洁能源部长级会议、蒙特利尔协议以及气候和清净空气联盟合作以减少短期气候污染物。五是扩大双边合作，在清洁能源和环境可持续发展等领域与超过50个国家建立合作关系，包括发展中国家里最大的温室气体排放国。六是把气候变化与其他领域的重大问题整合起来。[③]

由于美国在全球治理体系中具有强大的手段性权力、结构性权力和话语权，美国在全球气候治理领域的全面强势回归，必将给全球气候治理带来更多的“美国意志”。

---

① 于宏源：《“气候行动之年”和美国气候变化政策发展》，《当代世界》2010年10月。

② “FEATURE, Momentum seen building for 2015 climate deal”, Platts Commodity News, March7, 2014.

③ “Kerry Orders U. S. Diplomats to Press Case for Climate Action”, New York Times, March 10, 2014.

国在气候谈判中已然具备了强大的结构性权力；中国在气候谈判中维护发展中国家权益，坚持“共同但有区别的责任，各自能力原则和公平原则”立场，挽救了《京都议定书》第二承诺期，同时采取灵活态度，促成了德班平台的建立，赢得了各国的赞赏，在气候谈判中的话语权大大提高；中国国内采取转变经济发展方式的经济发展战略，加大节能减排力度，加大低碳技术和新能源投资，创建碳交易市场和低碳城市试点，这些行动使中国在气候谈判外的治理活动中的结构性权力大大提升。由此可见，中国在全球气候治理中的权力形式是多样的，并且权力领域在不断扩展、权力作用意愿在不断增强，中国在全球气候治理中“硬实力”和“软实力”都有所增长。

然而，全球气候治理权力格局的变化给中国参与全球气候治理带来更大的挑战。

首先，在《公约》谈判中，随着美国政府气候外交更为积极主动，欧美趋同态势增强，为将美国拉入“2015 年协定”中并共同拆除“防火墙”，欧盟暂时放弃了对具有“法律强制约束力”的全球协议的要求，全力支持美国。此外，美国的提议破坏了“共同但有区别责任”、破坏了以联合国公约为基础的气候谈判主线，同时，对气候资金等问题不采取任何实质行动，这进一步弱化了公约谈判机制在促成全球气候治理的作用，在根本上压制了发展中国家从 20 多年的气候谈判中积累的结构性权力和话语权，同时分化了发展中国家谈判集团，使气候谈判发展为迫使发展中国家特别是中国承担减排责任的“道德考场”。

其次，随着中国在新能源市场、低碳技术等领域的结构性权力的不断加大，发达国家会将中国视为现实的和潜在的市场竞争对手加以抑制。由于在既有的全球治理格局中具有手段性权力和结构性权力优势，一方面，发达国家会利用国际贸易、资金和技术平台，鼓动跨国公司积极不断扩大其在气候市场中的竞争优势，挤占中国企业的发展空间。另一方面，发达国家会以中国加大减排为契机，打开中国低碳市场，为发达国家经济转型提供新的需求。

从以上分析可得，未来全球气候治理中的治理主体间的关系将更加复杂，合作、竞争、冲突并存交织，中国应该将不断提高气候治理能力作为应对和参与全球气候治理的核心战略，在国际和国内两个维度上，不断扩展气候治理权力作用领域，不断增强各种形式的权力，并善加运用各种权力，扩大和加深国际气候合作，积极推进全球气候治理合力的形成和增强，同时，走低碳发展之路，从而实现全球气候治理“共治”下“共赢”。具体建议如下：

1. 坚持气候公约谈判在全球气候治理中的核心地位，促进已有的谈判成果的落实。在国际气候谈判中，中国应推行更加灵活的谈判策略，既要避免承担不切实际的减排目标，但也要表现出应对气候变化的坚定决心和积极建设性参与德班平台谈判。在当前国际气候谈判形势不明朗的情况下，中国应加强与其他国家的务实合作，强化巴厘岛路线图谈判成果的落实和执行，从而为2015 年完成 2020 年后国际气候协议谈判夯实基础。

2. 积极扩展气候谈判外治理领域合作，为气候谈判和国内低碳发展提供更大空间。例如，借鉴欧盟等发达国家和地区碳排放交易体系的经验，结合国内碳排放交易试点的成果，建立全国性碳排放交易市场，以此争取在国际碳市场上的结构性权力和话语权；再如，扩大新能源需求，加强与欧盟等国家和地区在新能源领域的合作。又如，团结发展中国家合作建立气候合作和发展基金，提升发展中国家气候治理的自主性和手段性权力，增强发展中国家的凝聚力和话语权，抵御发达国家的手段性权力压力，以增强全球气候治理的合力。

3. 提高中国政府气候治理能力。中国应提出更加强有力的气候变化战略来推进社会经济和产业发展的低碳转型；同时，将气候治理作为提高国家治理能力的重要领域，提高气候治理决策的执行力。

4. 激励企业、公民参与气候治理。鼓励企业、非政府组织和公众等多元主体参与全球气候治理行动。中国政府应加大对企业气候治理行为的政策力度和资金支持，支持企业的气候投资、自主减排，提高企业在气候领域全球价值链上的竞争力；应鼓励和支持中国的企业、非政府组织积极地参与气候变化谈判，鼓励非政府组织参与国际同行的互动，在互动中提高中国气候治理的话语权；增强全社会对低碳发展的共识，将“低碳”这个概念真正纳入到社会经济生活的各个方面。

Global Climate Governance：Trends, Challenges and Countermeasures

Xu Lin

Abstract：Climate change governance is one of the important fields of global governance, Which has great impact on future of the global political and economic pattern and development. Since the establishment of Durban Platform for Enhanced Action, the global climate governance is going to be a key turning period. In the name of Climate Co-governance, the struggle and game of power is more intense. This paper reviews the framework and trend of global climate governance, Which is basic on the the power-analysis theory of global governance. Then this paper analysis the new challenges of China in the participation and response to global climate governance, suggests that China should improve her climate governance power and competitiveness and adhere to a low-carbon development, in order to realize global climate "co-governance" "and "win-win".

Keywords: Global Climate Governance Power Challenge Countermeasure

关于中国农村环境保护的思考

（中国国际经济交流中心博士后）张　召

［摘　要］农村环境问题是我国在建成小康社会的过程中必须要解决的重大课题，也是我国经济与社会可持续发展的必然前提。当前，农村生态环境危机日益严峻，在新的发展阶段表现出一些新特点，也暴露出一些新问题。我们必须在抓住问题实质的基础上，借鉴国外治理农村生态环境的先进经验，走出一条适合我国国情和民情的农村可持续发展之路。

［关键词］农村　环境保护　先进经验　可持续发展

一、我国农村生态环境的现状

我国是世界上人口第一大国，也是最大的农业国。改革开放以来，我国农村生态环境保护和资源节约问题越来越受到党中央和国务院的高度重视，取得了一定的成绩，如调整农业结构，发展有机农业，实行退耕还林、秸秆还田，开展农村环境综合整治，生态农业与生态示范区建设成效明显，农村新能源建设不断深入等。但是农村地区的环境和资源问题仍十分严峻，2013 年我国乡村人口6.2961亿人，占全国人口总数的比重虽然比2012年下降1.16%，[①] 但是相比城镇化程度较高的欧美发达国家，乡村人口数量仍总体偏高，人地矛盾突出，资源无序开发和开发强度过大问题仍然存在，化肥、农药和农膜的过量使用导致了严重的水、土壤、空气等污染，某些乡村地区乡镇企业的废水、废渣、废弃超标排放问题长期得不到解决；一些大中城镇的工业污染源向乡村地区转移，城镇中的污染物随着水、空气等流质向其周边的乡村地区不断扩散；另外近些年兴起的乡村旅游给农村生态环境带来了新问题。这些环境问题已经成为危害我国居民身体健康和财产安全的重要因素，同时也制约了我国经济与社会的可持续发展。

（一）我国农村环境的特点

“农村环境是与城市环境、城镇环境相对而言的，是以农民聚居地为中心的范围内的自然及社会条件的总和。”[②] 我国农村地区幅员辽阔，各地区不同的气候条件和地理位置等因素使得我国的农村环境具有下列显著的特征。

1. 复杂性。农村环境以农民的生产、生活和消费活动为中心，既包括了农村的林业资源、土壤资源、水资源、化石能源等农民从事生产活动所必需的自然物质，也包括人力、财力、物力等有形的社会资源以及技术、农村组织等无形的社会资源，这些就导致了农村环境的复杂性。

2. 广阔性和差异性。农、林、牧、副、渔业的生产、生活和消费范围十分广泛，由于我国的国土面积大，东西方、南北方、

① 中华人民共和国国家统计局：《2014中国统计摘要》，中国统计出版社，2014年版，第15页。

② 陶雪娟：《农村生态环境保护》，上海科学技术出版社，2013年版，第2页。

内陆与沿海等地区的自然条件、风俗习惯等均不相同，由此形成了各具特色的农村环境。

3. 不稳定性。农村生态环境从某种意义上讲是受人类实践活动影响和控制的半自然环境。人们为了追求高产出和高利润而单一种植和养殖少数理想的品种，使自然界原本多样性的生物种类发生了改变，导致种植业和养殖业的对象愈益单调，进而农业自然生态系统所具有的承载力逐渐下降。我国的许多农民为了保证和提高农作物的产量，都存在着程度不同的化肥、农药、农膜和机械化的过度使用的情况。在频繁的高投入和高产出的情况下，即使一些细微的投入控制不当，都可能引发农业生态系统的失衡，造成生态结构的破坏和生态环境的污染。

4. 隐蔽性和持续性。任何生态系统都有一定的承载能力，许多资源和环境问题的凸显都不会马上出现，农村生态环境也是这样。由于农村环境自身的复杂性，生态环境质量出现明显下降后，即使是投入巨大的人力、物力和财力也很难恢复或者改善。因此农村生态环境的治理必须以预防为主。

（二）我国农村环境污染的主要特点

农村环境依赖于自然资源的供给，同时又受到自然生态条件的约束。生态系统的整体失衡，不科学的农业生产和农民消费生活方式以及城镇污染源和污染物向农村地区的转移，对农村地区甚至整个人类社会的可持续发展带来了巨大影响。改革开放以来，随着农村经济的不断发展，农业生态环境面临的压力越来越大。中国乡村人口数量在2010年超过城镇人口数量，[①] 而且长期

① 中华人民共和国国家统计局：《2014中国统计摘要》，中国统计出版社，2014年版，第15页。

以来中国人口的重点在农村，农村人口基数庞大，如果农村生态环境持续快速恶化的趋势不能得到根本性的扭转或者有效的缓解，不仅严重影响农民的脱贫致富、农业的增产增收和农村的现代化进程，使“三农”问题愈来愈突出，愈来愈难解决，而且也将制约我国经济与社会的可持续发展。因此，农村的生态环境问题不仅是针对农村经济社会可持续发展的关键所在，也是新时期我国生态环境保护工作中的所面临的重大课题。我国农村环境污染的特点主要有以下几个方面。

1. 污染类型多、来源广。我国农村污染源大致可分为农村本地污染源和异地污染源。

农村本地污染源有四大类：农民生活污染、农作物生产污染、畜禽养殖粪便污染和乡镇企业污染等。农民生活污染主要有生活垃圾污染、生活污水及厕所粪便污染等。农作物生产污染主要有化肥、农药和农膜污染，还有部分农村地区存在污灌污染。很多农民对畜禽粪便不加处理，对周边的水环境和空气环境等造成污染。部分乡镇企业生产经营规模很小，几乎没有防污设施，有些企业的防污设施，或者为了应付检查或者防污效果极差。

农村异地污染源主要有工业开发污染、道路污染、固体废弃物污染、水质污染、空气污染等向农村地区的传输，城镇周边农村体现得尤其明显。城市特别是重工业对其周边农村地区的污染是全方位的，污染通过大气、水和固体废弃物等对农村的生态系统造成了极大的压力。

2. 污染种类复杂。农村污染物的来源决定了农村环境中存在的污染物比城市更为复杂。城镇污染在防控对象上主要是针对工业污染，污染类型主要是点源污染。城镇污染相比农村地区虽然强度大，但是治理相对容易。农村地区不仅受到城市工业污染企业和城市污染物迁移的影响，而且农村地区的农药、化肥、农膜和畜禽粪便污染在城镇地区相对较少，且这些污染大多数会形成面源污染，防治难度非常大。

3. 污染途径、形式多样化。我国农村污染主要有三种途径：大气污染、水污染和固体废弃物污染。农村地区的部分污染物来源明确，污染途径单一，如秸秆、禽畜粪便等。但更多的农村环境污染物，特别是农田土壤的污染物有多种来源和污染途径。如农田土壤中的重金属可来自城镇上空或污染企业排放的大气颗粒物，或随化肥进入农田，或随污水灌溉进入农田，也可能随雨滴进入农田。

4. 污染负荷大。我国农村地区既是污染物产生者，又是污染物承受者。2013 年，我国的化肥施用量 5912 万吨，比 2012 年增加了 73 万吨，按照 2013 年播种面积计算，使用量达 35. 91 吨/平方公里，比 2012 年增加了 0. 18 吨/平方公里，[①] 远远超过西方国家为生态安全设定的 22. 5 吨/平方公里的上限。2012 年农药施用量达 180. 61 万吨，比 2011 年增加 1. 91 万吨，按照 2012 年播种面积计算，使用量达 1. 11 吨/平方公里。2012 年，我国农用塑料薄膜使用量达到 2383002. 28 吨，比去年增加 88466. 38 吨，按照 2012 年播种面积计算，达到 1. 46 吨/平方公里。[②] 2012 年农业源化学需要量排放 1153. 8 万吨，占全国总排放量的 47. 60%，比 2011 年增加 0. 15%。[③]

① 中华人民共和国国家统计局：《2014 中国统计摘要》，中国统计出版社，2014 年版，第 101 页。

② 中华人民共和国国家统计局：《国家数据》，http：//data. stats. gov. cn/work-space/index？ m = hgnd，2014—10—21。

③ 中华人民共和国环境保护部：《2012 年环境统计年报》，http：//zls. mep. gov. cn/hjtj/nb/2012tjnb/201312/t20131225_ 265553. htm，2014—10—21。

5. 污染范围广。我国的耕地污染非常严重。重工企业在生产经营活动中排放的废气、废水、废渣是造成其周边耕地污染的主要原因。尾矿渣、危险废物等各类固体废物堆放等，导致其周边土壤污染。汽车尾气排放导致交通干线两侧土壤铅、锌等重金属和多环芳烃污染。农业生产活动是造成耕地土壤污染的重要原因。污水灌溉、化肥、农药、农膜等农业投入品的不合理使用和畜禽养殖等，导致耕地土壤污染。2013 年，我国的耕地面积为 13538.5 万公顷，[①] 全国 19.4% 耕地污染物超标，[②] 达 2626.47 万公顷，主要污染物为镉镍铜砷汞铅等。此外，污水灌溉污染耕地 3250 万亩，固体废弃物堆存占地和毁田 200 万亩。[③]

6. 污染后果严重。每年因不合理施肥使得我国每年有超过 1500 万吨废氮流失到农田之外，污染地下水，导致水体富营养化和空气污染等环保问题，直接经济损失十分重大。在对我国 30 万公顷基本农田保护区土壤有害重金属抽样监测时发现，有 3.6 万公顷土壤重金属超标，超标率达 12.1%。[④] 据农业部对 6 个省 26 个基地县的农产品抽样调查显示，粮食中农药检出率为 60.1%，残留超标率达 1.12%。[⑤] 我国每年因重金属污染导致粮食减产超过 100 亿公斤，受到重金属污染的粮食每年也高达 120

---

① 国务院第二次全国土地调查领导小组办公室：《关于第二次全国土地调查主要数据成果的公报》，http：//www.mlr.gov.cn/zwgk/zytz/201312/t20131230_1298865.htm，2014—10—21。

② 《耕地污染物点位超标率 19.4%》，《南方日报》，2014 年 4 月 18 日。

③ 章轲：《土壤污染势头难遏止 2020 年建成全国保护体系》，《第一财经日报》，2013 年 1 月 29 日。

④ 赵旭阳、郑艳侠、孙中伟、蒋凤莉：《农村环境保护与生态建设》，中国农业出版社，2009 年版，第 7 页。

⑤ 刘晓旺：《使用量已近临界点，我国化肥产业结构有待调整》，《农村大众》，2014 年 6 月 3 日。

亿公斤，造成直接经济损失超过200亿元。这些损失还没有包括因水土流失、土壤沙化和大气污染如酸雨等造成的经济损失，更没有考虑因农业产品受污染后对人体健康造成的负面影响。

二、现阶段存在的农村生态环境问题

农村生态环境是农村经济社会可持续发展的基本物质基础，也是我国第一产业良性发展的重要保障。加强农村生态环境保护，提升环境质量，是解决“三农”问题，维护农民环境权益，保证全国经济、社会可持续发展的需要，也是全面建成小康社会的根本保证。

（一）化肥污染

近年来，我国农业发展较快，但这种发展主要是依靠农药、化肥等农业投入品的大幅增加。当前，我国化肥的亩施用量超过世界平均水平1倍多，而其利用率平均只有35%左右，远低于发达国家60%—70%的水平，也低于全球平均水平，其余60%—70%进入生态系统，[①] 农田径流带入地表水体的氮占人类活动排入水体氮的51%，施氮肥地区这种氮流失比不施地区高3—10倍。长期过量施用氮肥，破坏土壤结构，导致土壤逐渐酸化，进而破坏土壤性质，土壤生物减少，加速营养元素的流失，造成土壤有机质下降、理化性状变劣、肥力降低，并加剧湖泊和海洋的富营养化等。化肥的不合理施用，还会形成大气污染，氮素化肥

① 杜晓枫：《农膜：消除污染，铺就绿色农业》，《中国化工报》，2014年7月16日。

浅施、撒施后往往造成氮的逸失，硝态氮在通气不良的情况下进行反硝化作用，生成气态氮，而逸入大气，不仅污染大气，还会影响人类健康。

（二）农药污染

农药在农业生产中因其防治效果好、防治范围广、使用见效快，保证了农作物的增产增量，因而在国际上被广泛应用。相比发达国家，我国的农药使用效率偏低，大量的农药流入生态环境，形成污染。农药的不合理使用及其利用率低不仅破坏生态环境，并且严重威胁人类健康。近几年，农药中毒事件在我国时有发生。农药的过量施用还会导致生态系统失衡，生物多样性减少。在使用农药时，一些益虫和害虫的天敌，甚至一些鸟类，也由于食物链的关系间接中毒大量死亡，破坏生态平衡。农业污染的主要表现形式有：1. 大部分农药以喷雾形式作用于作物上，仅约10%黏附于其上，大量农药微粒随风扩散；2. 约有一半农药在其使用过程中落在土壤中，黏附在作物上的部分农药也因风雨作用和作物的腐烂而进入土壤，形成污染；3. 土壤中的农药随雨水和灌溉水进入江河湖海中，严重污染水源；4. 残留农药进入农产品，农产品安全隐患增加；5. 农药通过农产品或者间接中毒的动物进入人体，在脂肪和肝脏中积累，对人体造成严重伤害。

（三）农膜污染

随着不可降解农膜和塑料制品的不合理使用，农村的农膜垃圾污染愈益严重。当前，我国耕地中的农膜残留量已经超过100万吨。[①] 如2013年甘肃省各类农作物农膜覆盖面积已超过2600

① 杜晓枫：《农膜：切肤之痛依法治》，《农资导报》，2014年5月9日。

万亩，农膜使用量达15.2万吨。由于大范围使用厚度小于0.008毫米的农膜，其易破碎，不易捡拾，回收利用难度大，污染重，已成为制约甘肃省治理农业污染的重要方面。[①] 农膜污染主要危害有：1. 视觉污染，农膜垃圾随处丢弃，破坏了周围环境美感；2. 农膜垃圾大量残留在土壤中，使土壤通透性变差，导致农作物减产；3. 抛弃在陆地、水体中的农膜垃圾，被动物食用，造成动物患病甚至死亡。

（四）禽畜养殖污染

禽畜养殖业的发展，使农民收入水平提高，同时也加剧了农村环境污染。2013年底，我国大牲畜达到11853.22万头，[②] 规模化的禽畜养殖产生了大量的动物粪便和尿液，然而大部分的规模化畜禽养殖场都没有经过环境影响评价，也没有污染处理设施。在一些农村地区，禽畜养殖污染甚至成为水环境恶化的首要原因。2012年，禽畜养殖业排放化学需氧量1099万吨，占全年化学需氧排放量的45.34%，氨氮排放量80.6万吨，占全年氨氮排放总量的31.78%，[③] 成为污染水环境的重要原因之一。目前，在禽畜集约化和规模化养殖过程中，由于选址不科学等因素，造成禽畜粪便难以得到有效治理，也不能及时转化为农业资源，导致禽畜粪便部分渗入地下水，部分进入地表水，污染原有水体，严重危害了周边居民的饮水安全。

---

① 中华人民共和国国家统计局：《国家数据》，http：//data. stats. gov. cn/work-space/index；jsessionid = 8303CDE8C8F114A9F14B0FAB30233427？m = hgnd，2014—10—27。

② 中华人民共和国环境保护部：《2012年环境统计年报》，http：//zls. mep. gov. cn/hjtj/nb/2012tjnb/201312/t20131225_ 265553. htm，2014—10—27。

③ 中华人民共和国环境保护部：《2012年环境统计年报》，http：//zls. mep. gov. cn/hjtj/nb/2012tjnb/201312/t20131225_ 265553. htm，2014—10—27。

（四）乡镇企业污染

乡镇企业的快速发展，为农民增收、农村发展和国民经济增长做出了突出贡献。但由于乡镇企业数量众多、工艺陈旧、设备简陋、技术落后、能耗高，大多数企业没有污染防治设施，使得环境污染危害愈益凸显。2012 年农副食品加工业在造纸和纸制品业、化学原料及化学制品制造业、纺织业废水排放量均有所减少的情况下，增加了 1.9 亿吨。[①] 部分乡镇企业忽视对产业的选择与升级，也忽视对资源的优化组合与配置，对企业生产经营活动对环境造成的负面影响更是不加重视。高投入、低效率的生产模式一般都联系着高排放的污染模式，这一发展模式加剧了资源与环境对农村可持续发展的束缚。同时，乡镇企业布局过度分散，且与农村交织在一起，导致污染物分散式直接排向农村环境。2012 年，我国乡镇环保机构数仅 1883 个，占我国乡镇级区划数的 4.65%，人数仅 7653 人，[②] 机构的不健全，专业环境管理人员的缺失，也是造成乡镇企业管理环境失控的重要原因。

（五）城市污染转移

一方面，随着城市产业结构的调整，部分高消耗、高排放、环境治理不易的企业，尤其是重工企业迁往农村，破坏了农村的生态环境。由于企业条件简陋，设施不完备，使得大量的污染物直接排入农村生态系统，对农作物和周边动物的健康生长有不利影响。另一方面，城市流体性质的污染物，如废水、废气等向周

① 中华人民共和国环境保护部：《全国环境统计公报（2012 年）》，http：//zls.mep.gov.cn/hjtj/qghjtjgb/201311/t20131104_262805.htm，2014—10—27。

② 中华人民共和国环境保护部：《全国环境统计公报（2012 年）》，http：//zls.mep.gov.cn/hjtj/qghjtjgb/201311/t20131104_262805.htm，2014—10—27。

边农村地区扩散。另外，有很大一部分城市的生活垃圾和工业固体废弃物在农村填埋或堆放，不仅占用了大量宝贵的土壤资源，也必然对其周边的水、土壤、空气产生负面影响，破坏生态环境，危害周边居民身心健康。

（六）生活垃圾和污水污染

农村经济的迅猛发展使得人口居住结构由分散变为集中，生活垃圾和污水对生态环境形成的压力愈益凸显。由于技术、资金有限及多种原因，村镇的生活废弃物处理厂的建设水平、容量和密度，以及垃圾清运人员数量，都不能满足实际需要。许多村镇相当一部分生活污水直接排入河流，河沿和路边成为垃圾的主要堆放场所，破坏了生态环境。我国农村每人每天生活垃圾量达0.86公斤，全国农村一年生活垃圾量近3亿吨，其中约1亿吨垃圾随意堆放。[①] 而且农村生活垃圾的统一填埋率和综合利用率一直较低，垃圾集中收纳设施很少，加上农村居民的生态环保意识还有待进一步提高，导致了部分地区垃圾围村堵河占路的情况较为严重。

（七）农村旅游污染

近年来，许多地区农村旅游业蓬勃发展，有力推动了农民就业和增收致富，促进了农村产业优化升级。但在发展过程中也暴露出一些应当引起重视的生态环境问题。主要表现在：1. 部分农民只看重短期经济利益，轻视了对周边生态环境进行有序保护的长远利益，出现了随意丢弃垃圾、排放污水，以及资源不合理开

① 夏军：《农民期盼破解“垃圾围村”难题》，《经济参考报》，2013年5月13日。

发和使用等现象；2. 相关政策和基础设施尚未配套，环境卫生水平普遍偏低，制约了农村旅游业的可持续发展；3. 周边环境治理水平继续增强，环境美化、绿化、净化不够；4. 部分农民在经营中存在一些不良习惯，卫生安全意识淡薄，农村旅游所提倡的绿色食品，未经有关部门检验，存在食品安全隐患，接待、安全、环保设施达标率低；5. 部分地区超环境容量接待旅客；6. 许多地区环境监管不严，游客的不文明行为时有发生。

三、国外农村环境保护的经验和启示

在美国、欧盟、日本、韩国等国家和地区在农村的建设中也曾面临过生态环境问题，这些国家和地区为了保证农村的可持续发展，通过一系列的方法，逐渐遏制了农村环境恶化的趋势。因此，学习和借鉴国外农村环境保护的先进理念和经验，对促进我国的农村环保工作有重大意义。

（一）美国

美国机械化农业对能源，特别是石油的依赖度很高。因此，这种农业又被称为“石油农业”。这种农业发展模式在消耗了大量能源的同时，导致资源与环境危机十分严峻。对此，美国政府在环境教育方面做出了成功的探索。

美国是最早重视生态环境教育，并将生态环境教育以立法的形式加以推广的国家。其特点如下。1. 全民环境教育体系。美国环境教育建立了完善的全民环境教育三维体系：时间·空间·形式。在时间维度上，其环境教育已成为包含全部年龄阶段人群的终身教育过程。在空间维度上，其针对不同的群体和个体实施不同的环境教育方式，环境教育充分渗入家庭、社区和学校之中，在此基础上形成了家庭环境教育、社区环境教育和学校环境教育。2. 制度健全。在环保局下设置了联邦环境教育工作委员会、环境教育办公室和国家环境教育咨询委员会三个环境教育机构。三个部门各司其职，协调配合。3. 资金充足。财政支持是环境教育经费来源中最重要的一方面。在预算范围内，环保局可采用合同、契约和赠款的形式，资助有关环境教育和培训的实施。国家环境教育和培训基金的设立是物质奖励公众参与环境教育的重要资金来源。还有一些私人慈善基金也会将短期环境教育项目作为捐赠主要方向。4. 激励机制。环保局长可对为环境教育做出突出贡献的人颁发不同的奖金，如罗斯福奖金、卡逊奖金、梭罗奖金、总统环境青年奖金、班卓奖金等。设置奖学金和实习奖金，开展研究员和实习生计划，鼓励教师和大学生从事职业环保工作，强化环境教育人才交流、优化人力资源结构。从形式上看，其环境教育涵盖了课内外教育形式。5. 环境教育项目管理严格。规范了环境教育项目的申请者资格、目标、内容、经费来源和使用等。环保局会根据相关规定严格监督项目的实施情况，检验其完成质量。

（二）欧盟

欧盟农业发展中出现的环境问题主要源于农药和化肥的不合理使用导致的环境危机，为此欧盟颁布了严格的农业投入管理标准，有效缓解了环境污染，特别是水体富营养化问题。

欧盟地区的经验显示，降低农业面源污染实效性最强的手段是切实控制好污染源头。为此，欧盟积极创新环境友好的农业管理方法和技术；倡导农民自愿或通过政府激励措施扩大环保技术的应用；在重要的水源保护区和流域，制定并执行限制性农业生产技术标准，如农业的轮作制，通过对施肥量、施肥方式、肥料品种、施肥时间等方面的约束，控制源头污染量；用科学方法和技术对禽畜粪便进行无害化处理，从源头有效控制其对水、土壤及其他环境的有机或无机污染。

（三）日本

日本的“造村运动”始于20世纪50年代，“其出发点是以振兴手段促进地方经济发展，使逐步衰败的农村振兴起来。”[①] 其中的重要内容就是景观与环境的改善。主要表现在积极推广新技术。

日本的现代工业化水平先进，科技发达，为农业的可持续发展提供了有力的支撑。为了改善并保持农村良好的生态环境，日本积极研发和应用先进的农业生产技术。例如，积极开发生物工程技术，不断通过发展新的生物技术改良农作物品种，使新品种的农作物更适应高效化肥。同时，广泛采用小型农用机械对土地进行精耕细作，有效改善了农作物的生产环境和条件，大幅度提高了农作物单位面积产量。总之，在生物、化学等科技进步的带动下，在小型农业机械对土地精耕细作下，日本农业走上了现代化道路，为农业资源禀赋先天不足的国家如何保护农村生态环境，树立了典范。

（四）韩国

韩国在20世纪70年代启动“新村运动”。其主要内容是改善交通状况、改善农民的居住条件和环境、加速农村的电气化和

① 花明、陈润羊、华启和：《新农村建设：环境保护的挑战与对策》，北京：中国环境出版社，2014年版，第116页。

自来水的使用、改善农村饮水条件，使得农村环境卫生条件明显改善。环境友好型有机农业是“新村运动”的最大亮点。

韩国政府通过立法确立和加强环境亲和型农业的地位、作用和职能，于 1997 年制定《环境亲和型农业育成法》并在 2001 年进行修订。建立健全相关的组织机构和认证制度，大力扶持有机农业，增强标准化管理，将标准化概念引入环保型农业。加大有机农业新技术的推广力度，培养并奖励有机农业示范户，推进新型生物科技和环境亲和型农业相融合的有机农业。2005 年起，韩国政府为扶持有机农业和环境亲和型农业，认真贯彻落实了相关政策措施，如“直补制”对象的扩大、环境亲和型农业基地建设、环境亲和型农产品流通制的建立、环境亲和型农资的援助、废旧农资的回收与再利用、家畜粪尿的有效利用等。

四、解决当前农村环境问题的对策

党的十八届三中全会指出：“紧紧围绕建设美丽中国深化生态文明体制改革，加快建立生态文明制度，健全国土空间开发、资源节约利用、生态环境保护的体制机制，推动形成人与自然和谐发展现代化建设新格局。”[①] 习近平总书记曾指出：“食品安全，首先是‘产’出来的，要把住生产环境安全关，治地治水，净化农产品产地环境，切断污染物进入农田的链条，对受污染严重的耕地、水等，要划定食用农产品生产禁止区域，进行集中修

① 《中共十八届三中全会在京举行》，《人民日报》，2013 年 11 月 13 日。

复，控肥、控药、控添加剂，严格管制乱用、滥用农业投入品。”[①] 农村生态环境问题种类繁多，分布面广。西北地区主要是饮水安全问题，东北和东部地区主要是工业污染和土壤污染问题，中部地区主要是禽畜养殖污染问题。农村生态环境治理难度大，应坚持城乡统筹发展，借鉴国外先进的治理经验，完善我国农村生态环境保护对策。

（一）增强农民生态环保意识

环境问题，实质上是人类对长短期利益，以及经济增长与环境保护之间关系的认识问题。因此，应提升决策层的生态意识，规避政绩工程、短期工程。在对待经济与环境问题时，坚持生态、经济、社会三效统一是治理好环境问题的关键。应让村镇干部认清我国农村资源与环境现状，促其深刻意识到增强农村生态环保工作的重要性和紧迫性。积极开展对农民的环保宣传教育工作，帮助农民树立生态伦理观念，倡导农民积极参与环保工作、积极检举揭发各类环境违法行为，从而营造人人关心环境、个个参与环保的良好社会氛围，推动环保工作迈上新台阶。引领农民摒弃陋习，提倡科学、合理、文明的生产、消费和生活方式，帮助农民解决实际环境问题。对农民乱挖滥伐、随意焚烧的行为要加强约束管理。大力推广使用太阳能、风能、生物能等清洁能源。针对农民收入相对城镇居民普遍降低的现状，有关部门应给予在环保方面做出贡献的农民一定物质奖励。

（二）加大资金投入和政策扶持力度

坚持“谁开发、谁保护，谁破坏、谁恢复，谁受益、谁补

---

① 《中央农村工作会议在北京举行》，《人民日报》，2013 年 12 月 25 日。

偿，谁污染、谁付费”的原则，积极拓宽投融资渠道，建立环保投资的长效机制。财税政策应逐步向农村环保工作倾斜。根据工业反哺农业的精神，研究制定相关优惠政策，全面建立和完善政府、集体和个人多角度投融资体制机制，提升农村环境治理在财政体系中的战略地位。

农村的环境问题由于其复杂性和特殊性，如不及时重视和防治将会陷入比当前城镇环境更严峻、更复杂、更难恢复和治理的被动境地。在加快城镇化、农业现代化进程的现阶段，我们应当积极应对，将农村环境问题提升为国家战略，避免重蹈工业化“先污染，后治理”的覆辙，要走上建设美丽乡村的文明发展道路，为全面建成小康社会提供强有力的资源与环境保障。

（三）加强农业科技的攻关和推广工作

着力发展绿色农业，加快落实绿色农业示范区试点及推广工作，对农业实行统筹管理和优化，使农业生产建立在科学、合理利用资源和环境的基础上，使其踏上高效、低耗、和谐和稳定的发展道路。建立和完善先进的耕地制度和使用高效、低毒、低残留的新农药，推广病虫草害综合防治和秸秆综合利用技术，加大对生态系统危害较小的化肥、农药等农用投入品的研发力量，加快高新技术，尤其是生物技术、清洁技术、循环利用技术等在农业生产中的成果输出。有关部门应定期派出专业农业科技人员，深入农民家庭和田间地头，现场对农民的生产过程进行技术指导，让农民真正感受到科技的合理使用不仅能够让其增产增收，而且能够为农村环境改善做出巨大贡献。通过各方努力，实现农业产业结构合理化、生产技术绿色化、生产过程清洁化、生产产品无害化。发展绿色农业是减轻农业面源污染的必然选择。

(四)完善农村环保法律法规

在农村环保工作发展的新时期，应提升农村环境保护法在整个环保法体系中的地位，建立较独立和完善的农村环境保护法律法规体系。当前农村环境保护法律法规体系由下面六部分内容组成。1. 宪法有关农村资源与环境保护的规定；2.《环境基本法》中有关农村环境保护的原则性规定，其他资源环境保护单行法律法规有关农村环境保护的规定；3. 专门的农村环境保护单行法规、规章；4. 农村环境标准；5. 国家部门法中有关农村环境保护的法律法规；6. 地方有关农村环境保护法规、规章和其他法律规范性文件。在制定农村环境保护法律法规时，应突出农民的资源环境知情权、监督权和诉讼权，通过明确农民的环境权利来制约部分企业污染环境的行为。为全面有效地保障包括农民的环境权益，应在“农村环境保护条例”中增加建立环境法律援助制度等有关款项；为了加强对农村资源环境的综合治理，应制定一部实效性强的农村资源环境保护专门法规，如《农村环境保护管理条例》；为确保农村环境保护规划和工作的顺利实施，应加快制定相应的农村环境保护法律、法规和其他法律法规性文件，如制定《土壤污染防治法》、《生态村镇建设管理办法》、《农膜生产使用标准》等。各地还可以根据实际情况，制定一批地方性农村环境保护法律法规。

Regarding China's Rural Environmental Protection

Zhang Zhao

Abstract: rural environmental problems in our country is a major issue that must be addressed, currently China is in the process of building a well-off and prosperous society, it's also an inevitable prerequisite for our economic and social sustainable development.

Currently, the rural ecological environment crises are severely increasing, during the new development stages some new features have been shown, but it has also exposed some new problems. We must grasp the essence of the problem from the base, Learn from the foreign governance advanced experiences of the rural ecological environment, out for what's suitable for China's national conditions and customs in the rural sustainable development.

Keywords: village rural environment advanced experiments sustainable development

后记：感谢感恩

一年一度的《全球要事报告》暨第三部《全球要事报告》与读者见面了。这是对2014年度大事要事的性质和原因进行的研判，对2015年大事要事进行的预判。这个研判和预判，是各位年轻作者独立思考形成的，文稿多为原创性的考虑。特别是总报告“全球新调整”是在各个专题报告和历次“大事要事研讨会”的基础上形成的，是各位作者和专家集体智慧的汇集。

各个专题报告的观点，凸显了年轻的博士、博士后们，用中国视角、全球视野，对大事要事深入研判预判的智慧和“犀利”。若把各个报告连起来阅读，亲爱的读者们会聆听到全球新调整的“脚步声”、仿佛看到世界的走向，并对如何“下好先手棋”和怎样发挥好“临门一脚”功夫给予思考上的帮助。

最后，感谢感恩全国博管会和中国国际经济交流中心对第三部《全球要事报告》给予的支持和帮助。感谢感恩中国国际经济交流中心博士后站和国家信息中心博士后站的各位资深导师对第三部《全球大事要事报告》的指导、建议和意见。感谢感恩中国社科院、中国科学院、中国工程院、国务院发展研究中心、清华大学、北京大学、中国人民大学的领导、老师和专家为本报告的研究和出版给予的贡献和智力支持。感谢百度、360、百科、搜狐、网易、新华网、中国网、中国数据中心、美国国家数据中心、欧盟统计局等网络中心和各类大数据中心的数据、文献和信息支持，时间截止在2014年11月6日。感谢感恩各位领导与各位作者，对主编和副主编工作的支持和帮助。感谢感恩时事出版社的领导和同志们，是您们辛勤劳动和无私奉献，才有了第三部《全球要事报告》的问世。

主编

2014年11月